Princípios Fundamentais
de Direito da União Europeia
Uma abordagem jurisprudencial

Princípios Fundamentais de Direito da União Europeia

Uma abordagem jurisprudencial

Sofia Oliveira Pais (Coordenação)

2012 · 2ª Edição

PRINCÍPIOS FUNDAMENTAIS DE DIREITO DA UNIÃO EUROPEIA
UMA ABORDAGEM JURISPRUDENCIAL
COORDENAÇÃO
Sofia Oliveira Pais
EDITOR
EDIÇÕES ALMEDINA, S.A.
Rua Fernandes Tomás nºs 76, 78, 80
3000-167 Coimbra
Tel.: 239 851 904 · Fax: 239 851 901
www.almedina.net · editora@almedina.net
DESIGN DE CAPA
FBA.
PRÉ-IMPRESSÃO
EDIÇÕES ALMEDINA, S.A.
IMPRESSÃO E ACABAMENTO
PAPELMUNDE, SMG, LDA.
V. N. de Famalicão

Fevereiro, 2012
DEPÓSITO LEGAL
339893/12

Apesar do cuidado e rigor colocados na elaboração da presente obra, devem os diplomas legais dela constantes ser sempre objeto de confirmação com as publicações oficiais.
Toda a reprodução desta obra, por fotocópia ou outro qualquer processo, sem prévia autorização escrita do Editor, é ilícita e passível de procedimento judicial contra o infrator.

 GRUPO**ALMEDINA**

BIBLIOTECA NACIONAL DE PORTUGAL – CATALOGAÇÃO NA PUBLICAÇÃO
PAIS, Sofia Oliveira
Princípios fundamentais de direito da União Europeia :
uma abordagem jurisprudencial. - 2ª ed. - (Manuais universitários)
ISBN 978-972-40-4744-7
CDU 34

NOTA PRÉVIA À SEGUNDA EDIÇÃO

Tendo-se esgotado rapidamente a primeira edição deste livro, resolvemos proceder à publicação de uma segunda edição, mantendo a estrutura original.

Aproveitamos a oportunidade para corrigir algumas gralhas e proceder à atualização da jurisprudência e da doutrina, tendo em conta que se trata de um livro com uma finalidade, também, didática.

Esperamos que o texto corresponda, uma vez mais, às expectativas dos seus destinatários.

SOFIA OLIVEIRA PAIS

NOTA PRÉVIA

O presente projeto nasceu do esforço de investigação que nos últimos anos tenho vindo a desenvolver enquanto coordenadora da disciplina de Direito da União Europeia na Universidade Católica Portuguesa, no Porto e em Lisboa, beneficiando da contribuição de vários docentes com quem tenho (ou já tive) o privilégio de trabalhar nesta área.

No ensino desta disciplina tem sido dada particular atenção à jurisprudência do Tribunal de Justiça, considerada fundamental no processo de construção europeia, justificando-se, por conseguinte, a elaboração de um texto sob a forma de comentários a acórdãos que, refletindo a opção pedagógica seguida, ofereça aos alunos um instrumento de estudo completo e atualizado.

Na seleção dos acórdãos tive em conta, em primeiro lugar, aqueles que fixaram os princípios estruturantes da União Europeia, como o efeito direto e o primado, permitindo o nascimento de uma ordem jurídica nova, distinta da dos Estados-membros, dotada de autonomia e com características próprias. Refiro-me aos casos clássicos *Van Gend en Loos, Costa c. ENEL, Simmenthal, Internationale Handelsgesellschaft* e ao seu desenvovimento na jurisprudência seguinte *Marleasing, Francovich* e *Köbler*. Em seguida, chamei à colação acórdãos que definem as competências da União e esclarecem as relações que a União estabelece com os ordenamentos nacionais. O acórdão *AETR* versa sobre as competências externas da União, e a sua relação com as competências internas, ao passo que os casos *Vaassen Göbbels, Dorsch, Cilfit e Fotofrost*, proferidos no contexto do reenvio prejudicial, sublinham o papel essencial dos tribunais nacionais na aplicação do direito da União, e a ampla colaboração desenvolvida com o Tribunal de Justiça, contribuindo para, paulatinamente, tornar o direito da União, nas palavras de Sacha Prechal, *the law of the land*. Finalmente, destaquei acórdãos essenciais no contexto da realização do mercado interno, assente na liberdade fundamental de circulação, como os casos *Cassis de Dijon, Bosman, Baumbast, Gebhard, Säger e Comissão c. República Portuguesa*, que demonstram o impulso decisivo do Tribunal de Justiça na construção uma nova ordem jurídico-política assente num conjunto abrangente de valores que já há muito largou as amarras de um projeto de índole meramente económico para se aventurar em novas dimensões político-sociais, alicerçadas no estatuto de cidadania e na proteção dos direitos fundamentais.

Note-se que os comentários realizados não se limitaram a analisar os acórdãos selecionados, mas tiveram igualmente em conta a sua evolução na jurisprudência seguinte, bem como a interpretação que deles faz a doutrina e mesmo as consequências político-legislativas das decisões adotadas, permitindo um tratamento aprofundado das matérias aí abordadas, de que podem beneficiar não só os alunos da licenciatura, mas ainda todos aqueles que procuram proceder a um estudo mais avançado neste domínio.

Observe-se, por fim, que, enquanto coordenadora da obra, assumo a devida responsabilidade não só pela seleção dos acórdãos realizada, como por eventuais lacunas e imperfeições existentes que espero poderem ser colmatadas e superadas com o decurso do tempo.

SOFIA OLIVEIRA PAIS

ÍNDICE

NOTA PRÉVIA À SEGUNDA EDIÇÃO	5
NOTA PRÉVIA	7

1. Princípio do Efeito Direto   13
   Acórdão do Tribunal de Justiça de 5 de fevereiro de 1963
   – Processo 26/62 *Van Gend & Loos* c. Administração Fiscal neerlandesa   13
   Sofia Oliveira Pais   13

2. Princípio do Primado do Direito da União Europeia   39
2.1. Acórdão do Tribunal de Justiça de 15 de julho de 1964 – Processo 6/64
   Costa c. E.N.E.L   39
   Patrícia Fragoso Martins   39
2.2. Acórdão do Tribunal de Justiça de 9 de março de 1978 – Processo 106/77
   Amministrazione delle finanze dello Stato c. *Simmenthal*   58
   Patrícia Fragoso Martins   58
2.3. Acórdão do Tribunal de Justiça de 17 de dezembro de 1970
   – Processo 11/70 *Internationale Handelsgesellschaft* mbH/Einfuhr-und
   Vorratsstelle für Getreide und Futtermitte   74
   Patrícia Fragoso Martins   74

3. Princípio da Interpretação Conforme   91
   Acórdão do Tribunal de Justiça de 13 de novembro de 1990
   – Processo C-106/89 *Marleasing* SA c. La Comercial Internacional
   de Alimentación SA   91
   Sofia Oliveira Pais   91

4. Princípio da Responsabilidade Civil dos Estados-Membros por violação
   do Direito da União Europeia   107
4.1. Acórdão do Tribunal de Justiça de 19 de novembro de 1991
   – Processos C-6/90 e 9/90 Andrea *Francovich* e Danila Bonifaci
   e Outros c. República Italiana   107
   Maria Isabel Tavares   107

4.2.	Acórdão do Tribunal de Justiça de 30 de setembro de 2003	
	– Processo C-224/01 Gerhard *Köbler* c. Republik Österreich	124
	Sofia Oliveira Pais	124
5.	Princípio das Competências Atribuídas e Princípio das Competências Implícitas	153
	Acórdão do Tribunal de Justiça de 31 de março de 1971, Processo 22/70 Comissão c. Conselho (*AETR*)	153
	Patrícia Fragoso Martins	153
6.	Princípio da Uniformidade na Interpretação e Aplicação do Direito da União Europeia	177
6.1.	Acórdão do Tribunal de Justiça de 30 de junho de 1966 – Processo 61/65 Viúva G. *Vaassen-Göbbels* c. Direção do Beambtenfonds voor het Mijnbedrijf (BFM)	177
	Manuel Fontaine Campos	177
6.2.	Acórdão do Tribunal de Justiça de 17 de setembro de 1997 – Processo C-54/96 *Dorsch Consult* Ingenieurgesellschaft c. Bundesbaugesellschaft Berlin	196
	Manuel Fontaine Campos	196
6.3.	Acórdão do Tribunal de Justiça de 6 de outubro de 1982 – Processo 283/81 Srl *Cilfit* et Lanificio di Gavardo SpA c. Ministère de la santé	217
	Inês Quadros	217
6.4.	Acórdão do Tribunal de Justiça de 22 de outubro de 1987 – Processo 314/85 *Foto-Frost* c. Hauptzollamt Lübeck-Ost	236
	Inês Quadros	236
7.	Princípio da Livre Circulação	251
7.1.	Livre Circulação de Mercadorias	251
	Acórdão do Tribunal de Justiça de 20 de fevereiro de 1979 – Processo 120/78 *Rewe*-Zentral AG c. Bundesmonopolverwaltung für Branntwein (*Cassis de Dijon*)	251
	Inês Quadros	251
7.2.	Livre Circulação de Pessoas	268
	7.2.1. Livre Circulação de Trabalhadores	268
	Acórdão do Tribunal de Justiça de 15 de dezembro de 1995 – Processo C-415/93 Union royale belge des sociétés de football association ASBL c. Jean-Marc *Bosman*	268
	Sofia Oliveira Pais	268

7.2.2.	Cidadania Europeia	299
	Acórdão do Tribunal de Justiça de 17 de setembro de 2002	
	– Processo C-413/99 *Baumbast*, R c. Secretary of State	
	for the Home Department	299
	Sofia Oliveira Pais	299
7.2.3.	Direito de Estabelecimento	324
	Acórdão do Tribunal de Justiça de 30 de novembro de 1995	
	– Processo C-55/94, Reinhard *Gebhard* c. Consiglio	
	dell'Ordine degli Avvocati e Procuratori di Milano	324
	António Frada de Sousa	324

7.3. Livre Prestação de Serviços — 356
Acórdão do Tribunal de Justiça de 25 de julho de 1991
– Processo C-76/90 Manfred *Säger* c. Dennemeyer & Co. Ltd. — 356
Armando Rocha — 356

7.4. Livre Circulação de Capitais — 375
Acórdão do Tribunal de Justiça de 8 de julho de 2010
– Processo C-171/08 *Comissão Europeia c. República Portuguesa* — 375
Manuel Fontaine Campos — 375

1. Princípio do Efeito Direto

Sofia Oliveira Pais

Acórdão do Tribunal de Justiça de 5 de fevereiro de 1963 – Processo 26/62
***Van Gend & Loos* c. Administração Fiscal neerlandesa**

Resumo dos factos
Em 1960 os países do Benelux adotaram uma nova classificação dos produtos na sua pauta aduaneira. Tal alteração conduziu a um aumento de direitos aduaneiros para uma série de mercadorias. A sociedade holandesa Van Gend en Loos, que importava produtos químicos da República Federal da Alemanha, viu ser-lhe aplicado um direito aduaneiro de 8% (quando anteriormente tal direito era apenas de 3%). A sociedade recusou-se a aceitar o aumento e recorreu para o tribunal (*Tariefcommissie*) alegando que a alteração introduzida violava a obrigação de *standstill* fixada no artigo 12º do Tratado CEE [atual art. 30º TFUE], nos termos da qual os Estados-membros não podem criar novos direitos aduaneiros ou aumentar os existentes. A *Tariefcommissie* suspendeu o processo e colocou ao Tribunal de Justiça, nomeadamente, a seguinte questão: «O artigo 12º do Tratado CEE tem efeito interno, isto é, os particulares podem, com base neste artigo, fazer valer direitos individuais que o juiz deva tutelar?»

Excertos do acórdão
«Quanto à primeira questão
    A – Competência do Tribunal
    Os Governos dos Países Baixos e da Bélgica contestam a competência do Tribunal com o fundamento em que, no caso *sub judice*, está em causa um pedido relativo não à interpretação, mas à aplicação do Tratado no âmbito do direito constitucional dos Países Baixos.

Concretamente, no entender dos referidos Governos, o Tribunal não tem competência para se pronunciar quanto à supremacia a reconhecer, sendo caso disso, às disposições do Tratado sobre a legislação neerlandesa ou sobre outros acordos celebrados pelos Países Baixos e integrados no seu ordenamento jurídico. Consideram que a solução deste problema é da competência exclusiva dos órgãos jurisdicionais nacionais, sem prejuízo de recurso nas condições fixadas nos artigos 169º e 170º do Tratado [atuais artigos 258º e 259º do TFUE].

Contudo, neste caso, não se pede ao Tribunal que se pronuncie sobre a aplicação do Tratado segundo os princípios do direito interno neerlandês, problema que é da competência dos órgãos jurisdicionais nacionais, mas apenas que, nos termos do artigo 177º, alínea a) do Tratado [atual art. 267º alínea a) do TFUE] interprete o alcance do artigo 12º do referido Tratado [atual art. 30º do TFUE], no âmbito do direito comunitário e sob o prisma dos seus efeitos em relação aos particulares.

Por conseguinte, este fundamento carece de base jurídica.

O Governo belga invoca ainda a incompetência do Tribunal, sustentando que a resposta que este pode dar à primeira questão da *Tariefcommissie* não será relevante para a resolução do litígio submetido a este último órgão jurisdicional.

Contudo, para que o Tribunal tenha competência no presente processo, é necessário e suficiente que seja juridicamente evidente que a questão colocada se destina a obter uma interpretação do Tratado.

As considerações que tenham orientado um órgão jurisdicional nacional na escolha das questões, bem como a relevância que lhes atribui no quadro do litígio que é chamado a decidir, são excluídas da apreciação do Tribunal.

O teor das questões colocadas indica que estas dizem respeito à interpretação do Tratado, cabendo, assim, na competência do Tribunal.

Assim, também este fundamento é improcedente.

B – Quanto ao mérito

A *Tariefcommissie* coloca, em primeiro lugar, a questão de saber se o artigo 12º do Tratado [art. 30º do TFUE] produz efeitos imediatos no direito interno, no sentido de os nacionais dos Estados-membros poderem com base neste artigo, fazer valer direitos que o juiz nacional deva tutelar.

Para saber se as disposições de um tratado internacional têm tal alcance, é necessário ter em conta o seu espírito, economia e conteúdo.

O objetivo do Tratado CEE, que consiste em instituir um mercado comum cujo funcionamento diz diretamente respeito aos nacionais da Comunidade, implica que este Tratado seja mais do que um acordo meramente gerador de obrigações recíprocas entre os Estados contratantes.

Esta conceção é confirmada pelo preâmbulo do Tratado, que, além dos Governos, faz referência aos povos e, mais concretamente, pela criação de órgãos investidos de poderes soberanos cujo exercício afeta quer os Estados-membros, quer os seus nacionais.

Aliás, é preciso notar que os nacionais dos Estados reunidos na Comunidade são chamados a colaborar no seu funcionamento por intermédio do Parlamento Europeu e do Comité Económico e Social.

Além disso, a função do Tribunal de Justiça no âmbito do artigo 177º [atual artigo 267º TFUE], cujo objetivo consiste em assegurar a uniformidade da interpretação do Tratado pelos órgãos jurisdicionais nacionais, confirma que os Estados reconheceram ao direito comunitário uma autoridade suscetível de ser invocada pelos seus nacionais perante aqueles órgãos.

Daqui deve concluir-se que a Comunidade constitui uma nova ordem jurídica de direito internacional, a favor da qual os Estados limitaram, ainda que em domínios restritos, os seus direitos soberanos, e cujos sujeitos são não só os Estados-membros, mas também os seus nacionais.

Por conseguinte, o direito comunitário, independentemente da legislação dos Estados-membros, tal como impõe obrigações aos particulares, também lhes atribui direitos que entram na sua esfera jurídica.

Tais direitos nascem não só quando é feita uma atribuição expressa pelo Tratado, mas também como contrapartida de obrigações impostas pelo Tratado de forma bem definida, quer aos particulares quer aos Estados-membros quer às instituições comunitárias.

Tendo em conta a economia do Tratado em matéria de direitos aduaneiros e de encargos de efeito equivalente, convém assinalar que o artigo [28º], para o qual a base da Comunidade é uma união aduaneira, contém, como norma fundamental, a proibição deste tipo de direitos e encargos,

[...]

O artigo 12º [atual art. 30º do TFUE] contém uma proibição clara e incondicional, concretizada numa obrigação não de ação mas de abstenção de ação.

Além do mais, esta obrigação não é objeto de qualquer reserva por parte dos Estados no sentido de sujeitarem a sua execução a um ato positivo de direito interno.

A proibição contida no artigo 12º [atual art. 30º] é, pela sua natureza, perfeitamente suscetível de produzir efeitos diretos nas restantes ordens jurídicas entre os Estados-membros e os seus sujeitos.

A eficácia do artigo 12º [atual art. 30º] não necessita de intervenção legislativa dos Estados.

O facto de este artigo designar os Estados-membros como sujeitos da obrigação de abstenção não implica que os seus nacionais não possam ser dele beneficiários.

De resto o argumento extraído dos artigos 169º e 170º do Tratado [atuais artigos 258º e 259º TFUE], invocado pelos três Governos que apresentaram observações ao Tribunal, aponta numa direcção falsa.

Com efeito, o facto de os citados artigos do Tratado permitirem que a Comissão e os Estados-membros acionem perante o Tribunal um Estado que não cumpriu as suas obrigações não priva os particulares da possibilidade de, sendo caso disso, invocarem essas obrigações perante o tribunal nacional; do mesmo modo, o facto de o Tratado colocar à disposição da Comissão meios destinados a assegurar o respeito pelas obrigações impostas aos sujeitos não preclude a possibilidade de, em litígios entre particulares pendentes no tribunal nacional, se invocar a violação dessas obrigações.

Se as garantias contra a violação do artigo 12º [atual art. 30º] por parte dos Estados-membros se encontrassem limitadas aos processos previstos nos artigos 169º e 170º [atuais artigos 258º e 259º do TFUE], os direitos individuais dos seus nacionais ficariam desprovidos de qualquer proteção jurisdicional direta.

O recurso a estes preceitos correria o risco de se tornar ineficaz se ocorresse após a execução de uma decisão nacional adotada em violação do Tratado.

A vigilância dos particulares, interessados na salvaguarda dos seus direitos, cria um controlo eficaz que acresce ao controlo que os artigos 169º e 170º [atuais artigos 258º e 259º TFUE] confiam à diligência da Comissão e dos Estados-membros.

Das considerações que precedem resulta que, segundo o espírito, a economia e o texto do Tratado, o artigo 12º [atual artigo 30º] deve ser interpretado no sentido de que produz efeitos imediatos e atribui direitos individuais que os órgãos jurisdicionais nacionais devem tutelar.»

Comentário

I – O nascimento do princípio do efeito direto
1. O princípio do efeito direto, elaborado pelo Tribunal de Justiça no célebre acórdão *Van Gend en Loos*, é considerado, a par do princípio do primado, um passo fundamental na criação de uma nova ordem jurídica e tem-se mantido praticamente incontestado ao longo dos tempos. A sua aceitação pelos Estados-Membros, e em particular pelos tribunais nacionais, justifica o desinteresse do legislador europeu que nunca abordou tal princípio nos vários processos de revisão dos Tratados.

2. Repare-se que o Tribunal *in casu* não se pronunciou sobre o princípio do primado, uma vez que a questão não foi colocada pelo órgão jurisdicional nacional. Aliás, o problema encontrava-se resolvido na legislação holandesa que atribuía primazia ao direito internacional (isto é, afastava a aplicação de normas nacionais que contrariassem disposições de Tratados diretamente aplicáveis).

3. Não obstante, o facto de tal princípio ser referido quer pelos Estados-Membros, quer pelo advogado-geral, justifica a afirmação que o caso *Van Gend en Loos* é também sobre o primado. Por outras palavras, o caso *Van Gend en Loos* é a "rampa de lançamento" que permitiu ao Tribunal saltar para o nível seguinte: afirmação clara do princípio do primado (cfr. Nial Fenelly, "The European Court of Justice and the doctrine of supremacy: Van Gend en Loos; Costa V. ENEL; Simmenthal", *in The Past and Future of European Law. The classics of EU Law revisited on the 50th anniversary of the Rome Treaty*, ed. Miguel Poiares Maduro – Loïc Azoulai, Hart, 2010, p. 43).

4. Com efeito, para o art. 12º [atual art. 30º do TFUE] poder ser aplicado tem de ter primazia sobre a norma nacional: reconhecer efeito direto à norma europeia implica afastar a legislação holandesa aplicada pelas autoridades nacionais. Neste sentido o primado mais não é que o corolário do reconhecimento de efeito direto às normas da União; efeito direto e primado são, pois, essenciais para garantir a eficácia do direito da União Europeia e a própria sobrevivência desta nova ordem jurídica.

5. No caso *Van Gend en Loos* o Tribunal de Justiça decidiu, contra a opinião do advogado-geral Karl Roemer e dos Estados belga e holandês, e apenas com o apoio da Comissão, que a proibição de os Estados-membros alterarem ou introduzirem novos direitos aduaneiros, estabelecida no art. 12º do TCE [hoje art. 30º do TFUE], era «diretamente aplicável»; ou seja, podia ser invocado pela empresa holandesa contra o Estado num tribunal holandês. Aqui, como em muitos outros acórdãos, o Tribunal partiu de um conceito amplo de «normas diretamente aplicáveis» que não distingue *aplicabilidade direta stricto sensu* – relativa a disposições da União automaticamente incorporadas na ordem jurídica dos Estados-Membros, dispensando uma forma especial de receção, como é o caso dos regulamentos – de *efeito direto* – invocação, pelos particulares, de normas da União perante os tribunais nacionais ou autoridades nacionais, (sobre estes conceitos, cfr. Rui Manuel Moura Ramos, *Das Comunidades à União Europeia – Estudos de Direito Comunitário*, Coimbra editora, 1994, pp. 96 e ss., Fausto de Quadros, *Direito da União Europeia – Direito Constitucional e Administrativo da União Europeia*, Almedina, 2004, pp.423 e ss e Miguel Gorjão Henriques, *Direito da União Europeia*, Almedina, 2010, pp. 401 e ss).

6. Note-se que a referência à aplicabilidade direta de uma norma das Comunidades (hoje União) não é totalmente desconhecida da jurisprudência do Tri-

bunal. De facto, o acórdão *Van Gend en Loos* foi precedido do caso *Groupement des Industries Sidérurgiques Luxembourgeoises v. Haute Autorité de la CECA* (Ac. de 23 de abril de 1956, proc. 7 e 9/54), no qual já surgiram algumas questões debatidas mais tarde no acórdão de 1963. Naquele caso foi contestado o efeito direto do artigo 4º do Tratado CECA que estabelecia a incompatibilidade com o mercado comum de uma série de práticas "nas condições previstas nos Tratados". O problema é que essas condições nunca chegaram a ser fixadas. Não obstante, o Tribunal, na linguagem e no estilo que mais tarde confirmaria no acórdão *Van Gend en Loos*, considerou que o art. 4º do Tratado CECA era uma das normas fundamentais para o estabelecimento do mercado comum e dos objetivos da Comunidade e que, não sendo referido noutras partes do Tratado, as disposições do artigo eram autosuficientes e imediatamente aplicáveis (*self-executing*).

7. Note-se ainda que as disposições *self-executing* (normas perfeitas do ponto de vista jurídico, sem necessidade de medidas de execução, suscetíveis de aplicação pelos tribunais num caso concreto) sempre existiram nos tratados internacionais, sendo a sua aplicação uma questão de direito (constitucional) nacional. E mesmo a ideia de que um tratado internacional pode, pela sua própria natureza, conferir direitos aos particulares já estava presente no caso *Jurisdiction of the Courts of Danzing*, apreciado em 1928 pelo Tribunal Permanente de Justiça Internacional (sobre este caso, cf. Bernhard Hofstötter, *Non-compliance of national courts remedies in European Community Law and beyond*, T.M.C. Asser Press, 2005, pp. 12-14). A novidade do acórdão *Van Gend en Loos* não reside tanto na afirmação do efeito direto de certas normas do Tratado, mas sim no entendimento que a apreciação de tal efeito deve ser reservada ao Tribunal de Justiça (em vez de caber, como era a visão tradicional, aos órgãos jurisdicionais nacionais). Por outras palavras, tão importante como a afirmação de um novo princípio é o relevo que o acórdão confere ao Tribunal de Justiça, antecipando o papel fundamental que esta instituição acabará por desempenhar no processo de integração europeia.

II – Justificação do princípio do efeito direto

8. Para saber se o artigo 12º [atual art. 30º do TFUE] é suscetível de produzir efeito direto é necessário ter-se em conta, segundo o Tribunal de Justiça, o *seu espírito, economia e conteúdo*.

9. Observe-se, desde já, que a intenção das partes contratantes não foi considerada relevante pelo Tribunal, o que se percebe tendo em conta que para os governos belga e holandês a questão no caso em análise não seria sobre a interpretação de uma norma do Tratado, mas sim sobre a sua aplicação no âmbito da Constituição Holandesa. Além do mais defendiam não ter o Tribunal de Justiça competência para decidir sobre a primazia dos Tratados sobre a legislação nacional.

10. Apesar dos receios manifestados pelos governos belga e holandês, parece excessivo proceder à sua generalização a todos os Estados-Membros. Aliás, tem mesmo sido sugerido que, no acórdão em apreço, o Tribunal de Justiça se limitou a reconhecer, sem dramatizar, a «visão dominante» aquando das negociações e celebração dos Tratados (Franz C. Mayer, *"Van Gend en Loos*: The Foundation of a Community of Law" *in The Past ..., cit.,* pp. 22-23).

11. Neste acórdão o Tribunal começou por justificar o princípio do efeito direto invocando a *finalidade específica da Comunidade Económica Europeia*. Trata-se da utilização, ainda algo incipiente do famoso método teleológico (mais tarde associado ao argumento do efeito útil do direito da União Europeia) e que se traduz na interpretação das normas do Tratado tendo em conta os objetivos específicos da Comunidade (hoje União Europeia).

12. Segundo o Tribunal, a finalidade do Tratado, que «consiste em instituir um mercado comum cujo funcionamento diz diretamente respeito aos *nacionais da Comunidade,* implica que este Tratado seja mais do que um acordo meramente gerador de obrigações recíprocas entre os Estados contratantes» (itálico nosso). Dito de outro modo: os objetivos do Tratado, e o sistema que procurou criar, ficariam comprometidos se as suas disposições não pudessem ser invocadas, no plano nacional, pelos particulares destinatários.

13. Como explica Pescatore, para o Tribunal, subjacente à Comunidade (hoje União) está um *ideal democrático* que exige a participação dos indivíduos, sobre os quais recaem não só obrigações, mas também direitos que têm de ser protegidos: "os governos já não podem dizer como o faziam no direito internacional: L'Etat, c'est moi" (P. Pescatore, "The doctrine of 'direct effect': an infant disease of community law", 8 *European Law Review* 1983 p. 155).

14. Em segundo lugar, o Tribunal invoca o próprio *texto do Tratado*. O seu preâmbulo referia, além dos governos, os povos dos Estados-Membros. Aliás, os cidadãos desempenham um papel na União, que se deseja democrática, designadamente através do Parlamento Europeu e do Comité Económico e Social.

15. Finalmente, o Tribunal considera que o *art. 267º do TFUE* confirma que os Estados reconheceram aos particulares direitos individuais, fundados na União, invocáveis perante os tribunais nacionais. Efetivamente, nada na letra da disposição referida afasta a possibilidade de os particulares invocarem o direito da União Europeia num tribunal nacional.

16. O apelo ao artigo 267º do TFUE tem consequências significativas em dois planos.

17. Por um lado, permite ao Tribunal sublinhar que a garantia do cumprimento pelos Estados-Membros das obrigações resultantes dos Tratados é assegurada não só pela aplicação dos artigos 258º e 259º do TFUE, relativos à ação por incumprimento, mas igualmente pelo mecanismo do reenvio prejudicial.

De facto, o Tribunal de forma profética proclamou que, além da Comissão e dos Estados-membros, cabe ao particular fiscalizar o cumprimento do direito da União Europeia, antecipando o que já foi designado por *infringement procedure for the European citizenship* (assim Pierre Pescatore, "Van Gend en Loos, 3 February 1963 – A view from within" in *The past ..., cit.*, p. 7)

18. Por outro lado, ao enfatizar no acórdão a importância do reenvio prejudicial, essencial para garantir a uniformidade na interpretação e aplicação do direito da União, o Tribunal atribui a si mesmo o papel de guardião desse direito e aos tribunais nacionais o de colaboradores essenciais na sua aplicação. A par do caráter vertical e centralizado do ordenamento jurídico da União (ligado designadamente às competências exclusivas do Tribunal para interpretar e apreciar a validade do direito da União), surgem os elementos horizontais, descentralizadores, representados pelo reconhecimento de competências aos tribunais nacionais quanto à aplicação desse mesmo direito.

19. Os tribunais nacionais passam a ser considerados tribunais comuns da União e são necessários, desde logo, para acionar o mecanismo de reenvio, pois são eles que decidem da relevância do direito da União no litígio nacional. Note-se, em todo o caso, que, como esclarece mais tarde o advogado-geral Léger, se trata de uma referência simbólica que não deve ser entendida de forma literal: "quando o juiz nacional conhece do direito comunitário é enquanto órgão de um Estado-Membro e não enquanto órgão comunitário, na sequência de uma operação de desdobramento funcional" (cfr. conclusões do advogado-geral no acórdão *Köbler* de 30 de setembro de 2003, proc. C-224/01, nº 66).

20. Finalmente, o Tribunal concluiu que a Comunidade (hoje União) é uma *nova ordem jurídica* de direito internacional, em benefício da qual os Estados-membros *transferiram os seus poderes soberanos* e tendo como destinatários não só os Estados mas também os seus nacionais. Com esta conclusão o Tribunal sublinha que aos particulares deve ser concedido um papel ativo na construção europeia. Ao contrário das normas de Direito Internacional Público (ou do que se presume ser a regra quanto a tal direito), as normas do Tratado não se limitam a criar obrigações para os Estados. Efetivamente, na União Europeia os particulares são sujeitos de direito, participando na realização dos objetivos dos Tratados e contribuindo para reforçar a sua legitimidade e eficácia (cfr. M. Poiares Maduro, *We the Court*, Oxford, Hart. 1998 p. 9).

21. A descrição da Comunidade, hoje União, como «uma nova ordem jurídica de direito internacional», de natureza específica, foi, em todo o caso, sendo substituída na jurisprudência do Tribunal pela fórmula que consubstancia o Tratado na «carta constitucional» da União (Ac. Os Verdes de 23 de abril de 1986, proc. 294/83, nº 23; sobre o ativismo judicial na constitucionalização do Tratado, cfr. o nosso estudo "O Tratado de Lisboa e a renovação das instituições da União",

Cadernos O Direito, n.º 5, 2010, pp. 346 e ss.). A mudança de linguagem do Tribunal procuraria reforçar a ideia de que a ordem jurídica da União insere-se e é complementada pelos ordenamentos dos Estados-Membros, criando o que tem sido designado por «sistema não unitário, multinível, de poder público» (Franz C. Mayer, p. 21).

III – Liberalização dos requisitos para o reconhecimento de efeito direto a uma norma da União

22. O Tribunal de Justiça define o efeito direto da norma do Tratado como a suscetibilidade de *invocação* de uma «*norma [da União]* que cria direitos para os particulares que as *jurisdições nacionais* devem salvaguardar», desde que essa norma seja *clara e incondicional* (e no caso «o artigo 12º contém uma proibição clara e incondicional, concretizada numa obrigação não de ação mas de abstenção de ação»); além disso, essa obrigação *não pode ser objeto de qualquer reserva por parte dos Estados* no sentido de sujeitarem a sua execução a um ato positivo de direito interno.

23. Repare-se que os critérios fixados pelo Tribunal no acórdão *Van Gend en Loos* para reconhecer efeito direto ao atual art. 30º do TFUE eram particularmente exigentes, limitando aparentemente o número de normas da União suscetíveis de preencherem tais requisitos e serem invocadas perante os tribunais nacionais. Na prática, esses critérios foram flexibilizados permitindo uma aplicação lata do referido princípio.

24. O objetivo inicial do Tribunal de reconhecer efeito direto apenas às normas da União que não precisavam de ser executadas pelas autoridades nacionais foi explicitado no acórdão *Van Duyn* (Ac. de 4 de dezembro de 1974, proc. 41/74 nº 7) da seguinte forma: as normas da União podem ter efeito direto mesmo que utilizem expressões ambíguas, conferindo aos Estados-Membros algum poder de apreciação, desde que o seu exercício possa ser controlado pelos tribunais. Neste caso, relativo à recusa da entrada da Srª Van Duyn, cidadã holandesa, em território britânico, onde pretendia trabalhar como secretária, pelo facto de ser membro da igreja de Cientologia, o Tribunal decidiu que o atual art. 45º, nº 3 do TFUE, que permite restrições à livre circulação de trabalhadores, nomeadamente por razões de ordem pública, não impede o reconhecimento do efeito direto dessa norma, uma vez que a aplicação dessas limitações está sujeita a controlo judicial.

25. Da mesma forma a aparente falta de precisão do atual artigo 157º do TFUE não obstou ao reconhecimento do seu efeito direto no caso *Defrenne v. Sabena* (Ac. de 8 de abril de 1976, proc. C-43/75) relativo a uma hospedeira contratada pela companhia de aviação belga Sabena que recebia uma remuneração inferior à dos seus colegas comissários de bordo. O facto do artigo 157º do TFUE

utilizar expressões vagas, como 'princípio da igualdade da remuneração' ou 'trabalho igual', bem com o facto de a Comissão e os Estados considerarem a norma incompleta, não impediu o Tribunal de lhe atribuir efeito direto. Para o Tribunal, a expressão *princípio* não é uma indicação vaga, antes exprime na linguagem do Tratado que o princípio em causa faz parte dos fundamentos da atual União e que o facto de terem sido adotadas diretivas para promoverem a aplicação do artigo 157º não põe em causa tal efeito (nºs 28 e 64).

26. O relaxar dos requisitos tradicionais do efeito direto conduziu o advogado-geral Van Gerven a defender no acórdão *Banks* (Ac. de 13 de abril de 1994, proc. C-128/92) que os critérios enunciados visam, no fundo, apurar se a norma é *suficientemente operacional* (do ponto de vista técnico) para poder ser aplicada pelo tribunal nacional.

27. E o próprio Tribunal, a partir do acórdão *Ursula Becker*, considerou que a normas da União podiam produzir efeito direto desde que fossem *incondicionais e suficientemente precisas* (Ac. de 19 de janeiro de 1982, proc. 8/81). Note-se que estes dois requisitos nem sempre são apreciados de forma autónoma, até porque são difíceis de distinguir na prática. Em todo o caso, tem-se entendido que o requisito do *caráter suficientemente preciso* da norma está relacionado com a sua letra: a existência de expressões vagas e ambíguas numa norma não afasta o seu efeito direto se puderem ser controladas judicialmente (todavia, se a norma utilizar expressões vagas que envolvem escolhas discricionárias do legislador ou da administração, ficará afastada a sua aplicação pelo tribunal nacional). Já o *caráter incondicional* da norma estaria relacionado com a desnecessidade de medidas de execução, por parte das autoridades nacionais ou da União, para a sua aplicação no caso concreto. Logo, não são consideradas incondicionais as normas cuja aplicação depende do decurso de um certo prazo (por exemplo, o decurso dos períodos transitórios fixados nos Tratados de adesão de novos Estados) ou a verificação de certas condições (cfr. para uma análise mais detalhada Sacha Prechal, *Directives in EC Law*, 2nd edition, Oxford EC Law Library, 2009, pp. 244-246).

28. Observe-se, ainda, que o princípio de efeito direto foi associado, por razões históricas, a normas da União que criam *direitos para os particulares*, invocáveis, *por estes*, num *tribunal nacional*. Para este entendimento contribuiu o modo como a questão prejudicial foi formulada pela *Tariefcommissie*, no acórdão *Van Gend en Loos*, ao Tribunal de Justiça. Efetivamente assentava tal questão no conceito de *direitos dos indivíduos* que os tribunais nacionais deveriam assegurar.

29. A resposta do Tribunal de Justiça foi, todavia, mais ambígua, não excluindo aparentemente a suscetibilidade de normas europeias produzirem efeito direto ainda que sem conferirem direitos para os particulares (assim P. Craig e G. Burca, *EU Law, Texts, Cases and Materials*, Oxford, 2008, p. 268). Signi-

fica isto que ao princípio do efeito direto podemos atribuir um sentido mais *restrito* (também designado por *efeito direto subjetivo*, isto é, as normas da União, com caráter vinculativo, que conferem direitos aos particulares, produzem efeito direto se são suficientemente claras, precisas e incondicionais para poderem ser invocadas por estes nos tribunais nacionais) ou um sentido mais lato (as normas da União produzem efeito direto se forem claras precisas e incondicionais, podendo desse modo ser invocadas pelos particulares, mesmo que não lhes confiram direitos: trata-se do *efeito direto objetivo*).

30. A expansão do conceito na jurisprudência do Tribunal passou, deste modo, pela dissociação da noção de efeito direto relativamente à capacidade da norma conferir *direitos em sentido estrito* aos particulares, como resulta, por exemplo, do acórdão *Stoeckel*, no qual a norma da União foi invocada como um instrumento de defesa num processo criminal (Ac. de 25 de julho de 1991, processo C-345/89). Ou seja, uma norma da União pode ser invocada perante um tribunal nacional para *outros efeitos*: servir de defesa num processo criminal (caso *Stoeckel*) ou servir de *standard* de revisão da legalidade das normas nacionais (caso *Ursula Becker*).

31. Além disso, o Tribunal decidiu no acórdão *Costanzo* que o princípio do efeito direto podia ser invocado não só nos *tribunais nacionais*, mas perante toda a *administração nacional* (Ac. de de 22 de junho de 1989, proc. 103/88). Segundo o Tribunal «preenchidas as condições exigidas para a invocação das disposições de uma diretiva pelos particulares perante os órgãos jurisdicionais nacionais, todos os órgãos da administração, incluindo as entidades descentralizadas, como as comunas, têm o dever de as aplicar» (nº 31). Significa isto que a administração nacional deve não só aplicar as normas da União, como ainda utilizá-las enquanto *standard* de interpretação e parâmetro de legalidade da legislação nacional.

32. Por último, o Tribunal de Justiça esclareceu no acórdão *Verholen* (Ac. de 11 de julho de 1991, proc. C-87 a 89/90, nºs 15 e 16) que os tribunais nacionais podem conhecer *ex officio* normas da União, como é o caso de disposições claras e precisas de uma diretiva cujo prazo de transposição expirou.

IV – Alcance do princípio do efeito direto

33. Hoje o *efeito direto* é reconhecido à generalidade das normas do TFUE, quando possível na sua dupla dimensão: *vertical* (isto é, a norma da União é invocada pelo particular contra o Estado num tribunal nacional, como sucedeu no caso *Van Gend en Loos*) e *horizontal* (a norma da União é invocada entre particulares num tribunal nacional, como ocorreu, por exemplo, no caso *Defrenne*).

34. Há, no entanto, algumas exceções. Veja-se, por exemplo, o caso *David Petrie, Victoria Jane Primhak, David Verzoni e outros contra Comissão* (Ac. de 11 de

dezembro de 2001, proc. T-191/99) relativo ao acesso do público a documentos, no qual o Tribunal decidiu que o art. 15º do TFUE (ex-artigo 255º do TCE) não produz efeito direto, uma vez que a disposição não é incondicional, dependendo a sua concretização de medidas ulteriores (isto é, a fixação dos princípios gerais e dos limites que, por razões de interesse público ou privado, regulam o exercício do direito de acesso aos documentos é confiada ao Conselho no âmbito do exercício do seu poder de apreciação em matéria legislativa, cfr. nº 35).

35. No contexto do direito derivado o efeito direto foi, desde cedo, reconhecido aos *regulamentos* (conclusão aparentemente fácil dado que, tendo estes carácter geral e sendo diretamente aplicáveis, seriam à partida suscetíveis de serem invocados pelos particulares perante os tribunais nacionais), como sucedeu no caso *Leonesio* (Ac. de 17 de maio de 1972, proc. 93/71) e às *decisões*, como ocorreu no caso *Franz Grad* (Ac. de 6 de outubro de 1970, processo 9/70).

36. Quanto às *convenções internacionais*, o Tribunal também reconheceu no caso *Kupferberg* (Ac. 26 de outubro de 1982, proc. 104/81) efeito direto ao artigo 21º da Convenção entre a Comunidade Económica Europeia e a República Portuguesa de 22 de julho de 1972, o qual confere direitos aos operadores económicos (no domínio fiscal) que as jurisdições nacionais devem salvaguardar.

37. Já em relação às *diretivas* a questão do reconhecimento de efeito direto às suas disposições surge de forma menos evidente. Com efeito, as diretivas são, geralmente, consideradas um instrumento (incompleto) ao dispor das instituições europeias, nos termos dos Tratados, para a harmonização das legislações nacionais. Segundo o art. 288º do TFUE trata-se de um ato que fixa o resultado a alcançar pelos Estados-membros, deixando-lhes liberdade quanto à forma e quanto aos meios de atingirem tal finalidade. Logo, os Estados-membros estão obrigados à transposição da diretiva para o ordenamento jurídico nacional no prazo fixado, geralmente, na própria diretiva.

38. No ordenamento jurídico português a transposição das diretivas da União só pode ser feita, nos termos do *artigo 112º, nº 8, da Constituição da República Portuguesa*, por lei, decreto-lei ou decreto legislativo regional. É, desta forma, afastada a solução mais flexível fixada nos acórdãos *Comissão c. Bélgica e Comissão c. Itália*, nos termos dos quais os Estados-membros não ficam *prima facie* impedidos de utilizar os "meios" nacionais que considerem mais adequadas e que se encontrem disponíveis no respetivo ordenamento jurídico, exceto circulares ou outras práticas administrativas, por natureza livremente modificáveis por vontade da administração e desprovidas de publicidade adequada, e que, por esses motivos, não cumprem a exigência de segurança jurídica (Ac. de 6 de maio de 1980, proc. 102/79 e Ac. de 11 de novembro de 1999, proc. C-315/98, nº 10).

39. Na prática verificamos que, apesar de estarem obrigados a transpor a diretiva, muitos Estados optam por não fazê-lo de forma atempada e correta, o que poderá deixar sem proteção os particulares. Nestes casos, a Comissão Europeia intentará, geralmente, uma ação por incumprimento contra o Estado, nos termos do art. 258º do TFUE. Todavia, o recurso a este mecanismo nem sempre será suficiente para assegurar a defesa dos interesses dos particulares.

40. Por outro lado, constata-se igualmente que nem todas as diretivas observam as características enunciadas no art. 288º do TFUE. Ou seja, há diretivas de tal forma *detalhadas* que *praticamente eliminam a liberdade dos Estados-membros quanto aos meios* de transposição desse ato da União.

41. E é neste contexto que surge a seguinte questão: no caso de incumprimento da obrigação de transposição de uma diretiva, os particulares podem invocar as suas disposições, contra o Estado-membro infrator, num tribunal nacional?

42. Esta questão foi abordada pelo Tribunal de Justiça nos acórdãos *Van Duyn* (Ac. de 4 de dezembro de 1974, proc. 41-74) e *Ratti* (Ac. de 5 de abril de 1979, proc 148/78), tendo recebido uma resposta afirmativa: uma vez expirado o prazo de transposição da diretiva e não tendo os Estados cumprido essa obrigação de transposição, os particulares podem invocar, num tribunal nacional, as disposições incondicionais e suficientemente precisas da diretiva contra o Estado infrator.

43. Note-se que, sendo o efeito direto da diretiva a resposta para uma situação patológica – os Estados-Membros não cumpriram a obrigação de transpor a diretiva, correta e atempadamente para o seu ordenamento jurídico –, não faria sentido ser-lhe reconhecido tal efeito antes de terminado o prazo de transposição. De facto, antes de expirado esse prazo, o Estado que não transpôs a diretiva não incorre, geralmente, numa situação de incumprimento (veja-se, no entanto, *infra* o caso *Inter-Environnement Wallonie*). E daí que no acórdão *Ratti* tenha sido acrescentado um terceiro requisito (expiração do prazo de transposição da diretiva) aos outros dois estabelecidos no caso *Van Duyn* (disposições têm de ser suficientemente precisas e incondicionais) para a diretiva produzir efeito direto.

44. Por outro lado, se o prazo de transposição da diretiva terminou e o Estado cumpriu essa obrigação de forma correta, o particular não precisa de invocar o efeito direto da diretiva: nesses casos, será aplicada a lei nacional que transpôs a diretiva.

45. A solução do efeito direto vertical das diretivas, estabelecida pelo Tribunal de Justiça nos acórdãos *Van Duyn* e *Ratti*, tem sido justificada, em primeiro lugar, pelo *caráter obrigatório da diretiva*, nos termos do artigo 288º, do TFUE, bem como pela necessidade de ser garantido o *efeito útil* das suas disposições; ou

seja, a eficácia das diretivas enquanto atos jurídicos com caráter vinculativo será incrementada se os particulares puderem invocar as suas disposições no plano nacional.

46. Em segundo lugar, foi invocado um *argumento literal* (*Van Duyn* nº 12): o art. 267º do TFUE estabelece que podem ser objeto de reenvio as normas dos Tratados e os atos adotados pelas instituições da União, sendo de incluir aqui as diretivas (logo, as diretivas podem ser invocadas pelos particulares perante um tribunal nacional).

47. Em terceiro lugar, o Tribunal invocou o *princípio da cooperação leal*, que impõe ao Estado o cumprimento da diretiva e em especial a transposição correta e no prazo. De facto, o art. 4º, nº 3, do TUE obriga o Estado-membro a adotar todas as medidas gerais ou especiais capazes de assegurar o cumprimento das obrigações decorrentes do Tratado ou resultantes de atos das instituições da União. Daqui resulta (bem como do art. 288º, terceiro parágrafo do TFUE) que o Estado-membro destinatário não pode subtrair-se às obrigações que a diretiva lhe impõe (cfr. acórdão *Moorman*, de 20 de setembro de 1988, processo 190/87, nºs 21 e 22).

47. Por fim, no acórdão *Ratti*, o Tribunal acrescentou que o Estado-membro, que não transpôs a diretiva no prazo, não pode prevalecer-se do seu incumprimento contra o particular (princípio do *estoppel*). Por outras palavras: decorrido o prazo de transposição, se os Estados não adotaram as medidas nacionais necessárias, para alcançarem os resultados previstos na diretiva, são impedidos (*estopped*) de invocar o seu incumprimento contra o particular e negar efeito direto às diretivas. O efeito direto vertical das diretivas é, deste modo, visto ainda como uma sanção contra o Estado infrator.

48. Note-se, em todo o caso, que este último argumento tem sido considerado por alguma doutrina não tanto como uma justificação do efeito direto vertical das diretivas, mas como uma condição desse mesmo efeito (assim P. Manin, "L'invocabilité des directives. Quelques interrogations", *Revue Trimestrielle de Droit Européen*, 1990, p. 692).

49. Note-se ainda que os Estados-membros continuam obrigados a transpor a diretiva mesmo depois de ter terminado o respetivo prazo. Como referiu o Tribunal no acórdão *Comissão contra Bélgica* (Ac. de 6 de maio de 1980, proc. 102/79), o efeito vertical das diretivas é apenas uma garantia mínima conferida dos particulares que não dispensa os Estados da obrigação de transposição. É claro que se já tiverem legislação nacional que assegure a finalidade da diretiva, os Estados só têm de comunicá-la à Comissão (Ac. de 28 de fevereiro de 1991, *Comissão c. Alemanha*, proc. 131/88).

50. Refira-se, por fim, que o princípio segundo o qual a diretiva só produz efeitos expirado o prazo de transposição deve ter em conta os esclarecimentos

prestados pela jurisprudência *Inter-Environnement Wallonie* (Ac. de 18 de dezembro de 1997, processo C-129/96): mesmo antes de expirar o período de transposição a diretiva, o Estado não pode adotar medidas nacionais que comprometam o resultado visado por esse ato.

V – A recusa do efeito direto horizontal das diretivas no acórdão *Marshall*

51. O papel central atribuído pelo Tribunal de Justiça aos particulares na implementação das diretivas encontra, todavia, um limite no plano das relações estabelecidas entre particulares. Efetivamente, a possibilidade de os particulares invocarem uma diretiva da União, verificadas certas condições, foi afastada no acórdão *Marshall* (Ac. de 26 de fevereiro de 1986, processo 152/84), no contexto das relações jurídico-privadas.

52. Nesse acórdão, o Tribunal afirmou «que uma diretiva não pode, por si só, criar obrigações na esfera jurídica de um particular, e que uma disposição de uma diretiva não pode ser, portanto, invocada, enquanto tal, contra tal pessoa» (nº 48). Desta asserção retirou duas ilações. Por um lado, as diretivas não podem ter um efeito vertical *descendente* ou *invertido*, o que significa que o Estado não pode invocar contra um particular uma disposição de uma diretiva cuja transposição para o direito nacional ainda não tenha sido efetuada (cfr. Ac. de 11 de junho de 1987, *Pretore di Salò*, proc. 14/86, nº 19 e ac. de 8 de outubro de 1987, *Kolpinghuis Nijmegen*, proc. 80/86, nº 10).

53. Parece-nos, em todo o caso, que se poderá questionar esta proibição do efeito vertical invertido dado o alargamento do conceito de Estado na jurisprudência do Tribunal de Justiça. De facto, a jurisprudência *Foster* (Ac. de 12 de julho de 1990, proc. C-188/89, nºs 18 e 19) não parece ser facilmente conciliável com o argumento literal invocado pelo Tribunal no acórdão *Marshall* para negar efeito horizontal às diretivas. Repare-se que no acórdão *Foster* o Tribunal estendeu o conceito de Estado aos *organismos ou entidades que estejam sujeitas à autoridade ou ao controlo do Estado ou que disponham de poderes exorbitantes face aos que resultam das normas aplicáveis às relações entre particulares*, como seria nomeadamente o caso das autoridades fiscais (Ac. *Ursula Becker*), das coletividades territoriais (Ac. de 22 de junho de 1989, *Fratelli Costanzo/Comuna* de Milão, proc. 103/88,), das autoridades constitucionalmente independentes encarregadas da manutenção da ordem e da segurança públicas (Ac. de 15 de maio de 1986, *Johnston/Chief Constable of the Royal Ulster Constabulary*, proc. 222/84), bem como das autoridades públicas que assegurem serviços de saúde públicos (Ac. *Marshall*). E daí que a articulação deste conceito lato de Estado com a jurisprudência restritiva do acórdão *Marshall* não se afigure fácil. Uma solução possível seria afastar-se o acórdão *Foster* e restringir o conceito de Estado aos órgãos com poderes para transpor a diretiva, excluindo as autoridades locais, empresas

públicas e empresas privadas com poderes especiais, que não participam no processo de transposição, e ainda repensar-se a problemática do efeito horizontal das diretivas (sobre esta questão, cfr. Gerrit Betlem, "The doctrine of consistent interpretation managing legal uncertainty", *Oxford Journal of Legal Studies*, 2002, 22, pp. 414 e ss).

54. Por outro lado, as *diretivas não podem ter efeito direto horizontal*, isto é, não podem ser invocadas enquanto tais por um particular num litígio que o oponha a outro particular. Segundo o Tribunal de Justiça, alargar a jurisprudência relativa à invocabilidade das diretivas contra o Estado ao domínio das relações entre os particulares «levaria a reconhecer à Comunidade o poder de criar, com efeito imediato, deveres na esfera jurídica dos particulares, quando ela só tem essa competência nas áreas em que lhe é atribuído o poder de adotar regulamentos» (cfr. Ac. *Faccini Dori*, de 9 de fevereiro de 1994, proc. C-91/92, nº 24.); logo, um particular não pode invocar com base numa diretiva um direito contra outro particular perante um órgão jurisdicional nacional.

55. Para justificar a recusa do efeito horizontal, o Tribunal invoca, em primeiro lugar, um *argumento literal*: as diretivas, nos termos do artigo 288º do TFUE, só têm como *destinatários* os *Estados;* por conseguinte, aos particulares não podem ser impostas obrigações (curiosamente, como já sublinhou o advogado-geral Jacobs, nas conclusões ao acórdão *Vaneetveld*, de 3 de março de 1994, processo C-316/93, o argumento literal não foi considerado procedente no acórdão *Defrenne* relativo ao efeito direto do atual art. 157º do TFUE; ou seja, apesar do artigo 157º referir apenas os Estados enquanto destinatários do princípio da igualdade da remuneração entre trabalhadores masculinos e femininos, o Tribunal de Justiça considerou que a norma em causa tinha efeito horizontal).

56. Em segundo lugar, o Tribunal entende que reconhecer efeito horizontal às disposições da diretiva acabaria por *eliminar a distinção entre diretiva e regulamento*. Note-se, todavia, que este argumento tem sido rebatido (nomeadamente pelo advogado-geral Lenz no acórdão *Faccini Dori*) sublinhando-se que nunca se confundiriam os dois atos, pois no caso das diretivas os Estados terão, desde logo, liberdade de ação quanto à escolha da forma e meios de transposição da mesma.

57. A verdade é que a questão é um pouco complexa. Como explica Chalmers (cfr. D. Chalmers e o., *European Union Law*, Cambridge University Press, 2009, pp. 376-377) quando a UE "tem competências para adotar apenas diretivas, não tem autoridade constitucional para elaborar leis que podem ser aplicadas diretamente a particulares; para essas leis poderem ser aplicadas é necessária a participação (através da adoção de medidas de transposição) dos Estados-membros".

58. Em terceiro lugar, e por último, o Tribunal invoca o argumento da *segurança jurídica*: antes do Tratado da União Europeia as diretivas apenas eram

notificadas aos Estados e não eram obrigatoriamente publicadas; logo, nunca poderiam impor obrigações aos particulares que não são os destinatários diretos do ato. Num Estado de direito *um particular, que se comporta legalmente no âmbito da ordem jurídica nacional, não pode ser sobrecarregado com ónus resultantes de uma diretiva não transposta que não lhe é dirigida* (cfr. conclusões do advogado-geral Otto Lenz apresentadas no acórdão *Faccini Dori*, de 14 de julho de 1994, processo C-91/92).

59. É certo que este argumento perdeu relevo com a entrada em vigor do Tratado da União Europeia e com o estabelecimento da obrigação de publicação das diretivas no Jornal Oficial, nos termos do atual artigo 297º do TFUE. Não faz, portanto, sentido insistir na necessidade de ser protegida a confiança jurídica do particular, pois após a publicação de uma diretiva e o decurso do prazo de transposição, o ónus passa a ser previsível. Aliás, a solução fixada no acórdão *Marshall* poderá em certa medida ser benéfica para o Estado infrator e, como refere Lenz, parece duvidoso que *a confiança no facto de o legislador nacional se comportar em desconformidade com o direito da União justifique tal proteção* (cfr. conclusões no ac. *Faccini Dori*).

60. Em síntese, os argumentos invocados pelo Tribunal para recusar efeito horizontal às diretivas têm sido refutados pela doutrina, que aponta, aliás, várias outras razões para se operar o reconhecimento desse efeito. Em primeiro lugar alega-se que o conceito de efeito direto é *unitário*, não devendo ser cindido artificialmente nos planos vertical e horizontal; ou seja, apesar do legislador da União ter criado as diretivas como atos incompletos que não podiam conferir direitos para os particulares antes de adotadas as medidas nacionais de transposição, a verdade é que a jurisprudência do Tribunal de Justiça sobre o efeito direto desses atos alterou a sua natureza, permitindo-lhes conferir diretamente direitos aos particulares, pelo que não faz sentido aceitar apenas a invocação vertical das diretivas.

61. Em segundo lugar, são invocadas as *consequências discriminatórias resultantes da negação do efeito horizontal das diretivas*, isto é, com a jurisprudência *Marshall* cresce o risco da discriminação entre os trabalhadores no setor público e privado (cfr. o nosso estudo "Incumprimento das Diretivas Comunitárias: do efeito direto à responsabilidade do Estado" *in Dois Temas de Direito Comunitário de Trabalho*, Publicações Universidade Católica, Porto, 2000, pp. 30 e ss).

62. Acresce que a recusa do efeito direto horizontal pode criar *distorções a nível das condições de concorrência* e comprometer mesmo a realização do mercado interno (como referiu Otto Lenz, nas conclusões apresentadas no acórdão *Faccini Dori*, os particulares residentes no Estado que cumpriu o Direito da União Europeia e transpôs a diretiva são discriminados face aos particulares dos Estados infratores).

63. Por último, afirma-se que, mais do que razões jurídicas, a recusa de efeito horizontal seria justificada por *motivos políticos*: a jurisprudência Marshall seria uma «oferta de um compromisso, nos termos do qual o Tribunal de Justiça limitaria o efeito direto das diretivas ao [plano] vertical para os tribunais nacionais o aceitarem nessa dimensão limitada» (cfr. T. C. Hartley, *The foundations of European Community Law*, Clarendon Press, 1988, p. 209).

64. Apesar do relevo dos argumentos apresentados, a verdade é que até hoje a jurisprudência *Marshall* se tem mantido inalterada.

VI – Flexibilização da jurisprudência *Marshall* e o desenvolvimento de soluções alternativas.

65. Os inconvenientes resultantes do não reconhecimento do efeito direto horizontal das diretivas foram de algum modo atenuados não só com a flexibilização da jurisprudência *Marshall* a partir da construção dos conceitos de *efeito direto em situações triangulares* e *efeito direto incidental* ou *efeito de exclusão das diretivas*, mas ainda com a criação de soluções alternativas: adoção de um conceito lato de Estado, recurso ao mecanismo da interpretação conforme e afirmação do princípio da responsabilidade do Estado pela violação do direito da União.

66. Quanto a esta última solução, e independentemente da questão de saber se a responsabilidade do Estado é uma alternativa aos princípios do efeito direto e da interpretação conforme ou se é apenas uma solução subsidiária, é preciso sublinhar que não será fácil a sua invocação pelos particulares perante os tribunais nacionais. De facto, a prova dos requisitos dessa responsabilidade é bastante onerosa, pelo que o interesse desta solução poderá acabar, na prática, por se revelar bastante limitado.

67. Por outro lado, mesmo com a adoção de um conceito amplo de Estado, tal como resulta do acórdão *Foster*, ficarão de fora as relações jurídico-privadas, encontrando-se desprovidos de proteção os particulares que queiram invocar a disposição de uma diretiva não transposta contra outro particular. A única solução poderá ser o recurso ao princípio da interpretação conforme, ainda que a aplicação deste último também suscite algumas dúvidas, ainda não inteiramente esclarecidas pela jurisprudência do Tribunal.

68. Igualmente problemáticos se revelam os conceitos de *efeito direto nas situações triangulares* e *efeito direto incidental* ou *efeito de exclusão das diretivas*, ainda que tenham sido utilizados para reduzir o impacto negativo da jurisprudência Marshall, permitindo, na prática, a aplicação de diretivas não transpostas nas relações entre particulares.

69. O primeiro conceito – *efeito direto nas situações triangulares* – foi utilizado no caso *Delena Wells* e traduz a possibilidade de um particular invocar as disposições incondicionais e suficientemente precisas de uma diretiva contra o

Estado, ainda que tal invocação possa ter «repercussões negativas sobre os direitos de terceiros, mesmo que sejam certas» (Ac. de 7 de janeiro de 2004, processo C-201/02, nºs 55-58; vejam-se ainda as hipóteses semelhantes discutidas no acórdão de 24 de outubro de 1996, *Kraaijeveld*, proc. C-72/95, e no acórdão de 19 de setembro de 2000, *Linster*, proc. C-287/98, analisadas por Malcom Ross, "Effectiveness in the European legal order(s): beyond supremacy to constitutional proportionality", *European Law Review*, 2006, 31, pp. 476 e 488 e ss e Chris Hilson e Tony Downes, "Making sense of rights: community rights in E.C.Law", *European Law Review*, 1999, 24, p. 137). O Tribunal considerou, deste modo, que *simples repercussões negativas sobre direitos de terceiros* não são um obstáculo ao efeito direto de disposições de uma diretiva; já será, não obstante, excluído o efeito direto dessas disposições, pelo que «um particular não pode invocar uma diretiva contra um Estado-Membro, se se tratar de uma obrigação estatal que está diretamente ligada ao cumprimento de outra obrigação que, por força dessa diretiva, incumbe a um terceiro». *In casu* um particular podia impugnar a falta de exigência, por parte do Estado, de avaliação do impacto ambiental, avaliação essa exigida pela Diretiva 85/337; ou seja, um particular podia pedir ao *Secretary of State* para revogar ou alterar a autorização de exploração mineira de uma pedreira, a fim de remediar a falta de avaliação dos efeitos no ambiente no procedimento de autorização, pois como afirmou o Tribunal a obrigação por parte do Estado-Membro em causa de garantir que seja realizada pelas autoridades competentes uma avaliação dos efeitos no ambiente da exploração da pedreira de Conygar Quarry não está diretamente ligada ao cumprimento de qualquer obrigação que, por força da Diretiva 85/337, incumbisse aos proprietários da referida pedreira. Logo, o facto de as operações de exploração mineira terem de ser suspensas para aguardar os resultados da avaliação é, apenas, consequência do cumprimento tardio das obrigações do referido Estado, constituindo *simples repercussões negativas*, que não se confundem com o mecanismo do efeito direto vertical descendente, sistematicamente afastado pela jurisprudência do Tribunal. Em suma, a solução fixada no acórdão *Delena Wells* mais não é, como bem refere o advogado-geral Léger, que um caso clássico de efeito direto vertical das diretivas (cfr. conclusões apresentadas no acórdão *Delena Wells*), ainda que a distinção aí formulada pelo Tribunal entre *repercussões negativas sobre direitos de terceiros* e *obrigação estatal diretamente ligada ao cumprimento de outra obrigação que incumbe ao terceiro* seja pouco evidente, suscitando aliás a questão, ainda em aberto, de saber quais os limites de tais efeitos adversos a suportar por terceiros.

70. A questão do *efeito de exclusão das diretivas*, por seu turno, foi especialmente discutida nos processos *CIA Security* (Ac. de 30 de setembro de 1996, proc. C--194/94), *Unilever* (Ac. de 26 de setembro de 2000, proc. C-443/98; e para uma análise dos dois acórdãos referidos cf., Michael Douglas, "When worlds collide!

Competing visions of the relationship berween direct effect and supremacy", *Common Market Law Review*, 2007, 44 p. 931) *Panagis Pafitis* (Ac. de 12 de março de 1996, processo C-441/93) e indiretamente no acórdão *Seda* (Ac. de 19 de janeiro de 2010, processo C-555/07; note-se que neste caso o Tribunal de Justiça decidiu que o tribunal nacional, chamado a pronunciar-se num litígio entre particulares, deve garantir a observância do princípio da não discriminação em razão da idade, enquanto princípio geral de direito da União, *concretizado pela Diretiva* 2000/78, que estabelece um quadro geral de igualdade de tratamento no emprego e na atividade profissional, devendo afastar, quando necessário, as disposições contrárias da legislação nacional). O problema equacionado naqueles acórdãos é o de saber se uma diretiva, não transposta no prazo devido, pode servir de parâmetro de legalidade para as regras internas.

71. À luz da jurisprudência do Tribunal, atendendo ao princípio da cooperação leal, e ainda ao caráter obrigatório da diretiva, parece que a resposta terá de ser afirmativa, (cfr. conclusões apresentadas pelo advogado-geral Saggio no acórdão *Océano*, de 27 de junho de 2000, proc. C-240/98 e 244/98, nº 30). O melhor entendimento seria, pois, chamar-se à colação, neste tipo de casos, o princípio do primado. Como refere Saggio, «uma aplicação correta do princípio do primado do direito comunitário sobre o direito interno bem como a exigência de garantir uma aplicação uniforme das disposições comunitárias implicam que as diretivas não transpostas, uma vez expirado o prazo previsto para a sua aplicação no direito interno, possam ter como efeito *excluir a aplicação da regra nacional contrária*, mesmo se, por falta de precisão ou porque não têm efeito direto nas relações *horizontais*, não confiram aos particulares direitos suscetíveis de ser invocados em juízo». Logo, o dever de colaboração, «que cabe a todos os órgãos nacionais no quadro das suas competências, impõe aos juízes e à administração a obrigação de 'afastar', por assim dizer, a lei nacional incompatível».

72. Seria assim possível distinguir, fazendo uma analogia com o *escudo* e a *espada* (*shield and sword*), entre *efeito de substituição* (*invocabilité de substitution*, se quisermos utilizar a terminologia preferida da doutrina francesa, cfr. conclusões do advogado-geral Léger no acórdão *Linster* de 19 de setembro de 2000, proc. C-287/98, nº 57), entendido em sentido estrito como a faculdade de invocar em juízo a norma da União contra a outra parte (ou seja, a diretiva é usada como uma *espada* na medida em que o particular a pode invocar diretamente) e a capacidade dessa mesma norma servir de parâmetro de legalidade de uma disposição de nível inferior na hierarquia das fontes, podendo conduzir à exclusão da lei nacional contrária, sendo esta consequência designada como *efeito de exclusão* (*invocabilité d'exclusion*, isto é, a norma europeia funciona como um *escudo* protetor contra a lei nacional contrária; para uma visão crítica da expli-

cação que utiliza a analogia da espada e do escudo, cf. Miriam Lenz, Dora Sif Tynes e Lorna Young, "Horizontal What? Back to basics", *European Law Review*, 2000, 25, pp. 516).

73. Note-se que o *efeito de exclusão* já tinha sido reconhecido pelo Tribunal no acórdão *Ursula Becker* (Ac. de 19 de janeiro de 1982, processo 8/81), tendo-se ainda revelado poderoso numa série de casos envolvendo a Diretiva 83/189 (hoje Diretiva 98/34, JO L 240/37 alterada pela Diretiva 98/48, JO L 271/18), relativa a um procedimento de informação no domínio das normas e regulamentações técnicas. A diretiva em análise visava proteger *a livre circulação de mercadorias*, instituindo um controlo preventivo, à luz do qual os Estados deviam notificar à Comissão os projetos de tais normas e regulamentações, bem como abster-se da aplicação de medidas cuja compatibilidade com o Direito da União Europeia estava a ser apreciada pela Comissão, sob pena de o Estado infrator não poder invocar essas medidas nacionais em processos envolvendo terceiros a decorrer perante tribunais nacionais. Ora é precisamente sobre esta sanção que versam, desde logo, os casos *CIA Security International* (Ac. de 30 de setembro de 1996, proc. C-194/94) e *Unilever* (Ac. de 26 de setembro de 2000, proc. C-443/98).

74. No primeiro caso, uma empresa que comercializava sistemas de alarme, sem observar as especificações técnicas da lei belga, pôde afastar a lei nacional, uma vez que tais regras não tinham sido comunicadas à Comissão nos termos da Diretiva 83/189/CEE. Segundo o Tribunal de Justiça a «inobservância da obrigação de notificação constitui um vício processual essencial suscetível de acarretar a inaplicabilidade aos particulares das regras técnicas em causa» (nºs 48 e 54).

75. De forma semelhante, no caso *Unilever*, relativo à aplicação pelo Estado das normas técnicas sobre rotulagem e embalagem de azeite antes de decorrido o período de suspensão aplicável nos termos da diretiva, o Tribunal reiterou que a diretiva não criava obrigações para particulares, mas o não cumprimento da obrigação de notificação pelo Estado tinha um efeito de exclusão: o juiz nacional devia recusar a aplicação de uma norma técnica nacional que não tivesse sido notificada em conformidade com a diretiva, na medida em que a mesma impedia a utilização ou a comercialização de um produto não conforme com esta regra.

76. E à mesma conclusão chegou o Tribunal nos casos *Bernáldez, Bellone e Océano*. No primeiro caso (Ac. de 28 de março de 1996, *Bernáldez*, proc. C-124/ /94), a lei espanhola, que excluía a responsabilidade de seguradora no caso de o condutor estar embriagado, foi afastada (*efeito de exclusão* da diretiva), e a companhia de seguros teve de assumir uma obrigação pecuniária que o direito nacional não lhe impunha. Já, no segundo caso (Ac. de 30 de abril de 1998, *Bellone*,

proc. C-215/97), o Tribunal de Justiça interpretou a Diretiva 86/635/CEE do Conselho, de 18 de dezembro de 1986, relativa à coordenação do direito dos Estados-Membros sobre os agentes comerciais. No litígio *a quo*, o agente comercial Bellone tinha recorrido ao *Pretore di Bologna* a fim de este reconhecer o (seu) direito a que lhe fossem pagas determinadas somas pretensamente devidas por ter exercido a atividade de agente comercial a favor da sociedade Yokohama; esta última invocava, em contrapartida, a nulidade do contrato de agência pelo facto de o agente não estar inscrito no registo previsto para o efeito pela legislação italiana. O Tribunal de Justiça interpretou as disposições da diretiva de forma a excluir o direito nacional, que subordinava a validade do contrato à inscrição do agente comercial no referido registo. Foi também no sentido de exclusão da norma nacional (espanhola) que o Tribunal decidiu no caso *Océano* (Ac. de 27 de junho de 2000, proc.C-240 a 244/98). Nesse caso, afastou uma cláusula inserida num contrato com um consumidor, que conferia competência exclusiva ao tribunal do foro da sede do profissional, por ser considerada uma cláusula abusiva nos temos da Diretiva 93/13 (que não foi transposta no prazo para o ordenamento espanhol).

77. Hipótese aparentemente diferente é a de a falta de notificação à Comissão, de medidas técnicas nacionais, não colocar em causa o objetivo da livre circulação de mercadorias. Como é sabido, é este o objetivo prosseguido pela Diretiva 83/189, através de um controlo preventivo das regras nacionais técnicas, que podem constituir obstáculos às trocas intracomunitárias. E daí que, segundo o Tribunal, embora a falta de notificação de regras técnicas torne estas últimas inaplicáveis "na medida em que as mesmas impedem a utilização ou a comercialização dum produto não conforme com estas regras, a falta não tem, pelo contrário, o efeito de tornar ilegal qualquer utilização dum produto que esteja em conformidade com regras não notificada"(Ac. de 16 de junho de 1998, processo C-226/97, *Lemmens*, nº 35).

78. Por outras palavras, segundo o Tribunal o incumprimento da obrigação de notificação só afasta a aplicação das medidas nacionais se estas impedirem a utilização ou comercialização de um produto; já os produtos, que seguiram as medidas nacionais (que não foram notificadas) podem ser utilizados para outros efeitos. Assim, no caso *Lemmens*, o Tribunal concluiu que não podia ser posta em causa a condenação de um condutor embriagado pelo facto de o equipamento utilizado para medir o grau de intoxicação seguir especificações técnicas que não tinham sido comunicadas à Comissão. O Tribunal afastou-se, deste modo, da solução preconizada pelo advogado-geral Jacobs, para quem a melhor opção seria o Tribunal aplicar uma *solução de natureza substantiva*, ou seja, verificar se as especificações técnicas nacionais no caso em apreço violavam as regras da União sobre a livre circulação de mercadorias, hipótese em que seriam afastadas. Para

justificar este entendimento Jacobs alegou que os efeitos lesivos para os particulares decorrentes do incumprimento por parte do Estado das obrigações processuais da diretiva são difíceis de justificar à luz da segurança jurídica: «[p]ara evitar dificuldades nas próprias relações contratuais o operador comercial particular deve conhecer a existência da Diretiva 83/189, conhecer a jurisprudência *CIA Security International*, identificar uma regulamentação técnica enquanto tal e determinar com segurança se o Estado-Membro em causa respeitou todas as obrigações processuais previstas na diretiva» Ora, a verificação destes elementos pode ser muito difícil, devido à falta de publicidade do processo previsto na diretiva (cfr. conclusões do advogado-geral no acórdão *Unilever*, n°s 99 e ss).

79. Não foi, todavia, este o raciocínio seguido pelo Tribunal, que, aliás, não se limitou a confirmar a imposição de um pesado ónus de investigação às empresas ativas em domínios que exigem a aplicação de especificação técnicas (sendo a única forma de reduzirem a incerteza nas transações comerciais), mas alargou ainda o conceito de relações entre particulares sobre as quais recaem as consequências do incumprimento do Estado às relações contratuais.

80. Repare-se que enquanto no caso *CIA Security International* não existia qualquer contrato entre os particulares, estava apenas em causa a retirada do mercado de um produto que não observava os requisitos fixados na lei belga, no processo *Unilever* discutiu-se o incumprimento de um contrato entre privados: a Central Food comunicou à Unilever que o azeite fornecido não estava rotulado em conformidade com a lei controvertida, recusando-se a pagar o montante devido. É certo que a solução fixada no caso *Unilever* conduz, no plano dos efeitos sobre a posição jurídica dos particulares, a um resultado muito semelhante ao que decorreria do reconhecimento de efeito horizontal à diretiva em causa, mas não compromete, pelo menos no plano dos princípios, a recusa do efeito horizontal das diretivas: no caso *Unilever* a obrigação de a Central Foods aceitar os produtos não resulta da diretiva, mas do próprio contrato.

81. Observe-se, por outro lado, que o *efeito de exclusão* das diretivas, traduzido, nos vários casos mencionados, na inaplicabilidade da norma nacional contrária, mais não é, na realidade, do que uma manifestação do *princípio do primado*. De facto, o estatuto do tribunal nacional como tribunal comum de Direito da União Europeia implica que lhe seja confiada, a par das restantes autoridades nacionais, a delicada missão de garantir o primado do Direito da União Europeia sobre o direito interno. Significa isto que as disposições nacionais não conformes à diretiva terão de ser afastadas para garantir a plena eficácia do direito comunitário. Nessa medida, a diretiva, enquanto *parâmetro de legalidade*, não tem de observar rigorosamente as condições estipuladas para o *efeito de substituição*. Ou seja, o grau de precisão e incondicionalidade da disposição da diretiva para conduzir à exclusão da norma nacional contrária (efeito de exclusão) poderá ser

inferior ao que teria de se verificar se o objetivo fosse o da sua aplicação (efeito de substituição).

82. Em sentido próximo já se tinham, aliás, pronunciado quer o advogado-geral Saggio, nas conclusões apresentadas no acórdão *Océano*, onde defendeu que o efeito de exclusão da diretiva era «independente da sua capacidade de atribuir aos particulares direitos subjetivos «ativos» invocáveis em juízo», quer o advogado-geral Léger, nas conclusões apresentada no caso *Linster*.

83. Em suma, os acórdãos do Tribunal de Justiça sobre o *efeito direto nas relações triangulares*, e sobre o *efeito direto incidental (ou de exclusão)* são manifestações do princípio do efeito direto vertical das diretivas e do princípio do primado, deixando, no entanto, intacto os problemas suscitados pela recusa de efeito horizontal às diretivas da União. Ou seja, a questão da obrigação do Estado respeitar a diretiva é autónoma da questão da *invocabilidade* direta pelos particulares das disposições de uma diretiva não transposta, podendo neste último plano revelar-se bastante limitada a proteção dos particulares quer na hipótese de as disposições da diretiva não serem suficientemente precisas e incondicionais para se produzir o efeito de substituição, quer na hipótese de a relação em causa ser uma relação entre particulares.

VII – Considerações finais

84. Perto de 50 anos volvidos sobre a jurisprudência *Van Gend en Loos* é trazida de novo à colação a questão da atualidade do princípio do efeito direto. O aprofundamento da ordem jurídica da União no sentido da sua federalização tornaria desnecessário o recurso a este princípio. Trata-se no fundo da tese de Pescatore, para quem o aprofundamento da Comunidade (hoje União) levaria ao *desaparecimento da doutrina do efeito direto* que mais não seria do que uma doença de criança que se esvanece com o crescimento (P. Pescatore, *The doctrine of direct effect: an infant desease of Community Law*, European Law Review, 1983 p. 155).

85. Em sentido próximo Sacha Prechal entende que no panorama atual a doutrina do efeito direto tornou-se *desnecessária*, pois já contribuiu para o seu objetivo: fazer com que o Direito da União fosse aceite «como a lei que deve ser aplicada pelos tribunais nacionais», isto é, na medida em que o Direito da União é incorporado no ordenamento jurídico dos Estados-membros deve ser considerado *the law of the land*. E, precisamente por este motivo, as normas europeias devem ser tratadas como as nacionais. Manter o conceito de efeito direto pode mesmo «causar mais prejuízos do que vantagens», na medida em que se tornou um conceito difuso, de difícil aplicação, que pode mesmo ser um «pretexto» para não ser aplicada a norma europeia pela autoridades nacionais (cfr. Sacha Prechal, "Does direct effect still matter?", *Common Market Law Review*, 2000, 37, pp. 1047 e ss e 1068).

86. Apesar da pertinência de alguns dos argumentos apresentados, não nos parece que neste momento se possa considerar totalmente desprovida de interesse a doutrina do efeito direto. De facto, apesar de a evolução do Direito da União Europeia se ter revelado impressionante ao longo destes últimos 50 anos, a verdade é que ainda hoje não tem o grau de eficácia dos direitos nacionais. Basta recordar a impossibilidade de um particular invocar as disposições de uma diretiva não transposta contra outro particular. Acresce que o desenvolvimento conceptual desse direito nem sempre é acompanhado pela sua sua efetiva aceitação no plano nacional. A resistência intencional, ou por ignorância, das autoridades nacionais ao Direito da União Europeia, para quem este é ainda frequentemente (e incompreensivelmente) *foreign law*, justificam, do nosso ponto de vista, a manutenção deste princípio.

2. Princípio do Primado do Direito da União

Patrícia Fragoso Martins

2.1. Acórdão do Tribunal de Justiça de 15 de julho de 1964 – Processo 6/64 *Costa c. E.N.E.L.*[1]

Resumo dos factos

A história subjacente ao acórdão *Costa/ENEL* começou em 1962, quando Flaminio Costa, advogado em Milão, se recusou a pagar a sua conta de eletricidade, no valor simbólico de 1,925 liras, como forma de protesto contra a lei italiana de nacionalização da energia elétrica, de 6 de dezembro de 1962, denunciada como sendo incompatível com certas disposições do então Tratado CEE.

Flaminio Costa, que havia sido acionista da Edison Volta, uma das empresas afetadas pela nacionalização, intentou uma ação num tribunal nacional – o *guidice conciliatore* de Milão, um juiz de paz – impugnando a decisão administrativa de cobrança em causa, e questionando a conformidade da lei italiana de nacionalização da produção e distribuição da energia elétrica com o Tratado de Roma. O autor solicitou o reenvio do processo, a título prejudicial, por um lado para o Tribunal Constitucional italiano, e por outro, para o Tribunal de Justiça da União Europeia ("TJUE") ao abrigo do atual artigo 267º TFEU.

---

[1] A presente anotação foi desenvolvida imediatamente após a da entrada em vigor do Tratado de Lisboa, razão pela qual as eventuais referências aos tratados alterados, com efeitos a partir de dezembro de 2009, se fazem já no corpo do texto. Não obstante, aconselha-se a consulta dos quadros de correspondência publicados no JOUE em anexo ao Tratado de Amesterdão e ao Tratado de Lisboa, de forma a esclarecer dúvidas que permaneçam sobre a renumeração dos artigos.

Noutro plano, e considerando a evolução ocorrida com o Tratado de Lisboa a este nível, com a supressão do sistema de pilares que fundam a União, referir-nos-emos preferencialmente à União Europeia no seu todo, fazendo referência às Comunidades Europeias apenas quando o rigor científico impuser a distinção.

Um acórdão do Tribunal Constitucional italiano proferido no mesmo ano, precisamente a propósito da lei que havia instituído a ENEL, tinha considerado que, não obstante o disposto no artigo 11º da Constituição italiana, devia dissociar-se a questão da eventual violação do Tratado, resultante da adoção de uma lei que lhe é contrária – questão que apenas relevava no plano da responsabilidade internacional do Estado – do problema da conformidade desta lei com a Constituição. Ora, tendo o Tratado sido ratificado por uma lei ordinária, qualquer outra lei posterior contrária devia poder produzir os seus efeitos de acordo com a regra da *lex posterior*. Consequentemente, não só não haveria que indagar da conformidade desta lei com o Tratado, como também qualquer reenvio prejudicial para o TJUE estaria necessariamente desprovido se objeto. (Para uma contextualização da decisão à luz dos factos e tensões ideológicas da época, *vide* RASMUSSEN, Morten, *From Costa v ENEL to the Treaties of Rome: A Brief History of a Legal Revolution*, in *The Past and Future of EU Law: The Classics of EU Law Revisited on the 50th Anniversary of the Rome Treaty*, Editado por Miguel Poiares Maduro e Loïc Azoulai, Oxford and Portland, Oregon, Hart Publishing, 2010, p. 69-85).

O juiz de paz milanês, colocado perante uma questão de interpretação do Tratado, lançou mão do mecanismo do reenvio prejudicial.

As questões colocadas pelo juiz nacional não respeitavam diretamente à questão da primazia do Tratado na ordem jurídica italiana. O TJUE viu-se, aliás, na necessidade de corrigir a forma como a questão lhe foi colocada, uma vez que, aparentemente, decorria do processo que a intenção do tribunal nacional seria obter uma declaração sobre a compatibilidade do direito nacional com o Tratado. Ora, o TJUE não tem competência para se pronunciar sobre a validade de normas e atos nacionais, mas apenas sobre a correta interpretação das disposições do Tratado mencionadas pelo *giudice conciliatore*.

Neste contexto, o TJUE aproveitou, ainda, para afirmar – na mesma linha das conclusões apresentada pelo advogado-geral LAGRANGE no processo – que não lhe compete averiguar em face dos factos do caso concreto, da necessidade das questões prejudiciais colocadas para efeitos de aplicação do atual artigo 267º TFUE, decidindo aceitar o pedido.

O Governo italiano, na linha das posições dualistas tradicionalmente vigentes no país, procurou sustentar que a função do juiz nacional era tão só a de aplicar a lei italiana, sustentando que o processo estava ferido de inadmissibilidade absoluta uma vez que, no caso concreto, perante o conflito entre a lei de nacionalização em causa com a lei nacional que aprovara o Tratado CEE, segundo a regra da *lex posterior*, a primeira deveria prevalecer. Esta solução decorria, aliás, de um acórdão da *Corte Constituzionale* proferido no mesmo ano.

As questões prejudiciais colocadas respeitavam, assim, à interpretação dos então artigos 102º (aproximação de legislações), 93º (ajudas de Estado), 37º (monopólios comerciais), e 53º TCEE (liberdade de estabelecimento). As três primeiras disposições correspondem aos atuais artigos 117º, 108º, e 37º TFEU. O artigo 53º TCEE foi entretanto revogado, mas o princípio da liberdade de estabelecimento manteve-se ao longo das diversas revisões dos Tratados, e encontra-se hoje consagrado no artigo 49º TFEU.

Excertos do acórdão
Colocado perante a objeção avançada pelo Governo italiano da «inadmissibilidade absoluta» do pedido, segundo a qual o órgão jurisdicional nacional obrigado a aplicar a lei nacional não podia lançar mão do atual artigo 267º TFEU [então artigo 177º TCEE], o TJUE traçou uma verdadeira teoria geral das relações entre o direito da União e os direitos nacionais, justificando a primazia do primeiro em termos nunca mais abandonados pela jurisprudência posterior. Assim, considerou o TJUE que:

«Diversamente dos tratados internacionais ordinários, o Tratado CEE instituiu uma ordem jurídica própria que é integrada no sistema jurídico dos Estados-membros a partir da entrada em vigor do Tratado e que se impõe aos seus órgãos jurisdicionais nacionais.

Efetivamente, ao instituírem uma Comunidade de duração ilimitada, dotada de instituições próprias, de personalidade, de capacidade jurídica, de capacidade de representação internacional e, mais especialmente, de poderes reais resultantes de uma limitação de competências ou de uma transferência de atribuições dos Estados para a Comunidade, estes limitaram, ainda que em domínios restritos, os seus direitos soberanos e criaram, assim, um corpo de normas aplicável aos seus nacionais e a si próprios.

Esta integração, no direito da cada Estado-membro, de disposições provenientes de fonte comunitária e, mais geralmente, os termos e o espírito do Tratado têm por corolário a impossibilidade, para os Estados, de fazerem prevalecer, sobre uma ordem jurídica por eles aceite numa base de reciprocidade, uma medida unilateral posterior que não se lhe pode opor.

Com efeito, a eficácia do direito comunitário não pode variar de um Estado para outro em função de legislação interna posterior, sem colocar em perigo a realização dos objetivos do Tratado referida no artigo 5º, segundo parágrafo, e sem provocar uma discriminação proibida pelo artigo 7º.

As obrigações assumidas no Tratado que institui a Comunidade não seriam absolutas mas apenas eventuais, se pudessem ser postas em causa por posteriores atos legislativos dos signatários.

Quando é reconhecido aos Estados-membros o direito de agir unilateralmente, isso apoia-se numa cláusula especial precisa (por exemplo, artigos 15º, 93º, nº 3, 223º a 225º).

Por outro lado, os pedidos de derrogação dos Estados estão sujeitos a processos de autorização (artigos 8º, nº 4, 17º, nº 4, 25º, 26º, 73º, 93º, nº 2, terceiro parágrafo, e 226º, por exemplo) que ficariam privados de objeto se aqueles pudessem subtrair-se às suas obrigações através de uma simples lei.

O primado do direito comunitário é confirmado pelo artigo 189º, nos termos do qual os regulamentos têm valor «obrigatório» e são diretamente aplicáveis «em todos os Estados-membros».

Esta disposição, que não é acompanhada de qualquer reserva, seria destituída de significado se um Estado pudesse, unilateralmente, anular os seus efeitos através de um ato legislativo oponível aos textos comunitários.

Resulta do conjunto desses elementos que ao direito emergente do Tratado, emanado de uma fonte autónoma, em virtude da sua natureza originária específica, não pode ser oposto em juízo um texto interno, qualquer que seja, sem que perca a sua natureza comunitária e sem que sejam postos em causa os fundamentos jurídicos da própria Comunidade.

A transferência efetuada pelos Estados, da sua ordem jurídica interna em benefício da ordem jurídica comunitária, dos direitos e obrigações correspondentes às disposições do Tratado, implica, pois, uma limitação definitiva dos seus direitos soberanos, sobre a qual não pode prevalecer um ato unilateral ulterior incompatível com o conceito de Comunidade.

Consequentemente, não obstante toda e qualquer lei nacional, há que aplicar o artigo 177º, caso se coloque uma questão de interpretação do Tratado».

Nesta sequência, uma vez que as questões colocadas pelo juiz nacional respeitavam à interpretação de diversas disposições do Tratado, o TJUE passou a responder a cada uma delas separadamente.

Nota-se, todavia, nas respostas dadas ao juiz nacional, uma preocupação por parte do TJUE em não se imiscuir na tarefa de aplicação do direito ao caso concreto. Neste plano *Costa/ENEL* é ilustrativo de um conjunto de jurisprudência na qual o TJUE se limita à sua tarefa interpretativa, deixando para o juiz nacional a missão de encontrar as concretas soluções a aplicar ao caso *sub judice*.

A distinção entre interpretação e aplicação do direito subjacente ao espírito do atual artigo 267º TFEU é fundamental, e havia sido, aliás, apontada pelo advogado-geral no processo. Não obstante, em muita da jurisprudência posterior, a linha de fronteira entre estas duas operações desvanecer-se-ia, e o TJUE através do reenvio de interpretação acabaria por fornecer soluções diretas para os casos concretos, que deixariam ao juiz nacional uma limitadíssima – por vezes, inexistente – margem de apreciação.

Comentário

I – Das razões justificativas do princípio do primado

1. O litígio envolvendo a fatura de eletricidade de Flaminio Costa serviria como plataforma para a proclamação de um dos princípios fundamentais mais conhecidos, mas também mais controversos, da ordem jurídica da União, que teve repercussões significativas nos sistemas constitucionais dos Estados-membros (Cf. FENNELLY, Niel, *The European Court of Justice and the Doctrine of Supremacy: Van Gend en Loos; Costa/ENEL; Simmenthal*, in *The Past and Future of EU Law: The Classics of EU Law Revisited on the 50th Anniversary of the Rome Treaty*, Editado por Miguel Poiares Maduro e Loïc Azoulai, Oxford and Portland, Oregon, Hart Publishing, 2010, p. 42).

2. O princípio da primazia – ou do primado, como ficou mais conhecido na doutrina portuguesa – não encontra base formal nos Tratados até hoje. Trata-se de um princípio de origem jurisprudencial cuja elaboração e desenvolvimento se ficou a dever ao esforço pretoriano do TJUE.

3. O Tratado Constitucional, assinado em 2004, foi o primeiro e único texto de direito originário da União que estabeleceu uma cláusula de primado. Dispunha o artigo I-6º do Tratado Constitucional que «[a] Constituição e o direito adotado pelas instituições da União, no exercício das competências que lhe são atribuídas, primam sobre o direito dos Estados-Membros» (JOUE C 310/11, de 16.12.2004). A solução veio a ser abandonada no Tratado de Lisboa, por se tratar de uma matéria política e juridicamente sensível, que dificilmente reuniria o consenso de todos os Estados-membros.

4. Não obstante, o Tratado de Lisboa incluiu, em anexo, uma Declaração sobre o princípio do primado (Declaração nº 17), nos termos da qual: «[a] Conferência lembra que, em conformidade com a jurisprudência constante do Tribunal de Justiça da União Europeia, os Tratados e o direito adotado pela União com base nos Tratados primam sobre o direito dos Estados-Membros, nas condições estabelecidas pela referida jurisprudência».

5. Paralelamente, a Conferência Intergovernamental anexou à Ata Final um parecer do Serviço Jurídico do Conselho, de 22 de junho de 2007, sobre o primado (Documento 11197/07 (JUR 260), nos termos do qual: «[d]ecorre da jurisprudência do Tribunal de Justiça que o primado do direito comunitário é um princípio fundamental desse mesmo direito. Segundo o Tribunal, este princípio é inerente à natureza específica da Comunidade Europeia. Quando foi proferido o primeiro acórdão desta jurisprudência constante (acórdão de 15 de julho de 1964 no processo 6/64, Costa contra ENEL, o Tratado não fazia referência ao primado. Assim continua a ser atualmente. O facto de o princípio do primado

não ser inscrito no futuro Tratado em nada prejudica a existência do princípio nem a atual jurisprudência do Tribunal de Justiça».

6. De alguma forma, tanto a Declaração quanto o Parecer juntos aos Tratados em vigor se encontram, paradoxalmente, em contradição com a extinção da Comunidade Europeia, e a respetiva sucessão pela União, decorrente dos artigos 1º TUE e 1º TFUE. Com efeito, em ambos continua a fazer-se referência ao "direito comunitário", quando tal referência se considera abolida por efeito do artigo 2º do Tratado de Lisboa. Não obstante, a linguagem adotada pode revelar-se relevante na discussão sobre a aplicação do princípio do primado fora do quadro das anteriores políticas comunitárias, e a sua extensão a todo o domínio do direito da União, como brevemente mencionado adiante.

7. O princípio da primazia da ordem jurídica da União significa que em caso de conflito, o direito da União se aplica com preferência sobre o direito nacional dos Estados-membros.

8. O caso *Costa/ENEL* não foi o primeiro caso onde o TJUE se viu confrontado com um conflito normativo entre uma disposição de direito da União e outra de direito interno de um dos Estados-membros (*Vide* Acórdão de 16 de dezembro de 1960, Proc. 6/60, *Humblet*). Não obstante, foi sem dúvida a primeira decisão na qual se afirmou e fundamentou, de forma inequívoca, e em termos constitucionais, a superioridade da norma de direito da União sobre a norma nacional. No acórdão *Walt Wilhelm* (Acórdão de 15 de fevereiro de 1969, Proc. 14/68, *Walt Wilhelm*) foi repetida a doutrina *Costa/ENEL*, a qual viria a ser, de aí em diante, considerada como dado adquirido.

9. A importância do caso foi, aliás, antevista pelo advogado-geral, que nas suas conclusões considerou que as questões de interpretação suscitadas o haviam sido «em circunstâncias tais» que podiam «pôr em causa as relações constitucionais entre a Comunidade Económica Europeia e os Estados-membros desta Comunidade». Isto era suficiente para fazer compreender a importância do acórdão que o TJUE fora chamado a proferir no processo.

10. No acórdão *Costa/ENEL*, o princípio do primado encontrou justificação – tal como havia sucedido com o princípio do efeito direto no acórdão *Van Gend en Loos* (Acórdão de 5 de fevereiro de 1963, Proc. 26/62, *Van Gend en Loos*) –, essencialmente, no princípio da autonomia da ordem jurídica da União. Não obstante, o TJUE fundamentou a sua posição numa série de argumentos – certamente uns mais convincentes que outros o que levou a que se considerasse que, com esta decisão, o TJUE construiu um «edifício grande e resistente» assente, todavia, em «fundações estreitas» (Cf. FENNELLY, Niel, *The European Court of Justice and the Doctrine of Supremacy*, p. 39-46.

11. Em primeiro lugar, segundo o TJUE, os Tratados criaram uma ordem jurídica autónoma que se tornou imediatamente parte integrante das ordens jurí-

dicas nacionais. Nisto se traduz o princípio da autonomia. Ou seja, a ordem jurídica da União é, em função das suas características próprias, uma ordem jurídica especial, diferente, e por isso independente quer dos ordenamentos nacionais do Estados-membros, quer do direito internacional geral.

12. Note-se aqui que, o TJUE se limitou a dizer em *Costa/ENEL* que a ordem jurídica da União não se reconduz ao direito internacional geral, não afirmando ainda a sua natureza constitucional. Na verdade, a referência à natureza constitucional da União apenas viria a ter lugar uns anos mais tarde. Neste contexto, a decisão mais importante do TJUE foi, talvez, a proferida no caso *Os Verdes* (Acórdão de 23 de abril de 1986, Proc. 294/83, *Os Verdes/Parlamento Europeu*). Mais tarde, no Parecer 1/91, (Parecer de 14 de dezembro de 1991) o TJUE considerou, igualmente, que o Tratado, não obstante concluído sob a forma de tratado internacional, constitui a "carta constitucional da Comunidade baseada no princípio da Comunidade de Direito". Esta ideia viria a ser repetidamente utilizada pelo TJUE em inúmeros dos seus arestos.

13. A nível legislativo, todavia, a utilização dos vocábulos "constituição" e "constitucional" revelar-se-ia problemática, culminando nomeadamente no abandono do Tratado Constitucional, e respetiva substituição pelo Tratado de Lisboa, cujo mandato previa expressamente o afastamento da natureza constitucional dos Tratados. É, todavia, discutível que o abandono formal do conceito determine uma alteração da natureza substancial dos Tratados enquanto instrumentos constitutivos da União.

14. Em segundo lugar, em *Costa/ENEL*, o TJUE considerou que a criação desta nova ordem jurídica se ficou a dever à transferência de competências por parte dos Estados-membros para as instituições da União, competências essas que implicaram uma limitação de soberania. Note-se que, da mesma forma que em *Van Gend en Loos*, o TJUE não fez qualquer referência às constituições nacionais em concreto, de forma a determinar se tal transferência de soberania era válida, ou mesmo admissível.

15. Em terceiro lugar, numa interpretação teleológica, o TJUE considerou que o espírito e os objetivos do Tratado levavam a crer que seria impossível aos Estados-membros reconhecer a primazia das suas ordens jurídicas nacionais. O direito da União havia sido aceite com base no princípio da reciprocidade, e todos os Estados-membros tinham o dever de assegurar a sua efetiva aplicação. Os objetivos de integração e cooperação entre todos ficariam comprometidos se os Estados se recusassem a aplicar o direito da União, que todos reconheciam que devia ser igual e plenamente aplicado por todos.

16. Note-se que, com este argumento, o TJUE apelava às motivações egoístas dos Estados-membros, afirmando que as exigências de realização de um mercado comum tornavam imperativo que os Estados não pudessem recusar a

supremacia do direito comum, impondo visões unilaterais e limitando a aplicação do direito da União.

17. Este argumento tem uma natureza mais pragmática que teórica, e seria repetido mais tarde pelo TJUE noutros contextos, e noutras formulações, mas sempre com a mesma preocupação subjacente, ou seja, a de assegurar a efetividade do direito da União.

18. O advogado-geral do processo havia lançado mão do argumento pragmático de forma mais impressiva. Referindo-se ao acórdão do Tribunal Constitucional italiano, salientou que, para além de aquele tribunal ter ignorado o conflito entre a lei nacional e o Tratado enquanto tal, a sua jurisprudência – a ser mantida – podia ter «consequências desastrosas» no funcionamento do sistema institucional estabelecido pelo Tratado e, consequentemente, no próprio futuro do mercado comum. Consequentemente, se algum dos Estados-membros viesse a concluir que não poderia aceitar na sua ordem constitucional os princípios por que se rege o ordenamento da União, isso «abalaria os próprios fundamentos do Tratado». Neste cenário, apenas duas soluções seriam possíveis para o Estado em causa: «modificar a Constituição para a tornar compatível com o Tratado ou denunciar este último».

19. Em quarto lugar, o TJUE considerou que a natureza vinculativa das normas do Tratado ficaria comprometida sem o reconhecimento do princípio do primado. Na verdade, de contrário, as obrigações ali assumidas seriam nas palavras do TJUE meramente «contingentes». Por isso, devia entender-se que as derrogações possíveis aos compromissos assumidos nos Tratados eram apenas aquelas que ali se encontravam expressamente consagradas.

20. Em quinto, e último lugar, o TJUE apresentou um argumento textual, com base no atual artigo 288º TFUE, e na noção de aplicabilidade direta dos regulamentos. Trata-se, todavia, de um argumento pouco convincente já que, deve dizer-se, as duas noções não se confundem. Na verdade, o princípio da aplicabilidade ou do efeito direto respeita apenas à forma como as normas de direito da União se aplicam nos ordenamentos nacionais, e nada acrescenta relativamente à solução a aplicar em caso de conflitos normativos entre as duas ordens jurídicas.

21. Da mesma forma, o advogado-geral, num esforço de objetividade, havia considerado a necessidade de considerar o Tratado "como ele era": «sem querer recorrer a conceções doutrinárias, demasiado sujeitas a controvérsia, sobre a natureza das Comunidades Europeias, nem tomar partido entre 'a Europa federal' e a 'Europa das pátrias', ou entre o 'supranacional' e o 'internacional', o juiz (é este o seu papel) só pode considerar o Tratado como ele é. Ora – isto é uma simples constatação – o Tratado que institui a CEE, como os dois outros Tratados ditos europeus, criou uma ordem jurídica própria, diferente da ordem jurídica dos Estados-membros, mas à qual se substitui parcialmente segundo regras

precisas contidas no próprio Tratado e que consistem em transferências de competência a favor de instituições comuns». Nesta sequência o advogado-geral prosseguiu analisando o princípio do efeito direto, de onde se pretendeu retirar a necessidade da primazia da ordem jurídica da União, de alguma forma confundindo as duas noções, e revelando inevitavelmente as dificuldades de um Tratado desprovido de cláusula de primado.

22. Não obstante, deve notar-se que, nos Estados monistas, que aceitam a aplicabilidade do direito internacional na sua ordem interna enquanto verdadeiro direito internacional, o primado tem encontrado menos resistências, o que revela, por outro lado, que as noções de efeito direto e de primazia do direito da União se encontram estreitamente ligadas. O advogado-geral apontara, de resto, para as diferenças verificadas a este nível nos Países Baixos, no Luxemburgo e na Bélgica – Estados tradicionalmente monistas – por oposição à Alemanha e Itália onde vigorava a doutrina do dualismo.

23. Não obstante a força maior ou menor dos argumentos aduzidos pelo TJUE, certo é que todos eles levaram o tribunal à conclusão que, em caso de conflito normativo com direito nacional, o direito da União devia, sempre e em todas as circunstâncias, prevalecer. O TJUE estabelecia, assim, um dos princípios fundamentais da ordem jurídica da União, erigido, desta forma, em *obiter dictum*.

24. A importância deste acórdão é, pois, decisiva. Não só pela clareza da demonstração e pela solidez do raciocínio, mas sobretudo pela ordem dirigida à ordem jurídica italiana, onde imperava o dualismo de Anzilotti e onde, portanto, não havia qualquer norma constitucional que conferisse primazia ao direito internacional, não sendo por isso possível fundamentar o princípio da primazia na ordem jurídica interna (Cf. Campos, João Mota de, *Direito Comunitário*, Vol. II, 5ª ed., Lisboa, Fundação Calouste Gulbenkian, 1997, p. 329).

25. O que é verdadeiramente inovador nesta decisão é facto de o TJUE ter fundamentado a primazia do direito da União na própria ordem jurídica da União, considerando que os Estados-membros, ao assinarem os Tratados criaram uma ordem jurídica nova, que se autofundamenta, e que portanto se encontra desligada quer das ordens jurídicas nacionais, quer da "velha" ordem jurídica internacional. Esta ideia esteve na base das maiores querelas doutrinárias que rodearam a aplicação e o reconhecimento do princípio do primado.

26. Parece, no entanto, haver um elemento de circularidade no raciocínio do TJUE. Na verdade, se o efeito direto e o primado são originariamente argumentos do TJUE para justificar o facto de o Tratado ser diferente de outros tratados internacionais, o direito da União é apresentado como distinto precisamente porque apresenta aquelas características (Cf. Witte, Bruno de, *Direct Effect, Supremacy and the Nature of the Legal Order*, in *The Evolution of EU Law*, Ed. Por Paul Craig e Grainne de Burca, Oxford, Oxford University Press, 1999, p. 177-213).

27. Existe, todavia, quem faça uma outra leitura desta decisão. Assim, seguindo, por exemplo, Maria Luísa Duarte, o fundamento da obrigação de não aplicar a lei nacional contrária ao Tratado repousa, na jurisprudência do TJUE, na autolimitação dos direitos soberanos pelos Estados-membros, através da transferência de atribuições operada em favor da União. Esta transferência envolveu uma «limitação definitiva, dos seus direitos soberanos contra a qual não poderia prevalecer um ato unilateral incompatível com a noção de Comunidade [hoje União]» (Cf. Duarte, Maria Luísa, *O Tratado da União Europeia e a garantia da Constituição: notas de uma reflexão crítica*, in *Estudos em memória do Professor Doutor João de Castro Mendes*, Lisboa, Lex, p. 670). Assim, para a autora, na sua jurisprudência, o TJUE deu particular destaque à limitação de direitos soberanos por vontade própria e autónoma dos Estados-membros e à sua atribuição às instituições da União, o que leva à conclusão de que «a própria jurisprudência comunitária aponta uma conceção sobre o primado basicamente ancorada na ideia constitucionalmente consentida da limitação da soberania» (*Ibidem*).

28. É duvidoso, todavia, que seja esse o sentido da jurisprudência do TJUE. Apesar da ideia de limitação de soberania encontrar o seu fundamento nas constituições nacionais, para o TJUE, tal limitação originou uma nova ordem jurídica que se autofundamenta, porque se desligou da sua origem, ganhou autonomia, se dotou de uma vida própria, e se rege por critérios próprios. A jurisprudência posterior só viria ampliar estas considerações.

29. Acompanhamos, pois, Rui Moura Ramos quando nota que «o impressionante não é existir efeito direto, ou primado sobre qualquer norma nacional (...), o que é significativo é que tudo isso resulta do próprio Direito Comunitário e não das ordens jurídicas nacionais» (Cf. Ramos, Rui Moura, *Das Comunidades à União Europeia*, Coimbra, Coimbra Editora, 1999, p. 100-101).

30. Noutro plano, ao referir-se à transferência de competências efetuada a favor da Comunidade (hoje União) pelos Estados-membros, o TJUE apontou para um outro princípio que, embora estreitamente relacionado com o princípio do primado, com ele não se confunde: o princípio da preempção.

31. O princípio da preempção diz respeito à repartição de competências entre os Estados-membros e a União. Trata-se de um princípio que opera lógica e cronologicamente antes do princípio do primado. Aqui, não se trata de saber o que fazer se determinada norma nacional entra em conflito com uma norma de direito da União, mas saber quem – que órgão ou instituição – tem competência para adotar atos (normativos ou não) em determinada matéria. Assim, entende-se o princípio da preempção «como estando além do princípio da primazia do direito comunitário sobre o direito interno dos Estados; será considerado para referir os casos em que os Estados-membros estão precludidos de

legislar, não porque a legislação conflituaria com o direito comunitário, mas porque a competência em questão é exclusiva da Comunidade» (Cf. JACOBS, Francis; KARST, Kenneth, *The "Federal" Legal Order: The U.S.A. and Europe Compared: A Juridical Perspective*, in *Integration through Law: Europe and the American Federal Experience*, Vol. I, Editado por Mauro Cappelletti, Monica Seccombe, e Joseph Weiler, De Gruyter, 1986, p. 169-243).

32. Não obstante, preempção e supremacia representam, em certa medida, dois lados da mesma moeda: «[a]mbas as doutrinas foram elaboradas para assegurar o primado da imunidade do direito comunitário face aos Estados-membros. Elas diferem, no entanto, na forma como operam, no tempo e espaço jurídico. O primado, como sabemos, estabelece que quando exista já uma norma de direito comunitário e uma norma nacional que com ele conflitue, esta se torne inaplicável. A preempção precede esta situação no sentido (jurídico) temporal e espacial. Aqui estaremos preocupados, com aquelas situações em que pode não existir uma medida comunitária, mas em que determinada política – espaço jurídico – foi 'ocupado', ou potencialmente ocupado pela Comunidade, no sentido que é dever da Comunidade preencher e regular aquela área. Quando a preempção opera, os Estados-membros, estarão impedidos de introduzir medidas – e aqui a dimensão temporal – ainda que na ausência, ou antes da adoção, de uma concreta disposição comunitária» (Cf. KRISLOV, Samuel; EHLERMANN, Claus-Dieter; WEILER, Joseph, *Political Organs and the Decision-Making Process in the United States and in the European Community*, in *Integration through Law: Europe and the American Federal Experience*, Vol. I, Editado por Mauro Cappelletti, Monica Seccombe e Joseph Weiler, De Gruyter, 1986, p. 6-11).

33. Parece-nos que o problema da preempção, embora distinto do problema do primado, e de alguma forma precedendo-o, pode, em última análise, resolver-se como um verdadeiro problema de primado. Com efeito, a questão de saber a quem compete legislar sobre determinada matéria é, também, um problema da validade das normas emanadas pela União ou pelos Estados no exercício dessa competência. Assim, se uma instituição da União adota legislação quando não tem competência para o fazer, exorbitando as suas competências, o ato em causa é inválido uma vez que, em última análise, violou os próprios Tratados constitutivos. O mesmo se pode dizer se um Estado adotar legislação num domínio de competência da União. Neste cenário, ambos estariam a atuar *ultra vires*, ou seja para além dos limites das suas competências. Todavia, a questão pode não se reconduzir apenas a uma violação do disposto nos Tratados constitutivos. Com efeito, em ambos os casos pode estar em casa a violação da constituição nacional, nomeadamente do princípio da democracia ali consagrado, expresso nas cláusulas constitucionais de transferência de soberania.

34. Assim, embora distintas, a questão do primado e da preempção podem e devem ser analisadas conjugadamente. Não surpreende, por isso, que em *Costa/ENEL* isso tenha sucedido, tal como sucedeu anos mais tarde, no acórdão *Maastricht*, proferido pelo Tribunal Constitucional alemão por ocasião da celebração do Tratado da União Europeia, adiante referido.

II – Do alcance da afirmação do princípio do primado

35. Em primeiro lugar, parece decorrer do entendimento do TJUE, que o primado do direito da União, apesar de não se encontrar expressamente consagrado no Tratado, é um princípio absolutamente necessário ao funcionamento da União: questionar o primado do direito da União sobre os direitos nacionais seria ameaçar a própria sobrevivência das Comunidades (hoje, da União).

36. Desta forma, o primado da norma da União sobre a norma nacional foi concebido pelo TJUE como um requisito estruturante, uma exigência existencial da própria ordem jurídica da União, ou seja, como um primado necessário.

37. Com efeito, a «criação das Comunidades Europeias determinou uma ação global que se queria orientada e disciplinada por regras comuns». Ora, tais regras para constituírem um verdadeiro direito comum teriam de se impor aos Estados em igualdade de condições. O Estado que pretendesse furtar-se ao pleno acatamento do ordenamento jurídico comum com base nas suas regras nacionais estaria a reivindicar para si um estatuto de exceção que seria manifestamente incompatível com o espírito e as exigências inelutáveis das Comunidades. Na verdade, «como assegurar o efeito idêntico de direito comum, se o direito comunitário não pudesse em todas as circunstâncias manifestar a sua superioridade sobre as normas nacionais contrárias?» (Cf. CAMPOS, João Mota de, *Direito Comunitário*, Vol. II, 5ª ed., Lisboa, Fundação Calouste Gulbenkian, 1997, p. 324).

38. Por isso, como bem notou FRANCISCO LUCAS PIRES, «uma tal superioridade, tão diafanamente definida e tão entrincheiradamente posicionada, pôde fazer-se aceitar pelas ordens jurídicas nacionais, provavelmente devido mais ao medo da erosão do edifício comunitário do que a limpidez da sua dedutibilidade textual dos Tratados, ou da previsão nos mesmos de meios proporcionais para a sua imposição e sanção face aos destinatários. Daí que se tenha falado dele como de uma "exigência existencial"» (Cf. PIRES, Francisco Lucas, *Introdução ao Direito Constitucional Europeu: Seu Sentido, Problemas e Limites*, Coimbra, Almedina, 1997, p. 27).

39. Em segundo lugar, o TJUE definiu ainda a primazia do direito da União com o maior alcance possível, estendendo-o a todas as normas e atos de direito da União, originário ou derivado, que produzissem efeitos externos. Assim, por um lado, todo o direito da União prevalece sobre o direito nacional.

40. Em conformidade, o TJUE teria ocasião, mais tarde, de precisar os termos em que o primado se aplica aos regulamentos (Acórdão de 14 de dezembro de 1971, Proc. 43/71, *Politi*), às diretivas (Acórdão de 7 dezembro de 1981, Proc. 158/80, *Rewe-Markt Steffen*; Acórdão de 10 de abril de 1984, Proc. 14/83, *Von Colson*), às decisões (Acórdão de 8 de março de 1979, Proc. 130/78, *Salumificio*), e aos acordos internacionais concluídos pela Comunidade (Acórdão de 26 de outubro de 1982, Proc. 104/81, *Kupferberg*).

41. Por outro lado, no acórdão *Internationale Handelsgesellschaft* (Acórdão de 17 de dezembro de 1970, Proc. 11/70, *Internationale Handelsgesellschaft*), o TJUE deixou claro que nenhuma norma ou ato nacional, independentemente do seu lugar na hierarquia normativa no ordenamento jurídico interno, poderia comprometer a validade do direito da União. Assim, segundo o TJUE nem mesmo uma norma constitucional fundamental pode ser invocada para obstar à primazia do direito da União.

42. Desta forma, o TJUE não hesitou em afirmar a superioridade do direito da União sobre todas as normas de direito interno dos Estados-Membros independentemente do seu nível hierárquico, incluindo, portanto, as de natureza constitucional.

43. Todo o direito da União prevalece, portanto, sobre todo o direito nacional, sem distinções, nem concessões. O primado é absoluto e incondicional.

44. Daqui se retirariam duas consequências fundamentais, afirmadas em dois arestos posteriores do TJUE de importância semelhante. Por um lado, a validade do direito da União não pode ser determinada por referência ao direito nacional dos Estados-membros (cf. o já referido Acórdão *Internationale Handelsgesellschaft*). Por outro lado, os tribunais nacionais ficam obrigados a assegurar a aplicação do direito da União diretamente aplicável (Acórdão de 9 de março de 1978, Proc. 106/77, *Simmenthal*), e a ignorar ou desaplicar o direito nacional que possa comprometer ou impedir a plena aplicação do direito da União.

45. A obrigação de afastar o direito nacional contrário no caso concreto não implica, contudo, para os tribunais nacionais a obrigação de anular ou declarar nulo o direito interno, que pode continuar a ser aplicável em casos não abrangidos pelo direito da União. O princípio do primado pode, talvez apenas nesta medida, considerar-se mesmo na jurisprudência do TJUE como tendo um alcance limitado.

46. Não obstante, decorre igualmente de jurisprudência do TJUE que o legislador nacional se encontra obrigado, por razões de segurança jurídica, a revogar uma norma de direito interno contrária ao direito da União (Acórdão de 4 de abril de 1974, Proc. 167/73, *Comissão/França*). Essa obrigação opera, todavia, apenas na medida em que a norma interna se aplique aos casos que se encontram no âmbito de aplicação do direito da União, ou seja que comportam algum ele-

mento transfronteiriço. Quanto a situações puramente internas, e apenas na medida em que a norma se aplique apenas a estas, a mesma pode continuar em vigor. Assim, uma eventual alteração legislativa imposta pelo princípio do primado pode limitar-se apenas a uma alteração do âmbito de aplicação da norma, não se traduzindo necessariamente na sua revogação total.

III – Das resistências nacionais ao princípio do primado

47. Não surpreende, assim, que um primado definido nestes termos – determinando, nas palavras de RASMUSSEN, uma verdadeira «revolução jurídica» (Cf. RASMUSSEN, Morten, *From Costa v ENEL to the Treaties of Rome: A Brief History of a Legal Revolution*, in *The Past and Future of EU Law: The Classics of EU Law Revisited on the 50th Anniversary of the Rome Treaty*, Editado por Miguel Poiares Maduro e Loïc Azoulai, Oxford and Portland, Oregon, Hart Publishing, 2010, p. 69-85) – tenha suscitado resistência por parte dos Estados-membros que, desde logo, nas observações apresentadas no processo se manifestaram no sentido da recusa do seu reconhecimento, à semelhança do que havia sucedido no caso *Van Gend en Loos*, relativamente ao princípio da aplicabilidade ou do efeito direto.

48. A maioria dos tribunais constitucionais dos Estados-membros não aceitou – e continua não aceitar –, pois, a visão monista e incondicional que o TJUE adotou sobre o primado do direito da União. Não obstante, é hoje pacífico que este princípio se aplica a toda a legislação ordinária dos Estados-membros.

49. As reservas nacionais manifestam-se essencialmente sob dois aspetos. Em primeiro lugar, os tribunais nacionais aceitam o princípio do primado na medida em que ele decorre das suas ordens constitucionais internas, e não da autonomia da ordem jurídica da União. Ou seja, o fundamento do princípio do primado encontra-se nas constituições dos Estados que limitaram a sua soberania em favor da União, e não no princípio da autonomia do direito da União, que os tribunais nacionais rejeitam.

50. Em segundo lugar, os tribunais nacionais – *maxime* os tribunais constitucionais – estabeleceram diversas reservas de constitucionalidade ao princípio do primado, não aceitando que em todos os casos o direito da União prevaleça sobre as constituições nacionais. Daqui decorre ainda que, na ótica dos tribunais nacionais, são estes, e não o TJUE, que detêm a última palavra num eventual conflito normativo entre as duas ordens jurídicas.

51. Assim, na jurisprudência nacional, o primado não opera ilimitadamente sobre as constituições nacionais. O primado encontra-se, aqui, sujeito fundamentalmente a dois tipos de exceções: por um lado, *(i)* os direitos fundamentais, e por outro *(ii)* as competências da União.

52. A este propósito, note-se que foi apenas o Tratado de Lisboa que conferiu natureza vinculativa à Carta dos Direitos Fundamentais da União Europeia, pro-

clamada em Nice, em 2000 (cf. artigo 6º TUE). Até dezembro de 2009, os tratados constitutivos não incluíam um catálogo próprio de direitos fundamentais, e o valor jurídico da Carta permanecia duvidoso. Paralelamente, a União falhou até hoje no seu propósito de adesão à Convenção Europeia para Proteção dos Direitos do Homem e das Liberdades Fundamentais ("CEDH"), imposta igualmente pelo Tratado de Lisboa.

53. Neste contexto, alguns tribunais constitucionais (em especial, o alemão e o italiano) consideraram que apenas deixariam de controlar a validade de atos das instituições da União, desde que o nível de proteção dos direitos fundamentais no plano da União fosse, no mínimo, equivalente àquele que era oferecido, na sua conceção, substância e efetividade, nas ordens jurídicas internas. Nesta construção, algumas diferenças de proteção são aceitáveis desde que o nível de proteção seja genericamente equivalente. (Cf. GRIMM, Dieter, *The European Court of Justice and National Courts: the German constitutional perspective after the Maastricht Decision*, in *Columbia Journal of European Law*, 3, 1996-1997, p. 231).

54. Esta orientação foi assumida pelo Tribunal Constitucional alemão no caso *Solange II* (*BVerfGE*, 73, 339), e tem inspirado reservas de constitucionalidade semelhantes de outros tribunais constitucionais dos Estados-Membros. Os exemplos mais significativos desta tendência encontram-se nos acórdãos do Tribunal Constitucional italiano proferidos nos casos *Frontini* (27 de dezembro de 1973), *Granital* (8 de junho de 1984) e *Fragd* (21 de abril de 1989). Mais recentemente, o acórdão do Tribunal Constitucional polaco (27 de abril de 2005), proferido por ocasião da adesão daquele país à União Europeia, incorporou igualmente ecos de *Solange II*. Mesmo nos Estados da Europa de Leste que, entre outros motivos, aderiram à União de forma a reforçar a proteção dos direitos fundamentais nas respetivas ordens jurídicas, os tribunais constitucionais têm elaborado reservas constitucionais semelhantes à fórmula *Solange II* (*Vide* CRAIG, Paul; BURCA, Grainne de, *EU Law: Text, Cases and Materials*, Oxford, Oxford University Press, 5ª Ed., 2011, p. 296).

55. Nos restantes Estados-membros, ainda que não tenha sido adotada uma fórmula semelhante a *Solange II*, a relação entre o direito interno e o direito da União tem sido resolvida quase sempre através de decisões judiciais, sendo muito raros os casos em que as constituições foram alteradas de forma a incluir uma cláusula de primado, como acontece com os Países Baixos e, hoje também, em Portugal.

56. Em França, tanto o *Conseil d'Etat* como a *Cour de Cassation* aceitaram a supremacia do direito da União com base na constituição francesa, designadamente o seu artigo 55º, mas não incondicionalmente sobre a constituição em si mesma. Igualmente o *Conseil Constituionelle* expressou as suas reservas relativa-

mente a aplicação do direito da União, o qual não pode comprometer as condições essenciais de exercício da soberania nacional.

57. No Reino Unido, o dogma da soberania parlamentar e a abordagem dualista na aplicação do direito internacional constituem importantes obstáculos ao primado. O caso *Factortame* (Acórdão de 19 de junho de 1990, Proc. C-213/89, *The Queen/Secretary of State for Transport, ex parte Factortame*) trouxe alguma luz quanto à necessidade e forma de reconciliar estes princípios com o direito da União, mas nada resolveu quanto ao problema do fundamento do primado que os tribunais britânicos continuam a afirmar residir na "*common law*".

58. Em Espanha, o *Tribunal Constitucional* distingue as noções de "supremacia" da Constituição e de "primazia" do direito da União, reconhecendo que ambas coexistem e se complementam, mas que a última opera limitadamente sobre a primeira.

59. O acórdão *Maastricht* (*VberfGE*, 89, 155, caso *Brunner*) do Tribunal Constitucional alemão introduziu a segunda limitação à afirmação do princípio do primado. Esta segunda exceção deriva do princípio das competências atribuídas estabelecido no artigo 5º TUE, segundo o qual a União não possui poder legislativo próprio, podendo as suas instituições adotar atos apenas quando sejam para isso autorizadas por uma disposição expressa dos Tratados. Na sua decisão *Maastricht*, o tribunal de Karlsruhe visou responder à questão da chamada "*Kompetenz-kompetenz*", procurando determinar quem deve ter a última palavra quanto aos limites jurisdicionais das competências nacionais e da União. O acórdão centrou-se na ideia de transferência limitada de poderes dos Estados-membros para a União, e bem assim no princípio da democracia (Cf. HERDEGEN, Matthias, *Maastricht and the German Constitutional Court: Constitutional restraints for na "ever closer union" and Document "Extracts from: Brunner v. The European Union Treaty (Bundesverfassungsgericht)*, in *Common Market Law Review*, 31, 2, 1994, p. 235.

60. Na sua decisão, o Tribunal Constitucional alemão considerou que o TJUE tem, em princípio, competência para apreciar a validade dos atos de direito da União, e que isso inclui a competência para saber se tais atos são *ultra vires*. Considerando, todavia, que também o TJUE pode atuar *ultra vires*, pretendendo alterar os Tratados sob o pretexto de os interpretar, os tribunais nacionais têm o dever constitucional de considerar inaplicáveis as normas em causa nas respetivas jurisdições.

61. As diferenças axiomáticas entre Karlsruhe e o Luxemburgo foram mitigadas na decisão, pela disponibilidade de cooperação manifestada pelo primeiro ao segundo. O *Bundesverfassungsgericht* adotou ali uma nova fórmula – a "relação de cooperação" com o TJUE – que passaria a governar o exercício, necessariamente limitado, dos seus poderes de intervenção.

62. Esta relação de cooperação marca a diferença entre o sistema da União e os sistemas federais, onde existem relações de verdadeira hierarquia entre o ordenamento federal e os ordenamentos federados. A divisão de tarefas subjacente ao mecanismo do reenvio prejudicial, e decorrente da desaplicação do direito da União ao caso concreto operada pelo juiz nacional, envolve e corresponsabiliza tribunais nacionais e tribunais da União no respeito pelos valores comuns e direitos fundamentais dos cidadãos europeus, e pelas competências da União, designadamente através dos princípios da subsidiariedade e proporcionalidade (Neste sentido vide PERNICE, Ingolf, *Costa v ENEL and Simmenthal: Primacy of European Law*, in *The European Court of Justice and the Doctrine of Supremacy: Van Gend en Loos; Costa/ENEL; Simmenthal*, in *The Past and Future of EU Law: The Classics of EU Law Revisited on the 50th Anniversary of the Rome Treaty*, Editado por Miguel Poiares Maduro e Loïc Azoulai, Oxford and Portland, Oregon, Hart Publishing, 2010, p. 59).

IV – O primado no ordenamento jurídico português

63. Em Portugal, a previsão de uma cláusula do primado no Tratado Constitucional – posteriormente abandonado – motivou a introdução do atual nº 4 do artigo 8º da Constituição da República Portuguesa ("CRP"), que para efeitos da ordem jurídica nacional veio reconhecer formalmente o princípio do primado.

64. O nº 4 do artigo 8º teve, como principais propósitos, resolver o problema das intrincadas relações entre a ordem jurídica portuguesa e o direito da União, e permitir a ratificação do Tratado Constitucional criando, em conjugação com as alterações introduzidas ao artigo 7º da CRP, a necessária abertura constitucional ao modelo institucional e normativo criado por aquele Tratado.

65. Considerando que à data da revisão da CRP, o Tratado Constitucional não se encontrava ainda formalmente aprovado, o novo dispositivo foi duramente criticado por alguns setores da doutrina. Acusada de ser uma revisão constitucional por antecipação, e de constitucionalizar o Tratado europeu *"avant-la-lettre"* – qual tributo antecipado a um projeto desconhecido (*Vide* debate parlamentar: Reunião Plenária de 22 de abril de 2004, DAR, I série, nº 78, IX Legislatura, 2ª Sessão Legislativa, 2003-2004) – JORGE MIRANDA considerou-a ainda uma violação dos princípios estruturantes da Constituição, uma vez que equivaleria a uma mudança qualitativa radical do próprio Estado Português (Cf. MIRANDA, Jorge, *A Constituição Europeia e a Ordem Jurídica Portuguesa*, in *O direito*, Lisboa, 134-135, 2002-2003, p. 9-29).

66. Não obstante, são duvidosas tanto a novidade quanto a necessidade da revisão constitucional, e das alterações aí introduzidas.

67. Até 2004, a maioria da doutrina portuguesa considerava que o reconhecimento do princípio do primado operava por via ora dos nºs 1, 2 ou 3 do artigo

8º (*Vide*, por exemplo, PEREIRA, André Gonçalves; QUADROS, Fausto, *Manual de Direito Internacional Público*, 3ª ed., Coimbra, Almedina, 1995), mas era dominante o entendimento segundo o qual tal princípio apenas operava sobre as normas de valor infraconstitucional, uma vez que o Tribunal Constitucional podia fiscalizar qualquer norma em vigor no ordenamento jurídico nacional independentemente da sua origem.

68. Não obstante, alguns autores já propugnavam uma restrição do controlo de constitucionalidade das normas de direito da União «à averiguação da compatibilidade dessas normas com os princípios inspiradores e estruturais fundamentais da Constituição», e que tal controlo nunca tivesse lugar antes de utilizado o mecanismo do reenvio prejudicial, que daria uma oportunidade ao TJUE para se pronunciar primeiramente sobre o conflito (Cf. ARAÚJO, António de; BRITO, Miguel Nogueira de; COSTA, Joaquim Pedro Cardoso da, *As relações entre os tribunais constitucionais e as outras jurisdições nacionais, incluindo a interferência, nesta matéria, da ação das jurisdições Europeias*, in *Estudos em homenagem ao Conselheiro José Manuel Cardoso da Costa*, Coimbra, Coimbra Editora, 2003, p. 203-273).

69. A interpretação do novo nº 4 do artigo 8º da CRP tem levantado, todavia, dúvidas na doutrina. FAUSTO QUADROS aponta como vantagens da nova disposição, o facto de se prever um regime uniforme de legitimação constitucional na aplicação do direito da União no ordenamento português, passando a haver uma referência expressa ao direito da União, ao mesmo tempo que se ressalvam os princípios fundamentais do Estado Português. Ao invés, são inconvenientes do novo dispositivo, a referência apenas a "normas", e não a "atos", e bem assim a referência à "aplicação" do direito da União quando na verdade se pretende resolver uma questão de primado (Cf. QUADROS, Fausto, *Direito da União Europeia: Direito constitucional e administrativo da União Europeia*, 3ª Reimpressão, Coimbra, Almedina, 2009, p. 416, 417).

70. A maioria dos autores tende a considerar que, através desta disposição, a CRP reconheceu o princípio do primado sobre todas as normas e atos nacionais, com a ressalva daqueles que constituem o chamado "núcleo essencial" da ordem constitucional portuguesa, reconduzido aos ditos "princípios fundamentais do Estado de Direito democrático" – de cujo conteúdo, o artigo 288º CRP constituiria expressão (*Vide*, neste sentido, MIRANDA, Jorge, *A Constituição Europeia e a Ordem Jurídica Portuguesa*, in *O direito*, Lisboa, 134-135, 2002-2003, p. 9-29; DUARTE, Maria Luísa, *O Tratado da União Europeia e a garantia da Constituição: notas de uma reflexão crítica*, in *Estudos em memória do Professor Doutor João de Castro Mendes*, Lisboa, Lex, p. 667-715).

71. Assim, pode dizer-se que «o novo texto constitucional não comporta a aceitação da primazia absoluta do Direito Comunitário tal como definido pelo TJCE, na medida em que se propõe salvaguardar 'o respeito pelos princípios fundamen-

tais do Estado de Direito democrático' – o que nos permite concluir que a Constituição da República consagra expressamente (...) uma reserva à primazia do direito comunitário equiparável à que por via jurisprudencial foi formulada pelos tribunais constitucionais alemão e italiano» (Cf. CAMPOS, João Luiz Mota de; CAMPOS, João Mota de, *Manual de Direito Europeu: O sistema institucional, a ordem jurídica e o ordenamento económico da União Europeia*, Coimbra, Coimbra Editora, 2010, p. 408).

72. A doutrina aponta, contudo, para a incongruência resultante da não alteração dos artigos relativos à fiscalização da constitucionalidade (nomeadamente, os artigos 204º, 277º, 280º a 282º e 288º da CRP), que mantiveram a redação anterior, e que ao reconhecer o princípio da primazia da Constituição, permitem o controlo de validade das normas e atos da União à luz da CRP, comprometendo o reconhecimento e alcance do princípio do primado do direito da União na ordem jurídica portuguesa.

73. Nesta senda, alguma doutrina considera que o Estado Português se encontra obrigado a rever o sistema de constitucionalidade de forma a que o mesmo não constitua um obstáculo à aplicação do direito da União na ordem interna (Cf. QUADROS, Fausto, *Direito da União Europeia: Direito constitucional e administrativo da União Europeia*, 3ª Reimpressão, Coimbra, Almedina, 2009, p. 420).

74. Não obstante, sempre se poderá dizer que as hipóteses de conflitos insanáveis entre as disposições constitucionais e o direito da União tendem a ser improváveis, podendo, na generalidade dos casos, os aparentes conflitos ser resolvidos através de mecanismos de interpretação. A incorporação da Carta dos Direitos Fundamentais da União e a adesão pela União à CEDH – nos termos do artigo 6º TUE – podem revelar-se mecanismos fundamentais na procura de um consenso constitucional a nível europeu e nacional que evite contradições insolúveis entre as duas ordens jurídicas.

75. Acresce que, alguma doutrina chama a atenção para o facto de a contrariedade de uma norma de direito interno com uma norma de direito da União dever ser considerada como uma verdadeira e própria questão de inconstitucionalidade, sujeita por isso à competência do Tribunal Constitucional, devendo entender-se por conseguinte que o bloco de legalidade referido no artigo 266º CRP integra hoje, também, todo o direito da União (Neste sentido, *vide* GORJÃO-HENRIQUES, Miguel, *Direito da União*, 6ª ed., Coimbra, Almedina, 2010, p. 411, 412).

76. Até hoje o Tribunal Constitucional português não teve ocasião de se pronunciar expressamente sobre o alcance da referida norma, nem sobre as consequências do princípio do primado na ordem jurídica nacional.

V – Notas finais
77. A aplicação do princípio do primado ao segundo e terceiros pilares da União suscitou controvérsia na doutrina. Se relativamente ao terceiro pilar se pode

dizer que o Tratado de Lisboa, ao estender a lógica da integração às matérias da cooperação policial e judiciária em matéria penal, resolveu pelo menos parte – senão todas – as dúvidas existentes até aí, no que diz respeito ao segundo pilar a situação mantém-se duvidosa, uma vez que apesar de formalmente abolida como segundo pilar da União, a política externa e de segurança comum ("PESC") mantém substancialmente autonomia no quadro das demais políticas da União.

78. Assim, alguma doutrina parece entender que os mesmos argumentos que nortearam a decisão do TJUE em *Costa* podem transpor-se para os pilares intergovernamentais – hoje apenas a PESC – e que a necessidade se assegurar consistência na aplicação do direito da União se aplica aqui com a mesma força do que no tradicional pilar comunitário. (Neste sentido, *vide* LENAERTS, Koen; CORTHAUT, T., *The Role of Primacy in Invoking Norms of EU Law*, in *European Law Review*, 31, 3, 2006, p. 287-315, seguidos por CRAIG, Paul; BURCA, Grainne de, *EU Law: Text, Cases and Materials*, 4ª Ed., Oxford, Oxford University Press, 2008, p. 352, invocando nomeadamente a aplicação do princípio da interpretação conforme e da cooperação leal no caso *Pupino* – Acórdão de 16 de junho de 2005, Proc. C-105/03, *Pupino* – do domínio do então terceiro pilar). Em sentido contrário, considera-se que a diferente natureza dos pilares intergovernamentais deve ditar soluções diferentes em matéria de primado e efeito direto (Neste sentido, *vide* NICOL, Danny, *Democracy, supremacy and the "intergovernmental" pillars of the European Union*, in *Public Law*, 2, 2009, p. 218-227).

2.2. Acórdão do Tribunal de Justiça de 9 de março de 1978 – Processo 106/77 Amministrazione delle finanze dello Stato c. *Simmenthal*[2]

Patrícia Fragoso Martins

Resumo dos factos

O acórdão *Simmenthal* foi proferido no âmbito de um reenvio prejudicial de interpretação a que deu origem um tribunal italiano.

O litígio subjacente ao caso surgiu quando, em julho de 1973, o demandado na ação principal, a sociedade italiana *Simmenthal*, importou de França para Itália

---

[2] A presente anotação foi desenvolvida imediatamente após a da entrada em vigor do Tratado de Lisboa, razão pela qual as eventuais referências aos tratados alterados, com efeitos a partir de dezembro de 2009, se fazem já no corpo do texto. Não obstante, aconselha-se a consulta dos quadros de correspondência publicados no JOUE em anexo ao Tratado de Amesterdão e ao Tratado de Lisboa, de forma a esclarecer dúvidas que permaneçam sobre a renumeração dos artigos.
Noutro plano, e considerando a evolução ocorrida com o Tratado de Lisboa a este nível, com a supressão do sistema de pilares que fundam a União, referir-nos-emos preferencialmente à União Europeia no seu todo, fazendo referência às Comunidades Europeias apenas quando o rigor científico impuser a distinção.

carne bovina destinada a alimentação humana. Na fronteira italiana a mercadoria foi sujeita a um controlo de polícia sanitária, imposto nos termos da lei nacional, tendo sido cobradas taxas aduaneiras igualmente impostas por uma outra lei nacional.

Considerando que a cobrança dos direitos e a realização das inspeções eram incompatíveis com o direito da União, designadamente com as disposições relativas à liberdade de circulação de mercadorias, a *Simmenthal* intentou uma ação no tribunal nacional – o *pretore* de Susa – exigindo a restituição dos montantes pagos.

Numa primeira fase do processo, o juiz nacional dirigiu ao Tribunal de Justiça das União Europeia ("TJUE") um conjunto de questões prejudiciais acerca da compatibilidade das leis nacionais italianas com o então Tratado CEE e com certas disposições regulamentares, nomeadamente com o Regulamento do Conselho nº 805/68, de 27 de junho de 1968, relativo à organização comum do mercado no setor da carne bovina, e das taxas sanitárias aplicadas às importações de carne bovina.

Tendo em conta as respostas obtidas do TJUE no âmbito desse primeiro litígio (cf. Acórdão de 15 de dezembro de 1976, Proc. 35/76, *Simmenthal/Ministro das Finanças italiano*), o *pretore*, julgando a aplicação das taxas em questão incompatíveis com o direito da União e, portanto, ilegais, dirigiu à administração das finanças do Estado uma ordem de reembolso dos direitos entretanto pagos, acrescidos de juros de mora.

A administração italiana recusou, todavia, devolver as quantias pagas, e interpôs recurso dessa decisão. No seu entendimento, a proibição de cobrar os direitos em causa, a existir, decorria dos próprios regulamentos comunitários. Ora, uma lei interna posterior havia previsto a possibilidade de realização das referidas cobranças, pelo que sendo *lex posterior* prevalecia sobre aqueles regulamentos. Nestes termos, segundo os princípios prevalecentes no ordenamento jurídico italiano, o juiz nacional não poderia afastar a aplicação da lei nacional por ser contrária ao direito da União: teria de esperar, ou por uma revogação legislativa, ou remeter a questão para a *Corte Costituzionale*, nos termos do artigo 11º da Constituição italiana, a qual poderia autorizar a não aplicação a um caso concreto de uma norma de direito nacional, com fundamento na sua inconstitucionalidade.

Nesta sequência, o juiz nacional colocou duas questões prejudiciais relativas ao princípio da aplicabilidade direta do direito da União, designadamente no que respeita às consequências da aplicação desse princípio num conflito verificado entre um regulamento da União e uma disposição posterior da lei nacional. O *pretore* revelou-se bem consciente do conflito de deveres que enfrentava nesta situação, decorrente da contradição entre a aplicação plena do princípio da aplicabilidade direta e a jurisprudência da *Corte Costituzionale*, segundo a qual compete unicamente a este tribunal a declaração de inconstitucionalidade da lei, por força do disposto no artigo 11º da Constituição italiana. Neste contexto, colocou duas questões prejudiciais ao TJUE.

Em primeiro lugar, considerando que segundo o disposto no atual artigo 288º TFUE e na jurisprudência do TJUE, as disposições de direito da União devem, não obstante quaisquer normas ou práticas internas dos Estados-membros, produzir plena e totalmente os seus efeitos e ser aplicadas de maneira uniforme nas ordens jurídicas nacionais, de forma a garantir os direitos subjectivos dos particulares, o *pretore* questionou o TJUE no sentido se saber se deveria o alcance das normas e os princípios em questão ser entendido no sentido de que eventuais disposições nacionais posteriores contrárias ao direito da União deveriam ser consideradas de pleno direito inaplicáveis, sem que fosse necessário que fossem revogadas pelo legislador nacional ou declaradas inaplicáveis por outros órgãos constitucionais. Em particular, neste último caso, assim deveria suceder quando, segundo as normas nacionais em vigor, se considerasse que a lei nacional permanecia plenamente aplicável até ao momento da declaração de inconstitucionalidade, não podendo as normas da União produzir plenamente os seus efeitos, e não sendo, portanto, a sua aplicação plena, integral e uniforme garantida, nem protegidos os direitos dos particulares.

Em segundo lugar, o *pretore* questionou o TJUE sobre os efeitos temporais do princípio da aplicabilidade direta. Partindo do princípio de que o direito da União admitia que a proteção dos direitos subjetivos protegidos por disposições diretamente aplicáveis pudesse ser adiada até ao momento da sua revogação efetiva pelos órgãos nacionais competentes das eventuais medidas nacionais conflituantes com as normas da União, o juiz nacional perguntou ao TJUE se deveria essa revogação deve ter efeito retroativo. Esta segunda questão colocava-se com particular acuidade no caso concreto, já que na ordem jurídica italiana as decisões do Tribunal Constitucional italiano produziam apenas efeitos *ex nunc*.

Excertos do acórdão
Em resposta ao juiz nacional, o TJUE chamou a atenção para vários pontos relativos à aplicação do direito da União no seio das ordens jurídicas nacionais. Assim:

«14. A aplicabilidade direta, assim perspetivada, implica que as normas de direito comunitário produzam a plenitude dos seus efeitos, de modo uniforme em todos os Estados-membros, a partir da sua entrada em vigor e durante todo o período da respetiva vigência.

15. Assim, estas disposições constituem uma fonte imediata de direitos e obrigações para todos os seus destinatários, quer se trate de Estados-membros ou de particulares, que sejam titulares de relações jurídicas às quais se aplique o direito comunitário.

16. Isto vale igualmente para o juiz que, no âmbito das suas competências, tem enquanto titular de um órgão de um Estado-membro, por missão proteger os direitos conferidos aos particulares pelo direito comunitário.

17. Além do mais, por força do princípio do primado do direito comunitário, as disposições do Tratado e os atos das instituições diretamente aplicáveis têm por efeito, nas suas relações com o direito interno dos Estados-membros, não apenas tornar inaplicável de pleno direito, desde o momento da sua entrada em vigor, qualquer norma de direito interno que lhes seja contrária, mas também – e dado que tais disposições e atos integram, com posição de precedência, a ordem jurídica aplicável no território de cada um dos Estados-membros – impedir a formação válida de novos atos legislativos nacionais, na medida em que seriam incompatíveis com normas de direito comunitário.

18. Com efeito, o reconhecimento de uma qualquer forma de eficácia jurídica atribuída a atos legislativos nacionais que invadem o domínio no qual se exerce o poder legislativo da Comunidade, ou que por qualquer forma se mostrem incompatíveis com disposições de direito comunitário, implicaria a negação do caráter efetivo dos compromissos assumidos pelos Estados-membros, por força do Tratado, de modo incondicional e irrevogável, contribuindo assim para pôr em causa os próprios fundamentos da Comunidade.

19. O mesmo entendimento decorre da economia do artigo 177º do Tratado, nos termos do qual qualquer órgão jurisdicional nacional pode, sempre que considerar necessário para o julgamento da causa, solicitar ao Tribunal de Justiça que se pronuncie, a título prejudicial, sobre uma questão de interpretação ou validade relativa ao direito comunitário.

20. O efeito útil desta disposição seria diminuído se o juiz estivesse impedido de dar, imediatamente, ao direito comunitário uma aplicação conforme à decisão ou à jurisprudência do Tribunal.

21. Decorre de tudo quanto precede que qualquer juiz nacional tem o dever de, no seu âmbito das suas competências, aplicar integralmente o direito comunitário e proteger os direitos que este confere aos particulares, considerando inaplicável qualquer disposição eventualmente contrária de direito interno, quer seja esta anterior ou posterior à norma comunitária.

22. É, assim, incompatível com as exigências inerentes à própria natureza do direito comunitário, qualquer norma da ordem jurídica interna ou prática legislativa, administrativa ou judicial, que tenha por consequência a diminuição da eficácia do direito comunitário, pelo facto de recusar ao juiz competente para

aplicação deste direito, o poder de, no momento dessa aplicação, fazer tudo o que é necessário para afastar as disposições legislativas nacionais que constituam, eventualmente, um obstáculo à plena eficácia das normas comunitárias.

23. O que ocorre sempre que, em caso de contradição entre uma disposição de direito comunitário e uma lei nacional posterior, a competência para a solução do conflito for atribuída a outra autoridade que não o juiz que, investido de um poder próprio de apreciação, seja chamado a assegurar a aplicação do direito comunitário, ainda que fosse apenas temporário o obstáculo daí resultante para a plena eficácia do mesmo direito.

24. Deve, assim, responder-se à primeira questão, que o juiz nacional responsável, no âmbito das suas competências, pela aplicação de disposições de direito comunitário, tem obrigação de assegurar o pleno efeito de tais normas, decidindo, por autoridade própria, se necessário for, da não aplicação de qualquer norma de direito interno que as contrarie, ainda que tal norma seja posterior, sem que tenha de solicitar ou esperar a prévia eliminação da referida norma por via legislativa ou por qualquer outro processo constitucional.

25. Com a segunda questão, pretende-se essencialmente saber – no caso de se admitir que a proteção dos direitos conferidos pelas disposições comunitárias possa ser diferida até ao momento da sua eliminação efetiva, pelos órgãos nacionais competentes, de eventuais medidas de direito interno contrárias – se essa eliminação deve, em todos os casos, ser plena e totalmente retroativa, de forma a evitar que os direitos em causa sofram qualquer prejuízo.

26. Resulta da resposta dada à primeira questão que o juiz nacional tem obrigação de assegurar a proteção dos direitos conferidos pelas normas da ordem jurídica comunitária, sem que tenha de solicitar ou esperar a prévia eliminação efetiva, pelos órgãos nacionais competentes, de eventuais medidas de direito interno que constituíssem um obstáculo à aplicação direta e imediata das normas comunitárias».

Comentário

I – Generalidades

1. A decisão do TJUE no caso *Simmenthal*, não obstante parecer decorrer simplesmente da afirmação conjugada dos princípios do primado e do efeito direto, acarretou consequências determinantes na construção da ordem jurídica da União e no relacionamento desta última com as ordens jurídicas internas dos Estados-membros.

2. O acórdão *Simmenthal* é, desde logo, importante por ter associado aqueles dois princípios anteriormente formulados pelo TJUE. Não obstante, deve

notar-se que efeito direto e primado se tratam de princípios independentes, podendo um operar sem o outro. A sua autonomia pode ser ilustrada, especialmente, em conflitos horizontais, onde o TJUE recusa o efeito direto das diretivas, mas onde continua a ser relevante a aplicação do princípio do primado (Acórdão de 28 de janeiro de 1999, Proc. C-77/87, *Unilever*; Acórdão de 30 de abril de 1996, Proc. C-194/94, *CIA Security International/Signalson et Securitel*). Este princípio produz aqui um efeito "excludente" das normas nacionais contrárias ao disposto nas normas de direito da União, não diretamente aplicáveis ao caso concreto.

3. No âmbito do litígio, o *pretore* de Susa colocou o TJUE perante duas importantes questões relativas à aplicação do direito da União, com um impacto decisivo nos sistemas de fiscalização da constitucionalidade dos Estados-membros.

4. À data, o Tribunal Constitucional italiano aceitava já o princípio do primado, mas pretendia mediatizar os seus efeitos através de uma sentença declarativa da inconstitucionalidade da norma nacional posterior contrária à norma da União. No seu entendimento, só esta sentença permitiria ao juiz nacional não aplicar a norma nacional no caso *sub judice* (Cf. DUARTE, Maria Luísa, *O Tratado da União Europeia e a garantia da Constituição: notas de uma reflexão crítica*, in *Estudos em memória do Professor Doutor João de Castro Mendes*, Lisboa, Lex, p. 671). Na origem do recurso prejudicial introduzido pelo *pretore* de Susa encontrava-se, pois, a dúvida sobre se a competência exclusiva de que se arrogava o Tribunal Constitucional italiano para declarar a inconstitucionalidade de qualquer lei por ser incompatível com o disposto no artigo 11º da Constituição italiana – à luz designadamente do acórdão proferido por este Tribunal Constitucional no caso *ICIC* (Cf. Acórdão nº 232/75 de 22.10.1975-30.10.1975, "ICIC", RDI, 1975, p. 766 ss) no qual o mesmo tribunal havia fundado antes o primado do direito da União –, era compatível com o direito da União.

5. Note-se que o TJUE, não obstante a alegação do Governo italiano de que, no entretanto, a *Corte Costituzionale* já havia declarado a cobrança dos direitos aduaneiros em causa inconstitucionais, e que como tal o litígio ficara sem objeto, considerou importante proferir uma decisão no caso concreto. Talvez, tal como sugerido pelo advogado-geral REISCHL nas suas conclusões, a natureza fundamental das questões colocadas ao TJUE terá levado este tribunal a desconsiderar obstáculos processuais "menores" que o impediriam de responder ao juiz nacional nos termos em que o fez.

6. Parece-nos que desta decisão do TJUE se podem destacar três pontos fundamentais. Em primeiro lugar, as consequências que decorrem do princípio do efeito direto – que na jurisprudência do TJUE não se distingue da noção de aplicabilidade direta – e do primado, no que diz respeito à aplicação da lei nacional anterior e posterior contrária ao direito da União. Em segundo lugar, o papel

fundamental reservado ao juiz nacional ordinário na aplicação do direito da União aos casos concretos. E, em terceiro e último lugar, as consequências processuais que decorrem do princípio do primado, que viriam a ser desenvolvidas e concretizadas num outro conjunto de casos decididos pelo TJUE.

II – Das consequências do princípio do efeito direto e do primado na aplicação do direito nacional

7. Em *Simmenthal* o TJUE teve oportunidade de densificar as consequências do princípio do primado, considerando que este se aplicava independentemente de o direito nacional conflituante ser posterior ou anterior ao direito da União.

8. Com efeito, dispõe o acórdão que as disposições do Tratado e os atos das instituições diretamente aplicáveis têm como efeito, nas suas relações com o direito dos Estados-membros, não só tornar inaplicáveis de pleno direito – pelo simples facto da sua entrada em vigor – qualquer disposição contrária da legislação nacional existente, mas também – considerando que as normas de direito da União fazem parte integrante, a um nível superior, da ordem jurídica aplicável no território dos Estados-membros – impedir a formação válida de novos atos legislativos nacionais, na medida em que estes sejam incompatíveis com as normas da direito da União.

9. Vemos aqui que o princípio do primado tem, de alguma forma, um alcance limitado. Na verdade, é claro que dele não decorre obrigação de considerar inválido o direito nacional anterior contrário ao direito da União.

10. Ganha igualmente, aqui, sentido a afirmação segundo a qual o princípio do primado não (se) resolve (n)uma questão de hierarquia, não determinando a invalidade da norma inferior contrária à norma superior. Com efeito, a sanção infligida pelo TJUE à norma nacional contrária ao direito da União é a da sua mera "inaplicabilidade", ou seja, a sua não aplicação no caso concreto.

11. No acórdão *Lück* (Acórdão de 4 de abril de 1968, Proc. 34/67, *Lück*), o TJUE já havia entendido que o princípio da aplicabilidade direta excluía a aplicação de qualquer medida incompatível da ordem interna, e no âmbito do Processo 48/71 que opôs a Comissão à República Italiana, o TJUE falou em «proibição absoluta de aplicar». Esta orientação seria confirmada em casos posteriores, de que é exemplo o caso *Marimex* (Acórdão de 7 de março de 1972, Proc. 84/71, *Marimex*).

12. Decisivo, porém, foi o entendimento fixado no acórdão *Simmenthal* onde, relativamente ao direito nacional anterior, o TJUE não teve dúvidas em afirmar a sua absoluta inaplicabilidade.

13. Quanto ao direito nacional posterior contrário ao direito da União, o TJUE parece ter-se revelado mais rigoroso, não se contentando com uma mera declaração de inaplicabilidade. O TJUE parece ter sugerido, aqui, um vício de nulidade ou mesmo inexistência do ato, a qual se fundamenta na transferência

de competências verificada a favor da Comunidade (hoje União), e no compromisso assumido pelos Estados-membros em não adotar medidas contrárias ao direito da União, para o que, desde logo, seriam incompetentes. Não obstante, a decisão do TJUE deve ser lida com cautela, uma vez que a expressão utilizada no parágrafo 17 da decisão não surge no subsequente parágrafo 21, onde o TJUE fala novamente em mera inaplicabilidade.

14. Esta conceção surge como corolário lógico e natural de um primado que encontra o seu fundamento na ordem jurídica da União, verdadeiramente autónoma e independente das ordens jurídicas nacionais.

15. Acresce que, «o efeito bloqueador», reconduzido à paralisia da norma nacional contrária seja ela anterior ou posterior, «encaixa bem com aquela da autonomia institucional dos Estados que o Tribunal põe em relevo» (Cf. LOUIS, Jean-Victor, *La Primauté du Droit Communautaire*, in *Les Recours des Individus devant Les instances nationales en cas de violation du droit européen*, Obra coletiva, Bruxelas, Maison F. Larcier, 1978, p. 164).

16. A decisão levou, porém, alguns autores a ir para além da tese da mera inaplicabilidade. MANGAS MARTIN entende, por exemplo, que «não é desacertado falar de incompetência para aprovar normas incompatíveis, pelo menos em certos casos de competência exclusiva comunitária realmente exercida» (Cf. MANGAS MARTIN, ARACELE, *La Constituición y la ley ante el Derecho Comunitario*, in *Revista de Instituciones Europeas*, 1991, p. 587). Por sua parte, RUIZ-JARABO COLOMER entende que «não é claro que o Tribunal haja pretendido declarar a invalidade destas normas internas posteriores – não o faz, por outro lado, na parte dispositiva dos acórdãos nem o confirma em decisões posteriores – mas introduz uma matriz de maior dureza na sanção, ao negar-lhes o reconhecimento de qualquer eficácia jurídica» (Cf. D. RUIZ-JARABO COLOMER, *El Juez nacional como Juez comunitario*, Madrid, Civitas, 1993, p. 61, 62).

17. Várias decisões do Tribunal Constitucional alemão que aceitam o princípio do primado, utilizam o termo "*Anwendungsvorrang*" que significa prioridade de aplicação, encontrando-se também na linha da teoria que se afasta da invalidade do direito interno, e reduz o conflito com a ordem nacional ao mínimo possível.

18. ROBERT KOVAR e MOITINHO DE ALMEIDA, consideram que «da perda de uma competência interna em benefício de uma organização internacional não resulta necessariamente a "inexistência" da legislação interna adotada contra a repartição de competências estabelecida. Para isso exige-se que seja imposta por necessidades da ordem jurídica instituída com essa organização ou pelo próprio sistema jurídico interno» (Cf. ALMEIDA, José C. Moitinho de, *Direito comunitário, A ordem jurídica comunitária: As liberdades fundamentais na CEE*, Lisboa, Centro de Publicações do Ministério da Justiça, 1985 p. 90; KOVAR, Robert, *As relações entre o Direito Comunitário e os Direitos nacionais*, in *Trinta Anos de Direito Comunitário*,

obra coletiva, Bruxelas-Luxemburgo, Serviço de Publicação Oficiais das Comunidades Europeias, 1984, p. 125).

19. Parece-nos, assim, que o princípio do primado tão-só paralisa os efeitos da norma nacional contrária, não lhe negando existência, ou validade. Com efeito, «defender de ânimo leve a necessária invalidade da norma interna incompatível com a norma internacional, só se afigura plausível no enquadramento de um utópico "superestado-federal"». Ora, «o Estado continua a ser o grande senhor da decisão do "como" e do "quando" deverá conformar a ordem jurídica interna ao caminho percorrido pelo Direito internacional. O único obstáculo que se lhe depara é uma eventual responsabilização, construída, no contexto internacional atual, e apesar de todos os sinais de esperança que a última década do século XX nos trouxe, ainda sobre alicerces muito frágeis» (Cf. RIBEIRO, Marta Chantal da Cunha Machado, *O direito internacional, o direito comunitário e a nossa Constituição: que rumo?*, in *Estudos em comemoração dos cinco anos (1995-2000) da Faculdade de Direito da Universidade do Porto*, Coimbra, Almedina, 2001, p. 963).

20. Não obstante, sempre se colocará a questão de saber se, não obstante a fixação de uma sanção mínima de inaplicabilidade, pode o juiz nacional ir mais longe se o seu direito interno o permitir ou impuser. (Neste sentido *vide* KOVAR, Robert, *As relações entre o Direito Comunitário e os Direitos nacionais*, p. 124 ss. *Vide* ainda GOMES, José Luís Caramelo, *O juiz nacional e o Direito Comunitário*, Coimbra, Almedina, 2003; MATTLI, Walter; SLAUGHTER, Anne-Marie, *The Role of National Courts in the Process of European Integration: Accounting for Judicial Preferences and Constraints*, in *The European Court and the National Courts – Doctrine and Jurisprudence*, Ed. Limit., Obra coletiva, Oxford, Hart Publishing, 1994, p. 252-276).

21. A distinção entre desaplicação e invalidação do direito nacional foi, mais recentemente, aflorada no caso *IN.CO.GE'90* (Acórdão de 22 de outubro de 1998, Proc. apensos C-10 a 22/97, *Ministero delle Finanze/IN.CO.GE.'90 and others*). A Comissão, invocando o caso *Simmenthal*, alegou neste caso que um Estado-Membro não tinha qualquer competência para adotar uma disposição fiscal incompatível com o direito da União, de modo que as disposições controvertidas e a obrigação fiscal correspondente deveriam ser consideradas inexistentes. O TJUE considerou que esta interpretação não podia ser acolhida. Com efeito:

22. «20. (...) No acórdão *Simmenthal*, já referido, o Tribunal de Justiça considerou assim que qualquer juiz nacional tem o dever de, no âmbito das suas competências, aplicar integralmente o direito comunitário e proteger os direitos que este confere aos particulares, considerando inaplicável qualquer disposição eventualmente contrária de direito interno, quer esta seja anterior ou posterior à norma comunitária (acórdão *Simmenthal*, já referido, nºs 21 e 24). Esta jurisprudência foi frequentemente reiterada (v., designadamente, os acórdãos *Debus*,

já referido, nº 32; de 2 de agosto de 1993, *Levy*, C-158/91, Colect., p. I-4287, nº 9, e de 5 de março de 1998, *Solred*, C-347/96, Colect., p. I-937, nº 30). 21. Contrariamente ao que sustenta a Comissão, não pode por conseguinte ser deduzido do acórdão *Simmenthal*, já referido, que a incompatibilidade com o direito comunitário de uma norma de direito nacional posterior tem por efeito tornar esta norma inexistente. Face a uma tal situação, o órgão jurisdicional nacional está, diferentemente, obrigado a afastar a aplicação desta norma, entendendo-se que esta obrigação não limita o poder de os órgãos jurisdicionais nacionais competentes aplicarem, de entre os diversos procedimentos da ordem jurídica interna, os que são apropriados para salvaguardar os direitos individuais conferidos pelo direito comunitário (v. o Acórdão de 4 de abril de 1968, *Lück*, 34/67, Recueil, p. 359, Colect. 1965-1968, p. 839)».

23. Não obstante, o princípio da certeza jurídica pode determinar a necessidade de atenuação desta obrigação de desaplicação do direito nacional contrário ao direito da União, a quem, por exemplo, nele tenha confiado relativamente à aplicação de penalidades (*Vide* Acórdão de 9 de setembro de 2003, Proc. C-198/01, *CIF*).

24. Paralelamente, no caso *Kapferer* (Acórdão de 16 de março de 2006, Proc. C-234/04, *Kapferer*), o TJUE deixou claro que não obstante a obrigação de desaplicação do direito nacional, o direito da União reconhecia o instituto do caso julgado admitindo que em certos casos tal desaplicação não tivesse lugar. Assim:

25. «20. A este respeito, há que recordar a importância que reveste, tanto na ordem jurídica comunitária como nas ordens jurídicas nacionais, o princípio da força de caso julgado. Com efeito, a fim de garantir tanto a estabilidade do direito e das relações jurídicas como uma boa administração da justiça, é necessário que as decisões judiciais que se tornaram definitivas após esgotamento das vias de recurso disponíveis ou decorridos os prazos previstos para tais recursos já não possam ser impugnadas (acórdão de 30 de setembro de 2003, *Köbler*, C224/01, Colect., p. I-10239, nº 38). 21. Por conseguinte, o direito comunitário não obriga um órgão jurisdicional nacional a não aplicar as regras processuais internas que confiram força de caso julgado a uma decisão, mesmo que isso permitisse reparar uma violação do direito comunitário por parte da decisão em causa (v., neste sentido, acórdão de 1 de junho de 1999, *Eco Swiss*, C126/97, Colect., p. I-3055, nºs 46 e 47)».

26. O advogado-geral, no caso *Simmenthal*, chamara já a atenção para o facto de nem sempre a declaração de inconstitucionalidade no plano nacional implicar uma eficácia retroativa plena, desde logo quando estão em causa institutos como o caso julgado, prescrição e o decurso de prazos. Nesta linha, o advogado-geral parece ter considerado que tais limitações comprometeriam o alcance dos princípios do primado e do efeito direto – fundados exclusivamente na auto-

nomia da ordem jurídica da União – e da aplicação plena e uniforme do direito da União. O TJUE não fez, todavia, nenhuma referência ao ponto na sua decisão, e jurisprudência posterior viria a revelar a necessidade de conciliar a primazia do direito da União com o valor da segurança jurídica, mesmo quando estes entram aparentemente em conflito.

27. A estas decisões, acrescem ainda as limitações decorrentes do princípio da autonomia processual nacional, de que daremos conta no ponto IV adiante.

28. Importa, por fim, sublinhar que, ainda que não inválidas, as normas nacionais contrárias ao direito da União deverão ser revogadas pelas autoridades nacionais em cumprimento do disposto no atual nº 3 do artigo 4º TUE, ou seja, do princípio da cooperação leal. Certo que a obrigação de afastar o direito nacional contrário no caso concreto não implica para os tribunais nacionais a obrigação de anular ou declarar nulo o direito interno, que pode continuar a ser aplicável em casos não abrangidos pelo direito da União. Não obstante, decorre da jurisprudência do TJUE que o legislador nacional se encontra obrigado, por razões de segurança jurídica, a revogar uma norma de direito interno contrária ao direito da União (Acórdão de 4 de abril de 1974, Proc. 167/73, *Comissão/França*). Essa obrigação opera apenas na medida em que a norma interna se aplique a casos que se encontram no âmbito de aplicação do direito da União, ou seja que comportam algum elemento transfronteiriço. Quanto a situações puramente internas, e apenas na medida em que a norma se aplique apenas a estas, a mesma pode continuar em vigor. Assim, uma eventual alteração legislativa imposta pelo princípio do primado pode limitar-se apenas a uma alteração do âmbito de aplicação da norma, não se traduzindo na sua revogação total.

III – Do juiz ordinário nacional como juiz comum de direito da União

29. O caso *Simmenthal* é ainda importante na medida em que deixou claro que todos os tribunais nacionais, independentemente da sua posição na estrutura judiciária interna, se encontram vinculados ao princípio do primado, e consequentemente à obrigação de desaplicação do direito nacional contrário nos casos que lhes sejam submetidos.

30. Desta forma, o TJUE erigiu o juiz ordinário em juiz da União, desligando-o de qualquer quadro de subordinação hierárquica ou formas de vinculação no plano nacional (Cf. DUARTE, Maria Luísa, *O Tratado da União Europeia e a garantia da Constituição*, p. 671).

31. A decisão é, neste ponto, particularmente importante para os ordenamentos jurídicos de "*civil law*" que dispõem de um tribunal constitucional especializado encarregue, em exclusivo, de se pronunciar sobre a validade e aplicação das leis nacionais.

32. Segundo o TJUE, ainda que no âmbito do ordenamento interno, o tribunal constitucional seja o único tribunal que pode decidir sobre a inconstitucionalidade das leis nacionais e sua respetiva não aplicação, sempre que uma lei nacional esteja em conflito com direito da União os tribunais ordinários devem poder desaplicá-la imediatamente no caso concreto, sem aguardar por uma decisão do tribunal constitucional.

33. A decisão deixou, pois, claro que o direito da União faz de todos os tribunais nacionais tribunais comuns de direito da União, parte integrante da respetiva arquitetura judiciária.

34. Conclui-se então pela importância fundamental dos tribunais ordinários na aplicação do direito da União. Da afirmação do princípio do efeito direto decorre que é a eles a quem compete, em primeiro lugar, a aplicação do direito da União ainda que sob a supervisão do TJUE.

35. Assim, não se estranha que se tenha entendido que «a existência de um verdadeiro poder judicial é seguramente a diferença que mais separa as Comunidades europeias das organizações internacionais». Se «o Tribunal de Justiça é uma jurisdição única, permanente, obrigatória e soberana a verdade é que ele é, em certo sentido do termo, uma jurisdição de exceção (...) O juiz comunitário de direito comum, por força combinada desse princípio [do primado] e do princípio do efeito direto, é o juiz nacional» (Cf. KOVAR, Robert, *Les Etats Membres et la Compétence de la Cour*, in *Les Etats Membres et la Jurisprudence de la Cour: Journée d'études organisée par l'Association belge pour le droit européen et l'Institut d'études européennes de l'Université Libre de Bruxelles, Bruxelles, 25 janvier 1980*, Obra coletiva, Bruxelas, Edições da Universidade de Bruxelas, 1981, p. 34).

36. Assim, «a necessidade prática, mas também política, de recorrer a uma justiça descentralizada levou a que as jurisdições nacionais conservassem as suas funções naturais». Paralelamente, esta consideração foi temperada pela exigência de uma unidade e uniformidade do direito comunitário de onde procede a competência interpretativa do TJUE. O resultado foi «uma combinação complexa de competências, umas exclusivas, e outras concorrentes, as últimas partilhadas, destinadas a assegurar a autonomia das Comunidade e a preservar a dos Estados no respeito pelo direito comunitário». (Cf. KOVAR, Robert, *Les Etats Membres et la Compétence de la Cour*, p. 35).

37. Nesta linha, alguma doutrina discutiu a questão de saber se o direito da União havia mudado a situação constitucional do juiz nacional, nomeadamente, o seu lugar face às constituições nacionais, os poderes que aí lhe são atribuídos, e a sua submissão à ordem constitucional interna (Para mais desenvolvimentos, vide FERSTENBERT, Jacques, *L'application du droit communautaire et la situation constitutionnelle du juge national*, in *Revue Trimestrielle de Droit Européen*, 15, 1, janeiro-março, 1979, p. 39 ss).

38. O papel dos tribunais nacionais ordinários tornou-se, pois, fundamental nesta construção. E, na verdade, «como podemos surpreender-nos? O juiz ordinário, em funções em todos os Estados-membros, é, tradicionalmente ou constitucionalmente, o garante das liberdades individuais. Ele é imediata e diretamente acessível». (Cf. DARMON, Marco, *Juridictions constitutionnelles et droit communautaire: Réflexions sur la jurisprudence constitutionnelle d'Italie, de République fédérale d'Allemagne et de France relative à l'insertion du droit communautaire dans l'ordonnancement juridique interne*, in *Revue Trimestrielle de Droit Européenne*, 2, abril-junho, 1988, p. 251).

39. Sendo aos tribunais nacionais que os particulares podem – e devem – recorrer para, em primeira linha, requerer o reconhecimento dos direitos conferidos pela ordem jurídica da União, é igualmente natural que também a estes tribunais caiba retirar todas as consequências da aplicação do direito da União, dever que aliás lhes é imposto pelo atual nº 3 do artigo 4º TUE.

40. Assistimos, desta forma, não só à criação de uma Comunidade de direito, como à emergência de uma comunidade de juízes: «o papel do juiz é a este respeito essencial, quer se trate do juiz nacional, constitucional ou ordinário, ou do juiz comunitário instituído pelo tratado. É aqui que podemos falar de comunidade de juízes». (Cf. DARMON, Marco, *Juridictions constitutionnelles et droit communautaire*, p. 251).

IV – Das consequências processuais nas ordens jurídicas internas do princípio do primado

41. Entende o TJUE que os tribunais nacionais devem aplicar o direito da União nas mesmas condições, processuais e substantivas, em que são aplicáveis normas nacionais de natureza e importância idênticas, sujeitando assim a invocação do princípio do primado aos limites processuais de ordem interna. Nisto consiste a noção de autonomia processual dos Estados-membros.

42. O princípio da autonomia processual parte do princípio de que as regras processuais são necessárias em qualquer ordenamento jurídico: nenhum sistema pode funcionar num "*vacuum* processual" (Cf. HOSKINS, Mark, *Tilting the Balance: Supremacy and National Procedural Rules*, in *European Law Review*, 21, 5, 1996, p. 366). Através deste princípio procura-se encontrar um equilíbrio, de si delicado, entre a primazia do direito da União e a necessidade de regras processuais. É consensual, hoje, que não existe contradição entre as duas exigências: as partes num litígio devem ter a oportunidade de invocar os direitos conferidos pelo direito da União nos tribunais nacionais, mas o exercício desses direitos deve estar sujeito a regras processuais razoáveis. Assim, o princípio da autonomia processual não é contrário ao princípio do primado, mas complementa-o e confere-lhe efeito prático (*Ibidem*, p. 367).

43. Assim, na ausência de normas processuais de direito da União uniformes, cabe aos tribunais nacionais aplicar as suas normas processuais nacionais nos casos que envolvem a aplicação de direito da União.

44. Segundo a doutrina estabelecida os acórdãos *Rewe* (Acórdão de 16 de dezembro de 1976, Proc. 33/76, *Rewe*) e *Comet* (Acórdão de 16 de dezembro de 1976, Proc. 45/76, *Comet BV/Produktschap voor Siergewassen*) enquanto a atribuição de direitos substantivos pelo direito da União originário ou derivado depende exclusivamente do ordenamento da União, na ausência de normas processuais de direito da União, a determinação das vias de recurso e meios de tutela para a garantia destes direitos, compete à lei nacional.

45. Assim, o TJUE começou por notar, no acórdão *Rewe*, que no «estado atual do direito comunitário», caracterizado pela ausência de uma específica disciplina processual é ao ordenamento jurídico interno de cada Estado-membro que compete designar o juiz competente e estabelecer a modalidade processual das ações judiciais destinadas a garantir os direitos atribuídos aos indivíduos por força das normas da União que produzem efeito direto.

46. Note-se que esta noção sofreu uma evolução considerável na jurisprudência do TJUE. Nos anos que se seguiram àquelas decisões, o TJUE não desenharia, ainda, o tipo de proteção devida pelos Estados-membros aos direitos dos particulares por força do direito da União, limitando-se a procurar que os ordenamentos nacionais garantissem a tais direitos um nível mínimo de proteção. É emblemático deste entendimento no caso *Rewe Handelsgesellschaft Nord* (Acórdão de 7 de julho de 1981, Proc. C-158/80, *Rewe Handelsgesellschaft Nord*).

47. A mudança de orientação do TJUE só viria a ter lugar em meados dos anos oitenta, quando passou a ser claro o receio do TJUE de que a autonomia processual dos Estados pudesse ser sinónimo, simultaneamente, de *(i)* falta de uniformidade na aplicação do direito da União e *(ii)* de escassa efetividade dos direitos reconhecidos pelo ordenamento da União e, como tal, um obstáculo ao desenvolvimento do processo de integração europeia. Estas preocupações levaram o TJUE a, com o tempo, atenuar – senão a abandonar parcialmente – a doutrina *Rewe*.

48. Não obstante, desde a sua jurisprudência inicial, sempre o TJUE entendeu que as normas processuais nacionais só são aplicáveis aos litígios envolvendo a aplicação de direito da União desde que não sejam menos favoráveis do que aquelas aplicáveis em ações internas similares (princípio da equivalência) e não tornem impossível, na prática, o exercício de direitos conferidos pelo ordenamento da União (princípio da efetividade).

49. Ficou por explicar, no acórdão *Simmenthal*, porque é que o TJUE não aplicou ao caso a fórmula *Rewe* e *Comet* – ambos casos decididos anteriormente –, uma vez que, sempre se poderia dizer que estava em causa uma norma processual

que tornava o exercício de direitos conferidos pelo ordenamento da União virtualmente impossível.

50. Alguma doutrina aponta para o facto de a decisão *Simmenthal*, adotada com base no princípio do primado, se ter justificado pelas dificuldades que este princípio encontrava, à data, no ordenamento italiano (Cf. PRECHAL, SACHA, *Community law in national courts: the lessons from Van Schijudel* in *Common Market Law Review*, 35, 3, junho, 1998, p. 685, nota 16). Para esta autora *Simmenthal* alimenta um equívoco relativamente ao princípio do primado que deve ser reservado apenas para conflitos substantivos.

51. Não obstante, parece existir uma contradição entre as decisões *Rewe* e *Comet*, por um lado, e a decisão *Simmenthal*, por outro, já que enquanto nas primeiras traduzem uma linha conservadora da intervenção do TJUE, a segunda situa-se no pólo exatamente oposto.

52. Algumas decisões proferidas depois do caso *Simmenthal* enquadrar-se-iam na mesma linha de fundamentação (*Vide*, nomeadamente, Acórdão de 12 de março de 1987, Proc. 22/86, *Rindone/Allgemeine Ortskrankenkasse Bad Urach--Münsingen*; Acórdão de 3 de dezembro de 1992, Proc. 97/91, *Oleificio Borelli//Comissão*; Acórdão de 21 de setembro de 1989, Proc. 68/88, *Comissão/Grécia*; Acórdão de 8 de junho de 1994, Proc. C-382/92, *Comissão/Reino Unido*; Acórdão de 21 de fevereiro de 1991, Proc. 143/88, *Zuckerfabrik Süderdithmarschen et Zuckerfabrik Soest/Hauptzollamt Itzehoe et Hauptzollamt Paderborn*, que se fundamentam no princípio da tutela jurisdicional efetiva, mas não afastaram totalmente a abordagem restritiva subjacente à doutrina *Rewe* e *Comet*). As duas abordagens passaram assim a coexistir. Veja-se, ainda, a abordagem mais exigente de *Francovich* (Acórdão de 19 de novembro de 1991, Proc. apensos C-6 e 9/90, *Andrea Francovich e outros/República Italiana*) ou *Factortame* (Acórdão de 19 de junho de 1990, Proc. C-213/89, *The Queen/Secretary of State for Transport, ex parte Factortame*) onde o TJUE, não obstante, aplicou também a fórmula *Rewe*.

53. Alguma doutrina não hesitou em apelidar esta jurisprudência do TJUE de inconsistente (HOSKINS, Mark, *Tilting the Balance*, p. 374, 375), encontrando dificuldades em conciliar as duas abordagens, considerando-a essencialmente imprevisível nos seus resultados (Neste sentido, também, PRECHAL, Sacha, *Community law in national courts*, p. 690).

54. Todavia, a jurisprudência do TJUE relativamente aos obstáculos processuais nacionais na invocação do princípio do primado, parece ser consistente. No fundo, é reconhecida alguma margem de liberdade ao direito interno na fixação das consequências substantivas da violação de uma norma ou um princípio de direito da União. Todavia, as normas processuais nacionais, ainda que de natureza constitucional, não podem impedir o juiz nacional de reconhecer e declarar essa violação, nem impedir o juiz nacional de retirar as consequências

adequadas relativamente à norma nacional em conflito (Cf. EILMANSBERGER, Thomas, *The relationship between rights and remedies in EC Law: in search of the missing link*, in *Common Market Law Review*, 41, 5, 2004, p. 1208).

55. Casos mais recentes como os casos *Ciola* (Acórdão de 29 de abril de 1999, Proc. C-224/97, *Ciola*) e *Kühne* (Acórdão 13 de janeiro de 2004, Proc. C-453- -00, *Kühne & Heitz*) podem igualmente ser vistos com expressão do mesmo princípio traçado em *Simmenthal* – as normas processuais nacionais não podem limitar os poderes do juiz nacional quando este encontra um conflito entre o direito da União e o direito interno, não podendo permitir que, apesar da sua ilegalidade, a norma nacional contrária continue a produzir os seus efeitos.

V – Notas finais

56. Proferido no âmbito de um processo de reenvio prejudicial, este último acórdão destinou-se a «censurar os desvios da boa doutrina porque o Tribunal Constitucional Italiano se tornara responsável» com o intuito de «pôr termo a divergências jurisprudenciais lesivas da uniformidade de aplicação das normas comunitárias» (Cf. CAMPOS, João Mota de, *Direito Comunitário*, Vol. II, 5ª ed., Lisboa, Fundação Calouste Gulbenkian, 1997, p. 332).

57. Com o acórdão *Simmenthal*, o TJUE afirmou o princípio do primado das normas e atos da União com eficácia direta, absoluta e incondicional, e cuja aplicação deve ser assegurada com total independência dos procedimentos constitucionais relativos à revogação legislativa ou declaração de inconstitucionalidade das normas nacionais, considerando o primado como filosofia global e operativa das relações entre as duas ordens jurídicas, pressuposto da eficácia normativa das disposições da União e do estatuto europeu do juiz nacional.

58. Por efeito desta decisão, o juiz nacional vê-se investido num duplo mandato: por um lado, tem de aplicar o direito da União no quadro nos mecanismos processuais internos, e por outro, terá de ignorar o seu direito processual interno quando este lhe dificulte ou impeça a plena aplicação do direito da União: «Daqui resultam duas consequências principais: o juiz nacional torna-se destinatário de um dever de fonte jurisprudencial, cujo estrito cumprimento o pode levar a alargar os seus poderes para lá dos limites da competência que lhe é reconhecida pelo legislador interno, o que determina, por consequência, uma violação do princípio da separação de poderes; – se o juiz nacional é obrigado a não aplicar a norma nacional contrária ao Direito Comunitário, ainda que a Constituição preveja como condição necessária da sua inaplicabilidade a prévia declaração de inconstitucionalidade, então o primado encerra uma exigência de proeminência absoluta da norma comunitária que não se compadece com o estalão constitucional da norma nacional que com ela é incompatível» (Cf. DUARTE, Maria Luísa, *O Tratado da União Europeia e a garantia da Constituição*, p. 674).

59. No caso *Simmenthal* foi dada uma ordem clara ao juiz nacional, que se vê formalmente obrigado a afastar as prescrições constitucionais que determinam quer a solução dos próprios conflitos normativos, quer o entendimento dos seus próprios poderes (Cf. FERSTENBERT, Jacques, *L'application du droit communautaire et la situation constitutionnelle du juge national*, p. 43).

60. No entanto, para que essa venha a ser uma realidade, é seguramente necessário que os juízes e os demais aplicadores do direito considerem o direito da União como um "direito seu", e deixem de considerar o TJUE como um "tribunal estrangeiro": «O agricultor na Grécia e o operário fabril na Andaluzia têm os mesmos direitos, nos termos da mesma legislação, interpretada em última análise pelo mesmo TJUE, que o agricultor nas Shetlands e o operário no País de Gales. Ainda mais importante, os cidadãos da Comunidade são protegidos em toda a Comunidade, pelos tribunais locais, ao abrigo das mesmas regras de direitos fundamentais, quer contra as instituições da Comunidade, quer contra as autoridades nacionais atuando na esfera comunitária. Assim, se um advogado imaginativo em Cambridge intentar uma ação que estabelece um novo princípio de direito comunitário, tal princípio beneficia todas as pessoas, em toda a Comunidade» (Cf. LANG, John Temple, *The Duties of National Courts under Community Constitutional Law*, in *European Law Review*, 22, 1, 1997, p. 17).

2.3. Acórdão do Tribunal de Justiça de 17 de dezembro de 1970, Processo 11/70 *Internationale Handelsgesellschaft* mbH/Einfuhr-und Vorratsstelle für Getreide und Futtermitte[3]

Patrícia Fragoso Martins

Resumo dos factos

Na base do acórdão *Internationale Handelsgesellschaft* esteve a aplicação por parte da administração alemã, designadamente por parte do serviço de importação e armazenamento de cereais e forragens, de uma penalidade financeira a um exportador, também alemão, no quadro do regime de certificados de exportação e respetiva caução associada, previsto no Regulamento nº 120/67/CEE do Con-

---

[3] A presente anotação foi desenvolvida imediatamente após a da entrada em vigor do Tratado de Lisboa, razão pela qual as eventuais referências aos tratados alterados, com efeitos a partir de dezembro de 2009, se fazem já no corpo do texto. Não obstante, aconselha-se a consulta dos quadros de correspondência publicados no JOUE em anexo ao Tratado de Amesterdão e ao Tratado de Lisboa, de forma a esclarecer dúvidas que permaneçam sobre a renumeração dos artigos.

Noutro plano, e considerando a evolução ocorrida com o Tratado de Lisboa a este nível, com a supressão do sistema de pilares que fundam a União, referir-nos-emos preferencialmente à União Europeia no seu todo, fazendo referência às Comunidades Europeias apenas quando o rigor científico impuser a distinção.

selho, de 13 de junho de 1967, que estabelece a organização comum do mercado no setor dos cereais, e no Regulamento nº 473/67/CEE da Comissão, de 21 de agosto de 1967, relativo aos certificados de importação e exportação.

Os regulamentos em causa previam que a obtenção de um certificado de importação ou exportação para os produtos visados pelo Regulamento de base nº 19 estava subordinada ao depósito de uma caução e que, salvo em caso de força maior, tal caução se perdia se a operação não fosse realizada pelo titular do certificado.

O tribunal administrativo de Frankfurt am Main (o *Verwaltungsgericht*) entendeu que a aplicação da sanção financeira em causa violava diversos direitos fundamentais, colocando um conjunto de questões prejudiciais inicialmente ao Tribunal de Justiça da União Europeia ("TJUE") e, mais tarde, ao Tribunal Constitucional alemão (o *Bundesverfassungsgericht*) que, nesta sequência, viria a proferir a sua célebre decisão *Solange I* (*BVerfGE* 37, 271).

O tribunal nacional colocou, assim, ao TJUE duas questões prejudiciais relativas à validade do regime de certificados de exportação e respetiva caução associada, previsto pelos referidos regulamentos comunitários.

Resulta da fundamentação do pedido apresentada pelo tribunal nacional, que este se recusava a aceitar a validade de tais regulamentos, e que considerava fundamental pôr termo à incerteza jurídica existente. Segundo o juiz nacional, o regime de depósito previsto nos regulamentos seria contrário a certos princípios estruturantes de direito constitucional nacional, os quais deveriam ser salvaguardados no quadro do direito da União. Ou seja, segundo o juiz nacional o primado do direito da União deveria ceder nesta medida.

Segundo o tribunal nacional, o regime de depósito em causa violava, designadamente, os princípios da liberdade de ação e de disposição, da liberdade económica e da proporcionalidade, consagrados designadamente nos artigos 2º, nº 1, e 14º da Lei Fundamental alemã ("*Grundgesetz*"). Em particular, a obrigação de importar ou exportar decorrente da emissão dos certificados, juntamente com a exigência de depósito da caução a estes associada, constituiriam uma intervenção excessiva na liberdade de comércio, já que os objetivos prosseguidos pelo referido regulamento poderiam ser alcançados através da adoção de medidas menos restritivas daquela liberdade.

Excertos do acórdão

No seu acórdão, o TJUE estabeleceu duas ideias fundamentais. Em primeiro lugar, considerou que não era legítimo o recurso a normas nacionais para avaliar da validade de normas de direito da União, afirmando por isso a supremacia absoluta de todo o direito União sobre todo o direito nacional. Assim,

«3. O recurso às regras ou noções jurídicas de direito nacional, para a apreciação da validade de atos adotados pelas instituições da Comunidade, teria por efeito pôr em causa a unidade e a eficácia do direito comunitário. A validade desses atos não pode ser apreciada senão em função do direito comunitário. Com efeito, ao direito emergente do Tratado, emanado de uma fonte autónoma, não podem, em virtude da sua natureza, ser opostas em juízo regras do direito nacional, quaisquer que elas sejam, sob pena daquele perder o seu caráter comunitário e de ser posta em causa a base jurídica da própria Comunidade; portanto, a invocação de violações, quer aos direitos fundamentais, tais como estes são enunciados na Constituição de um Estado--membro, quer aos princípios da estrutura constitucional nacional, não pode afetar a validade de um ato da Comunidade ou o seu efeito no território desse Estado».

Em segundo lugar, com esta decisão o TJUE introduziu na sua jurisprudência uma nova referência à proteção dos direitos fundamentais, considerando que os direitos protegidos no seio do ordenamento jurídico da União se fundam igualmente nas constituições nacionais dos Estados-membros. Assim,
«4. Convém, no entanto, analisar se não terá sido violada qualquer garantia análoga, inerente ao direito comunitário. Com efeito, o respeito pelos direitos fundamentais faz parte integrante dos princípios gerais de direito cuja observância é assegurada pelo Tribunal de Justiça. A salvaguarda desses direitos, ainda que inspirada nas tradições constitucionais comuns aos Estados-membros, deve ser assegurada no âmbito da estrutura e dos objetivos da Comunidade. Convém, pois, analisar, à luz das dúvidas manifestadas pelo tribunal administrativo, se o regime de cauções terá violado os direitos fundamentais cujo respeito deve ser assegurado no ordenamento jurídico comunitário (...)».
No acórdão *Internationale Handelsgesellschaft*, o TJUE acabaria por concluir que não se verificava nenhuma das violações a direitos fundamentais protegidos pelo direito da União invocadas pelo juiz nacional e que, portanto, nenhuma das normas em litígio padecia de invalidade.

Comentário

I – Do recurso ilegítimo a normas nacionais para avaliar da validade de normas e atos da União
1. Com o acórdão *Costa/ENEL* (Acórdão de 15 de julho de 1964, Proc. 6/64, *Costa/ENEL*) o TJUE limitou-se a lançar os fundamentos do princípio da primazia do direito da União. As respetivas consequências práticas, bem como a força

e o âmbito de aplicação desse princípio seriam apenas afloradas em jurisprudência posterior.

2. O acórdão *Internationale Handelsgesellschaft* parece ter sido proferido para fazer face às resistências nacionais da jurisprudência alemã e italiana a propósito da intangibilidade das disposições constitucionais relativas à salvaguarda de direitos fundamentais e ao princípio da congruência estrutural (*Vide* CAMPOS, João Mota de; CAMPOS, João Luiz Mota de, *Manual de Direito Europeu: O sistema institucional, a ordem jurídica e o ordenamento económico da União Europeia*, Coimbra, Coimbra Editora, 2010, p. 396).

3. Ao contrário da situação em causa no caso *Costa/ENEL*, onde TJUE foi confrontado com um conflito entre os Tratados e uma lei nacional posterior, neste caso verificou-se um conflito entre um regulamento comunitário e a Lei Fundamental alemã, ou seja entre uma fonte de direito da União derivado e direito nacional. O mesmo aconteceu, por exemplo, nos casos *Politi* (Acórdão de 14 de dezembro de 1971, Proc. 43/71, *Politi*) e *Marimex* (Acórdão de 7 de março de 1972, Proc. 84/71, *Marimex*), decididos nos anos seguintes.

4. O TJUE considerou que a validade homogénea do direito da União seria prejudicada, se na decisão sobre a validade dos atos das instituições europeias fossem tomadas em conta normas ou princípios do direito interno. A validade de tais atos só poderia ser julgada no quadro do direito da União, uma vez que nenhuma norma jurídica de direito interno, de qualquer natureza, pode ser superior ao direito criado pelos Tratados, que emana, assim, de uma fonte de direito autónoma pela sua própria natureza.

5. Nota-se aqui, mais uma vez, na senda do afirmado nos acórdãos *Van Gend en Loos* (Acórdão de 5 de fevereiro de 1963, Proc. 26/62, *Van Gend en Loos*) e *Costa/ENEL*, a proclamação do princípio da autonomia do direito da União relativamente aos ordenamentos internos dos Estados-membros.

6. O advogado-geral DE LAMOTHE havia sido ainda mais sugestivo nas suas palavras, segundo as quais: «[a] legalidade de um ato comunitário apenas pode ser apreciada à luz do direito comunitário, escrito ou não, e nunca à luz da lei nacional, mesmo que esta seja uma lei constitucional. Como já foi decidido pelo Tribunal de Justiça no acórdão *Costa*, ao ato comunitário 'em virtude da sua natureza específica e original' não pode ser oposta juridicamente uma disposição de direito interno, seja qual for, sem que este perca o seu caráter comunitário e sem que seja posta em causa a base jurídica da própria Comunidade».

7. Assim, a invocação quer de ofensas aos direitos fundamentais consagrados nas constituições nacionais, quer de princípios estruturantes da constituição nacional, não podem afetar a validade ou eficácia de uma norma ou de um ato da União.

8. O TJUE admitia, assim, que o primado operava sobre todas as normas nacionais, independentemente na sua natureza constitucional ou não.

9. Mais recentemente, no caso *Ciola* (Acórdão de 29 de abril de 1999, Proc. C-224/97, *Ciola*), o TJUE foi confrontado com a questão exatamente inversa à do acórdão *Internationale Handelsgesellschaft*. No caso *Ciola*, o Governo austríaco havia alegado que o princípio do primado não se aplicava a atos administrativos individuais, precisamente pela sua alegada menor relevância no ordenamento jurídico nacional. O TJUE recusou, igualmente, o argumento. No seu entendimento, o direito da União aplica-se com primazia sobre todo o direito nacional, seja este de natureza fundamental constitucional ou se reconduza a atos administrativos ditos "menores".

10. O TJUE definiu, ainda, a primazia do direito da União com o maior alcance possível, estendendo-o a todas as normas e atos de direito da União que produzissem efeitos externos. Assim, todo o direito da União prevalece sobre o direito nacional. O TJUE teria ocasião de precisar os termos em que o primado se aplica às diretivas, aos regulamentos, às decisões, e aos acordos internacionais concluídos pela Comunidade.

11. Por tudo isto, o acórdão *Internationale Handelsgesellschaft* é, talvez, se imaginarmos uma "linha da sucessão", o segundo acórdão mais importante em matéria de primado, ocupando nas palavras de TRIDIMAS, uma «posição destacada» (TRIDIMAS, Takis, *Primacy, Fundamental Rights and the Search for Legitimacy*, in *The Past and Future of EU Law: The Classics of EU Law Revisited on the 50th Anniversary of the Rome Treaty*, Editado por Miguel Poiares Maduro e Loïc Azoulai, Oxford and Portland, Oregon, Hart Publishing, 2010, p. 98).

12. Certo que a superioridade do direito da União sobre as normas constitucionais dos Estados-membros já havia sido implicitamente afirmada pelo TJUE em vários acórdãos (Cf. CAMPOS, João Mota de, *As relações da Ordem Jurídica Portuguesa com o Direito Internacional e o Direito Comunitário à Luz da Revisão Constitucional de 1982*, Lisboa, Instituto Superior de Ciências Sociais e Políticas, 1985, p. 327).

13. Desde logo, no acórdão *Storck* (Acórdão de 4 de fevereiro de 1959, Proc. 1/58, *Storck*), o TJUE afirmou-o de forma indireta ao declarar que o facto de uma decisão das instituições se opor a uma norma da constituição de um Estado-membro não poderia ser invocado para fundamentar um recurso visando a anulação da decisão em causa.

14. O primado sobre as normas ordinárias internas foi afirmado no acórdão *Comptoirs de Vente Du Charbon de La Rhur* (Acórdão de 15 de julho de 1960, Proc. apensos 36 a 40/59, *Comptoirs de Vente Du Charbon de La Rhur*), onde o TJUE afirmou que a validade de uma decisão das instituições europeias não podia ser apreciada à luz da lei fundamental alemã.

15. Alguns meses mais tarde, no acórdão *Humblet* (Acórdão de 16 de dezembro de 1960, Proc. 6/60, *Humblet*), considerando que uma medida adotada em relação a um funcionário da CECA contrariava o Protocolo relativo aos Privilégios e Imunidades do respetivo pessoal, o TJUE chamou a atenção da Bélgica para a obrigação de eliminar os efeitos de um ato irregular em face das normas de direito da União, realçando a sua incompetência para anular atos de direito nacional dos Estados-Membros.

16. E, no já mencionado acórdão *Costa/ENEL*, de 1964, o TJUE fixaria em definitivo jurisprudência quanto a este ponto, determinando a eliminação de uma lei ordinária contrária ao Tratado. Como vimos, não sendo a primeira decisão sobre esta matéria, esta é, sem dúvida, a primeira na qual se afirmou e fundamentou, de forma inequívoca, a superioridade das normas da União sobre as normas nacionais.

17. Nos acórdãos *Politi* e *Marimex* o Tribunal falou em «disposições internas seja qual for a sua natureza», para mais tarde no acórdão *Simmenthal* (Acórdão de 9 de março de 1978, Proc. 106/77, *Simmenthal*) se referir a «qualquer disposição contrária da legislação nacional existente».

18. Em sede de diversas ações por incumprimento intentadas pela Comissão contra as Estados-membros, o TJUE considerou sempre que estes não podiam opor a título de exceção, dificuldades ou disposições da ordem jurídica nacional, mesmo de natureza constitucional, para justificar o desrespeito das obrigações resultantes do direito da União (*Vide*, por exemplo, Acórdão de 11 de novembro de 1970, Proc. 8/70, *Comissão/Itália*).

19. Mas foi no acórdão *Internationale Handelsgesellschaft* que o TJUE afirmou clara e firmemente o primado sobre as normas constitucionais do Estados-Membros. Aqui, o TJUE estabeleceu que nenhuma norma ou ato nacional, independentemente do seu lugar na hierarquia normativa no ordenamento jurídico interno, poderia comprometer a validade do direito da União. Assim, segundo o TJUE, nem mesmo uma norma constitucional fundamental pode ser invocada para obstar à primazia do direito da União.

20. Não constitui, por isso, uma surpresa que o acórdão tenha dado origem a um conflito sério entre o TJUE e o Tribunal Constitucional alemão, ainda hoje não definitivamente resolvido.

21. Como referimos, na sequência do acórdão proferido do TJUE, o tribunal administrativo de Frankfurt interrogou o Tribunal Constitucional alemão sobre o mesmo caso, tendo este proferido a sua célebre decisão *Solange I*.

22. "*Solange*" era a primeira palavra do dispositivo da decisão, e significa em alemão "enquanto", daí que o acórdão tenha ficado conhecido como "decisão do enquanto".

23. Nesta decisão, o *Bundesverfassungsgericht* entendeu que enquanto o processo de integração europeia não estivesse desenvolvido ao ponto de o direito da União integrar em si um catálogo de direitos fundamentais, conforme ao catálogo de direitos fundamentais constante da Lei Fundamental alemã, eficaz, e devidamente aprovado por um parlamento democraticamente eleito, era admissível e recomendável que, quando um tribunal alemão considerasse inaplicável uma norma do direito na União no caso concreto – por colidir com um dos direitos fundamentais da Lei Fundamental –, aquele tribunal, após a invocação da decisão do TJUE imposta pelo atual artigo 267º TFUE, se dirigisse ao Tribunal Constitucional Federal, para novo processo de controlo normativo.

24. Com este acórdão, o Tribunal Constitucional alemão negou de forma expressa a primazia do direito da União sobre o direito constitucional, e afirmou que o artigo 24º da Lei Fundamental alemã não autorizava uma modificação da estrutura fundamental da Constituição à qual pertenciam os direitos fundamentais, assumindo com isso uma posição de desconfiança perante o TJUE.

25. Três juízes votaram contra a decisão e a doutrina não poupou críticas ao acórdão, uma vez que era claro que poderia pôr em causa a aplicação uniforme do direito da União.

26. A viragem jurisprudencial só viria, todavia, a ter lugar, na Alemanha, sete anos mais tarde, com a prolação pelo *Bundesverfassungsgericht* do acórdão apelidado de *Solange II*, de 22 de outubro de 1986 (*BVerfGE*, 73, 339), que, adotado por unanimidade, representou o primeiro sinal de reconciliação entre a jurisprudência constitucional e dos tribunais da União, relativamente às relações entre as duas ordens jurídicas.

II – Da tutela dos direitos fundamentais ao nível do ordenamento da União
27. O TJUE contribuiu, por seu lado, de forma decisiva para o desenvolvimento dessa nova fase no relacionamento entre tribunais nacionais e tribunais da União. Considerando que a maior resistência ao princípio do primado a nível nacional se fazia sentir devido à ausência de um sistema de tutela de direitos fundamentais ao nível da União, o TJUE, através de um notável esforço pretoriano, introduziu o sistema de proteção em falta através da sua jurisprudência. E fê-lo de forma convincente «cobrindo, de uma assentada e de lés-a-lés, toda a hipótese de brecha» (Cf. PIRES, Francisco Lucas, *Introdução ao Direito Constitucional Europeu: Seu Sentido, Problemas e Limites*, Coimbra, Almedina, 1997, p. 37).

28. Note-se que não era de estranhar a ausência de referência a direitos fundamentais nos Tratados constitutivos. É sabido, e amplamente repetido, que «a natureza específica do processo comunitário de integração fez com que este não tivesse sido objeto de preceitos que ditassem a salvaguarda dos direitos fundamentais». (Cf. SOARES, António Goucha, *A Carta dos Direitos fundamentais da União*

Europeia: A proteção dos direitos fundamentais no ordenamento comunitário, Coimbra, Coimbra Editora, 2002, p. 11, chamando ainda a atenção para o facto de uma tal referência se encontrar, ao invés, no Tratado da Comunidade Europeia da Defesa e no projeto de Estatuto da Comunidade Política da Defesa adotados nos anos sessenta e posteriormente abandonados).

29. No entanto, com a evolução das Comunidades, e dos próprios direitos constitucional e internacional dos direitos fundamentais, a tutela de tais direitos foi sendo progressivamente apresentada como requisito de credibilidade, transparência e legitimidade da Comunidade – e mais tarde da União – Europeias.

30. Não obstante, perante a ausência de um catálogo de direitos fundamentais, não se estranha que, numa primeira fase, já apelidada de "agnosticismo valorativo" (Cf. DUARTE, Maria Luísa, *A União Europeia e os direitos Fundamentais: métodos de proteção* in *Estudos de Direito da União e das Comunidades Europeias: Direito comunitário institucional; União Europeia e Constituição; Direito comunitário material*, Coimbra, Coimbra Editora, 2000, p. 19) o TJUE tenha adotado uma linha restritiva e conservadora em matéria de direitos fundamentais.

31. Esta linha restritiva pode ser ilustrada pelos acórdãos *Storck*, *Comptoirs de vente du Charbon de la Ruhr* e *Sgarlata* (Acórdão de 1 de abril de 1965, Proc. 40/64, *Sgarlata*), e traduziu-se na ausência de um sistema de tutela de direitos fundamentais a nível europeu.

32. No entanto, como dissemos, a manifesta insuficiência do núcleo de direitos para garantia de proteção do indivíduo na ordem jurídica da União, quando comparada com a que aquele usufruía no âmbito das ordens jurídicas nacionais, acentuar-se-ia com a extensão das atribuições da União e viria a constituir a causa mais importante e duradoura das resistências nacionais ao primado.

33. Com efeito, não permitindo ao indivíduo a invocação da sua Constituição para se opor à aplicação de um ato de direito da União, nem garantindo uma tutela dos direitos fundamentais, uma tal posição originava situações de autêntica denegação de justiça e de recuo num processo historicamente irreversível, pelo menos a nível dos Estados-membros, de proteção dos direitos fundamentais (Cf. DUARTE, Maria Luísa, *O Tratado da União Europeia e a garantia da Constituição: notas de uma reflexão crítica*, in *Estudos em memória do Professor Doutor João de Castro Mendes*, Lisboa, Lex, p. 677).

34. A autora nota ainda que nesta fase o TJUE violava o próprio Tratado. Com efeito, o disposto no atual artigo 19º TUE (que corresponde ao anterior artigo 220º TCE) concebe o TJUE como o órgão de "garantia do respeito do direito". Ora, «[p]or legado histórico e por força da experiência constitucional contemporânea, o Direito incorpora a própria ideia de liberdade, concretizada esta na proclamação e na tutela efetiva dos Direitos Fundamentais» (Cf. DUARTE, Maria Luísa, *A União Europeia e os direitos Fundamentais*, p. 20).

35. Assim, no acórdão *Algera* (Acórdão de 12 de julho de 1957, Proc. 7/56, *Algera*), o TJUE começou por entender que os princípios de direito comum aos Estados-membros constituíam fonte complementar de direito da União.

36. Todavia, o TJUE só viria a marcar decisivamente a viragem na sua jurisprudência tradicional, com a prolação do acórdão *Stauder* (Acórdão de 12 de novembro de 1969, Proc. 29/69, *Stauder*), afirmando que os direitos fundamentais estão compreendidos nos princípios gerais do direito da União, cujo respeito lhe compete garantir.

37. No acórdão *Internationale Handelgesellschaft*, o TJUE afirmou que o conteúdo de tais direitos podia ser determinado por referência às tradições constitucionais comuns dos Estados-membros, sendo as normas da União que violassem tais tradições inválidas.

38. Aqui, foram igualmente impressivas as palavras do advogado-geral no processo. Na verdade, depois de ter excluído que a validade de normas e atos da União pudesse ser determinada por referência a princípios ou normas em vigor nos Estados-membros, o advogado-geral não afastou em definitivo os princípios dos ordenamentos nacionais do direito da União: «Por certo que não; eles contribuem para a formação do substrato filosófico, político e jurídico comum aos Estados-membros a partir do qual emerge de forma pretoriana um direito comunitário não escrito do qual um dos fins essenciais é, precisamente, o de assegurar o respeito dos direitos fundamentais dos indivíduos. Neste sentido, os princípios fundamentais dos ordenamentos jurídicos nacionais contribuem a permitir ao direito comunitário descobrir no seu seio os recursos de que precisa para assegurar, sempre que seja necessário, o respeito dos direitos fundamentais que formam o património comum dos Estados-membros».

39. Em *Internationale Handelsgesellschaft*, o TJUE considerou contudo que a inspiração encontrada nas tradições constitucionais comuns dos Estados-membros deveria ser entendida no quadro da estrutura e dos objetivos da União. Este entendimento baseia-se numa visão realista das diferenças existentes entre o ordenamento da União e os ordenamentos nacionais no que diz respeito à organização do poder, à participação democrática, ao papel das instituições e à importância histórica da economia na legislação. Esta abordagem levou, todavia, alguns autores a entender que a tónica da decisão reside na consideração dos direitos fundamentais enquanto instrumento de integração e não tanto na proteção de tais direitos enquanto direitos subjetivos *proprio sensu* (Cf. RODRIGUES, José Narciso Cunha, *The Incorporation of Fundamental Rights in the Community Legal Order*, in *The Past and Future of EU Law: The Classics of EU Law Revisited on the 50th Anniversary of the Rome Treaty*, Editado por Miguel Poiares Maduro e Loïc Azoulai, Oxford and Portland, Oregon, Hart Publishing, 2010, p. 91).

40. Não obstante, uma vez que o TJUE baseou o sistema de tutela dos direitos fundamentais a nível da União nas tradições constitucionais comuns aos Estados-membros, alguns autores desconsideram a crítica frequente segundo a qual o acórdão *Internationale Handelsgesellschaft* representa um clássico exercício de ativismo judicial (Cf. TRIDIMAS, Takis, *Primacy, Fundamental Rights and the Search for Legitimacy*, p. 98).

41. Esta evolução culminaria na prolação do célebre acórdão *Nold II* (Acórdão de 14 de maio de 1974, Proc. 4/73, *Nold*), onde o TJUE fez ainda referência aos instrumentos internacionais relativos à proteção de direitos fundamentais de que os Estados-membros fossem partes ou na elaboração dos quais tivessem participado.

42. O caso *Nold II* «inaugura uma terceira fase na jurisprudência comunitária, caracterizada pela determinação de um critério materialmente amplo de direitos fundamentais. As tradições constitucionais comuns (i), as próprias Constituições dos Estados-membros (ii), bem como os instrumentos internacionais relativos aos Direitos do Homem, aos quais os Estados-membros hajam aderido ou cooperado (iii) formam um vasto conjunto normativo de revelação dos direitos fundamentais que devem ser garantidos pelo juiz comunitário, em cooperação com os tribunais nacionais» (Cf. DUARTE, Maria Luísa, *A União Europeia e os direitos Fundamentais*, p. 21).

43. No acórdão *Rutili* (Acórdão de 28 de outubro de 1975, Proc. 36/75, *Rutili*), o TJUE referiu-se pela primeira vez, em especial, à Convenção Europeia para a Proteção dos Direitos do Homem e das Liberdades Fundamentais ("CEDH") que, entretanto, já havia sido ratificada por todos os Estados-membros, e cujos direitos representam o "mínimo garantido" pelas constituições nacionais.

44. Os direitos fundamentais apareceram pois, progressivamente, como parâmetro de validade das normas de direito da União, as quais seriam inválidas se os contrariassem.

45. Note-se, no entanto, que em *Internationale Handelsgessellschaft* o TJUE, não obstante ter considerado necessário avaliar da conformidade do sistema de cauções criado com os direitos fundamentais protegidos no ordenamento da União, considerou que no caso concreto não se verificava nenhuma das violações invocadas. O acórdão é, pois, frequentemente apontado ora como um exemplo de «justiça salomónica», ora como uma decisão dececionante nesta matéria.

46. Com o tempo, o TJUE viria a alargar o âmbito do controlo exercido no respeito pelos direitos fundamentais, passando não só a fiscalizar a atuação das instituições da União como também a dos próprios Estados-membros, quando atuassem no âmbito de aplicação do direito da União. Tal sucede, designadamente, quando os Estados-membros aprovam medidas de implementação das

normas da União (Acórdão de 25 de novembro de 1986, Proc. apensos 201 e 202/85, *Klensch*; Acórdão de 13 de julho de 1989, Proc. 5/88, *Wachauf*) ou estabelecem medidas de exceção à aplicação destas últimas (Acórdão de 18 de junho de 1991, Proc. C-260/89, *ERT/DEP*; Acórdão de 26 de junho de 1997, Proc. C-368/95, *Vereinigte Familiapress Zeitungsverlags und vertriebs GmbH/Bauer Verlag*; Acórdão de 11 de julho de 2002, Proc. C-60/00, *Carpenter*; Acórdão de 29 de abril de 2004, Proc. apensos C-482 e 493/01, *Orfanopoulos and Oliveri*). Mais tarde, o TJUE viria ainda a considerar que os Estados-membros estão vinculados ao respeito pelos direitos fundamentais na interpretação de decisões-quadro adotadas no âmbito do terceiro pilar da União, hoje extinto (Acórdão de 16 de junho de 2005, Proc. C-105/03, *Pupino*). E, recentemente, a decisão proferida no caso *Karner* (Acórdão de 25 de março de 204, Proc. C-71/02, *Karner*) conferiu potencialmente ao TJUE jurisdição universal sobre as medidas nacionais de aplicação do direito da União.

47. No entanto, o TJUE manteve sempre presente que a tutela dos direitos fundamentais se encontrava limitada às competências da União. Regendo-se esta pelo princípio das competências atribuídas, a proteção em causa limita-se a esse espaço de atuação. O caso *Cinètheque* (Acórdão de 11 de julho de 1985, Proc. apensos 60 e 61/84, *Cinètheque*), constitui exemplo desse entendimento. Assim, quando não existir uma ligação real do caso concreto com o direito da União, não compete ao TJUE assegurar o respeito pelos direitos fundamentais (Acórdão de 13 de junho de 1996, Proc. C-144/95, *Criminal proceedings against Maurin*; Acórdão de 29 de maio de 1997, Proc. C-299/95, *Kremzow/Áustria*; Acórdão de 18 de dezembro de 1997, Proc. C-309/96, *Annibaldi/Sindaco del Comune di Guidonia and Presidente Regione Lazio*; Despacho de 6 de outubro de 2005, Proc. C-328/04, *Vajnai*).

48. Importa, ainda, notar que o tratamento dado pelo TJUE aos direitos fundamentais se aproxima da ideia de receção material. Através desta ficção jurídica, o TJUE aplica os direitos fundamentais segundo os critérios próprios da ordem jurídica da União. Nomeadamente, não se considera necessariamente vinculado pelo sentido prevalecente no ordenamento originário: «[o] que está em causa não é a 'instrumentalização comunitária' do direito, o que retiraria qualquer significado ao objetivo da tutela dos direitos dos particulares. O TJ procura sim, e de um modo que nos parece idóneo, a interpretação do direito fundamental que, assegurando o núcleo mínimo de garantia, seja compatível com as especificidades institucionais e as exigências próprias de um processo de integração económica» (Cf. DUARTE, Maria Luísa, *A União Europeia e os direitos Fundamentais*, p. 28).

49. Neste contexto, a mesma disposição da CEDH pode suscitar interpretações distintas, ou até divergentes, por parte do TJUE e do Tribunal Europeu dos

Direitos do Homem ("TEDH"). Assim, por exemplo, no caso *Hoechst* (Acórdão 21 de setembro de 1989, Proc. apensos 46/87 e 227/88, *Hoechst*), o TJUE recusou interpretar o artigo 8º da CEDH como reconhecendo o direito fundamental à inviolabilidade do domicílio no caso das instalações de empresas comerciais. Alguns meses antes, no caso *Chappel/Reino Unido* (Acórdão do TEDH de 30 de março de 1989, 1987/140/194, Série A, Vol. nº 152), o TEDH havia aceite a invocação desse direito em relação a um local que era utilizado simultaneamente como domicílio pessoal, e como instalação comercial. Mais tarde, no caso *Niemietz/Alemanha* (Acórdão do TEDH, de 16 de dezembro de 1992, 72/1991//324/396, Série A, Vol. nº 251-B), o TEDH assumiu expressamente a divergência de interpretação com o TJUE, ao considerar que o artigo 8º da CEDH proibia buscas decretadas por um tribunal em relação a um escritório de um advogado.

50. Para o que aqui nos interessa, não devemos perder de vista que este "activismo judicial" na proteção de direitos fundamentais nasceu, de alguma forma, marcado por um "pecado original". Com efeito, foi sobretudo a problemática da relação dos ordenamentos jurídicos nacionais com o ordenamento jurídico da União, refletida nas reservas dos tribunais constitucionais de alguns Estados--membros na aceitação do princípio do primado, e não tanto a preocupação de que a atividade crescente e alargada das instituições da União pudesse afectar direitos fundamentais dos particulares, que motivou esta jurisprudência mais generosa.

51. Não obstante, foi tendo em conta a evolução da jurisprudência do TJUE em matéria de direitos fundamentais, que o Tribunal Constitucional alemão veio a proferir a decisão *Solange II*, demonstrando um espírito de confiança na proteção garantida pelos tribunais da União.

52. Segundo a fórmula *Solange II*, o Tribunal Constitucional alemão estabeleceu a sua famosa reserva temporal em sentido contrário ao afirmado em 1974. Assim, entendeu aquele tribunal que «enquanto as Comunidades Europeias e em especial a jurisprudência do Tribunal de Justiça garantirem em geral uma proteção eficaz dos direitos fundamentais perante os poderes de autoridade exercidos pelas Comunidades, equiparável no essencial à que é imposta como imprescindível pela Lei Fundamental, tanto mais que é geralmente garantido o conteúdo essencial desses direitos fundamentais, o Tribunal Constitucional Federal não exercerá a sua competência relativa à aplicabilidade do direito comunitário derivado que constitua fundamento legal de atos dos órgãos jurisdicionais e administrativos alemães, no âmbito territorial da República Federal da Alemanha, nem fiscalizará tal direito pelo parâmetro dos direitos fundamentais constantes da Lei Fundamental; serão por isso julgadas inadmissíveis as correspondentes questões prejudiciais de constitucionalidade suscitadas nos termos do artigo 100º, nº 1, da Lei Fundamental».

53. A fórmula *Solange II* espalhar-se-ia, mais tarde, por toda a Europa tendo inspirado as reservas de constitucionalidade elaboradas pelos diversos tribunais constitucionais dos Estados-membros. Pode inclusivamente dizer-se que a mesma solução foi adotada pelo TEDH relativamente à adoção por parte dos Estados-membros de direito da União derivado, em eventual violação da CEDH, no caso *Bosphorus Airways/Irlanda* (Acórdão do TEDH de 10 de junho de 2005, Ap. n.º 45036/98).

54. A interpretação conjugada das disposições da CEDH e das constituições nacionais eliminaria tendencialmente a hipótese de conflito, e a elaboração e constitucionalização da Carta dos Direitos Fundamentais da União Europeia acarretaria um nível acrescido de tutela, levando a um reforço dessa confiança. Assim, em cinquenta anos de integração europeia tem havido poucos exemplos de desentendimento entre o TJUE e os tribunais nacionais em matéria de proteção de direitos fundamentais, e onde o conflito aconteceu foi possível conter as suas consequências.

55. Desta forma, não é de admirar que se tenha entendido que «os tribunais constitucionais perderam a batalha na relativização do primado» tendo reconhecido a suficiência do nível de garantia dos direitos fundamentais da União. Certo porém que «não abandonaram a trincheira dualismo, nem abdicaram definitivamente da sua função de guardiães da Constituição e, por isso, a competência do Juiz comunitário para garantir o respeito pelos direitos fundamentais é precária e sujeita a condição da equivalência de nível de proteção do sistema comunitário» (Cf. DUARTE, Maria Luísa, *O Tratado da União Europeia e a garantia da Constituição*, p. 684).

56. Não obstante, a fórmula *Solange II* não resolve em definitivo o problema do primado do direito da União. Com efeito, sempre se poderá questionar o que deve fazer o juiz nacional se num determinado caso que lhe seja submetido verificar a existência de um conflito entre um direito consagrado na sua constituição nacional e outro estabelecido na jurisprudência do TJUE, ou consagrado na Carta dos Direitos Fundamentais. É que o princípio do primado não pode ser visto apenas no plano substantivo. Aqui, ganha relevo a sua dimensão processual e a questão que importa responder é saber quem tem, ou deve ter, a última palavra em matéria de direitos fundamentais na União Europeia (*Vide* CANOR, Iris, *Primus inter pares. Who is the ultimate guardian of fundamental rights in Europe?*, in *European Law Review*, 25, 1, 2000, p. 3-21).

57. Sempre se dirá que nunca um tribunal constitucional deixou de aplicar uma norma da União por violação de direitos fundamentais consagrados na sua constituição. Mas tal análise empírica não exclui a hipótese de um eventual conflito, nomeadamente se tivermos em conta que «a) certas constituições nacionais não têm disposições muito claras sobre a receção e o valor do Direito

Comunitário; b) a evolução recente e futura da integração comunitária, por exemplo na área da liberdade de circulação de pessoas, envolve para os Estados-membros obrigações cujo conteúdo pode entrar em colisão com disposições ou tradições constitucionais de sentido mais liberal quanto aos direitos dos estrangeiros» (Cf. DUARTE, Maria Luísa, *O Tratado da União Europeia e a garantia da Constituição*, p. 684). Para a autora, uma tal contradição ao nível dos direitos fundamentais só pode resolver-se através do recurso ao próprio sistema de garantia da respetiva constituição nacional ou ainda por via da interpretação das disposições constitucionais que, expressa ou implicitamente, consentem o primado do direito da União.

58. Acresce que, as reservas dos Estados-membros ao princípio do primado não se fizeram sentir apenas a nível de direitos fundamentais. Se os direitos fundamentais fazem sem dúvida alguma parte desse núcleo duro de cada Constituição, não esgotam por si mesmo essa categoria. Com efeito, as reservas de constitucionalidade elaboradas pelos diversos tribunais constitucionais tendem a ser mais amplas, e a incluir os princípios fundamentais de cada constituição, sem os quais esta deixaria de o ser – ou seja, os princípios que consubstanciam a própria ideia de direito inerente a cada constituição nacional e que já foram identificados, em Portugal, com os limites materiais de revisão constitucional (Cf. artigo 288º da Constituição da República Portuguesa).

59. Por outro lado, a questão da tutela de direitos fundamentais a nível da União não resolve aquela outra da *"Kompetenz-kompetenz"* que o Tribunal Constitucional alemão procurou resolver no seu acórdão *Maastricht*, com detrimento para a posição do TJUE (*VBerfGE* 89 155, caso *Brunner*) (Vide HERDEGEN, Matthias, *Maastricht and the German Constitutional Court: Constitutional restraints for an "ever closer union" and Document "Extracts from: Brunner v. The European Union Treaty (Bundesverfassunggericht)*, in *Common Market Law Review*, 31, 2, 1994, p. 235-262; KUMM, Mattias, *Who is the final arbiter of constitutionality in Europe? Three Conceptions of the relationship between the German Federal Constitutional Court and the European Court of Justice*, in *Common Market Law Review*, 26, 2, 1999, p. 351-386).

60. Finalmente, alguma doutrina levanta a questão de saber se a própria inclusão de um catálogo de direitos fundamentais nos tratados em vigor, pode ela própria – designadamente algumas das suas disposições horizontais – implicar dificuldades no reconhecimento pleno do princípio do primado (Cf. LIISBERG, Jonas Bering, *Does the EU Charter of Fundamental Rights Threaten the Supremacy of Community Law? Article 53 of the Charter: a fountain of law or just an inkblot?*, in *Common Market Law Review*, 38, 5, 2001, p. 1171-1199).

61. Assim, não obstante a «reação defensiva» do TJUE às dificuldades manifestadas pelos Estados-membros à aceitação plena do princípio do primado, com a consagração de um leque extenso de direitos fundamentais que

lhe compete proteger, a questão do primado permanece, em muitas das suas dimensões, em aberto.

III – A proteção dos direitos fundamentais depois do Tratado de Lisboa
62. O Tratado de Lisboa pretende representar um salto qualitativo em matéria de proteção de direitos fundamentais. Na verdade, o caminho aberto pela jurisprudência do TJUE foi continuado pelo legislador da União que adotou, ao longo dos anos, um conjunto de instrumentos neste domínio (O Parlamento Europeu apresentou, logo em 1977, uma declaração política de princípios relativa ao estabelecimento de direitos fundamentais, adotada pelo Conselho e pela Comissão, e assinada em 5 de abril de 1977, no Luxemburgo, pelos presidentes daquelas três instituições. Esta declaração foi posteriormente completada por uma declaração de 1989, que incluiu uma declaração dos direitos e liberdades fundamentais).

63. Com o Ato Único Europeu os Estados obrigaram-se a «promover conjuntamente a democracia, com base nos direitos Fundamentais reconhecidos nas Constituições e legislações dos Estados-membros, na Convenção de Proteção dos Direitos do Homem e das Liberdades Fundamentais e na Carta Social Europeia, nomeadamente, a liberdade, a igualdade e a justiça social» (cf. Preâmbulo). No entanto, foi excluída a jurisdição do TJUE nesta matéria pelo que tal proclamação tinha um conteúdo mais político que jurídico.

64. O artigo F do Tratado de Maastricht incluiu uma referência expressa aos direitos fundamentais no anterior artigo 6º TUE, e consagrou o estatuto de cidadania europeia.

65. Mais tarde, com o Tratado de Amesterdão, foi criado um mecanismo político específico de fiscalização do respeito pelos princípios estabelecidos no referido artigo 6º TUE por parte de um Estado-membro (cf. anterior artigo 7º TUE), tendo sido ainda consagrada, pela primeira vez, a sindicabilidade jurisdicional das violações ao nº 2 do artigo 6º pelo TJUE [cf. anterior artigo 46º d) TUE] cometidas pelas instituições União.

66. Todavia a adoção de um catálogo próprio de direitos fundamentais impunha-se crescentemente como requisito de credibilidade do sistema. Assim, no Conselho Europeu de Colónia os Estados resolveram avançar nesta matéria. Reconhecendo a necessidade de reforçar a legitimidade democrática da União, que passaria nomeadamente pelo reforço da tutela dos direitos fundamentais, mas sobretudo pela visibilidade desse reforço, o Conselho Europeu convocou uma "Convenção" destinada a preparar um documento antes do Conselho Europeu de dezembro de 2000. Os procedimentos relativos à elaboração da Carta foram estipulados no Conselho Europeu de Tampere, tendo o documento final sido concluído em setembro de 2000, e apresentado ao Conselho Europeu, em

Biarritz. Finalmente, em 7 de dezembro de 2000, por ocasião do Conselho Europeu de Nice, o Parlamento Europeu, o Conselho e a Comissão procederam à assinatura conjunta do texto da Carta, que lhes havia sido transmitido pelo Conselho Europeu, tendo proclamado solenemente a Carta dos Direitos Fundamentais da União Europeia.

67. Até à entrada em vigor do Tratado de Lisboa, o valor jurídico da Carta permanecia duvidoso, não obstante as referências feitas, no entretanto, à Carta na jurisprudência dos tribunais da União (*Vide* por exemplo Acórdão de 30 de janeiro de 2002, Proc. T-54/99, *max.mobil Telekommunkation Service GmhH/Comissão*; Acórdão de 27 de junho de 2006, Proc. 540/03, *Parlamento Europeu/Conselho*). Pondo fim a qualquer dúvida, veio o atual artigo 6º TUE dispor que a Carta tem o mesmo valor jurídico que os Tratados, pelo que deve ser considerada como direito originário. De forma a conciliar as suas disposições com a jurisprudência do TJUE, foram publicadas em anexo à Carta um conjunto de anotações, que nos termos do § 3 do nº 1 do mesmo artigo 6º TUE devem ser tidas em consideração na sua interpretação e aplicação.

68. Por fim, o nº 2 do artigo 6º TUE prevê a necessária base jurídica para adesão à CEDH, enquanto o nº 3 dispõe em plena conformidade com a jurisprudência do TJUE que «[d]o direito da União fazem parte, enquanto princípios gerais, os direitos fundamentais tal como os garante a Convenção Europeia para a Proteção dos Direitos do Homem e das Liberdades Fundamentais e tal como resultam das tradições constitucionais comuns aos Estados-Membros».

69. Saber como reconciliar a aplicação das várias fontes de direitos indicadas no artigo 6º TUE é apenas um dos muitos desafios que o TJUE terá de enfrentar nos próximos anos de integração europeia, em matéria de direitos fundamentais.

3. Princípio da Interpretação Conforme

Sofia Oliveira Pais

Acórdão do Tribunal de Justiça de 13 de novembro de 1990 – Processo C-106/89 *Marleasing SA* c. *La Comercial Internacional de Alimentación SA*

Resumo dos factos
A sociedade espanhola Marleasing, credora da Barviesa, intentou num tribunal espanhol uma ação de anulação do ato constitutivo da sociedade La Comercial por falta de causa, invocando a aplicação analógica das disposições do Código Civil espanhol sobre contratos sem causa, uma vez que a La Comercial teria sido criada pela sociedade Barviesa para defraudar os credores. A sociedade La Comercial defendeu-se alegando que o artigo 11º da Diretiva 68/151 continha uma lista exaustiva das causas de invalidade de uma sociedade anónima, não sendo aí incluída a inexistência de causa. O problema surgiu porque na altura dos factos a diretiva ainda não tinha sido transposta para ordenamento nacional apesar de já ter expirado o prazo. O tribunal espanhol colocou, então, a seguinte questão prejudicial: o artigo 11º da Diretiva 68/151, que não foi transposto para o direito interno, é diretamente aplicável para impedir a declaração de invalidade de uma sociedade anónima fundada numa causa diferente das enumeradas no citado artigo?

Excertos do acórdão
«6. Quanto a saber se um particular pode invocar a diretiva contra uma lei nacional, deve recordar-se a jurisprudência constante do Tribunal, segundo a qual uma diretiva não pode, por si própria, criar obrigações na esfera de um particular e, por conseguinte, a disposição de uma diretiva não pode ser invocada, en-

quanto tal, contra essa pessoa (acórdão de 26 de fevereiro de 1986, Marshall, 152/84, Colect., p. 723).

7. No entanto, resulta dos autos que o órgão jurisdicional nacional pretende essencialmente saber se o juiz nacional ao qual foi submetido um litígio numa matéria que faz parte do domínio de aplicação da Diretiva 68/151 é obrigado a interpretar o seu direito nacional à luz do texto e da finalidade dessa diretiva, a fim de impedir a declaração de invalidade de uma sociedade anónima por um fundamento diferente dos enumerados no artigo 11º.

8. Para responder a esta questão, deve recordar-se que, como o Tribunal precisou no acórdão de 10 de abril de 1984, Von Colson e Kamann, nº 26 (14/83, Recueil, p. 1891), a obrigação dos Estados-membros, decorrente de uma diretiva, de atingir o resultado por ela prosseguido, bem como o seu dever, por força do artigo 5º do Tratado [4º, nº 3, do TUE], de tomar todas as medidas gerais ou especiais adequadas a assegurar a execução dessa obrigação, impõem-se a todas as autoridades dos Estados-membros, incluindo, no âmbito das suas competências, os órgãos jurisdicionais. Daqui resulta que, ao aplicar o direito nacional, quer se trate de disposições anteriores ou posteriores à diretiva, o órgão jurisdicional nacional chamado a interpretá-lo é obrigado a fazê-lo, na medida do possível, à luz do texto e da finalidade da diretiva, para atingir o resultado por ela prosseguido e cumprir desta forma o artigo 189º [hoje 288º], terceiro parágrafo, do Tratado.

9. Daqui resulta que a exigência de uma interpretação do direito nacional conforme ao artigo 11º da Diretiva 68/151 proíbe interpretar as disposições do direito nacional relativas às sociedades anónimas de modo a que a invalidade de uma sociedade anónima possa ser declarada por motivos diferentes dos limitativamente enunciados no artigo 11º da diretiva em causa.

10. No que respeita à interpretação do artigo 11º da diretiva e, nomeadamente, ao seu nº 2, alínea b), deve referir-se que essa disposição proíbe às legislações dos Estados-membros preverem o reconhecimento judicial da invalidade fora dos casos limitativamente enunciados na diretiva, entre os quais figura a natureza ilícita ou contrária à ordem pública do objeto da sociedade.

11. Segundo a Comissão, «o objeto da sociedade» deve ser interpretado no sentido de que se refere exclusivamente ao objeto da sociedade como é descrito no seu ato constitutivo ou nos seus estatutos. Conclui-se que a declaração de invalidade de uma sociedade não pode resultar da atividade que realmente exerce, tal como, por exemplo, expoliar os credores dos fundadores.

12. Esta tese deve ser acolhida. Como resulta do preâmbulo da Diretiva 68/151, o seu objetivo era limitar os casos de invalidade e o efeito retroativo da sua declaração para garantir a «segurança jurídica, tanto nas relações entre a sociedade e terceiros, como entre os sócios» (sexto considerando). Além disso,

a proteção de terceiros «deve ser assegurada por disposições que limitem, na medida do possível as causas de invalidade das obrigações contraídas em nome da sociedade». Assim conclui-se que cada fundamento de invalidade previsto pelo artigo 11º da diretiva é de interpretação restrita. Nessas circunstâncias as palavras «objeto da sociedade» devem ser compreendidas como fazendo referência ao objeto da sociedade tal como é descrito no seu ato constitutivo ou nos estatutos.

13. Assim, há que responder à questão apresentada que o juiz nacional a quem for submetido um litígio em matéria que se inclui no âmbito de aplicação da Diretiva 68/151 deve interpretar o direito nacional à luz do texto e da finalidade desta diretiva para impedir a declaração de invalidade de uma sociedade anónima por um fundamento diferente dos enumerados no artigo 11º.»

Comentário

I – O nascimento do princípio da interpretação conforme

1. O princípio da interpretação conforme, também designado por princípio do efeito indireto ou princípio da interpretação leal, foi reconhecido claramente no acórdão *Marleasing*, na linha da jurisprudência *Von Colson e Kamann* (Ac. de 10 de abril de 1984, proc. 14/83) e *Harz* (Ac. de 10 de abril de 1984, proc. 79/83), e estabelecia a obrigação de os *tribunais nacionais* interpretarem a *lei nacional de transposição* de uma diretiva *à luz do seu texto e finalidade* (sobre este princípio, cfr. os nossos estudos: "O acórdão Marleasing – Rumo à consagração implícita do efeito horizontal das diretivas?", *Boletim da Faculdade de Direito*, Vol. LXVIII, Coimbra, 1992, pp. 283 e ss. e "Algumas reflexões sobre o princípio da interpretação conforme no contexto da «transposição judicial» das diretivas", *in Revista da Faculdade de Direito da Universidade do Porto*, nº VII, 2010, pp. 487 e ss., e ainda Alessandra Silveira, *Princípios de Direito da União Europeia*, Quid Juris, 2009).

2. Trata-se, aliás, de um princípio bem conhecido no plano *internacional* (note-se que o dever de interpretação da lei nacional e da lei da União de acordo com o direito internacional foi referido expressamente no caso *Petrotub*, de 9 de janeiro de 2003, proc. C-76/00 nº 57), *nacional* (refira-se, por exemplo, a obrigação de interpretação da lei nacional ordinária em conformidade com as normas da constituição) e mesmo no contexto da *União Europeia* (por exemplo, o direito derivado da União deve ser interpretado à luz dos Tratados, como referiu o Tribunal de Justiça no acórdão *Comissão c. Espanha*, de 16 de janeiro de 2003, proc. C-12/00, nº 97).

3. Com a afirmação deste princípio no âmbito da União Europeia, o Tribunal procurou reconciliar disposições aparentemente contraditórias, contribuindo

assim quer para uma maior eficácia das diretivas, quer para a afirmação do princípio da tutela jurisdicional efetiva, quer ainda para o cumprimento do direito da União pelas autoridades nacionais (evitando, deste modo, que o Estado possa vir a ser responsabilizado por violação do direito da União).

II – Justificação do princípio da interpretação conforme

4. No acórdão *Marleasing*, a afirmação do princípio da interpretação conforme apoiou-se, tal como os acórdãos anteriores, na *obrigação de os Estados-Membros atingirem o resultado prosseguido pela diretiva*, nos termos do atual artigo 288º do TFUE, e no *princípio da cooperação leal*, estabelecido, hoje, no artigo 4º, nº 3 do TUE.

5. De facto, os tribunais nacionais, tal como as restantes autoridades nacionais, estão obrigados, nos termos do artigo 288º, terceiro parágrafo, do TFUE, a prosseguir os resultados visados pela diretiva. Sendo este ato de harmonização das legislações nacionais um ato *sui generis*, caracteriza-se, como é sabido, por dois elementos: os Estados (incluindo este conceito não só o legislador, mas a administração e os tribunais nacionais) devem atingir os objetivos fixados na diretiva, garantindo assim o seu efeito útil, tendo em todo o caso o Estado-legislador liberdade quanto à forma e aos meios de realizar esses mesmos objetivos.

6. O princípio da cooperação leal, por seu turno, visa garantir que os Estados-Membros (art. 4º n. 3 do TUE) e as instituições europeias (nos termos do acórdão *Zwartveld*, de 6 de dezembro de 1990, processo 2/88) contribuem para o funcionamento eficaz da União. Mais do que a obrigação negativa de os Estados e as instituições se absterem de adotar medidas que violem o direito da União, há uma obrigação positiva decorrente de tal princípio: os Estados e as instituições têm de tomar medidas que garantam a execução do direito originário e derivado da União. Uma dessas medidas consiste precisamente na obrigação de os tribunais, e as restantes autoridades nacionais, interpretarem a lei nacional em conformidade com o direito da União.

7. Repare-se que, além dos fundamentos indicados, mais dois têm sido apontados na jurisprudência do Tribunal como alicerces do princípio enunciado. Por um lado, sublinha-se que no acórdão *Von Colson e Kamann* o Tribunal apelou ao art. 6º da Diretiva 76/207/CE, nos termos do qual os Estados são obrigados a adotar medidas nacionais que garantam, aos que se sintam lesados pela violação do princípio da igualdade de tratamento, a possibilidade de se queixarem a um tribunal (nºs 18 e 26). Este direito, afirmado no contexto de uma diretiva, poderia ter tido um campo de aplicação mais reduzido não fora o espírito criativo do Tribunal que o considerou o ponto de partida para a elaboração do *princípio da tutela jurisdicional efetiva*. Como esclareceu o Tribunal no acórdão *Johnston*

(Ac. 15 de maio de 1986, proc. 222/84, nº 18) a exigência de um controlo jurisdicional, fixada no artigo 6º da dita diretiva, "é a expressão de um princípio geral de direito que está na base das tradições constitucionais comuns dos Estados-Membros [e que] foi igualmente consagrado pelos artigos 6º e 13º da Convenção Europeia para a Proteção dos Direitos do Homem e das Liberdades Fundamentais». Aliás, é nesta linha da jurisprudência que encontramos o caso *Unibet* (Ac. de 13 de março de 2007, proc. C-432/05), no qual o Tribunal terá aparentemente afirmado o princípio da tutela jurisdicional efetiva com um alcance mais amplo.

8. Por outro lado, no acórdão *Pfeiffer* o Tribunal passa a considerar o princípio da interpretação conforme, tal como outros princípios fundamentais na UE (designadamente o princípio da responsabilidade patrimonial dos Estados por violação do Direito da União Europeia), *inerente ao sistema do Tratado*, "na medida em que permite ao órgão jurisdicional nacional assegurar, no âmbito das suas competências, a plena eficácia do direito comunitário" (nº 114).

III – Requisitos de aplicação e alcance do princípio da interpretação conforme

9. Note-se, desde já, que, para a aplicação do princípio da interpretação conforme, não é necessário que as disposições da norma europeia sejam suficientemente precisas e incondicionais. Com efeito, no acórdão *Von Colson e Kamman*, o Tribunal estabeleceu a obrigação de interpretação da lei nacional que sancionava a violação da proibição de discriminação em conformidade com a Diretiva 76/207, não obstante negar efeito direto às disposições sancionatórias dessa mesma diretiva, por não serem suficientemente precisas e incondicionais. Significa isto que, à luz da jurisprudência do Tribunal de Justiça, os requisitos para a aplicação do mecanismo de interpretação conforme serão geralmente *menos exigentes* do que os requeridos para se poder afirmar o efeito direto das normas da União.

10. Por outro lado, interessa igualmente sublinhar que o acórdão *Marleasing*, é considerado um *marco* na consolidação do princípio da interpretação conforme pelos esclarecimentos prestados quanto ao tipo de relação em que pode ser invocado tal princípio, *quem* tem o dever de interpretar de forma consistente e *qual a legislação nacional* a ser interpretada em conformidade com a diretiva,

11. Quanto ao *tipo de relação em que pode ser invocado* o princípio em apreço, o Tribunal reconheceu no acórdão *Marleasing* que uma diretiva não transposta podia ser invocada enquanto parâmetro de interpretação da legislação nacional num processo nacional *entre particulares*; ou seja, o mecanismo de interpretação deveria ser aplicado *mesmo a relações entre particulares e não* só a relações verticais (entre o particular e o Estado). Assim, a empresa espanhola La Comercial,

acusada pela sociedade Marleasing, de ter sido constituída apenas com o objetivo de defraudar os credores, pôde invocar em sua defesa (ainda que indiretamente) a Diretiva 68/151, que limitava as causas de nulidade das sociedades anónimas (isto é, não constava do elenco da diretiva a inexistência de causa).

12. De forma semelhante no acórdão *Ruiz Bernáldez* (Ac. de 28 de março de 1996, proc. C-129/94), relativo a uma *diretiva que previa taxativamente os casos de exclusão de cobertura pelo seguro obrigatório*, afastando, desse modo, outras causas de exclusão previstas no direito espanhol, entendeu o Tribunal que o contrato de seguro obrigatório não podia prever que, em certos casos, em especial quando o condutor do veículo se encontrava em estado de embriaguez, a seguradora não era obrigada a indemnizar os danos causados a terceiros por um veículo segurado.

13. O Tribunal afirmou igualmente no caso Marleasing que a obrigação de interpretação recaía sobre *todas as autoridades dos Estados-membros* e esclareceu que tal obrigação se dirigia a *toda a legislação nacional*, tenha sido esta adotada antes ou depois da diretiva (nº 9). Recorde-se que no caso não tinham sido adotadas medidas nacionais de transposição da diretiva: a legislação espanhola já existia quando foi adotada a diretiva, não tendo com esta qualquer relação específica.

14. A necessidade de o tribunal nacional não limitar a obrigação de interpretação conforme às medidas nacionais de transposição da diretiva foi justificada pelo advogado-geral Van Gerven pelo *princípio do primado*: as diretivas são direito da União Europeia e como tal têm primazia sobre todo o direito nacional (cfr. conclusões no acórdão *Marleasing*).

15. Em sentido próximo, Takis Tridimas considera que o acórdão *Marleasing* representa a passagem para um «sistema quase federal», isto é, as normas nacionais e as normas da União estão integradas no ordenamento nacional e aquelas estão hierarquicamente subordinadas a estas (cfr. "Black, white, and shades of grey: horizontality of directives revisited", *Yearbook of European Law*, 2001-2002, 21, p. 347).

16. Este entendimento lato do princípio da interpretação conforme vai aliás ser confirmado, nomeadamente, nos processos *Pfeiffer*, *Maria Pupino*, *Grimaldi*, *e Mangold*. Desta forma, a obrigação de interpretação conforme não se esgota na interpretação da legislação nacional à luz das diretivas, antes abrange *todo o Direito da União Europeia*: normas dos Tratados, como as regras relativas à livre circulação de trabalhadores, ou disposições no domínio da Cooperação Policial e Judiciária em matéria Penal (inseridas antes da entrada em vigor do Tratado Lisboa no terceiro pilar), atos não vinculativos, como as recomendações, e ainda os princípios gerais de direito da União.

17. No acórdão *Pfeiffer* (Ac. de 5 de outubro de 2004, proc. 397, 403/01), o Tribunal sublinhou que a obrigação de interpretação conforme aplica-se ao ordenamento jurídico nacional *como um todo* e não apenas à legislação nacional

adotada especificamente para a transposição da diretiva. Segundo o Tribunal, "embora o princípio da interpretação conforme do direito nacional, imposto desta forma pelo direito comunitário, diga respeito, em primeira linha, às disposições internas introduzidas para transpor a diretiva em causa, o mesmo não se limita, contudo, à exegese dessas disposições, exigindo antes que o órgão jurisdicional nacional tome em consideração todo o direito nacional para apreciar em que medida este pode ser objeto de uma interpretação que não conduza a um resultado contrário ao pretendido pela diretiva" (nº 115).

18. Já o acórdão *Maria Pupino* (Ac. de 16 de junho de 2005, proc. C-105/03) ampliou a aplicação do princípio em análise a certas disposições no domínio da *Cooperação Policial e Judiciária em matéria Penal* (matérias estas que constam hoje essencialmente da Parte III, Título V, do TFUE).

19. Quanto aos *atos não vinculativos*, como por exemplo as *recomendações*, a obrigação de interpretação conforme foi estabelecida no acórdão *Grimaldi* (Ac. de 13 de dezembro de 1989, proc. C-322/88), no qual se discutiu a interpretação de recomendações da Comissão sobre doenças profissionais.

20. Observe-se, por fim, que a obrigação de interpretação em conformidade com os *princípio gerais de direito da União* foi reconhecida no caso *Mangold* (Ac. de 22 de novembro de 2005, processo C-144/04), no qual o Tribunal de Justiça afirmou claramente que cabe «ao órgão jurisdicional nacional garantir a plena eficácia do *princípio geral da não discriminação em razão da idade*, não aplicando qualquer disposição da lei nacional em contrário» (nº 78).

IV – Momento em que surge a obrigação de interpretação em conformidade com a diretiva

21. Apesar de a identificação do momento em que nasce a obrigação de interpretação conforme ser uma questão jurídica essencial, a verdade é que não foi abordada pelo Tribunal de Justiça no acórdão *Marleasing*.

22. E, por isso, durante muito tempo discutiu-se se a obrigação de interpretação conforme surgiria *antes* ou *depois* de expirado o prazo de transposição da diretiva, tendo sido esgrimidos vários argumentos num e noutro sentido (cfr. Sara Drake, "Twenty years after Von Colson: the impact of 'indirect effect' on the protection of the individual's Community rights", *European Law Review*, 2005, 30, p. 340).

23. A tese que sustentava surgir a obrigação de interpretação em conformidade mesmo *antes de terminar o prazo de transposição* da diretiva invocava os seguintes argumentos: o prazo de transposição das diretivas existiria em benefício do legislador e não do tribunal (aliás, este não se estaria antecipar ao legislador nacional mas a interpretar a legislação existente); a obrigação de interpretação conforme antecipada resultaria do princípio da cooperação leal (fixado no artigo

4º, nº 3, do TUE) e nascia com a publicação da diretiva (já a obrigação de transposição resultaria do próprio artigo 288º do TFUE).

24. Em defesa de a obrigação de interpretação conforme surgir *depois* de expirado o prazo de transposição da diretiva alegava-se que antes de terminado o prazo de transposição não há incumprimento do Estado; logo, não faria sentido antecipar o nascimento de tal obrigação para o tribunal nacional em relação ao legislador nacional, até porque poderia surgir o risco de a interpretação da jurisdição nacional entrar em contradição com as medidas visadas pelo legislador.

25. A distinção teria interesse, segundo Marcus Klamert, na medida em que resultando a obrigação de interpretação conforme antecipada do princípio da cooperação leal, tal obrigação teria de respeitar totalmente as normas nacionais substantivas e processuais, ao passo que a obrigação de interpretação que nasce depois de decorrido o prazo de transposição, nos termos do art. 288º, pode conduzir a afastar regras nacionais que comprometam essa obrigação (cfr. "Judicial implementation of directives an anticipatory indirect effect: connecting the dots", *Common Market Law Review*, 2006, 43, p. 1274).

26. O Tribunal de Justiça só vai resolver esta questão no caso *Adeneler* (Ac. de 17 de maio de 2004, proc. C-212/04), no qual sustentou que «no caso de uma diretiva ser transposta fora do prazo, a obrigação geral de os tribunais nacionais interpretarem o direito interno conforme à diretiva só existe *a partir do termo do respetivo prazo de transposição*» (nº 115, itálico nosso).

27. Além disso, recordou nesse mesmo acórdão, que, nos termos do atual art. 297º do TFUE, uma diretiva produz efeitos jurídicos para o Estado-Membro destinatário – e, portanto, para todas as autoridades nacionais –, consoante os casos, na sequência da sua publicação ou a partir da data da sua notificação e este efeito não é despiciente, uma vez que à luz da jurisprudência *Inter-Environnement Wallonie* «resulta da aplicação conjugada tanto dos artigos 4º, nº 3, do TUE e 288º do TFUE, como da própria diretiva em causa, que, durante o prazo de transposição de uma diretiva, os Estados-Membros destinatários devem abster-se de adotar disposições suscetíveis de comprometer seriamente o resultado por ela prescrito». Ou seja, a obrigação de os Estados se absterem estende-se agora aos tribunais nacionais enquanto órgãos do Estado; também estes têm uma obrigação de interpretação *negativa*, isto é, devem abster-se de uma interpretação da lei nacional, antes de findo o prazo de transposição da diretiva, que possa comprometer o resultado previsto na diretiva. Já a obrigação de interpretação conforme *positiva*, na falta de transposição da diretiva, só surgirá findo o prazo de transposição da mesma.

28. E na hipótese de a diretiva ser transposta antes do prazo? Nesse caso parece-nos que o tribunal nacional deve interpretar a legislação nacional em

causa em conformidade com a diretiva, à luz do acórdão *Inter-Environnement Wallonie*, sob pena de comprometer o resultado previsto na mesma.

V – Limites ao princípio da interpretação conforme

29. No caso *Marleasing* o Tribunal de Justiça exortou os tribunais nacionais a utilizarem o mecanismo da interpretação conforme «na medida do possível»; incitou as jurisdições nacionais a irem *até aos limites das suas possibilidades e das suas competências* para garantirem a interpretação e aplicação do direito nacional à luz do direito da União.

30. Particularmente ilustrativo deste desígnio é o acórdão *Engelbrecht* (Ac. de 26 de setembro de 2000, proc. C-262/97) no qual o Tribunal de Justiça confirmou que o tribunal nacional deve, em toda a medida do possível, dar uma interpretação à lei nacional em conformidade com as exigências do direito da União e se tal não for possível tem o *dever de aplicar integralmente o direito da União e de proteger os direitos que este confere aos particulares, deixando, se necessário, de aplicar qualquer disposição nacional que conduza a um resultado contrário ao direito da União* (n.ºs 39 e 40).

31. Tal exortação não significa, todavia, a inexistência de limites à interpretação conforme. Resulta, aliás, de forma evidente da jurisprudência do Tribunal de Justiça que o mecanismo da interpretação conforme deve ser aplicado *dentro dos limites dos princípios gerais de direito* e nomeadamente do princípio da segurança jurídica e da não retroatividade (Ac. *Kolpinghuis*, de 8 de outubro de 1987, proc. 80/86, n.º 139). E além destes, poderão ainda ser referidos os princípios do enriquecimento sem causa, equidade, igualdade, e proporcionalidade (cfr. S. Prechal, *Directives in EC Law*, 2nd edition, Oxford EC Law Library, 2009, pp. 204-205).

32. Uma leitura possível da referência feita no acórdão *Marleasing* à obrigação de os tribunais nacionais aplicarem esse princípio *na medida do possível* seria considerar que o Tribunal está a operar uma remissão para os *métodos nacionais de interpretação*: o tribunal nacional decidiria se seria possível, ou não, aplicar no caso em apreço o princípio da interpretação conforme.

33. Não nos parece, todavia, que seja hoje esta a leitura mais adequada, por vários motivos. Por um lado, verificou-se uma *evolução na linguagem* utilizada pelo Tribunal. Repare-se que, enquanto no acórdão *Von Colson e Kamann* a obrigação de interpretação conforme foi aparentemente fixada em função da *margem de discricionariedade concedida ao tribunal nacional à luz da lei nacional*, no acórdão Marleasing o Tribunal limita-se a estabelecer tal obrigação *na medida do possível*.

34. Por outro lado, obrigar o tribunal nacional a partir dos métodos de interpretação nacional pode funcionar como um *limite à própria obrigação de interpretação conforme*. Por exemplo, no caso *Von Colson e Kamann*, relativo à transposição

incorreta para o ordenamento alemão de uma diretiva europeia sobre a igualdade entre homens e mulheres no trabalho (uma vez que o art. 611a do Código Civil só permitia o reembolso das despesas com a candidatura a um posto de trabalho, pela frustração das expectativas), os tribunais alemães depararam-se, na sequência do acórdão do Tribunal de Justiça, com o seguinte dilema: afastar a disposição alemã e permitir indemnizações superiores com base em princípios gerais de direito civil, solução possível à luz da letra da lei e que se conformava com o disposto pelo Tribunal de Justiça no caso *Von Colson Kamannm*; ou ter em conta os argumentos sistemáticos e teleológicos e considerar que a intenção do legislador alemão, plasmada nesse mesmo artigo 611a, era, de facto, a de reduzir os montantes de indemnização. O problema foi resolvido pelo Supremo Tribunal de Trabalho deslocando o fundamento jurídico da obrigação de indemnização de danos não patrimoniais do art. 611a para os artigo 823º e 847º do Código Civil (cfr. CMLR, 1992, 2, 21 e ss).

35. Curiosamente no acórdão *Marleasing* a Comissão Europeia e o Tribunal parecem ter presente o tipo de dificuldades descritas no período pós – *Von Colson e Kamann*. Assim, a Comissão afirmou no acórdão *Marleasing* que a interpretação conforme deve prevalecer sobre os métodos de interpretação nacionais que impeçam o resultado visado pela diretiva; aliás, esta solução seria apenas uma consequência do primado. Já o Tribunal considerou que a obrigação de interpretação conforme levava a afastar interpretações diferentes das visadas pela diretiva (nºs 9 e 13). Aliás, o Tribunal, nesse caso, foi ainda mais longe. Com efeito, nesse acórdão o Tribunal parece ter "interferido" na interpretação da própria lei nacional, ao impedir o tribunal nacional de optar por uma interpretação diferente da dada pelo Tribunal de Justiça, sem avançar qualquer justificação e em aparente contradição com o sistema de reenvio prejudicial (repare-se que à luz deste mecanismo o Tribunal de Justiça apenas tem competência para interpretar o direito da União Europeia e não o direito nacional).

35. Podemos, pois, questionarmo-nos se com o acórdão *Marleasing* não terá desaparecido, ou pelo menos sido substancialmente reduzida, a margem de apreciação dos tribunais nacionais, uma vez que seria o direito da União a fixar os métodos a utilizar, sendo a obrigação de interpretação elevada aparentemente a uma finalidade absoluta.

36. Ainda que a resposta seja afirmativa, parece-nos evidente que o objetivo do Tribunal nunca foi o de estabelecer uma obrigação de interpretação à margem de qualquer tipo de limites, permitindo ao tribunal nacional exorbitar as suas funções. Pelo contrário: são várias os limites fixados, reiteradamente, na jurisprudência do Tribunal ao princípio da interpretação conforme

37. Um primeiro limite ao princípio em análise foi fixado no caso *Wagner Miret* (Ac. de 16 dezembro de 1993, proc. C-334/92), no qual o Tribunal afirmou

que a interpretação conforme não exige uma interpretação *contra legem* do direito nacional, isto é, não pode ser exigida uma reinterpretação da lei nacional que contradiz o seu sentido habitual. É preciso que a interpretação do tribunal nacional não substitua a atividade do legislador e que essa interpretação não seja feita à margem do texto e do contexto da legislação nacional a interpretar (ainda que no acórdão *Bjornekulla*, de 14 de outubro de 2002, C-371/02, nº 13, o Tribunal de Justiça tenha incentivado o tribunal nacional a desconsiderar «elementos de interpretação contrários, que resultem dos trabalhos preparatórios da norma nacional»...).

38. Na verdade, como sublinhou o advogado-geral Ruiz Jarabo Colomer nas suas conclusões apresentadas no acórdão *Arcor* (Ac. de 17 de julho de 2008, proc. C-152/07 e C-154/07, nº 90) «quando o direito nacional não é suscetível de ser interpretado em conformidade com o direito comunitário, forçar a atividade do juiz no sentido de obter uma harmonia implica eliminar os ténues limites entre criação jurídica e interpretação». Por outras palavras, a interpretação conforme *na medida do possível* pode ser entendida como tendo o seguinte limite: o tribunal nacional ao interpretar a lei nacional em conformidade com o direito da União Europeia deve respeitar o princípio da separação de poderes, sem usurpar os poderes legislativos ou executivos.

39. Um segundo limite ao princípio da interpretação conforme foi estabelecido nos acórdãos *Pretore di Salò/X* (Ac. de 11 de junho de 1987, proc. 14/86 nº 18), *Kolpinghuis* (Ac. de 8 de outubro de 1987, proc. 80/86 nºs 13 e 14) e confirmado no processo *Arcaro* (Ac. de 26 de setembro de 1996, proc. C-168/95, nº 37): a interpretação de uma diretiva «*não pode ter como efeito*, por si própria, e independentemente de uma lei interna de um Estado-Membro adotada para sua aplicação, *determinar ou agravar a responsabilidade penal* daqueles que infringem as suas disposições». Segundo o Tribunal, «esta obrigação de o juiz nacional ter em conta o conteúdo da diretiva ao interpretar as normas relevantes do direito nacional encontra os seus limites quando tal interpretação leve a impor a um particular uma obrigação prevista numa diretiva não transposta ou, por maioria de razão, quando leve a determinar ou a agravar, com base na diretiva e na falta de uma lei adotada para sua aplicação, a responsabilidade penal daqueles que atuem em violação das suas disposições» (*Arcaro* nº 42). Implícitos nestes acórdãos estariam, deste modo, os princípios *nulla poena sine lege* e *nullum crimen sine lege*.

40. Note-se que, fora do campo do direito penal, o princípio da não retroatividade tem um caráter menos absoluto, podendo mesmo em certos casos ser afastado. Seria, assim, necessário distinguir-se o caso de a obrigação de interpretação conforme agravar a responsabilidade penal do particular (hipótese esta afastada pela jurisprudência do Tribunal) do caso da obrigação de interpretação

conforme impor ao particular uma «obrigação civil» ou «responsabilidade civil», que de outro modo não existiria (hipótese esta ainda não clarificada pela jurisprudência).

41. Esta questão assume especial relevo, do nosso ponto de vista, tendo em conta a jurisprudência do Tribunal sobre o *efeito direto das diretivas nas situações triangulares*. Referimo-nos ao caso *Delena Wells* (Ac. de 7 de janeiro de 2004, proc. C-201/02, nºs 57-58), no qual o Tribunal reconheceu a possibilidade de um particular invocar as disposições incondicionais e suficientemente precisas de uma diretiva contra o Estado, ainda que tal invocação pudesse ter «repercussões negativas sobre os direitos de terceiros, mesmo que sejam certas», desde que não lhes imponha obrigações jurídicas. O Tribunal de Justiça considerou, nesse caso, que *simples repercussões negativas sobre direitos de terceiros* não são um obstáculo ao efeito direto de disposições de uma diretiva; já será, contudo, excluído o efeito direto dessas disposições, pelo que um particular não pode invocar uma diretiva contra um Estado-Membro, se se tratar de *uma obrigação estatal que está diretamente ligada ao cumprimento de outra obrigação que, por força dessa diretiva, incumbe a um terceiro*. Note-se que a distinção formulada neste acórdão entre *repercussões negativas sobre direitos de terceiros* e *obrigação estatal diretamente ligada ao cumprimento de outra obrigação que incumbe ao terceiro* suscita inúmeras dúvidas: quando é que estamos perante uma obrigação estatal diretamente ligada a uma obrigação que incumbe a um particular? Esta jurisprudência aplica-se no contexto da interpretação conforme? Podem ser impostas obrigações civis através do princípio da interpretação conforme? Quais são os limites dos efeitos adversos a suportar por terceiros?

42. Uma solução possível avançada pelo advogado-geral Jacobs, e apresentada nas suas conclusões ao acórdão *Centrosteel* (Ac. 13 de julho de 2000 proc. C-456/9, processo C-456/87, nºs 31-35), seria considerar que solução fixada no acórdão *Delena Wells*, no contexto do efeito direto das diretivas, não se aplica no domínio da obrigação de interpretação em conformidade. Logo, seria possível a imposição de verdadeiras *obrigações civis* através do mecanismo da interpretação conforme.

43. Um terceiro, e último, limite ao princípio da interpretação conforme, igualmente fixado no acórdão *Kolpinghuis*, reside no *princípio da segurança jurídica*, assente na ideia de previsibilidade da norma: os sujeitos de direito devem poder conhecer a norma jurídica para agir em conformidade; logo, conferir à norma um sentido contrário ao que lhe é atribuído viola o caráter previsível da mesma.

44. Note-se que, sendo o princípio da segurança jurídica um princípio amplo e difuso o Tribunal de Justiça nem sempre o distingue da proteção das expectativas das partes, (cfr. acórdão 28 de abril de 1988, *Mulder*, processo 120/86, nº 21). O apelo a tal princípio no acórdão em causa visa sobretudo sublinhar o papel do Tribunal de Justiça na fiscalização da sua aplicação.

VI – O princípio da interpretação conforme e o não reconhecimento de efeito direto horizontal às diretivas

43. Com a manutenção da jurisprudência *Marshall* e a recusa do efeito direto horizontal das diretivas, o princípio da interpretação conforme parece afirmar-se como um instrumento particularmente apto não só a superar os inconvenientes produzidos pela negação do efeito horizontal das diretivas, mas ainda a garantir a eficácia das diretivas, transpostas de forma correta e atempada, ou não.

44. Efetivamente, mesmo na hipótese de a diretiva ter sido devidamente transposta para o ordenamento jurídico nacional, terá sempre relevo enquanto critério de interpretação da lei nacional de transposição (Ac. de de 15 de julho de 1982, *Rickermans*, proc. 270/81 nº 25).

45. Já a visão do princípio da interpretação conforme como um substituto para a recusa de efeito horizontal às diretivas será menos evidente. Desde logo, pergunta-se se não se deverá considerar «paradoxal» a jurisprudência do Tribunal de Justiça ao reconhecer na prática aquilo que nega no plano dos princípios (cfr. Paul Craig, "The legal effect of directives: policy, rules and exceptions", *European Law Review*, 2009, 34, pp. 349 e 358); por outro lado, sugere-se a reformulação, ou mesmo o abandono, da jurisprudência *Marshall* (cfr. Jason Coppel, "Rights, Duties and the End of Marshall", *The Modern Law Review*, 1994, pp. 859 e ss).

46. Note-se que, apesar de a obrigação de interpretação conforme ser geralmente aceite como uma técnica que permite superar as limitações do acórdão *Marshall*, conduzindo a resultados semelhantes, há diferenças a assinalar na aplicação dos dois acórdãos: no acórdão *Marshall* o Tribunal de Justiça afasta a aplicação das disposições da diretiva nas relações entre particulares, ao passo que no caso *Von Colson e Kamann* o que está em causa é a aplicação da lei nacional ainda que interpretada à luz da diretiva; por outro lado, neste último acórdão a obrigação de interpretação é afirmada mesmo em relação a disposições de direito da União Europeia que não produzem efeito direto, enquanto que naquele as normas em causa tinham de ser suficientemente precisas e incondicionais para poderem ser invocadas.

47. A obrigação de interpretação conforme apresenta-se, deste modo, como um mecanismo que permite garantir a eficácia das diretivas, ainda que nem sempre conduza aos melhores resultados do ponto de vista da segurança jurídica, sobretudo quando é aplicada nas relações entre particulares. Acresce que a resistência revelada por certos tribunais nacionais quanto à aplicação desse princípio, em especial nas relações entre particulares, pode comprometer o seu efeito útil.

48. Parece-nos, por conseguinte, que a aplicação do princípio da interpretação conforme, tal como está formulado pela jurisprudência do Tribunal de Justiça, poderá, por motivos vários, ser menos benéfico do ponto de vista da segu-

rança jurídica e da igualdade de tratamento dos particulares do que as soluções a que chegaríamos com o reconhecimento do efeito direto horizontal das diretivas.

48. De facto, do nosso ponto de vista, são, por vezes, maiores as dificuldades no plano da segurança jurídica com que se deparam os particulares na aplicação jurisprudência *Von Colson e Kamann* do que as que encontrariam se tivesse sido reconhecido efeito direto horizontal às diretivas. Se fosse aceite o efeito direto horizontal das diretivas, o particular apenas teria de decidir se as disposições da diretiva não transposta, uma vez decorrido o prazo de transposição, seriam suficientemente precisas e incondicionais para terem efeito direto horizontal. Já no caso de o particular recorrer ao princípio da interpretação conforme, o exame a efetuar é muito mais complexo. Na verdade, é preciso não esquecer que a obrigação de interpretar existe em relação a *toda a legislação nacional*, anterior ou posterior à adoção da diretiva. Acresce que essa obrigação existe mesmo em relação às disposições da diretiva que não tenham efeito direto, isto é, *mesmo que não sejam suficientemente precisas e incondicionais (para produzirem efeito direto)*.

49. Por outro lado, convém sublinhar, que o regime jurídico da interpretação conforme ainda está em construção, revelando-se hoje pendentes várias questões. Recordem-se, por exemplo, as dúvidas enunciadas a propósito do acórdão *Delena Wells*: esta jurisprudência é aplicável ao princípio da interpretação conforme? Podem ser impostas obrigações civis através desse princípio? Quais são os limites dos efeitos adversos e/ou obrigações civis a suportar por terceiro?

50. Além disso, é preciso insistir na ideia de que o efeito direto da diretiva se traduz num efeito de substituição, sendo, portanto, aplicada uma norma da União Europeia (isto é, a disposição da diretiva que produz efeito direto poderá ser invocada no contexto nacional, mas a interpretação dessa norma é da competência do Tribunal de Justiça). Já no caso de ser aplicado o princípio da interpretação conforme, a norma nacional a aplicar é reinterpretada, pelo tribunal nacional, à luz da diretiva, o que além de suscitar dúvidas quanto às regras de interpretação a seguir pelo tribunal nacional, envolve ainda o risco de conduzir a um certo *ativismo judicial*.

51. Por último, interessa referir que a aplicação do princípio da interpretação conforme pode conduzir à violação do princípio da igualdade. Recorde-se que uma das razões invocadas em defesa do efeito horizontal das diretivas residia precisamente na necessidade de se evitar a discriminação entre os trabalhadores do setor público (que podiam invocar o efeito direto vertical das diretivas, dado o conceito lato de Estado incluir as empresas públicas) e os do privado (impedidos de a invocar uma vez que as diretivas não têm efeito direto horizontal). Ora, o problema da discriminação coloca-se *mutatis mutandis* em relação ao princípio da interpretação conforme. Pense-se no caso de uma empresa que desen-

volve atividade em vários Estados-membros, não tendo a diretiva sido transposta no prazo em alguns desses Estados (por exemplo, uma diretiva sobre a proteção dos consumidores). Nesta hipótese, o processo de interpretação poderá conduzir a resultados diferentes nos vários Estados-membros (sobre este hipótese, cfr. Paul Craig. pp. 360 e ss).

52. Em conclusão, o princípio da interpretação conforme é hoje considerado essencial para garantir uma aplicação eficaz das diretivas, tenham estas sido atempada e corretamente transpostas, ou não, e quer estejam em causa relações verticais ou horizontais. Trata-se de mais uma solução que, a par de outras (como o conceito lato de Estado ou a responsabilidade patrimonial do Estado por violação do direito da União), protege os particulares, resolvendo alguns dos problemas suscitados com a recusa do efeito horizontal das diretivas, que têm aliás surgido de forma cada vez mais frequente com o aprofundar do mercado interno e o recurso crescente a instrumentos de harmonização para a regulação das relações jurídicas entre particulares. Não obstante, são várias as limitações de que padece o princípio da interpretação conforme surgindo de novo a proposta de reformulação da jurisprudência *Marshall*. Não sendo, todavia, esta a opção atual do Tribunal de Justiça, nem se afigurando previsível uma mudança de paradigma (tanto mais que, recentemente, no seu acórdão *Seda*, de 19 de janeiro de 2010, proc. C-555/07, o Tribunal reiterou que as diretivas não produzem efeito direto horizontal), *the second best solution* seria o Tribunal incrementar a segurança jurídica na aplicação do princípio da interpretação conforme.

4. Princípio da Responsabilidade Civil dos Estados--Membros por violação do Direito da União Europeia

Maria Isabel Tavares

4.1. Acórdão do Tribunal de Justiça de 19 de novembro de 1991 – Processos C-6/90 e 9/90 Andrea *Francovich* e Danila Bonifaci e Outros c. República Italiana

Resumo dos Factos
A diretiva 80/987/CEE, relativa à aproximação de legislações dos Estados membros respeitantes à proteção dos trabalhadores assalariados em caso de insolvência do empregador, estabelecia como data limite para a sua transposição o dia 23 de outubro de 1983. A República Italiana não transpôs a diretiva de forma tempestiva, tendo por isso o Tribunal de Justiça declarado o seu incumprimento em acórdão de 2 de fevereiro de 1989, que opunha a Comissão à República Italiana.

Andrea Francovich trabalhou numa empresa italiana, entre 11 de janeiro de 1983 e 7 de abril de 1984, não lhe tendo sido paga a totalidade dos salários. Destarte, Andrea Francovich interpôs uma ação na *Pretura* de Vicenza, tendo a empresa sido condenada ao pagamento de uma determinada quantia.

Uma vez que a empresa abriu, entretanto, falência, Andrea Francovich invocou o direito de obter do Estado italiano as garantias previstas na Diretiva ou indemnização pelos danos suportados, junto do *Pretore* de Vicenza. Foi apresentada uma ação semelhante por Daniela Bonifaci e mais trinta e três assalariadas de outra empresa italiana, junto do *Pretore* de Bassano del Grappa.

Ambos os órgãos jurisdicionais nacionais suspenderam a instância e colocaram as respetivas questões ao TJCE.

Tendo em consideração a analogia dos casos e a semelhança das questões colocadas pelos órgãos jurisdicionais nacionais, o TJCE decidiu apensar ambos os processos. O Tribunal pronunciou-se sobre a possibilidade do Estado Italiano ser obrigado a ressarcir os danos causados àquelas trabalhadoras, em virtude da não transposição da referida diretiva.

Excertos do acórdão
Neste contexto, os órgãos jurisdicionais nacionais submeteram ao Tribunal de Justiça as questões prejudiciais seguintes, idênticas nos dois processos:

«1) Nos termos do direito comunitário em vigor, o particular que tenha sido lesado pela falta de cumprimento pelo Estado da Diretiva 80/987 – falta de cumprimento declarada por acórdão do Tribunal de Justiça – pode reclamar o cumprimento por esse Estado das disposições que a mesma contém, que são suficientemente precisas e incondicionais, invocando diretamente, contra o Estado-membro faltoso, a regulamentação comunitária a fim de obter as garantias que esse Estado deveria assegurar e, em todo o caso, pedir a reparação dos prejuízos sofridos no que respeita às disposições que não gozam dessa prorrogativa?
(...)

Quanto ao efeito direto das disposições da diretiva que definem os direitos dos trabalhadores

10. A primeira questão colocada pelo órgão jurisdicional nacional visa saber se as disposições da diretiva que definem os direitos dos trabalhadores devem ser interpretadas no sentido que os interessados podem invocar esses direitos contra o Estado nos órgãos jurisdicionais, na falta de medidas de execução tomadas dentro dos prazos.

11. Segundo jurisprudência constante, o Estado membro que não tomou, dentro dos prazos, as medidas de execução impostas por uma diretiva não pode opor aos particulares a falta de cumprimento, por ele próprio, das obrigações na mesma contida. Assim, sempre que as disposições de uma diretiva se mostrem, do ponto de vista do seu conteúdo, incondicionais e suficientemente precisas, estas disposições podem ser invocadas, na falta de medidas de execução tomadas dentro dos prazos, contra qualquer disposição nacional não conforme à diretiva, ou ainda se as mesmas definirem direitos que os particulares possam invocar contra o Estado (acórdão de 19 de janeiro de 1982, Becker, nºs 24 e 25, 8/8 1, Recueil, p. 53).

12. Deve, pois, averiguar-se se as disposições da Diretiva 80/987 que definem os direitos dos trabalhadores são incondicionais e suficientemente precisas. Essa análise deve abranger três aspetos, a saber: a determinação dos beneficiários da garantia que preveem, o conteúdo dessa garantia e finalmente a identidade do devedor da garantia. (...)

(...)
Quanto à responsabilidade do Estado pelos prejuízos que decorrem da violação das obrigações que lhe incumbem por força do direito comunitário

28. Através da segunda parte da primeira questão, o órgão jurisdicional nacional pretende saber se um Estado-membro é obrigado a reparar os prejuízos que decorrem para os particulares da não transposição da Diretiva 80/987.

29. O órgão jurisdicional nacional coloca assim o problema da existência e da extensão da responsabilidade do Estado pelos prejuízos decorrentes da violação das obrigações que lhe incumbem por força do direito comunitário.

30. Este problema deve ser analisado à luz do sistema geral do Tratado e dos princípios fundamentais.

a) Quanto ao princípio da responsabilidade do Estado

31. Deve recordar-se, antes de mais, que o Tratado CEE criou uma ordem jurídica própria, integrada nos sistemas jurídicos dos Estados membros e que se impõem aos respetivos órgãos jurisdicionais, cujos sujeitos são não apenas os Estados-membros, mas também os seus nacionais e que, ao mesmo tempo que cria encargos para os particulares, o direito comunitário é também destinado a instituir direitos que se incluem no seu património jurídico; estes nascem não apenas quando se faz uma atribuição explícita dos mesmos através do Tratado, mas também em virtude das obrigações que o Tratado impõe de forma bem definida quer aos particulares quer aos estados membros e às instituições comunitárias (ver acórdãos de 5 de fevereiro de 1963, Van Gend en Loos, 26/62, Recueil, p. 3, e de 15 de julho de 1964, Costa, 6/64, Recueil, p. 1141).

32. Deve recordar-se também que, tal como decorre de jurisprudência constante, incumbe aos órgãos jurisdicionais nacionais, encarregados de aplicar, no âmbito das suas competências, as disposições do direito comunitário, assegurar o pleno efeito dessas normas e proteger os direitos que as mesmas conferem aos particulares (ver, designadamente, os acórdãos de 9 de março de 1978, Simmenthal, nº 16, 106/77, Recueil, p. 629, e de 19 de junho de 1990, Factortame, nº 19, C-213/89, Colect., p. I – 2433).

33. Deve concluir-se que a plena eficácia das normas comunitárias seria posta em causa e a proteção dos direitos que as mesmas reconhecem estaria enfraquecida se os particulares não tivessem a possibilidade de obter reparação quando os seus direitos são lesados por uma violação do direito comunitário imputável ao Estado-membro.

34. A possibilidade de reparação pelo Estado-membro é particularmente indispensável quando, como no caso dos autos, o pleno efeito das normas comunitárias está subordinado à condição de uma ação por parte do Estado e, por

conseguinte, os particulares não podem, na falta de ação, invocar perante os órgãos jurisdicionais nacionais os direitos que lhe são reconhecidos pelo direito comunitário.

35. Daí resulta que o princípio da responsabilidade do Estado pelos prejuízos causados aos particulares por violações do direito comunitário que lhe sejam imputáveis é inerente ao sistema do Tratado.

36. A obrigação dos Estados-membros repararem estes prejuízos tem igualmente o seu fundamento no artigo 5 do Tratado[4], nos termos do qual os Estados membros são obrigados a tomar todas as medidas gerais ou particulares adequadas para assegurar a execução das obrigações que lhes incumbem por força do direito comunitário. Ora, entre estas obrigações encontra-se a de eliminar as consequências ilícitas de uma violação do direito comunitário (ver, no que respeita à disposição análoga do artigo 86º do Tratado CECA, o acórdão de 16 de dezembro de 1960, Humblet, 6/60, Recueil, p. 1125).

37. Resulta de tudo o que precede que o direito comunitário impõe o princípio segundo o qual os Estados membros são obrigados a reparar os prejuízos causados aos particulares pelas violações do direito comunitário que lhes sejam imputáveis.

b) Quanto às condições da responsabilidade do Estado

38. Embora a responsabilidade do Estado seja assim imposta pelo direito comunitário, as condições em que a mesma institui o direito a reparação dependem da natureza da violação do direito comunitário que está na origem do prejuízo causado.

39. Quando, como no caso dos autos, um Estado-membro ignora a obrigação que lhe incumbe por força do artigo 189º, terceiro parágrafo, do Tratado[5], de tomar todas as medidas necessárias para atingir o resultado prescrito por uma diretiva, a plena eficácia dessa norma de direito comunitário impõe um direito a reparação quando estão reunidas três condições.

40. A primeira dessas condições é que o resultado prescrito pela diretiva implique a atribuição de direitos a favor dos particulares. A segunda condição é que o conteúdo desses direitos possa ser identificado com base nas disposições da diretiva. Finalmente, a terceira condição é a existência de um nexo de causalidade entre a violação da obrigação que incumbe ao Estado e o prejuízo sofrido pelas pessoas lesadas.

---

[4] Atual artigo 4, nº 3 Tratado da União Europeia.
[5] Atual artigo 288, 3º parágrafo do Tratado de Lisboa sobre o Funcionamento da União (TFUE).

41. Estas condições são suficientes para instituir a favor dos particulares um direito a obter reparação que se funda diretamente no direito comunitário.

42. Com esta reserva, é no âmbito do direito nacional da responsabilidade que incumbe ao Estado reparar as consequências do prejuízo causado. Com efeito, na ausência de regulamentação comunitária, é à ordem jurídica interna de cada Estado-membro que compete designar os órgãos jurisdicionais competentes e regulamentar as modalidades processuais das ações judiciais destinadas a assegurar a plena proteção dos direitos conferidos aos cidadãos pelo direito comunitário (ver os acórdãos seguintes: de 22 de janeiro de 1976, Russo, 60/75, Recueil, p. 45; de 16 de dezembro de 1976, Rewe, 33/76, Recueil, p. 1989; de 7 de julho de 1981, Rewe 158/80, Recueil, p. 1805).

43. Deve observar-se, além disso, que as condições materiais e formais fixadas pelas diversas legislações nacionais em matéria de reparação dos danos não podem ser menos favoráveis do que as que dizem respeito a reclamações semelhantes de natureza interna e não podem ser organizadas de forma a tornar praticamente impossível ou excessivamente difícil a obtenção da reparação (ver, no que respeita à matéria análoga do reembolso de imposições recebidas em violação do direito comunitário, designadamente, o acórdão de 9 de novembro de 1983, San Giorgio, 199/82, Recueil, p. 3595).

44. No caso dos autos, a violação do direito comunitário por parte de um dos Estados-membros em virtude da não transposição da Diretiva 80/987 nos prazos previstos, foi declarada por um acórdão do Tribunal do Justiça. O resultado prescrito implica a atribuição aos trabalhadores assalariados do direito a uma garantia para o pagamento dos seus créditos em dívida respeitantes à remuneração. Tal como resulta da análise da primeira parte da primeira questão, o conteúdo deste direito pode ser identificado com base nas disposições da diretiva.

45. Nestas condições, compete ao órgão jurisdicional assegurar, no âmbito do regime jurídico nacional da responsabilidade, o direito dos trabalhadores a ter reparação pelos prejuízos causados em virtude da não transposição da diretiva.

46. Deve, pois, responder-se ao órgão jurisdicional nacional que um Estado-membro é obrigado a reparar os prejuízos causados pela não transposição da Diretiva 80/987. (...)

Pelos fundamentos expostos,
O TRIBUNAL DE JUSTIÇA
Pronunciando-se sobre as questões que lhe foram submetidas pela pretura di Vicenza (no processo C-6/90) e pela pretura di Bassano del Grappa (no processo C-9/90), respetivamente, por despachos de 9 de julho e de 30 de dezembro de 1989, declara: (...)

2. O Estado-membro é obrigado a reparar os prejuízos causados aos particulares pela não transposição da Diretiva 80/987/CEE.»

Comentário

I – Da afirmação do princípio da responsabilidade patrimonial dos Estados por violação do direito da União Europeia

1. Foi no ac. *Francovich* que o Tribunal de Justiça afirmou pela primeira vez o princípio da responsabilidade patrimonial dos Estados-membros por violação do direito da União. Ali, sustentou "que a plena eficácia das normas comunitárias seria posta em causa e a proteção dos direitos que as mesmas reconhecem estaria enfraquecida se os particulares não tivessem a possibilidade de obter reparação quando os seus direitos são lesados por uma violação do direito comunitário imputável ao Estado-membro" (nº 33). E prosseguiu, dizendo que "resulta que o princípio da responsabilidade do Estado pelos prejuízos causados aos particulares por violações do direito comunitário que lhe sejam imputáveis é inerente ao sistema do Tratado" (nº 35).

2. Assim, da leitura articulada destas afirmações do Tribunal decorre a ideia de que, dentro do sistema do Tratado, e como forma de garantir a eficácia das normas comunitárias e a proteção dos direitos que estas concedem aos particulares, o princípio da responsabilidade dos Estados-membros por violação do direito da UE é um princípio estruturante, um princípio-base do próprio sistema. Como afirma, MICHELE PIERGIOVANNI, "o princípio da responsabilidade do Estado, justificado pelo Tribunal de Justiça baseando-se no artigo 10 do TCE [atual artigo 4, 3º parágrafo do TUE], não é mais do que um corolário da regra da supremacia do direito comunitário e da consequente exigência de efetividade do próprio. Esta última necessidade impõe a proteção das situações jurídicas que encontram a sua própria fonte naquele direito (...). Trata-se de uma etapa ulterior no processo de integração jurídica europeia, que se realiza com vigilância relativa aos direitos subjetivos expectáveis em base da disposição comunitária" (*La Responsabilità degli Stati per la Mancata Attuazione del Diritto Comunitario, Prime Note Sulle Esperienza Britannica e Italiana*, Rivista Italiana di Diritto Pubblico Comunitario, 2001, 1139 a 1170, 1144).

3. Posteriormente, no ac. *Brasserie du Pêcheur e Factortame III* (5 de março de 1996, C-46/93 e C-48/93), "o Tribunal estabeleceu que o princípio da responsabilidade do Estado era inerente ao Tratado e aplicava-se qualquer que fosse o órgão do Estado que, através de ações ou omissões, fosse responsável pela violação, como corolário do requisito fundamental de que o Direito comunitário seja aplicado uniformemente" (NICHOLAS EMILIOU, *State Liability Under Commu-*

nity Law: Shedding More Light on the Francovich Principle?, European Law Review, Vol. 21, 1996, 399 a 411, 401; cfr. nº 33 do ac.).

4. Assim, resumidamente, pode afirmar-se que o princípio da responsabilidade do Estado é inerente ao sistema do Tratado como exigência fundamental de uniformidade de aplicação do direito da União imposta pelas exigências inerentes à proteção dos direitos dos particulares (cfr. FRANCETTE FINES, *Quelle obligation de réparer pour la violation du droit communautaire?, Nouveaux développements jurisprudentiels sur la responsabilité de «l'Etat normateur»*, Revue Trimestrielli de Droit Européen, ano 33, nº 1, janeiro-março 1997, 69 a 101, 76). Além disso, é importante recordar, neste contexto, a importância do princípio do primado do direito da União Europeia.

5. Na verdade, para BERNARD-FRANK MACERA a base jurídica da responsabilidade dos Estados-membros por violação do direito da União reside exclusivamente no princípio do primado deste. Dito de outra forma, este princípio constitui o corolário necessário do dever dos Estados-membros aprovarem "todas as medidas (...) para assegurar o cumprimento das obrigações derivadas do (...) Tratado ou resultantes dos atos das instituições da Comunidade", (*Luces y Sombras de la Jurisprudencia reciente del TJCE en Materia de Responsabilidad de los Estados por Incumplimiento del Derecho Comunitario, in* La Responsabilidad Patrimonial de los Poderes Públicos, III Coloquio Hispano-Luso de Derecho Administrativo, José Luís Martínez López-Muñiz e António Calonge Velázquez (coords.), Marcial Pons, Ediciones Jurídicas y Sociales, S.A., Madrid/Barcelona, 1999, 201 a 215, 204).

6. Deve referir-se que, apesar de este ser, atualmente, um princípio pacificamente aceite e que se aplica a qualquer atuação estadual, a sua receção conheceu alguma resistência e a sua inserção no ordenamento jurídico da União não foi isenta de críticas. Por um lado, é fácil compreender que a questão da responsabilidade do Estado, pela diversidade de implicações que tem, não é uma questão totalmente pacífica. Por exemplo, entre nós, MARTA CHANTAL RIBEIRO, quando afirma: "Que o Estado seja persuadido a respeitar o direito comunitário, em último caso, através do pagamento de uma indemnização aos particulares pelos prejuízos que sofreram em virtude da violação culposa daquele direito, é um passo importante na efetiva aplicação do direito comunitário e na proteção jurisdicional dos particulares. Mas ir mais longe do que isto seria gerar um desequilíbrio em desfavor dos Estados-membros. O enorme peso das indemnizações no orçamento do Estado, certamente inaceitável, e a ineficiência que uma tal ameaça poderia causar no comportamento das autoridades estaduais (que se torna ainda mais grave num domínio complexo como é o da aplicação e execução do direito comunitário), não são com certeza um resultado desejável" (*Da Responsabilidade do Estado pela Violação do Direito Comunitário*, Almedina, Coimbra, 1996, 103). De facto, as questões suscitadas não são, de todo, ignoradas pelo

Tribunal de Justiça. Pelo contrário, e como se verá, algumas delas são a base que justifica a adoção, por parte do Tribunal, de uma posição restritiva relativamente à responsabilidade patrimonial do Estado, fazendo-a depender, a partir do *ac. Brasserie du Pêcheur*, da verificação da existência de uma violação suficientemente caracterizada.

7. Por outro lado, o facto de o *ac. Francovich* tratar de uma violação específica do direito da UE – a não transposição de diretivas – suscitava a questão de saber se este seria um princípio geral ou, apenas, consagrado para aquela situação concreta. Esta dúvida, legítima, foi sendo esclarecida pela jurisprudência subsequente do Tribunal. Assim, o Tribunal esclareceu que o princípio de responsabilidade do Estado-membro por violação de direito da União Europeia é um princípio geral, que se aplica ao Estado qualquer que seja a função que esteja a exercer, e que esteja na origem da violação.

8. Se não, vejamos. O Tribunal de Justiça foi afirmando a responsabilidade patrimonial dos Estados em caso de violação de direito da União consubstanciada em situações tão distintas como: omissão do legislador ou adoção de medidas incompatíveis com o Tratado (*ac. Brasserie du Pêcheur e Factortame III*, supracitado); transposição incorreta de diretiva (*ac. British Telecommunications*, 26 de março de 1996, C-392/93, e *ac. Denkavit*, 17 de outubro de 1996, C-283//94, C-291/94 e C-292/94); ou a recusa da prática de ato por parte de órgãos administrativos (*ac. Hedley Lomas*, 23 de maio de 1996, C-5/94). Além disso, o Tribunal voltou a pronunciar-se sobre a não transposição de diretivas (*ac. Dillenkofer*, 8 de outubro de 1996, C-178/94 e C-179/94 e C-190/94). Finalmente, no *ac. Köbler* (30 de setembro de 2004, C-224/01), o Tribunal afirmou o princípio da responsabilidade patrimonial do Estado por violação de direito da UE em situações em que a violação resulta de uma decisão de um Tribunal nacional que decide em última instância.

9. É por isso natural que a afirmação do Tribunal de Justiça, no *ac. Köbler*, do princípio da responsabilidade do Estado pela violação do direito da União pela atuação dos seus tribunais tenha sido "acolhida como uma extensão natural ou lógica do regime da responsabilidade do Estado e, inclusivamente, como o concluir do sistema de responsabilidade em Direito comunitário" (PABLO MARTÍN RODRIGUEZ, *La responsabilidad del Estado por atos judiciales en derecho comunitario*, Revista de Derecho Comunitario Europeo, Ano 8, nº 19, setembro-dezembro 2004, 829 a 867, 830).

10. A este propósito, considera-se que o direito da União Europeia recebe o princípio da unidade do Estado, tal como definido pelo direito internacional consuetudinário e plasmado no artigo 4 do Projeto de Artigos de Responsabilidade do Estado por Factos Internacionalmente Ilícitos (PARI), da Comissão de Direito de Direito Internacional, e de que a Assembleia Geral das Nações

Unidas "tomou nota" na resolução 56/83 (2001), 12 de dezembro. Também o facto de a violação de direito poder ocorrer não apenas através de uma ação, mas, igualmente, de uma omissão, é princípio assente no direito internacional e consagrado no artigo 2, alínea a) do PARI.

II – Da competência para analisar a responsabilidade patrimonial do Estado por violação de direito da União Europeia

11. O *ac. Francovich* esclareceu ainda que a competência para analisar a eventual responsabilidade patrimonial dos Estados por violação do direito da União Europeia é dos órgãos jurisdicionais nacionais (cfr. nº 42). Assim, quando se fala neste tipo de responsabilidade temos uma violação de direito da União, cometida por um Estado-membro desta, que produz dano a um particular, o qual aciona, perante os tribunais nacionais, uma ação de indemnização contra o Estado.

12. Importa por isso distinguir a responsabilidade patrimonial do Estado por violação do direito da UE da responsabilidade da União por violação do mesmo. De facto, desde logo, a sua origem legal é diferente. A responsabilidade dos Estados membros é um princípio pretoriano. Pelo contrário, o TFUE consagra, expressamente, a ação de responsabilidade extracontratual da União (artigo 340º). Todavia, é inegável que o facto que origina ambas as responsabilidades é idêntico – uma violação de direito da UE. A diferença essencial é que, no primeiro caso, essa violação é imputável a um Estado-membro e, no segundo caso, é imputável à União, porque praticada por um dos seus órgãos. É o agente que viola o direito da UE o elemento decisivo para a avaliação do tipo de responsabilidade que está em causa. Consequentemente, se, como já se viu, no caso da responsabilidade dos Estados membros a competência é dos tribunais nacionais, já na responsabilidade da União essa competência recai sobre o TJUE.

13. Além disso, o Tribunal esclareceu ainda que, na medida em que são os tribunais nacionais os competentes para a análise da responsabilidade patrimonial do Estado, a legislação nacional não pode prever condições materiais e formais em matéria de responsabilidade nesta situação menos favoráveis que as situações semelhantes de natureza interna, nem podem ser organizadas de tal forma que seja praticamente impossível ou excessivamente difícil obter a reparação (cfr. nº 43).

III – Das condições de admissibilidade da responsabilidade patrimonial do Estado por violação do direito da União Europeia

14. No *ac. Francovich*, o Tribunal estabeleceu que "as condições em que surge um direito a reparação dependem da natureza da violação do direito comunitário

que está na origem do prejuízo causado" (nº 38). E, referindo-se ao caso concreto – em que um Estado membro ignora a obrigação de transposição da diretiva imposta pelo Tratado – considera ser necessário verificarem-se três condições: a atribuição de direitos a favor dos particulares, o conteúdo desses direitos tem de ser identificável com base nas disposições da diretiva e, a existência de um nexo de causalidade entre a violação da obrigação que incumbe ao Estado e o prejuízo sofrido pelas pessoas lesadas (nºs 39 e 40).

15. Sem pôr em causa a competência dos órgãos jurisdicionais nacionais para a verificação da responsabilidade patrimonial, o Tribunal considerou ter elementos para avaliar o primeiro e segundo requisitos, que definiu como condições necessárias à existência de reparação. Assim, o Tribunal começa por recordar que, no caso em análise, a violação de direito comunitário por força da não transposição atempada da diretiva 80/987 tinha já sido declarada por acórdão seu. Além disso, analisando a primeira das condições definidas, considera que o resultado prescrito pela diretiva implicava "a atribuição aos trabalhadores assalariados do direito a uma garantia para o pagamento dos seus créditos em dívida respeitantes à remuneração". Finalmente, o Tribunal concluiu que "resulta da análise da primeira parte da questão, o conteúdo deste direito pode ser identificado com base nas disposições da diretiva" (nº 44).

16. Repare-se que a primeira parte da primeira questão colocada ao Tribunal pelos órgãos jurisdicionais nacionais, em sede de reenvio, e que deu origem a este processo, se relaciona com a análise da produção de efeito direto das normas da diretiva em análise. Tendo o Tribunal concluído que as normas eram suficientemente claras, precisas e incondicionais, quer no que diz respeito à determinação dos beneficiários da garantia prevista, quer quanto ao conteúdo dessa garantia, é natural que conclua pela verificação das duas primeiras condições de responsabilidade que definiu.

17. Destarte, pode concluir-se estarem preenchidas as duas primeiras condições. Quanto ao nexo de causalidade, o Tribunal não se pronunciou. Todavia, é fácil compreender que o que tem de acontecer é que a violação de direito da União imputável ao Estado seja causa do prejuízo sofrido pelos particulares. Neste caso, pode dizer-se que, se o Estado italiano tivesse transposto a diretiva, como estava obrigado a fazer, aquelas trabalhadoras teriam os seus direitos garantidos perante as antigas entidades patronais.

18. Deve ainda esclarecer-se que a violação de direito da UE, neste caso, é uma violação direta do Tratado que impõe a obrigação de transposição da diretiva dentro do prazo prescrito. Na verdade, a obrigação de transposição tempestiva da diretiva decorre da articulação do princípio da cooperação leal dos Estados membros (artigo 4, nº 3 do TUE), com a definição de diretiva (artigo 288, 3º parágrafo do TFUE).

19. Note-se que, no caso em análise, uma vez que havia uma condenação anterior do Estado Italiano pelo Tribunal de Justiça em sede de ação por incumprimento, não existia qualquer dúvida quanto à existência de violação de direito da UE. Todavia, importa frisar que não é necessário existir uma decisão prévia de incumprimento por parte do Tribunal para que se possa iniciar o procedimento de responsabilidade patrimonial do Estado. E compreende-se que assim seja. Desde logo, na medida em que as legitimidades processuais ativas são diferentes, tal exigência equivaleria a obstruir e retardar de maneira considerável o acesso à indemnização por parte dos particulares (cfr. JOSÉ EUGÉNIO SORIANO GARCIA (Dir.) e MARIA MATILDE SÁNCHEZ GUTIÉRREZ (Coord.), *La reciente Jurisprudência Comunitária Comentada*, Tomo II, Marcial Pons Ediciones Jurídicas y Sociales, S.A., 2001, 297). Deve mesmo acrescentar-se que, fazer depender a responsabilidade patrimonial do Estado em caso de violação do direito da UE da prévia condenação do mesmo em sede de ação por incumprimento, poderia conduzir à impossibilidade do exercício do direito por parte dos particulares – o que seria contrário ao propósito da própria consagração do princípio da responsabilidade e desconforme com o *dictum* do próprio Tribunal, no nº 43, supramencionado.

20. É, essencialmente, por esta razão que prefere utilizar-se a terminologia de responsabilidade patrimonial dos Estados-membros por violação do direito da União, em vez de responsabilidade dos Estados-membros por incumprimento como fazem, por exemplo, entre nós, FAUSTO DE QUADROS (*Responsabilidade dos Poderes Públicos no Direito Comunitário: Responsabilidade Extracontratual da Comunidade Europeia e Responsabilidade dos Estados por Incumprimento do Direito Comunitário*, in La Responsabilidad Patrimonial de los Poderes Públicos, cit., 137 a 153), e MARIA JOSÉ RANGEL DE MESQUITA (*Responsabilidade do Estado por incumprimento do Direito da União Europeia: um princípio com futuro*, Justiça Administrativa nº 60, novembro/dezembro 2006, 52 a 69). Na verdade, quando se fala em *incumprimento* pode parecer estar a remeter-se para a ação autónoma de incumprimento consagrada nos artigos 258 a 261 do TFUE. (Sobre o processo por incumprimento, ver, FAUSTO DE QUADROS e ANA MARIA GUERRA MARTINS, *Contencioso da União Europeia*, 2ª Edição, Revista e Atualizada, Almedina, Coimbra, 2007, 226 a 263, JOÃO MOTA DE CAMPOS e JOÃO LUIZ MOTA DE CAMPOS, *Manual de Direito Europeu*, 6ª Edição Coimbra Editora, 2010, 450 a 458, ANA MARIA GUERRA MARTINS, *Curso de Direito Constitucional da União Europeia*, Almedina, 2004, 482 a 496).

21. Ou seja, considera-se que a escolha terminológica de responsabilidade patrimonial do Estado por incumprimento pode induzir na ideia, errada, de que a responsabilidade patrimonial dos Estados-membros depende da prévia verificação e condenação por incumprimento – ação consagrada autonomamente

no TFUE. E, de facto, esta não é de todo a solução apontada pelo Tribunal, tal como o próprio esclareceu, posteriormente, no *ac. Brasserie* (cfr. nºs 95 e 96).

IV – Das condições de admissibilidade da responsabilidade patrimonial do Estado por violação de direito da União Europeia – evolução jurisprudencial pós-Francovich

22. A jurisprudência posterior ao *ac. Francovich* veio precisar as condições de admissibilidade da responsabilidade patrimonial dos Estados. De facto, atualmente, é jurisprudência firme que, diferentemente do que se estabeleceu naquele acórdão, as três condições de admissibilidade são: a norma violada tem de conferir direitos aos particulares; a violação tem de ser suficientemente caracterizada; e, tem de haver um nexo de causalidade entre a violação e o prejuízo sofrido pelos particulares.

23. Foi no *ac. Brasserie du Pêcheur e Factortame*, que o Tribunal apresentou, pela primeira vez a propósito da responsabilidade patrimonial dos Estados por violação de direito da União, estas condições de admissibilidade. Neste acórdão o Tribunal apensa dois casos. O caso Brasssrie du Pêcheur trata da situação de uma sociedade francesa que foi obrigada a interromper as suas exportações de cerveja para a Alemanha. As autoridades alemãs consideraram que a cerveja produzida por aquela sociedade, embora fosse legalmente fabricada em França, não estava de acordo com a lei da pureza, consagrada na *Biersteuergesetz* (lei do imposto sobre a cerveja). Esta legislação alemã proibia a comercialização sob a designação «Bier» de cervejas legalmente fabricadas noutros Estados-membros, seguindo métodos diferentes, e também a importação de cervejas com aditivos. Entretanto, o Tribunal de Justiça considerou-a incompatível com Tratado, lá onde se proíbem restrições às importações [atualmente, artigo 34 TFUE; à data da decisão, artigo 30 do TCE], no *ac. Comissão contra Alemanha*, 12 de março de 1987, 178/84. Perante esta decisão, a sociedade francesa intentou uma ação contra a República Federal da Alemanha, pedindo a reparação dos prejuízos sofridos durante o período em que fora impedida de exportar os seus produtos para o mercado alemão (cfr. nºs 3 a 5).

24. Também o caso Factortame versa sobre legislação nacional incompatível com os Tratados. A lei em causa – *Merchant Shipping Act 1998* (lei de 1988 sobre a marinha mercante) – previa a criação de um novo registo para os navios de pesca britânicos, e sujeitava a matrícula a determinadas condições de nacionalidade, residência e domicílio dos proprietários. A 25 de julho de 1991, em sede de reenvio prejudicial, o Tribunal considerou que a fixação daquelas condições era incompatível com o direito de estabelecimento [atual artigo 49 TFUE; à data da decisão artigo 52 TCE], no *ac. Factortame II*, C-211/89. A Comissão deu início a uma ação por incumprimento, e a 4 de outubro de 1991, no *ac. Comissão*

contra Reino Unido, C-246/89, o Tribunal confirmou o seu entendimento de que aquelas normas eram incompatíveis com o Tratado. Na sequência desses acórdãos, a legislação inglesa foi revogada. Destarte, a questão chega agora ao Tribunal porque a Factortame apresentou pedidos de indemnização pelos prejuízos sofridos durante o período em que a legislação inglesa tinha vigorado (cfr. nºs 9 a 13).

25. O Tribunal esclarece que "nos dois casos, os legisladores alemão e do Reino Unido se viram confrontados com situações que implicavam escolhas equiparáveis às efetuadas pelas instituições comunitárias aquando da adoção de atos normativos que relevam de uma política comunitária" (nº 50). Por isso mesmo, estabelece que "nessas circunstâncias, o direito comunitário reconhece um direito à reparação desde que se encontrem satisfeitas três condições: ou seja, que a regra de direito violada tenha por objeto conferir direitos aos particulares, que a violação seja suficientemente caracterizada e, por último que exista um nexo de causalidade direto entre a violação da obrigação que incumbe ao Estado e o prejuízo sofrido pelas pessoas lesadas" (nº 51).

26. Chama-se à colação, neste momento, o que se disse anteriormente a propósito da responsabilidade extracontratual da União e a responsabilidade dos Estados membros por violação de direito da UE. Com efeito, o facto que está na origem da responsabilidade, numa e noutra situação é idêntico: uma violação de direito da União. Foi precisamente por isto que, através do *ac. Brasserie*, o Tribunal adotou, para efeitos de responsabilidade patrimonial dos Estados, as mesmas condições de admissibilidade que estabelece, ao abrigo do artigo 340 do TFUE, para a responsabilidade extracontratual da União.

27. De facto, o Tribunal esclarece que aquelas (três) condições de admissibilidade "correspondem, em substância, às que o Tribunal de Justiça definiu (...) na sua jurisprudência relativa à responsabilidade da Comunidade pelos prejuízos causados aos particulares por atos normativos ilegais das suas instituições" (nº 53).

28. Na verdade, o artigo 340 do TFUE não prevê expressamente estas condições. Pelo contrário, elas resultam da atividade jurisprudencial a propósito da matéria da responsabilidade extracontratual da União. Alguns exemplos desta jurisprudência são: *ac. Zuckerfabrik Schöppenstedt contra Conselho*, 2 de dezembro de 1971, 5/71, *ac. Kampfmeyer e Outros contra Comissão e Conselho*, 2 de junho de 1976, 56 a 60/74, *ac. HNL contra Conselho e Comissão*, 25 de maio 1978, 83/76 e 94/76, 4/77, 15/77 e 40/77.

29. Neste sentido, Roberto Gálan Vioque, quando afirma que "nesta sentença o Tribunal de Justiça (...) precisa que os Estados devem responder perante os seus cidadãos, pelo menos, nas mesmas condições em que o fazem os órgãos comunitários quando infringem o direito comunitário, o que significa que o requisito de que o incumprimento imputável à atividade ou passividade dos

legisladores nacionais constitua uma violação suficientemente caracterizada de Direito Comunitário, que é a principal condição que se estabelece para que as Comunidades tenham a obrigação de indemnizar, converte-se na pedra de toque da responsabilidade estadual por ilícito legislativo comunitário" (*De la Teoria a la Realidad de la Responsabilidad del Estado Legislador*, Revista de Administración Pública, nº 155, maio-agosto 2001, 285 a 329, 321 a 322). E, também, ANTÓNIO LAZARI quando afirma que "esta condição (violação suficientemente caracterizada) serve para operar a generalização do princípio existente de responsabilidade das instituições comunitárias, previsto no artigo 288 do TCE [atual artigo 340 TFUE]", (*La cross-fertilisation y la formación del paradigma comunitário de responsabilidad del estado: «El Esquema de la Crisis»*, Revista de Derecho Comunitario Europeo, ano 9, janeiro-abril 2005, 177 a 225, 203).

30. Ou seja, "como as instituições comunitárias quando são chamadas a atuar no âmbito das políticas comunitárias, também o legislador nacional goza de grande liberdade de apreciação. Por este motivo, as condições de responsabilidade deste último devem ser modeladas (...) pelos ilícitos cometidos pelas instituições comunitárias, em aplicação das quais se confina a possibilidade de agir em juízo apenas na presença de uma violação grave de direito comunitário" (MICHELE PIERGIOVANNI, *La Responsabilità degli Stati per la Mancata Attuazione del Diritto Comunitário, Prime Note Sulle Esperienza Britannica e Italiana*, cit., 1147). Aliás "não seria admissível (...) que perante a violação de uma mesma norma comunitária se fosse mais exigente com a Comunidade do que com o Estado na hora de estabelecer a sua responsabilidade; ou dito de outra forma, que o regime da responsabilidade por incumprimento do Direito comunitário fosse mais restritivo que o do Estado" (MARIA YOLANDA FERNÁNDEZ GARCIA, *Hacia un Régimen Común de Responsabilidade n la Comunidad Europea? (Convergências y divergencias entre los sistemas de responsabilidad estatal y comunitaria)*, in La Responsabilidad Patrimonial de los Poderes Públicos, *cit.*, 217 a 239, 219).

31. Mais tarde, no ac. *British Telecommunications*, a propósito da transposição incorreta de uma diretiva, depois de recordar que o princípio a responsabilidade do Estado pelos prejuízos causados aos particulares por violações do direito da UE que lhe sejam imputáveis é inerente ao Tratado e que, consequentemente, isso implica que o princípio é válido para qualquer caso de violação do direito comunitário por um Estado membro (cfr. nº 38), o Tribunal esclareceu que estava em causa (como no ac. *Brasserie du Pêcheur e Factortame*) uma situação em que o Estado membro atuava com ampla margem de apreciação (cfr. nº 39).

32. Neste caso, o tribunal nacional questionara o Tribunal de Justiça quanto à questão de saber se o Estado fica obrigado a indemnizar no caso de ter transposto tempestiva, mas incorretamente, uma diretiva comunitária. A diretiva em causa era a diretiva 90/531 do Conselho, relativa aos procedimentos de celebra-

ção de contratos de direito público nos setores da água, da energia, dos transportes e das telecomunicações. O artigo 8, nº 1 estabelecia um tipo de contratos aos quais a diretiva não era aplicada. Ao contrário do que estabelecia a diretiva, o Governo do Reino Unido definiu, de mote próprio, quais seriam esses contratos.

33. Por tal motivo, o Tribunal considera que, também na situação em que um Estado membro transponha incorretamente uma diretiva, as condições necessárias para que exista um direito de indemnização são três: que a norma jurídica violada vise atribuir direitos aos particulares, que a violação seja suficientemente caracterizada e que exista nexo de causalidade direto entre a violação da obrigação que incumbe ao Estado e o prejuízo sofrido pelas pessoas lesadas.

34. É o que decorre da leitura articulada dos nºs 39 e 40. E neste último parágrafo referido, o Tribunal prossegue dizendo que estas "condições restritivas da responsabilidade do Estado membro" se justificavam neste caso (de transposição errada de uma diretiva) "pelos fundamentos já acolhidos pelo Tribunal de Justiça para justificar as condições restritivas de responsabilidade extracontratual das instituições ou dos Estados-membros no exercício da sua atividade normativa em setores abrangidos pelo direito comunitário em que gozam de amplo poder de apreciação designadamente pela preocupação de que o exercício dessa atividade normativa não seja entravado pela perspetiva e ações de indemnização sempre que o interesse geral exija que tais instituições ou Estados membros adotem medidas suscetíveis de lesar os interesses de particulares".

35. Desta jurisprudência (*Brasserie du Pêcheur e Factortame* e *British Telecomunications*) poderia transparecer que aquelas condições de admissibilidade da responsabilidade se aplicariam, apenas, quando o Estado estivesse a atuar na sua capacidade normativa ou legislativa. Todavia, a jurisprudência *Hedley Lomas* veio esclarecer que, também no caso de o Estado violar o direito da UE no exercício da sua função administrativa aquelas são as condições de admissibilidade da responsabilidade patrimonial do Estado (nºs 23-32).

36. Neste caso tratava-se da recusa em emitir uma licença de exportação em violação do atual artigo 35 do TFUE, que proíbe restrições às exportações. O fundamento da ação de indemnização era a recusa sistemática do Reino Unido em emitir a uma empresa irlandesa – a Hedley Lomas – uma licença de exportação de animais vivos para abate em Espanha.

37. Depois de recordar que o princípio da responsabilidade patrimonial do Estado é inerente ao sistema do Tratado, o Tribunal acrescenta que "[a]lém disso, as condições em que a responsabilidade do Estado gera o direito a reparação dependem da natureza da violação do direito comunitário que está na origem do prejuízo causado" (nº 24). E, recordando a sua decisão no *ac. Brasserie du Pêcheur*, em que estabeleceu como condições cumulativas para o direito à repa-

ração que a regra de direito violada tenha por objeto conferir direitos aos particulares, que a violação seja suficientemente caracterizada e que exista um nexo direto de causalidade entre a violação da obrigação que incumbe ao Estado e o prejuízo sofrido pelas pessoas lesadas (cfr. nº 25), esclarece que "[e]stas três condições são também aplicáveis ao caso concreto" (nº 26).

38. Perante o desenvolvimento constante desta jurisprudência, era legítimo questionar como se conciliariam aquelas condições (regra violada tenha por objeto conferir direitos aos particulares; violação suficientemente caracterizada; e nexo de causalidade) com as que o Tribunal havia estabelecido no ac. *Francovich*, a propósito da não transposição de diretivas (atribuição de direitos aos particulares; cujo conteúdo possa ser identificado com base nas disposições da diretiva; e nexo de causalidade). No ac. *Dillenkoffer*, chamado a pronunciar-se novamente sobre a responsabilidade patrimonial do Estado membro por não transposição de diretivas, o Tribunal esclareceu a questão.

39. A questão colocada versava sobre uma diretiva relativa a viagens organizadas, férias e circuitos que não tinha sido transposta dentro do prazo. Constata-se, portanto, que este é um caso semelhante ao ac. *Francovich*, uma vez que a violação de direito comunitário em causa decorre da não transposição de uma diretiva. A diretiva que aqui estava em causa era a Diretiva 90/314/CEE, do Conselho de 13 de junho de 1990. "Os demandantes nos litígios principais tinham contratado viagens distintas combinados com as companhias Mp TRavel Line International GmbH e Florida Travel Service GmbH. Devido a falha destas últimas, viram-se obrigados a suspender a viagem (...), ou (...) regressar do local onde estavam a passar férias, pagando eles próprios os gastos da deslocação. Em nenhum dos casos lhes foi devolvido o montante de dinheiro que tinham adiantado às referidas companhias, nem os gastos ocasionados pelo regresso. Os factos reportam-se ao primeiro semestre de 1993. Em virtude do artigo 9 da Diretiva os Estados-membros deviam tomar, antes de 31 de dezembro de 1992, todas as medidas necessárias para dar cumprimento à mesma. Uma vez terminado o prazo, a Alemanha não tinha transposto a diretiva. Na opinião dos demandantes, este incumprimento provocou que se vissem desprotegidos perante a quebra das companhias com as quais haviam contratado a realização das viagens combinadas, que não teria ocorrido se o Estado alemão tivesse adaptado o seu ordenamento interno ao artigo 7 da Diretiva" (M. Cármen Perez Gonzalez, *Sobre la Responsabilidad del Estado frente a los Particulares por la no Transposicion de las Diretivas Comunitárias*, Revista de Derecho Comunitario Europeo, Nº 1, janeiro-junho de 1997, 261 a 274, 264 e 265).

40. Depois de recordar as condições estabelecidas nos acs. *Brasserie, Bristish Telecomunications* e *Hedley Lomas* (nº 21), e no ac. *Francovich* (nº 22), o Tribunal declarou que "[n]o essencial, as condições estabelecidas nestes diferentes acórdãos

são as mesmas, visto que a condição da existência de violação suficientemente caracterizada, embora, é certo, não seja mencionada no *acórdão Francovich* (...), era, contudo, inerente às circunstâncias do caso" (nº 23). E prossegue, afirmando que "[n]a realidade, por um lado, existe uma violação suficientemente caracterizada quando uma instituição ou um Estado membro, no exercício do seu poder legislativo, viole, de forma manifesta e grave, os limites que se impõem ao exercício dos seus poderes (...), e, por outro, na hipótese de o Estado membro em causa, no momento em que cometeu a infração, não se confrontar com opções normativas e dispor de uma margem de apreciação consideravelmente reduzida, ou mesmo inexistente, a simples infração ao direito comunitário pode bastar para provar a existência de uma violação suficientemente caracterizada" (nº 25).

41. "Assim, um Estado Membro que, como no processo *Francovich* e O., não adote, em violação do artigo 189, terceiro parágrafo do Tratado [atual artigo 288 do TFUE], qualquer das medidas necessárias para atingir o resultado prescrito numa diretiva, no prazo nela estabelecido, viola, de forma manifesta e grave, os limites impostos ao exercício das suas competências" (nº 26). "Em consequência, tal violação cria, em favor dos particulares, um direito a reparação se o resultado prescrito na diretiva implicar a atribuição, em seu benefício, de direitos cujo conteúdo possa ser identificado com base nas disposições da diretiva e se existir um nexo de causalidade entre a violação da obrigação que incumbe ao Estado e o prejuízo sofrido pelas pessoas lesadas, sem que seja necessário tomar em consideração outras condições" (nº 27).

42. Pode assim concluir-se que o Tribunal estabelece que, também quando esteja em causa a não transposição de diretivas, as condições de admissibilidade da responsabilidade patrimonial do Estado por violação de direito comunitário são: a norma violada atribui direitos aos particulares, a violação é suficientemente caracterizada e existe nexo de causalidade. Além disso, decorre do *dictum* do Tribunal que "a falta de transposição, por si só, constitui uma violação suficientemente caracterizada que cria uma presunção absoluta de responsabilidade do Estado" (SOFIA OLIVEIRA PAIS, *Incumprimento das Diretivas Comunitárias (do efeito direto à responsabilidade do Estado, in* Dois Temas de Direito Comunitário do Trabalho, Sofia Oliveira Pais e Maria Fátima Ribeiro, Publicações Universidade Católica, Porto, 2000, 9 a 103, *cit.*, 58).

V – Notas finais

43. O *ac. Francovich* afirmou um princípio da responsabilidade do Estado-
-membro por violação de direito da União Europeia como princípio estruturante da própria. A finalidade da responsabilidade patrimonial do Estado é garantir uma plena eficácia da aplicação das normas comunitárias, a proteção dos particulares e a uniformidade do direito.

44. Cabe aos órgãos jurisdicionais nacionais julgar as ações de indemnização contra o Estado e as legislações nacionais não podem ser mais exigentes quando se trata de uma ação de reparação cuja origem está na violação do direito da União do que quando o facto que está na sua origem é de natureza interna.

45. Finalmente, e tendo em consideração a evolução da jurisprudência do Tribunal de Justiça depois do *ac. Francovich*, pode afirmar-se que as condições gerais de admissibilidade da responsabilidade patrimonial dos Estados por violação do direito comunitário são, em qualquer situação, três: a regra de direito violada tenha por objeto conferir direitos aos particulares, a exigência de uma violação suficientemente caracterizada e o nexo de causalidade entre a violação da obrigação que incumbe aos Estados-membros de acordo com o direito comunitário e o prejuízo sofrido pelas pessoas lesadas (cfr. SOFIA OLIVEIRA PAIS, *Incumprimento das Diretivas Comunitárias, cit.*, 46 e 47).

4.2. Acórdão do Tribunal de Justiça de 30 de setembro de 2003 – Processo C-224/01 Gerhard *Köbler* c. Republik Österreich

Sofia Oliveira Pais

Resumo dos factos

Gerhard *Köbler* era um professor catedrático na Universidade de Innsbruck (Áustria). Quando foi nomeado, atribuiram-lhe o vencimento de professor catedrático acrescido de um subsídio normal de antiguidade. Passados alguns anos pediu um subsídio especial de antiguidade, atribuído aos professores universitários, o qual lhe foi negado uma vez que não tinha quinze anos de antiguidade como professor em universidades austríacas, tal como era exigido pela legislação austríaca. A desconsideração da duração dos seus serviços nas universidades de outros Estados-Membros era, do seu ponto de vista, uma discriminação indireta injustificada à luz do direito comunitário. Köbler intentou uma ação nos tribunais administrativos austríacos e em sede de recurso o Supremo Tribunal procedeu ao reenvio de várias questões prejudiciais. Entretanto, o Tribunal de Justiça decidiu um caso semelhante, tendo o tribunal austríaco retirado o pedido de reenvio. Além disso, negou provimento ao recurso de G. Köbler, invocando que o subsídio especial de antiguidade constituía um prémio de fidelidade que não seria abrangido pelo direito da União. Köbler intentou então uma ação de indemnização contra a República da Áustria, no *Landesgericht für Zivilrechtssachen Wien*, alegando que o acórdão do tribunal austríaco violava o direito da União, tendo o tribunal austríaco colocado, entre outras, a seguinte questão prejudicial: deve a jurisprudência do Tribunal de Justiça que imputar ao Estado a responsabilidade por violação do direito comunitário, seja qual for o órgão infrator do Estado-Membro, aplicar-se também no caso de o ato considerado contrário ao direito comunitário ser uma decisão de um tribunal superior de um Estado-Membro?

Excertos do acórdão
«30. Recorde-se desde já que o Tribunal de Justiça decidiu que o princípio da responsabilidade de um Estado-Membro por prejuízos causados aos particulares por violações do direito comunitário que lhe sejam imputáveis é inerente ao sistema do Tratado [...].
31. O Tribunal de Justiça declarou igualmente que este princípio é válido para qualquer violação do direito comunitário por um Estado-Membro, independentemente da entidade do Estado-Membro cuja ação ou omissão está na origem do incumprimento [...]
32. Se, na ordem jurídica internacional, o Estado, cuja responsabilidade está em causa em virtude da violação de um compromisso internacional, é considerado na sua unidade, independentemente da violação que está na origem do prejuízo ser imputável ao poder legislativo, judicial ou executivo, tanto mais deve assim ser na ordem jurídica comunitária, quando todos os organismos do Estado, inclusive o poder legislativo, são obrigados, no desempenho das suas funções, a respeitar as normas impostas pelo direito comunitário que sejam suscetíveis de regular diretamente a situação dos particulares [...].
33. Atendendo ao papel essencial do poder judicial na proteção dos direitos que as normas comunitárias conferem aos particulares, a plena eficácia destas seria posta em causa e a proteção dos direitos que as mesmas reconhecem ficaria diminuída se os particulares não pudessem, sob certas condições, obter ressarcimento quando os seus direitos são lesados por uma violação do direito comunitário imputável a uma decisão de um órgão jurisdicional de um Estado-Membro decidindo em última instância.
34. Deve aqui sublinhar-se que um órgão jurisdicional que decide em última instância constitui por definição a última instância perante a qual os particulares podem fazer valer os direitos que o direito comunitário lhes confere. Não podendo uma violação destes direitos por uma decisão desse órgão jurisdicional que se tornou definitiva geralmente ser sanada, os particulares não podem ser privados da possibilidade de acionarem a responsabilidade do Estado a fim de obterem por este meio uma proteção jurídica dos seus direitos.
35. É aliás, nomeadamente, para evitar que os direitos conferidos aos particulares pelo direito comunitário sejam violados que, por força do artigo 234º, terceiro parágrafo, CE [267º TFUE], um órgão jurisdicional cujas decisões não

sejam suscetíveis de recurso judicial previsto no direito interno é obrigado a submeter a questão ao Tribunal de Justiça.

36. Deste modo, resulta das exigências inerentes à proteção dos direitos dos particulares que invocam o direito comunitário que os mesmos devem ter a possibilidade de obter, junto de um órgão jurisdicional nacional, ressarcimento do prejuízo causado pela violação destes direitos por uma decisão de um órgão jurisdicional nacional decidindo em última instância (v., neste sentido, acórdão Brasserie du pêcheur e Factortame, já referido, nº 35).

37. Alguns dos governos que apresentaram observações no âmbito do presente processo alegaram que o princípio da responsabilidade do Estado pelos danos causados aos particulares por violações do direito comunitário não podia ser aplicado às decisões de um órgão jurisdicional nacional decidindo em última instância. Para o efeito, invocaram argumentos assentes, nomeadamente, no princípio da segurança jurídica, mais especialmente na autoridade do caso definitivamente julgado, na independência e na autoridade do juiz bem como na inexistência de um órgão jurisdicional competente para conhecer dos litígios relativos à responsabilidade do Estado por tais decisões.

38. Cabe aqui assinalar que a importância do princípio da autoridade do caso definitivamente julgado não pode ser contestada (v. acórdão Eco Swiss, já referido, nº 46). Com efeito, a fim de garantir tanto a estabilidade do direito e das relações jurídicas como uma boa administração da justiça, é necessário que as decisões judiciais que se tornaram definitivas após esgotamento das vias de recurso disponíveis ou decorridos os prazos previstos para tais recursos já não possam ser impugnadas.

39. No entanto há que considerar que o reconhecimento do princípio da responsabilidade do Estado pela decisão de um órgão jurisdicional nacional decidindo em última instância não tem em si por consequência pôr em causa a autoridade do caso definitivamente julgado de tal decisão. Um processo destinado a responsabilizar o Estado não tem o mesmo objeto e não envolve necessariamente as mesmas partes que o processo que deu origem à decisão que adquiriu a autoridade de caso definitivamente julgado. Com efeito, o demandante numa ação de indemnização contra o Estado obtém, em caso de êxito, a condenação deste no ressarcimento do dano sofrido, mas não necessariamente que seja posta em causa a autoridade do caso definitivamente julgado da decisão judicial que causou o dano.

40. Daqui resulta que o princípio da autoridade do caso definitivamente julgado não se opõe ao reconhecimento do princípio da responsabilidade do Estado por uma decisão de um órgão jurisdicional decidindo em última instância.

41. Os argumentos assentes na independência e na autoridade do juiz também não podem ser acolhidos.

42. No que diz respeito à independência do juiz, há-que esclarecer que o princípio da responsabilidade em causa diz respeito não à responsabilidade pessoal do juiz mas à do Estado. Ora, não se afigura que a possibilidade de ver acionada, sob certas condições, a responsabilidade do Estado por decisões judiciais contrárias ao direito comunitário comporte riscos especiais de que seja posta em causa a independência de um órgão jurisdicional nacional decidindo em última instância.

43. Quanto ao argumento assente no risco de se ver a autoridade de um órgão jurisdicional nacional decidindo em última instância afetada pelo facto de as suas decisões transitadas em julgado poderem ser implicitamente postas em causa por um processo permitindo acionar a responsabilidade do Estado devido às mesma, verifica-se que a existência de uma via de direito permitindo, sob certas condições, a reparação dos efeitos danosos de uma decisão judicial errada pode também ser vista como sinónimo de qualidade de uma ordem jurídica e portanto, finalmente, também da autoridade do poder judicial.

44. Vários governos sustentaram igualmente que constituía um obstáculo à aplicação do princípio da responsabilidade do Estado as decisões de um órgão jurisdicional nacional decidindo em última instância a dificuldade de se designar um órgão jurisdicional nacional competente para conhecer dos litígios relativos à reparação dos danos resultantes de tais decisões.

45. A este respeito, há que considerar que, dado que, por razões essencialmente relacionadas com a necessidade de se assegurar aos particulares a proteção dos direitos que as normas comunitárias lhes reconhecem, o princípio da responsabilidade do Estado que é inerente à ordem jurídica comunitária deve aplicar-se em relação às decisões de um órgão jurisdicional nacional decidindo em última instância, cabe aos Estados-membros permitir aos interessados invocarem este princípio, pondo à sua disposição uma via de direito adequada. A aplicação do referido princípio não pode ser comprometida pela inexistência de foro competente.

46. Segundo jurisprudência constante, na ausência de regulamentação comunitária, é à ordem jurídica de cada Estado-Membro que compete designar os órgãos jurisdicionais competentes e regulamentar as modalidades processuais das ações judiciais destinadas a assegurar a plena proteção dos direitos conferidos aos cidadãos pelo direito comunitário [...]

47. Com a reserva de que os Estados-Membros devem assegurar, em todas as circunstâncias, uma proteção efetiva aos direitos individuais derivados da ordem jurídica comunitária, não compete ao Tribunal de Justiça intervir na solução dos problemas de competência que possa suscitar, no quadro da organização judiciária nacional, a qualificação de certas situações jurídicas assentes no direito comunitário (acórdãos de 18 de janeiro de 1996, SEIM, C-446/93, Colect., p. 1-73, nº 32, e Dorsch Consult, já referido, nº 40).

48. Há ainda que acrescentar que, embora considerações relacionadas com o respeito do princípio da autoridade do caso definitivamente julgado ou da independência dos juízes tenham podido inspirar aos sistemas de direito nacionais restrições, por vezes severas, à possibilidade de acionar a responsabilidade do Estado por danos causados por decisões judiciais erradas, tais considerações não excluíram de modo absoluto essa possibilidade. Com efeito, a aplicação do princípio da responsabilidade do Estado às decisões judiciais foi aceite sob uma forma ou outra pela maioria dos Estados-Membros, como o advogado-geral assinalou nos nºs 77 a 82 das suas conclusões, mesmo que tal só se verifique em condições restritivas e heterogéneas.

49. Pode ainda assinalar-se que, no mesmo sentido, a CEDH, e mais especialmente o seu artigo 41º, permite ao Tribunal Europeu dos Direitos do Homem condenar um Estado que violou um direito fundamental a indemnizar os danos que resultaram deste comportamento para a pessoa lesada. Resulta da jurisprudência do referido tribunal que tal compensação pode ser igualmente concedida quando a violação resulta do conteúdo de uma decisão de um órgão jurisdicional nacional decidindo em última instância (v. TEDH, acórdão Dulaurans c. França de 21 de março de 2000, ainda não publicado).

50. Resulta do que precede que o princípio segundo o qual os Estados--Membros são obrigados a ressarcir os danos causados aos particulares pelas violações do direito comunitário que lhes são imputáveis é igualmente aplicável quando a violação em causa resulte de uma decisão de um órgão jurisdicional decidindo em última instância. Cabe à ordem jurídica de cada Estado-membro designar o órgão jurisdicional competente para resolver os litígios relativos a esta reparação.

Quanto às condições da responsabilidade do Estado

51. No respeitante às condições em que um Estado-membro está obrigado a reparar os prejuízos causados aos particulares por violações do direito comunitário que lhes são imputáveis, resulta da jurisprudência do Tribunal de Justiça que elas são três, a saber, que a norma jurídica violada vise atribuir direitos aos particulares, que a violação seja suficientemente caracterizada e que exista um nexo de causalidade direto entre a violação da obrigação que incumbe ao Estado e o prejuízo sofrido pelas pessoas lesadas [...].

52. A responsabilidade do Estado por danos causados pela decisão de um órgão jurisdicional nacional decidindo em última instância que viole uma regra de direito comunitário rege-se pelas mesmas condições.

53. No que respeita mais especificamente à segunda destas condições e à sua aplicação a fim de estabelecer uma eventual responsabilidade do Estado em razão de uma decisão de um órgão jurisdicional nacional decidindo em última instância, há que ter em conta a especificidade da função jurisdicional bem como as exigências legítimas de segurança jurídica (...). Só pode haver

responsabilidade do Estado resultante de uma violação de direito comunitário por tal decisão no caso excecional de o juiz ter ignorado de modo manifesto o direito aplicável.

54. A fim de determinar se tal condição se encontra satisfeita, o órgão jurisdicional nacional que se deva pronunciar sobre um pedido de reparação deve atender a todos os elementos que caracterizam a situação que lhe é submetida.

55. Entre tais elementos constam designadamente o grau de clareza e de precisão da regra violada, o caráter intencional da violação, o caráter desculpável ou não do erro de direito, a atitude eventualmente adotada por uma instituição comunitária, bem como o não cumprimento, pelo órgão jurisdicional em causa, da sua obrigação de reenvio prejudicial por força do artigo 234º.

56. De qualquer modo, uma violação do direito comunitário é suficientemente caracterizada quando a decisão em causa foi tomada violando manifestamente a jurisprudência do Tribunal de Justiça na matéria (v., neste sentido, acórdão Brasserie du Pêcheur e Factortame, já referido, nº 57).

57. As três condições evocadas no nº 51 do presente acórdão são necessárias e suficientes para instituir em favor dos particulares um direito a obter reparação, sem no entanto impedir que a responsabilidade do Estado possa ser efetivada em condições menos restritivas com base no direito nacional (v. acórdão Brasserie du Pêcheur e Factortame, já referido, nº 66).

58. Sem prejuízo do direito à reparação que tem fundamento direto no direito comunitário quando estejam reunidas as três condições acima apontadas, é no âmbito do direito nacional que regula a responsabilidade que compete ao Estado reparar as consequências do prejuízo causado, sendo certo que as condições fixadas pelas legislações nacionais em matéria de reparação de danos não podem ser menos favoráveis do que as respeitantes a reclamações semelhantes de natureza interna e não podem estar organizadas de forma a, na prática, tornarem impossível ou excessivamente difícil a obtenção da reparação [...].

59. De tudo o que precede resulta que há que responder às primeira e segunda questões que o princípio segundo o qual os Estados-Membros são obrigados a ressarcir os danos causados aos particulares pelas violações do direito comunitário que lhes são imputáveis é igualmente aplicável quando a violação em causa resulte de uma decisão de um órgão jurisdicional decidindo em última instância, desde que a norma de direito comunitário violada se destine a conferir direitos aos particulares, que a violação seja suficientemente caracterizada e que exista um nexo de causalidade direto entre a violação e o dano sofrido pelas pessoas lesadas. A fim de determinar se tal violação é suficientemente caracterizada quando a violação em causa resulte dessa decisão, o juiz nacional competente deve, tendo em conta a especificidade da função judicial, apurar se essa violação tem caráter manifesto. É à ordem jurídica de cada Estado membro que cabe

designar o órgão jurisdicional competente para decidir os litígios relativos a tal ressarcimento.»

[...]

116. Ora, conforme resulta dos n°s 80 e 81 do presente acórdão, o Tribunal de Justiça não se pronunciou, no acórdão Schöning-Kougebetopoulou, já referido, sobre a questão de saber se e em que condições podia ser justificado o entrave que constitui, para a livre circulação de trabalhadores, um prémio de fidelidade. As considerações que o Verwaltungsgerichtshof deduziu do referido acórdão assentam assim numa leitura errada do mesmo.

117. Assim, dado que, por um lado, o Verwaltungsgerichtshof modificou a sua interpretação do direito nacional, qualificando a medida prevista no § 50a da GG de prémio de fidelidade, depois de lhe ter sido enviado o acórdão Schöning-Kougebetopoulou, já referido, e que, por outro, o Tribunal de Justiça não tinha ainda tido a ocasião de se pronunciar quanto à questão de saber se o entrave à livre circulação de trabalhadores que resulta de um prémio de fidelidade podia ser justificado, o Verwaltungsgerichtshof devia ter mantido o seu pedido prejudicial.

118. Com efeito, aquele órgão jurisdicional não podia considerar que a resolução da questão de direito em causa resultava de uma jurisprudência assente do Tribunal de Justiça ou não deixava margem para qualquer dúvida razoável (v. acórdão de 6 de outubro de 1982, CILFIT e o., 283/81, Recueil, p. 3415, n°s 14 e 16). No entanto, por força do artigo 177°, terceiro parágrafo, do Tratado, tinha a obrigação de manter o seu pedido prejudicial.

119. Além disso, conforme resulta da resposta à terceira questão, uma medida como o subsídio especial de antiguidade previsto no § 50a da GG, mesmo se pode serqualificada de premio de fidelidade, implica um entrave à livre circulação de trabalhadores contrário ao direito comunitário. Assim, o Verwaltungsgerichtshof violou o direito comunitário com o seu acórdão de 24 de junho de 1998.

120. Cabe, deste modo, examinar se esta violação do direito comunitário tem caráter manifesto, atendendo nomeadamente aos elementos a tomar em consideração para o efeito, conforme as indicações constantes dos n°s 55 e 56 do presente acórdão.

121. A este respeito, há que considerar, em primeiro lugar, que a violação das normas comunitárias que são objeto da resposta à terceira questão não pode em si receber tal qualificação.

122. Com efeito, o direito comunitário não regula expressamente a questão de saber se uma medida de fidelização de um trabalhador ao seu empregador, como um prémio de fidelidade, que implica um entrave à livre circulação de trabalhadores, é suscetível de ser justificada e, portanto, de ser conforme ao direito comunitário. A referida questão também não encontrava resposta na jurisprudência do Tribunal de Justiça. Além disso, essa resposta não era evidente.

123. Em segundo lugar, a circunstância de o órgão jurisdicional nacional em causa, como declarado no nº 118 do presente acórdão, dever ter mantido o seu pedido prejudicial não é suscetível de afetar esta conclusão. Com efeito, na ocorrência, o Verwaltungsgerichtshof tinha decidido retirar o pedido prejudicial, considerando que a resposta à questão de direito comunitário a resolver já tinha sido dada pelo acórdão Schöning-Kougebetopoulou, já referido. Foi, portanto, devido à leitura errada que fez deste acórdão que o Verwaltungsgerichtshof deixou de considerar necessário submeter esta questão de interpretação ao Tribunal de Justiça.

124. Nestas condições, e atendendo às circunstâncias do caso vertente, não há que considerar que a violação verificada no nº 119 do presente acórdão tem caracter manifesto e é, portanto, suficientemente caracterizada.

(...)

Comentário

I – Justificação do princípio da responsabilidade do Estado por decisões jurisdicionais

1. O princípio da responsabilidade patrimonial do Estado, por violação do direito da União Europeia, consagrado no acórdão *Francovich* (Ac. de 19 de novembro de 1991, proc. C-6/90 e C-9/90), é confirmado, decorrida mais de uma década, na jurisprudência *Köbler* (Ac. 30 de setembro de 2003, proc. C-224/01), relativamente às decisões dos órgãos jurisdicionais nacionais de última instância, competindo aos tribunais nacionais a apreciação de tal responsabilidade (para uma visão geral da questão da responsabilidade do Estado por violação do Direito da União Europeia, cf. o nosso estudo "Incumprimento das Diretivas Comunitárias: do efeito direto à responsabilidade do Estado" *in Dois Temas de Direito Comunitário de Trabalho*, Publicações Universidade Católica, Porto, 2000, pp. 35 e ss., Maria Luísa Duarte, "A responsabilidade dos Estados-Membros por atos normativos e o dever de indemnizar os prejuízos resultantes da violação do Direito Comunitário – em especial o caso português", *in A cidadania da União e a responsabilidade dos Estados por violação do Direito Comunitário*, Lex, Lisboa, 1994, pp. 53 e ss., Maria José Rangel de Mesquita, *O regime de responsabilidade civil extracontratual do Estado e demais entidades públicas e o Direito da União Europeia*, Coimbra, 2009 e Carla Amado Gomes, *O livro das ilusões – A responsabilidade do Estado por violação do Direito Comunitário, apesar da Lei 67/2007, de 31 de dezembro*, AAFDL, Lisboa, 2010, pp. 187 e ss.).

2. O Tribunal de Justiça começou por justificar o princípio em apreço confirmando a jurisprudência *Francovich* nos termos da qual a *responsabilidade do*

Estado é expressão de um *princípio geral de direito*, reconhecido pelas ordens jurídicas dos Estados-Membros, segundo o qual uma ação ou omissão ilegal dá origem a uma obrigação de reparar o prejuízo causado (Köbler nº 30); aliás, a aplicação de tal princípio às decisões jurisdicionais *teria sido aceite pela maioria dos Estados-membros* (Köbler nº 48). Acresce que o princípio em análise seria *inerente ao próprio Tratado*, permitindo ao órgão jurisdicional nacional assegurar a plena eficácia do direito a União.

3. Note-se que com o recurso ao método comparativo o Tribunal procura obter a adesão dos Estados-membros ao objetivo de aplicação eficaz do direito da União. De facto, ao basear os princípios gerais de direito da União nas tradições constitucionais dos Estados-membros o Tribunal fortalece o diálogo entre as duas ordens jurídicas.

4. Por outro lado, é preciso sublinhar que a referência a um princípio geral de direito subjacente à responsabilidade do Estado não é reiterada no caso específico de responsabilidade por decisões dos órgãos jurisdicionais. De facto, neste caso o Tribunal de Justiça teve mais dificuldade em referir a existência de um princípio geral de direito, ao contrário do advogado-geral Léger, limitando-se pois a afirmar que é um *princípio aceite pela maioria dos Estados-membros*. É certo que, como referiu o advogado-geral, para reconhecer a existência de um princípio geral de direito, o Tribunal de Justiça não tem exigido que a regra figure em todas as ordens jurídicas nacionais. De igual forma, o facto de o âmbito e as condições de aplicação da regra variarem de um Estado-Membro para outro não tem sido considerado relevante. O Tribunal de Justiça limita-se, via de regra, a declarar que o *princípio é geralmente reconhecido e que, para além das diversidades, os direitos internos dos Estados-Membros revelam a existência de critérios comuns* (nº 84 das conclusões do advogado-geral no acórdão *Köbler*). Ainda assim, no caso *Köbler* o Tribunal optou por uma linguagem cautelosa, distinta da seguida no caso *Francovich*.

5. Em seguida, o Tribunal apelou no acórdão em análise ao *Direito Internacional Público* para justificar a responsabilidade do Estado, à semelhança do que já tinha feito no acórdão *Brasserie du Pêcheur e Factortame* (cfr. nº 32 do Ac. *Köbler* e nº 34 do Ac. *Brasserie du Pêcheur e Factortame*, de 5 de março de 1996, proc. C-46 48/93): tal como "na ordem jurídica internacional, o Estado, cuja responsabilidade está em causa em virtude da violação de um compromisso internacional, é considerado na sua unidade, independentemente da violação que está na origem do prejuízo ser imputável ao poder legislativo, judicial ou executivo, tanto mais deve assim ser na ordem jurídica comunitária, quando todos os organismos do Estado, inclusive o poder legislativo, são obrigados, no desempenho das suas funções, a respeitar as normas impostas pelo direito comunitário que sejam suscetíveis de regular diretamente a situação dos particulares".

6. Note-se que o Tribunal utiliza neste domínio um conceito lato de Estado em sintonia com a jurisprudência *Foster* (Ac. de 12 de julho de 1990, C-188/89, nº 18), nos termos da qual tal conceito abrange todo os "organismos ou entidades que estejam sujeitas à autoridade ou ao controlo do Estado ou que disponham de poderes exorbitantes face aos que resultam das normas aplicáveis às relações entre particulares". Assim, além do *Estado* propriamente dito, o particular pode ainda ser diretamente ressarcido pelas *coletividades públicas autónomas que existem no território do Estado* (Ac. Konle, de 1 de junho de 1999, proc. C-302//97); ou pelos *organismos de direito público juridicamente distintos do Estado, que disponham, de autonomia administrativa e financeira quanto às medidas tomadas em violação do direito da União*, como ocorreu no caso *Haim* (Ac. de 4 de julho de 2000, proc. C-429/97).

7. Note-se ainda que a analogia estabelecida entre os dois ramos de direito transmite a ideia de que o Direito Internacional Público pode ser considerado uma fonte de inspiração para a União, mas a verdade é que não devem ser esquecidas as especificidades dessa mesmo União.

8. Por fim, o Tribunal de Justiça reiterou que a responsabilidade do Estado é imposta pelo direito da União para garantir a *plena eficácia das normas da União*, a *proteção efetiva dos direitos* que reconhecem e a *defesa dos particulares* (*Köbler* nºs 33 e 36). Repare-se que, ao contrário do que sucedia nos acórdãos anteriores, o argumento da cooperação leal e do primado encontram-se apenas subentendidos no caso em análise. O Tribunal preferiu insistir na ideia que a responsabilidade do Estado é essencial para garantir a eficácia do direito da União, sancionando o incumprimento dos Estados e protegendo os direitos dos particulares.

9. Os particulares desempenham, deste modo, um papel fundamental na fiscalização da aplicação do direito da União Europeia pelos Estados-Membros. São os particulares que podem invocar perante os *tribunais nacionais* o princípio da responsabilidade do Estado por violação do direito da União, garantindo, deste modo, uma *dupla vigilância* deste direito.

10. Por um lado, pode a Comissão Europeia, ou eventualmente um outro Estado-Membro (hipótese rara), nos termos dos artigos 258º ou 259º do TFUE, intentar, no *Tribunal de Justiça*, uma ação por incumprimento contra o Estado infrator.

11. Por outro lado, a violação do direito da União Europeia pelo Estado-juiz pode ser sancionada no *plano nacional* a pedido de um particular. Uma solução que passasse por excluir a responsabilidade do Estado por decisão de um órgão jurisdicional de última instância, no plano nacional, comprometeria claramente a eficácia do direito da União.

12. Aliás, desde o acórdão *Van Gend en Loos* que os tribunais nacionais são considerados tribunais comuns da União: aplicam o direito a União Europeia

tal como aplicam o direito nacional. Ora, o reconhecimento deste papel aos tribunais nacionais tem de ter uma contrapartida: responsabilizá-los igualmente pela violação desse direito

13. O Tribunal de Justiça adota, deste modo, um duplo *standard* em relação às jurisdições nacionais: por um lado, os tribunais nacionais enquanto tribunais comuns da União fiscalizam o cumprimento do direito da União pelos Estados-Membros e nessa medida são vistos como órgãos externos àqueles; por outro lado, fazem parte do próprio Estado e como tal não podem ser a única vertente daquele a ficar imune ao princípio da responsabilidade do Estado por violação do direito da União. E é precisamente neste último plano que nos podemos questionar se, com o acórdão *Köbler*, a relação de cooperação entre os tribunais nacionais e o Tribunal de Justiça não estará a dar lugar a uma "espécie de relação hierárquica", na medida em que será este último a decidir se a violação do direito da União pelo tribunal nacional foi, ou não, manifesta.

14. Uma leitura possível do acórdão *Köbler* será considerá-lo essencial para a defesa do *primado*. Ao responsabilizar o Estado por decisões jurisdicionais, o acórdão incentiva os tribunais nacionais superiores a cumprirem o direito da União e em especial a obrigação de reenvio nos termos estabelecidos no TFUE e na jurisprudência. Este entendimento está aliás de acordo com a jurisprudência anterior, na qual o Tribunal fazia claramente apelo ao princípio da cooperação leal (art. 4º, nº 3 do TUE) e ao princípio da efetividade, enquanto fundamentos da responsabilidade do Estado. Ora, o primado será precisamente um dos elementos do princípio da cooperação leal que sai reforçado pelo reconhecimento da responsabilidade do Estado pelas decisões jurisdicionais.

15. Quanto ao apelo ao princípio da *efetividade ou efeito útil*, no acórdão *Köbler*, podemos considerar que representa o culminar de uma certa jurisprudência do Tribunal que teve o seu início no caso *Rewe* (Ac. de 16 de dezembro de 1976, proc. 33/76, no qual o Tribunal construiu o critério da eficácia com uma dimensão negativa: só estariam em conformidade com o direito da União Europeia as normas nacionais que não tornassem o exercício de direitos conferidos pela ordem jurídica da União impossível ou excessivamente difícil) se desenvolveu nos casos *Simmenthal II* (Ac. de 9 de março de 1978, proc. 106/77, no qual o Tribunal de Justiça esclareceu que o tribunal nacional deve garantir o pleno efeito das normas da União afastando as normas nacionais se necessário), *Factortame I* (Ac. de 19 de maio de 1990, proc. C-213/89) e *Zuckerfabrik* (Ac. de 21 fevereiro de 1991, proc. C-143/88 e C-92/89, no qual o Tribunal de Justiça sustentou que os tribunais nacionais podem conceder medidas provisórias para evitar um prejuízo sério e irreparável) e foi confirmada, aliás, recentemente no caso *Unibet* (Ac. de 13 de março de 2007, proc. C-432/05).

16. Refira-se, por fim, que o conceito de tribunal nacional cuja atuação suscita a responsabilidade do Estado tem levantado certas dúvidas. O Tribunal de Justiça no acórdão *Köbler* (nºs 49 e 50) apenas refere a responsabilidade do Estado pela atuação dos *tribunais nacionais de última instância*, parecendo excluir a responsabilidade dos restantes tribunais. É claro que sempre se poderia alegar que a referência expressa feita pelo Tribunal de Justiça aos tribunais superiores seria explicada pelo facto de ter sido essa a questão colocada pelo tribunal nacional em sede de reenvio. Todavia, outros argumentos de peso existem no sentido de ser restringida tal responsabilidade.

17. Por um lado, afirma-se que, sendo a violação do direito da União Europeia cometida por tribunais inferiores, será geralmente possível o recurso para uma outra instância que poderá *"corrigir" a eventual decisão errónea*. O Tribunal de Justiça parece perfilhar este entendimento quando recordou que é a necessidade de proteger os direitos dos particulares que justifica a obrigatoriedade de reenvio para os tribunais superiores, nos termos do artigo 267º, terceiro parágrafo, tal como são as dificuldades em sanar uma decisão que se tornou definitiva que justifica oferecer aos particulares a possibilidade de serem ressarcidos, de forma a obterem a proteção dos seus direitos (*Köbler* nºs 34 e 35).

18. Além disso, limitar a responsabilidade do Estado à decisão das instâncias superiores encontra-se em sintonia com as *soluções seguidas no direito internacional*. Como refere o Tribunal "a CEDH, e mais especialmente o seu artigo 41º, permite ao Tribunal Europeu dos Direitos do Homem condenar um Estado que violou um direito fundamental a indemnizar os danos que resultaram deste comportamento para a pessoa lesada. Resulta da jurisprudência [Dulaurans c. França] do referido tribunal que tal compensação pode ser igualmente concedida quando a violação resulta do conteúdo de uma decisão de um órgão jurisdicional nacional decidindo em última instância" (nº 49)

19. Sublinhe-se, por fim, que, sendo a responsabilidade do Estado por decisão do tribunal *excecional*, não parece fazer grande sentido alargá-la a todos os tribunais nacionais. Isto não significa, todavia, que só os *tribunais nacionais supremos* possam ser responsabilizados. Pensamos que o conceito a seguir aqui pode ser alinhado pelo da jurisprudência do Tribunal de Justiça em sede reenvio quanto ao art. 267º, terceiro parágrafo, do TFUE. Referimo-nos, nomeadamente, ao acórdão *Lyckeskog* (Ac. de 4 de junho de 2000, proc. C-99/00, nº 15), no qual o Tribunal de Justiça reconheceu que a obrigação de reenvio recaía não só sobre os supremos tribunais nacionais, mas também sobre qualquer órgão jurisdicional nacional cujas decisões não fossem suscetíveis de recurso judicial ordinário. Atendendo às finalidades visadas com o reconhecimento do princípio da responsabilidade do Estado, e em especial a proteção dos particulares, entendemos que o conceito a aplicar poderá ser o mesmo.

II – As objeções levantadas ao reconhecimento do princípio da responsabilidade do Estado por decisões jurisdicionais

20. Apesar de o princípio da responsabilidade patrimonial do Estado por violação do direito da União Europeia já ter sido estabelecido há cerca de vinte anos na jurisprudência do Tribunal de Justiça, não tem sido implementado de forma ativa nos ordenamentos nacionais pelos tribunais nacionais. Testemunho deste fracasso, isto é, da "insuficiente penetração do direito da União Europeia nas culturas jurídicas dos Estados-Membros" (cfr. Julio Baquero Cruz, "Francovich and imperfect law", *in The Past and Future of European Law. The classics of EU Law revisited on the 50th anniversary of the Rome Treaty*, ed. Miguel Poiares Maduro – Loïc Azoulai, Hart, 2010, p. 421 e ainda Alessandra Silveira, "Da (ir)responsabilidade do Estado-juiz por violação do Direito da União Europeia", *Scientia Iuridica*, Tomo LVIII, 2009, n.º 320, p. 773), é o facto de o princípio não ser referido no Tratado reformador, bem como o facto de poucas legislações o terem consagrado (de forma eficiente) no plano nacional.

21. No caso específico da responsabilidade do Estado por decisões jurisdicionais a resistência resulta sobretudo das objeções levantadas pelos Estados-membros ao longo do processo *Köbler* e em alguma incapacidade do Tribunal de Justiça para afastar os receios desses mesmos Estados (que invocavam, nomeadamente, não ter o reconhecimento do princípio fundamento no Tratado, exorbitar as competências do Tribunal de Justiça e colocar em perigo a liberdade do parlamento e do governo para legislarem; aliás existiriam soluções alternativas, como as injunções, que seriam mais eficazes e menos onerosas do ponto de vista do bem-estar social), ainda que hoje estes argumentos tenham vindo a perder relevo.

22. Particularmente assertivos revelaram-se os governos austríaco, francês e do Reino Unido, que invocaram, contra o reconhecimento da responsabilidade de um Estado-Membro por uma violação do direito da União imputável a um órgão jurisdicional, argumentos assentes na autoridade do caso (definitivamente) julgado (*res judicata*), no princípio da segurança jurídica, na independência do poder judicial, no lugar do poder judicial na ordem jurídica da União bem como na comparação com as vias processuais existentes perante o Tribunal de Justiça para acionar a responsabilidade da União (*Köbler* n.º 20).

23. Nenhum dos argumentos foi considerado procedente pelo Tribunal de Justiça, que confirmou o alcance desse princípio (tanto mais que poderia ser naturalmente inferido da jurisprudência anterior). Vejamos porquê.

24. Quanto ao argumento da *res judicata*, enquanto manifestação do princípio da segurança jurídica, a sua importância não pode ser contestada, como sublinhou o Tribunal no acórdão *Köbler*. O seu objetivo é o de "garantir tanto a estabilidade do direito e das relações jurídicas como uma boa administração da jus-

tiça"; é pois necessário que as decisões judiciais que se tornaram definitivas após esgotamento das vias de recurso disponíveis ou decorridos os prazos previstos para tais recursos já não possam ser impugnadas (nº 38)

25. Note-se, em todo o caso, que o princípio em análise apenas impede a reapreciação do *mesmo caso*. Se os casos forem *diferentes*, o problema já não se põe. E daí que o Tribunal tenha entendido que "o reconhecimento do princípio da responsabilidade do Estado pela decisão de um órgão jurisdicional nacional decidindo em última instância não tem em si por consequência pôr em causa a autoridade do caso definitivamente julgado de tal decisão. Um processo destinado a responsabilizar o Estado não tem o mesmo objeto e não envolve necessariamente as mesmas partes que o processo que deu origem à decisão que adquiriu a autoridade de caso definitivamente julgado. Com efeito, o demandante numa ação de indemnização contra o Estado obtém, em caso de êxito, a condenação deste no ressarcimento do dano sofrido, mas não necessariamente que seja posta em causa a autoridade do caso definitivamente julgado da decisão judicial que causou o dano. De qualquer modo, o princípio da responsabilidade do Estado inerente à ordem jurídica comunitária exige tal ressarcimento, mas não a revisão da decisão judicial que causou o dano" (nº 39).

25. Note-se ainda que a afirmação do Tribunal de que o princípio da autoridade do caso definitivamente julgado não se opõe ao reconhecimento do princípio da responsabilidade do Estado por decisão jurisdicional deve ser entendida com cuidado. De facto, reconhecer aquele princípio implica necessariamente relativizar a *res judicata*. Significa, por outras palavras, reduzir o princípio da autoridade do caso julgado à sua dimensão formal. Este entendimento foi aliás confirmado pouco tempo depois no caso *Kußhne & Heitz* (Ac. de 13 de janeiro de 2004, proc. C453/00 nº 26) relativo à revisão de uma decisão administrativa definitiva que não observou a interpretação fixada para o direito da União Europeia e em que a autoridade do caso julgado cedeu ao interesse na proteção do particular (ainda que o Tribunal de Justiça tenha estabelecido várias reservas: a reabertura do caso não afetou interesses de terceiros, foi realizada num prazo muito curto depois de o interessado ter esgotado as vias nacionais e ter tomado conhecimento da jurisprudência europeia).

26. Quanto à independência do poder judicial, o Tribunal afastou tal argumento esclarecendo que "o princípio da responsabilidade em causa diz respeito não à responsabilidade pessoal do juiz mas à do Estado" (nº 42). Ora, a verdade é que o facto de estar em causa a responsabilidade do Estado não significa que não possa ser afetada a autonomia dos tribunais. A possibilidade de o Estado exercer um direito de regresso sobre o juiz pode, de facto, afetar a sua independência (no mesmo sentido, G. Anagnostaras, The principle of state liability for judicial breaches: the impact of european community law" *European Public Law*

2001, 7, p. 288). A solução não será como, é evidente, excluir tal responsabilidade, mas apenas garantir que o legislador nacional terá em conta tal preocupação nas soluções fixadas.

27. Relativamente ao argumento assente no *risco* de se ver a autoridade de um órgão jurisdicional nacional decidindo em última instância ser afetada pelo facto de as suas *decisões transitadas em julgado poderem ser implicitamente postas em causa* por um processo nacional, que permite acionar a responsabilidade do Estado-juiz, esquece, segundo o Tribunal, "que a existência de uma via de direito permitindo, sob certas condições, a reparação dos efeitos danosos de uma decisão judicial errada pode também ser vista como *sinónimo de qualidade de uma ordem jurídica* e portanto, finalmente, também da autoridade do poder judicial" (*Köbler* nº 43).

28. Por fim, vários Estados sublinharam a *dificuldade em determinar quais os tribunais competentes* para apreciarem a responsabilidade do Estado. O Tribunal de Justiça limitou-se a responder que a solução deveria ser dada pelo ordem jurídica de cada Estado, reiterando, no fundo, a jurisprudência *Dorsch* (Ac. de 17 de setembro de 1997, proc. C-54/96, nº 40), na qual afirmou que "compete à ordem jurídica de cada Estado-Membro designar o órgão jurisdicional competente para decidir os litígios que põem em causa direitos individuais derivados da ordem jurídica comunitária entendendo-se, no entanto, que os Estados-Membros são responsáveis por assegurar, em todas as circunstâncias, a proteção efetiva desses direitos".

III – Dúvidas suscitadas com o alinhamento da responsabilidade do Estado pela responsabilidade da União

29. O acórdão *Köbler* confirma a jurisprudência *Brasserie du Pêcheur e Factortame*, nos termos da qual a responsabilidade do Estado não pode ser diferente da responsabilidade da União, bem como o princípio da autonomia processual dos Estados-Membros (estes são competentes para designar os tribunais capazes de apreciar a responsabilidade dos Estados, bem como as modalidades de ações judiciais destinadas a garantir os direitos dos particulares conferidos pela União) enquadrado pelos princípios da equivalência e efetividade.

30. Afasta, deste modo, os pressupostos fixados inicialmente no acórdão *Francovich* e confirma o alinhamento dos dois regimes de responsabilidade. Para haver responsabilidade do Estado têm de se verificar três condições: a *norma da União violada atribui direitos aos particulares* (trata-se de um requisito cuja apreciação cai na esfera de competência do Tribunal de Justiça); a *violação tem de ser suficientemente caracterizada* (note-se que a partir dos anos 90 deixou de se exigir que a violação suficientemente caracterizada se referisse a uma norma superior de direito destinada a proteger os particulares, como seriam os casos dos princípios

gerais de proporcionalidade, respeito dos direitos adquiridos, não discriminação e confiança legítima, sendo requerida a simples violação de um ato da União); e é preciso um *nexo de causalidade* entre a violação ocorrida e o prejuízo sofrido pelo particular (trata-se, como sublinham Andrea Biondi e Martin Farley – cfr. *The right to damages in European Law*, Wolters Kluwer International, 2009, p. 60., de um requisito que tem sido assaz invocado para 'salvar' o Estado que não transpôs uma diretiva atempada e corretamente).

31. Recorde-se ainda que o paralelismo visado no acórdão *Brasserie du Pêcheur e Factortame* vai ser incrementado a partir dos casos *Dillenkofer* (Ac. de 8 de outubro de 1996, proc. C-178/94, 179/94, 188/94 e 190/94, que *uniformiza* os critérios aparentemente divergentes fixados nos casos *Francovich e Brasserie du Pêcheur e Factortame*) e *Bergaderm* (Ac. de 4 de julho de 2000, proc. C-352/98, o qual liga o conceito de *violação suficientemente caracterizada* ao conceito de *discricionariedade* independentemente de o ato que viola o direito da União ser administrativo ou legislativo).

32. De facto, no caso *Dillenkofer* o Tribunal vai clarificar que em qualquer violação do direito da União pelo Estado-Membro as condições de responsabilidade do Estado são as mesmas, consistindo tal infração no mero incumprimento da obrigação de transposição de uma diretiva ou num ato nacional que implique escolhas equiparáveis às efetuadas pelas instituições da União aquando da adoção de atos normativos, que dispõem para o efeito de um poder de apreciação considerável; aliás, segundo o Tribunal, apesar de a condição de violação suficientemente caracterizada não ser mencionada no acórdão *Francovich* era "inerente às circunstâncias do caso" (*Dillenkofer* nº 23).

33. Por outro lado, no caso *Bergaderm* o Tribunal confirmou que o critério decisivo para considerar que existe uma violação suficientemente caracterizada é o da *violação manifesta e grave* (que raie o arbitrário), tanto por um Estado-Membro como por uma instituição, *dos limites que se impõem ao seu poder de apreciação* e que na hipótese de o Estado-Membro ou a instituição em causa "disporem de uma margem de apreciação consideravelmente reduzida, ou mesmo inexistente, a simples infração ao direito comunitário pode bastar para provar a existência de uma violação suficientemente caracterizada" (nºs 43 e 44); logo "a natureza geral ou individual de um ato de uma instituição não é um critério determinante para identificar os limites do poder de apreciação de que dispõe a instituição em causa" (nº 46). Reconhece-se, deste modo, que a atuação da administração também pode envolver um amplo poder de apreciação e escolhas tão complexas como as do legislador, sendo por isso irrelevante a distinção entre os dois tipos de atos.

34. Uma vez reconhecida a responsabilidade do Estado por atos legislativos e administrativos, não poderiam ficar de fora as decisões jurisdicionais. A juris-

prudência *Köbler* sem dizer nada de verdadeiramente novo serviu, assim, para reforçar o caráter universal da responsabilidade do Estado, levantando ainda algumas dúvidas pertinentes.

35. Uma das dúvidas suscitadas pelo alinhamento das responsabilidades, confirmado pela jurisprudência *Köbler*, prende-se com a dificuldade de prova dos requisitos estabelecidos. De facto, atendendo à jurisprudência restritiva do Tribunal de Justiça sobre a responsabilidade da União, há o risco de sério de o princípio enunciado no acórdão *Francovich* revelar-se de utilidade prática reduzida.

36. Na verdade, com a aproximação dos regimes, o Tribunal de Justiça dificultou o pedido de indemnizações, tendo especialmente em conta a prova extremamente complexa dos segundo e terceiro requisitos. E podemos mesmo questionarmo-nos se não terá reduzido o campo de aplicação do princípio ao mínimo: responsabilidade dos Estados por não transposição correta e atempada das diretivas.

37. Por outro lado, é igualmente trazida à colação, no caso *Köbler*, a questão de saber se a responsabilidade do Estado por decisão jurisdicional não implicará aceitar igualmente a responsabilidade da União por violação do seu Direito cometida pelo Tribunal de Justiça. Ou será que *a contrario*, como argumentou a República da Áustria, não se pode reconhecer tal responsabilidade do Estado porque é impossível a atribuição dessa responsabilidade à União: o Tribunal de Justiça não pode ser juiz em causa própria, isto é, não pode o Tribunal de Justiça ser parte e juiz simultaneamente. A analogia de regimes impediria, deste modo, a extensão da responsabilidade do Estado.

38. Observe-se que a questão da responsabilidade da União pela atuação dos seus tribunais já tinha sido discutida pelo advogado-geral Léger no caso *Baustahlgewebe* (Ac. de 17 de dezembro de 1998, proc. C-185/95), ainda que o Tribunal de Justiça não tenha tomado posição sobre o assunto. *In casu* discutiu-se o caráter excessivamente longo do processo (pois durou mais de cinco anos) à luz do artigo 6º da CEDH. O advogado-geral defendeu a responsabilidade da União por atos do Tribunal de Primeira Instância (hoje Tribunal Geral), mais precisamente a existência do direito a uma indemnização a ser apreciado pelo Tribunal de Justiça. Não foi, contudo, abordada a questão da responsabilidade da União por atos do Tribunal de Justiça.

39. No acórdão *Köbler*, o advogado-geral Léger regressou ao tema para afastar a possibilidade de a União ser responsabilizada por atos do Tribunal de Justiça, uma vez que este é o tribunal supremo na ordem jurídica da União. Segundo Léger, não se pode concluir que "o regime da responsabilidade dos Estados-Membros e o regime da Comunidade se reduzem a um paralelismo absoluto, [mas] a situação seria, sem dúvida, diferente, nomeadamente, na hipótese de a Comunidade Europeia, ou mesmo a União Europeia, aderir à CEDH e aceitar

submeter-se ao controlo jurisdicional do Tribunal Europeu dos Direitos do Homem, tratando-se da proteção dos direitos fundamentais no âmbito da execução do direito comunitário" (Conclusões nº 94). A exigência de imparcialidade ficaria comprometida se o Tribunal de Justiça tivesse de reapreciar as suas decisões.

40. É claro que uma solução possível, de *iure condendo*, seria o Tribunal de Justiça decidir com uma composição diferente da existente aquando do primeiro julgamento, uma vez que é difícil de aceitar que a atuação do Tribunal de Justiça não seja objeto de controlo jurisdicional (assim, Bernhard Hofstötter, *Non-compliance of national courts remedies in European Community Law and beyond*, T.M.C. Asser Press, 2005, p. 117).

41. Uma outra solução possível, se a União já tivesse aderido à CEDH (possibilidade em cima da mesa com a entrada em vigor do Tratado reformador), seria permitir que os tribunais da União ficassem sujeitos ao controlo do Tribunal Europeu dos Direitos do Homem (sendo certo que também esta solução não é consensual e suscita igualmente algumas dificuldades).

42. Neste momento, parece afastada a possibilidade de a União ser responsabilizada pelos atos do Tribunal de Justiça, uma vez que, como referiu o advogado-geral Léger, ele é o tribunal supremo na ordem jurídica da União. Esta é uma das especificidades que justificará um tratamento diferente entre a responsabilidade do Estado e da União. Aliás, a analogia não tem de ser verificar em termos absolutos, pois, como referiu o Tribunal no acórdão *Brasserie du Pêcheur e Factortame* o paralelismo só existe caso não se verifiquem razões específicas (nº 42).

41. São igualmente as especificidades da responsabilidade do Estado que justificariam uma apreciação diferente de alguns dos pressupostos fixados pelo Tribunal de Justiça neste contexto. Assim, por exemplo, quanto ao requisito da violação suficientemente caracterizada, a apreciação não podia ser a mesma, dado o diferente grau de discricionariedade geralmente envolvido nos dois tipos de atos em confronto. Aliás, o advogado-geral Léger já tinha sublinhado no caso *Hedley Lomas* (conclusões nºs 101 e ss., apresentadas no acórdão de 23 de maio de 1996, proc. C-5/94) que na União as instituições atuam como o legislador *principal* quanto à adoção de atos, ao passo que os Estados-membros só intervêm no contexto de uma norma europeia, a qual tem primazia sobre as normas nacionais. Se a margem de apreciação é diferente também terá de o ser a análise do requisito da violação suficientemente caracterizada.

42. Além disso, também verificamos que certos *pré-requisitos* fixados no contexto da responsabilidade da União parecem não ter aplicação no domínio da responsabilidade do Estado. De facto, nos termos do acórdão *Wachauf* (A. de 13 de julho de 1989, proc. C-5/88), o Tribunal afirmou que a responsabilidade da União só se verifica se o prejuízo ultrapassar os riscos normais da atividade eco-

nómica de certo setor. Confirma, deste modo, a jurisprudência *Ireks-Arkady* (Ac. de 4 de outubro de 1979, proc. 238/78), segundo a qual o prejuízo é grave quando *ultrapassa os limites dos riscos económicos* inerentes às atividades no setor em causa e em especial quando atinge um *grupo restrito e claramente delimitado de operadores económicos*. Já no domínio da responsabilidade do Estado tais referências são omissas.

43. Em síntese, a jurisprudência *Köbler* confirma a passagem de critérios de responsabilidade mais objetivos (fixados no acórdão *Francovich*) e centrados na indemnização do particular como a última *ratio* para um regime de responsabilidade sancionatório (como ocorreu no caso *Brasserie du Pêcheur e Factortame*), focado no incumprimento por parte dos Estados, e que apela a conceitos subjectivos como o de 'violação suficientemente caracterizada'; solução que dificulta a tarefa do Tribunal de Justiça quanto ao fornecimento de indicações claras aos tribunais nacionais.

IV – Agravamento das condições de responsabilidade do Estado por decisão jurisdicional?

44. O acórdão *Köbler* reitera os requisitos de responsabilidade do Estado fixados no caso *Brasserie du Pêcheur e Factortame*. E a questão que se levanta é a de saber se esses critérios mínimos (e uniformes) valem igualmente para a responsabilidade do Estado por decisões jurisdicionais, ou se, pelo contrário, são fixados requisitos adicionais.

45. Note-se que os critérios fixados não devem ser demasiado exigentes, sob pena de esvaziarem de sentido a solução fixada no acórdão *Köbler*, nem devem ser excessivamente lassos, pois haveria o risco de aumentarem o número de processos, o que no limite poderia afetar o funcionamento dos próprios tribunais. No fundo, a grande questão a decidir é a de saber qual o ponto de equilíbrio desejável.

46. No acórdão *Brasserie du Pêcheur e Factortame*, o Tribunal estabeleceu o critério da violação suficientemente caracterizada como um dos pressupostos da responsabilidade do Estado. Para o Tribunal, o critério decisivo para considerar que se verificou tal violação é tratar-se de uma *violação manifesta e grave, por um Estado-Membro, dos limites que se impõem ao seu poder de apreciação*. Quanto aos elementos que o órgão jurisdicional competente pode tomar em consideração, figuram segundo o Tribunal de Justiça *o grau de clareza e de precisão da regra violada, o âmbito da margem de apreciação que a regra violada deixa às autoridades nacionais ou comunitárias, o caráter intencional ou involuntário do incumprimento verificado ou do prejuízo causado, o caráter desculpável ou não de um eventual erro de direito, o facto de as atitudes adotadas por uma instituição comunitária terem podido contribuir para a omissão, a adoção ou a manutenção de medidas ou práticas nacionais contrárias ao direito comunitário*

e ainda o facto de *violação ter perdurado apesar de existir jurisprudência bem assente* sobre o caráter ilícito do comportamento em causa.

47. O acórdão *Köbler* acolhe estas orientações, mas vai ainda mais longe, ao sublinhar a especificidade da função jurisdicional bem como as exigências legítimas de segurança jurídica. Segundo o Tribunal, só pode haver responsabilidade do Estado "no caso *excecional* de o juiz ter ignorado de modo manifesto o direito aplicável", como seria o caso do incumprimento, pelo órgão jurisdicional nacional, da sua obrigação de reenvio prejudicial (nºs 53 a 55).

48. Ora, a referência ao *caráter execional da violação* no acórdão *Köbler*, referência essa omissa no acórdão *Brasserie du Pêcheur e Factortame*, parece confirmar a intenção do Tribunal de *qualificar* os pressupostos da responsabilidade do Estado por ato judicial, estabelecendo uma apreciação mais exigente dos requisitos fixados.

49. Já para o advogado-geral Léger o critério em apreço no caso de responsabilidade do Estado por decisão jurisdicional deveria centrar-se "no caráter desculpável ou não do erro de direito em causa, [o qual] pode depender, quer do grau de clareza e precisão da norma jurídica violada, quer da existência ou do estado da jurisprudência do Tribunal de Justiça na matéria" (conclusões no acórdão *Köbler* nº 139).

50. Note-se que a opinião do advogado-geral só em parte vai ser acolhida no acórdão, uma vez que o erro indesculpável é apenas *um dos elementos* a ser tido em conta pelo Tribunal, sendo aliás apreciado de forma geralmente 'benevolente'. De facto, o Tribunal já afirmou que os tribunais nacionais ao atuarem de boa fé na aplicação do direito da União raramente serão responsabilizados (vejam-se, neste sentido, os acórdãos *British Telecommunications*, de 26 de março de 1996, proc. C-392/93, nº 42, e *Denkavit*, de 17 de outubro de 1996, proc. C-283/94, 291/94 e 292/94 nº 51).

51. O critério fundamental a aplicar, nos termos da jurisprudência do Tribunal, continua a ser o da *violação suficientemente caracterizada*, aparentemente mais preciso que o proposto pelo advogado-geral. E daqui resulta, como aliás o Tribunal vai esclarecer na jurisprudência seguinte, que não podem ser fixados adicionalmente requisitos relativos ao dolo ou negligência do Estado infrator para a efetivação da responsabilidade do Estado. Ou seja, a obrigação de reparar os prejuízos causados aos particulares não pode ficar subordinada a uma condição extraída do conceito de culpa que vá além da violação suficientemente caracterizada do direito comunitário, pois a imposição de uma tal condição suplementar poderia comprometer mesmo o direito à reparação.

51. Quanto aos casos que podem fazer o Estado incorrer em responsabilidade, o advogado-geral (conclusões no acórdão *Köbler* nºs 140 e ss.) destaca a violação manifesta por um tribunal supremo da obrigação de reenvio prejudicial

e a hipótese de um tribunal supremo proferir uma decisão contrária a disposições do direito da União, apesar de o seu sentido e âmbito serem evidentes (ou porque a redação é clara ou porque existe jurisprudência sobre o assunto).

52. *A contrario*, para Léger (nº 142), e por razões de segurança jurídica, o Estado não pode incorrer em responsabilidade pelo facto de um tribunal supremo ter proferido uma decisão contrária a uma decisão do Tribunal de Justiça, posterior à decisão nacional, quando no momento em que foi proferida a decisão nacional "estava em conformidade com a jurisprudência existente nessa data, sobretudo no caso de tudo indicar que essa jurisprudência estava definitivamente assente".

53. Das várias hipóteses mencionadas pelo advogado-geral, levanta especiais dificuldades a do não cumprimento da obrigação de reenvio. A questão que se tem colocado a seguinte: se o objetivo do reenvio é garantir a uniformidade na intepretação e aplicação do direito da União, sendo aplicado apenas por decisão do tribunal nacional, uma vez que não confere qualquer direito ao particular para interpelar diretamente o Tribunal de Justiça, como é que o art. 267º do TFUE pode ser considerado, à luz da jurisprudência *Francovich*, como uma norma da União que confere direitos aos particulares, cuja violação conduz à responsabilidade do Estado?

54. A resposta é dada pelo próprio Tribunal no acórdão *Köbler* (nº35): um órgão jurisdicional nacional é obrigado a reenviar, nos termos do art. 267º, terceiro parágrafo, do TFUE, "para evitar que os direitos conferidos aos particulares pelo direito comunitário sejam violados". Por outras palavras: se um dos objetivos do art. 267º do TFUE é o de proteger os direitos dos particulares, atribuídos pelas normas da União, a violação da obrigação de reenvio implicará normalmente a violação de uma norma da União. Verificando-se estes dois elementos – violação da obrigação de reenvio e violação de um direito substantivo conferido por uma norma da União – pode ser desencadeada a responsabilidade do Estado. Na prática, todavia, a prova do primeiro elemento nem sempre será fácil, uma vez que a jurisprudência do Tribunal sobre as exceções à obrigação de reenvio, em especial a dita doutrina do ato claro, não é inteiramente evidente.

55. No acórdão *Cilfit* (de 6 de outubro de 1982, proc. 283/81, nºs 16-20), o Tribunal de Justiça declarou que o tribunal nacional fica dispensado da obrigação de reenvio quando a aplicação correta do direito da União se imponha com tal evidência que *não deixa lugar a nenhuma dúvida razoável sobre o modo de resolver a questão suscitada*. Todavia, antes de chegar a esta conclusão o tribunal nacional "deve estar convencid(o) de que a mesma evidência se impõe igualmente às jurisdições de outros Estados Membros e ao Tribunal de Justiça", devendo atender às características específicas do direito da União e às dificuldades da sua interpretação; assim, é necessário, desde logo, ter em conta que os textos de direito da União são redigidos em várias línguas e que as diversas versões linguísticas

fazem igualmente fé, sendo necessário uma comparação dessas versões linguísticas; acresce que o direito da União utiliza uma terminologia própria, muitas vezes diferente da nacional, devendo cada disposição de direito da União ser colocada no seu contexto e interpretada à luz das suas finalidades.

56. Das várias limitações enunciadas são as referências feitas pelo Tribunal à necessidade de a análise do tribunal nacional comparar as várias versões linguísticas da norma (e, como é sabido, atualmente ascende a cerca de 23 o número de línguas oficiais na União) bem como a obrigação de chegar à convição de a questão ser igualmente óbvia para os outros tribunais que reduzem claramente o alcance da teoria do ato claro, a qual poderia mesmo comprometer a uniformidade e eficácia do direito da União.

57. No acórdão *Köbler* o Tribunal sublinha que o incumprimento da obrigação de reenvio pode conduzir à responsabilidade do Estado; sendo certo que só em casos *excecionais* é que o Estado será responsabilizado. Ainda assim, tendo em conta o caso *Cilfit*, o acórdão em apreço vem reforçar a ideia de que há uma presunção *quase absoluta* quanto à obrigação de reenvio. Na dúvida, os tribunais nacionais são incentivados a reenviar para evitar a responsabilização do Estado.

58. Na prática, verificámos sem grandes surpresas que os tribunais nacionais pouca ou nenhuma atenção têm prestado às limitações fixadas à teoria do ato claro, em especial à exigência de comparação das diferentes versões linguísticas da norma em apreço, ou ao incentivo quanto ao reenvio. De facto, e tomando apenas como exemplo os casos alemão e grego, verificámos que, segundo estudos realizados na Alemanha a prática dos tribunais alemães não segue as indicações fixadas no acórdão *Cilfit* (cfr. Bernhard Hofstötter p. 18); da mesma forma na Grécia os tribunais nacionais recusam-se a enviar ainda que a interpretação defendida da norma europeia seja tudo menos óbvia. Veja-se, por exemplo, o caso *Katsarou v. DIKATSA* (processo 3458/1998 cit. por Andrew Oppenheimer, *The relationship between European community law and national law*, Vol. II, Cambridge, 2003, p. 301) sobre o reconhecimento na Grécia de diplomas relativos à licenciatura e pós-graduação em direito obtidos em França. Sem proceder ao reenvio o Conselho de Estado grego considerou que o atual 146º do TFUE (nos termos do qual a Comunidade respeita a responsabilidade dos Estado em termos de ensino e educação) limita a livre circulação de trabalhadores (para respeitar a diversidade cultural e linguística); logo seria aplicado o art. 16º da Constituição que proibia o reconhecimento de tal diploma!

V – Aplicação do critério da violação suficientemente caracterizada no caso Köbler e na jurisprudência Traghetti

58. No caso *Köbler* o Tribunal de Justiça considerou que o tribunal nacional violou duplamente o direito da União: ao alterar a sua interpretação do direito

nacional (pois mudou a qualificação do subsídio especial de antiguidade para prémio de fidelidade) e ao deduzir, a partir de uma leitura errónea do acórdão *Schöning-Kougebetopoulou*, que um prémio de fidelidade podia ser justificado, embora fosse em si mesmo contrário ao princípio da não discriminação, quando, de facto, o Tribunal ainda não se tinha pronunciado sobre essa questão

59. Por outro lado, por força do artigo 267º, terceiro parágrafo, do TFUE e da jurisprudência *Cilfit*, o tribunal nacional devia ter mantido o seu pedido prejudicial, isto é, não devia ter considerado que a solução para a questão de direito em causa "resultava de uma jurisprudência assente do Tribunal de Justiça ou não deixava margem para qualquer dúvida razoável" (nºs 116 a 118).

60. Identificadas as violações do direito da União o Tribunal de Justiça passou a examinar se tinham caráter manifesto. E é neste aspeto que o Tribunal se afasta claramente das conclusões do advogado-geral Léger. Este considerara o erro cometido pelo *Verwaltungsgerichtshof* (Supremo Tribunal Alemão) sobre o sentido e o âmbito do artigo 45º do Tratado *indesculpável*, pelo que suscetível de responsabilizar o Estado, uma vez que a solução fixada estabelecia uma discriminação indireta a qual prejudicava particularmente os trabalhadores migrantes que circularam na União.

61. Curiosamente, o Tribunal considerou nos dois casos que a violação *não era manifesta*, pelos seguintes motivos (nºs 122 a 126): a questão de saber se o prémio de fidelidade enquanto violação de uma liberdade essencial podia ser justificado não estava prevista no direito da União, não tinha sido resolvida pelo Tribunal, nem era evidente; além de que o tribunal nacional só não reenviara porque fizera uma leitura errónea do Schöning-Kougebetopoulou, ou seja, a violação da obrigação de reenvio resultava de um *erro de direito*.

62. Ora, da conjugação desta jurisprudência com o estabelecido nomeadamente nos acórdãos *British Telecommunications* e *Denkavit*, poder-se-ia pensar que a responsabilidade do Estado por decisões jurisdicionais ficaria limitada aos casos de dolo ou culpa grave. Ou seja, questiona-se se da jurisprudência do Tribunal se poderia inferir a existência de requisitos adicionais, em relação aos três tradicionais, para o reconhecimento de responsabilidade ao Estado.

63. As dúvidas enunciadas vão ser esclarecidas pelo Tribunal de Justiça, alguns anos mais tarde, no caso *Traghetti* (Ac. 13 de junho de 2006, proc. C--173/03). Neste caso, a empresa de transporte marítimo Traghetti del Mediterraneo (TDM) intentou uma ação contra uma empresa sua concorrente, a fim de obter uma indemnização do prejuízo que esta lhe teria causado. A empresa concorrente teria praticado uma política de preços baixos graças à obtenção de subsídios públicos, violando o direito nacional e o direito da concorrência da União. Este pedido de indemnização foi julgado improcedente por decisão do *Tribunale di Napoli*, pela *Corte d'appello di Napoli*, e ainda pela *Corte Suprema di Cas-*

sazione, que além disso recusou proceder ao reenvio apesar do pedido feito pela TDM. Por considerar que o acórdão do Tribunal Supremo se baseava numa interpretação incorreta das normas do Tratado relativas à concorrência e aos auxílios de Estado e na premissa errada da existência de jurisprudência constante do Tribunal de Justiça na matéria, o administrador da insolvência da TDM intentou uma ação contra a República Italiana no *Tribunale di Genova* a fim de obter a sua condenação na reparação dos prejuízos sofridos. Este último colocou nomeadamente a seguinte questão prejudicial: uma legislação nacional que exclui a responsabilidade relativamente à interpretação das normas jurídicas e à valoração dos factos e das provas prosseguidas no âmbito da atividade judicial e limita a responsabilidade do Estado unicamente aos casos de dolo e culpa grave do juiz é incompatível com os princípios do direito da União?

64. O Tribunal de Justiça não obstante reconhecer que "a interpretação de normas jurídicas faz parte da própria essência da atividade jurisdicional, pois, qualquer que seja o domínio de atividade considerado, o juiz, confrontado com teses divergentes ou antinómicas, deverá normalmente interpretar as normas jurídicas pertinentes – nacionais e/ou comunitárias – para poder decidir o litígio que lhe foi submetido", decidiu, em consonância com o advogado-geral, que o direito da União se opõe a um regime legal nacional como o italiano (*Traghetti* nºs 34-37 e 46). De facto, excluir a responsabilidade nesses casos seria esvaziar de conteúdo ou privar de efeito útil o princípio estabelecido pelo Tribunal de Justiça no já referido acórdão *Köbler*.

65. Em síntese também a efetivação da responsabilidade do Estado por decisões jurisdicionais depende da verificação dos três requisitos fixados na jurisprudência *Brasserie du Pêcheur e Factortame*, devendo o tribunal nacional ter em conta que estará perante uma situação *excecional*.

VI – Responsabilidade dos particulares por violação do direito da União Europeia

66. Na sequência do acórdão *Francovich*, o advogado-geral Van Gerven defendeu no caso *Banks* (Ac. de 13 de abril 1994, proc.C-128/92), no contexto do Tratado CECA, que o princípio da efetividade, fundamento geral da responsabilidade do Estado, justificava a sua aplicação aos casos em que é um particular quem viola uma obrigação de direito comunitário que deve respeitar e, por esse facto, causa um dano a outro particular (Conclusões nº 43). Note-se que este princípio será aplicado sobretudo no domínio da concorrência, pois as normas que visam a defesa da concorrência têm geralmente efeito direto e atribuem direitos aos particulares.

67. É certo que, como tem sublinhado a Comissão (COM, 2008, 165), a iniciativa processual privada no contexto do direito da concorrência encontra-se

na Europa num estádio ainda incipiente, e não tem claramente a dimensão que tem noutros ordenamentos (nomeadamente nos Estados Unidos, onde 90% dos processos em matéria de cartéis são iniciados por particulares). Na União Europeia, a fiscalização do cumprimento das regras de defesa da concorrência é geralmente assegurada por autoridades públicas, Comissão Europeia ou autoridades nacionais, que atuam em nome do interesse geral e, por conseguinte, têm muitas vezes prioridades específicas, de modo que nem todas as denúncias são analisadas quanto ao mérito. Permitir a vigilância do cumprimento do direito da concorrência também pelos particulares apresenta, assim, várias vantagens: os tribunais nacionais podem conceder indemnizações e proteger, dessa forma, os direitos individuais dos particulares; as jurisdições nacionais devem pronunciar-se sobre os litígios que conheçam, garantindo que as 'denúncias' são analisadas; e, finalmente, é preciso não esquecer que as ações civis podem ter um efeito dissuasor em relação a potenciais infratores da proibição de cartéis e, como tal, contribuir para o desenvolvimento de uma cultura de concorrência nos Estados-membros.

68. Apesar dos argumentos enunciados, o Tribunal não se pronunciou sobre a questão no acórdão *Banks* e vai esperar até ao acórdão *Crehan* (Ac. de 20 de setembro de 2001 proc. C-453/99) para abordar o problema da responsabilidade dos particulares por violação do direito da União Europeia. Neste caso, o *Court of Appeal* reenviou para o Tribunal de Justiça a questão de saber se o atual artigo 101º do TFUE devia ser interpretado no sentido de que uma parte num contrato proibido, relativo à locação de um estabelecimento de venda de bebidas com uma cláusula de exclusividade, podia invocar esse artigo para obter dos tribunais uma compensação a suportar pela outra parte no contrato. O problema *in casu* é que o *Court of Appeal* já decidira anteriormente que o artigo 101º tinha por vocação proteger terceiros concorrentes e não as partes num acordo ilícito, pois eram estas as autoras da restrição à concorrência e não vítimas; além de que o direito inglês não permite a uma parte num acordo ilícito reclamar indemnizações.

69. O Tribunal de Justiça decidiu (*Crehan* nº 35) que o artigo 101º do Tratado se opõe "a uma norma de direito nacional que proíba a uma parte num contrato suscetível de restringir ou falsear o jogo da concorrência, na aceção da referida disposição, reclamar uma indemnização em reparação de um prejuízo decorrente da execução do referido contrato pelo simples motivo de o autor do pedido ser parte no mesmo contrato; [todavia]o direito comunitário não se opõe a uma norma de direito nacional que não permita a uma parte num contrato suscetível de restringir ou falsear o jogo da concorrência basear-se nas suas próprias ações ilícitas para obter uma indemnização por perdas e danos, quando se prove que essa parte tem uma responsabilidade significativa na distorção da concorrência".

70. Com esta decisão o Tribunal de Justiça aproxima-se, em certa medida, da solução fixada pelo, *Supreme Court* dos Estados Unidos da América, *Perma Life Mufflers Inc./International Parts Corp*, segundo a qual uma parte num acordo anticoncorrencial pode, quando está em situação de inferioridade económica, intentar uma ação de indemnização (sobre esta decisão, cfr. nºs 7 a 10 das conclusões do advogado-geral Mischo no acórdão *Crehan*).

71. Note-se que o Tribunal de Justiça não desenvolveu neste acórdão, nem no acórdão seguinte *Manfredi* (Ac. de 13 de julho de 2006, proc. C-295/04 a C-298/04), quais as condições para a efetivação de tal responsabilidade. No acórdão *Manfredi* um tribunal italiano colocou várias questões prejudiciais sobre o artigo 101º do TFUE, na sequência de ações cíveis, destinadas a obter reembolso de prémios de seguro, intentadas contra um conjunto de companhias de seguros que a autoridade italiana para a concorrência declarou terem incorrido em práticas concorrenciais proibidas. Ora, quer no acórdão *Manfredi* (nºs 58--64), quer no *Crehan* (nº 29), o Tribunal remeteu para as legislações nacionais o estabelecimento dos pressupostos dessa responsabilidade, ainda que referisse certos elementos a serem considerados pelo tribunal nacional na apreciação dessa responsabilidade.

72. No acórdão *Manfredi* (nº 63), o Tribunal sublinhou que "qualquer pessoa pode invocar a nulidade de um acordo ou de uma prática proibida [pelo artigo 101º do FUE] quando existe um nexo de causalidade entre esta e o dano sofrido", sugerindo que mesmo os consumidores finais podem pedir um indemnização no caso de sofrerem perdas.

73. Já no acórdão *Crehan* o Tribunal esclareceu que o tribunal nacional, na decisão a adotar, devia ter em consideração os seguintes elementos: o contexto económico e jurídico em que as partes se encontram, o poder de negociação e o comportamento das duas partes no contrato; a eventual posição de "inferioridade caracterizada" da parte que alega ter sofrido um prejuízo, em razão da conclusão de um contrato suscetível de restringir ou falsear o livre jogo da concorrência, relativamente à outra parte, "de tal forma que estivessem seriamente comprometidas ou fossem até nulas a sua liberdade de negociar as cláusulas do referido contrato e a sua capacidade de evitar o prejuízo ou limitar o seu alcance, nomeadamente utilizando em tempo útil todas as vias de direito que estavam à sua disposição" (nº 32).

74. Nenhuma referência é, todavia, feita nesses acórdãos ao requisito da violação suficientemente caracterizada, pressuposto da responsabilidade quer do Estado, quer da União. Nem tinha de ser. De facto, concordamos com. Takis Tridimas (*The general principles of EU Law*, Oxford University Press, 2007, p. 544) quando sustenta visar tal requisito um interesse público: salvaguardar as decisões

fruto do exercício de poder de *imperium* e evitar sobrecarregar as autoridades públicas com pedidos de indemnização.

75. Igualmente discutida é a questão de saber se a responsabilidade dos particulares se refere apenas à violação das normas do TFUE, às quais já foi reconhecido efeito direto horizontal (mencione-se a título ilustrativo o caso *Viking*, de 11 de dezembro de 2007, proc. C-438/05, nº 91, no qual o Tribunal afirmou que o atual artigo 49º do TFUE confere a uma empresa privada direitos que podem ser oponíveis a um sindicato ou a uma associação de sindicatos), ou se também se estende ao direito derivado. Parece-nos que a melhor solução, como aliás já tem sido defendido (entre muitos, cfr. Andrea Biondi e Martin Farley, p. 75), será permitir a responsabilidade dos particulares relativamente a normas da União, incluindo as de direito derivado, em relação às quais o Tribunal de Justiça já esclareceu imporem obrigações a particulares (assim, por exemplo, o acórdão *Antonio Munoz*, de 17 de setembro de 2002, proc. C-253/00).

76. Refira-se, por fim, que, na sequência de um estudo encomendado pela Comissão Europeia, o qual concluía que os regimes dos Estado-Membros sobre ações de responsabilidade por violação do direito da União eram "espantosamente diversos e subdesenvolvidos" (cfr. ASHURST, *Study on the Conditions for Claims for Damages in case of infringement of EC competition rules. Comparative report* de 31 de agosto 2004, disponível em http://ec.europa.eu/comm/competition/antitrust/others/actions_for_damages/study.html), foi lançado em 2005 o Livro Verde, e em 2008 o Livro Branco (COM, 2008, 165), com propostas específicas para eliminar os obstáculos legais e processuais nacionais à eficácia das ações de indemnização por incumprimento das regras *antitrust*.

VII – Responsabilidade do Estado no direito português

77. A responsabilidade civil do Estado é regulada, no ordenamento jurídico português, pela Lei nº 67/2007, de 31 de dezembro, que aprova o *Regime da Responsabilidade Civil Extracontratual do Estado e Demais Entidades Públicas* (Diário da República, Iª Série, nº 251, 31 de dezembro de 2007, 9117 a 9120, alterada pela Lei 31/2008, de 17 de julho, publicada em Diário da República, Iª Série, nº 137, 17 de julho de 2008, 4454).

78. A responsabilidade civil do Estado é ainda expressamente referida no artigo 22º da Constituição da República Portuguesa que dispõe: "o Estado e as demais entidades públicas são civilmente responsáveis, em forma solidária, com os titulares dos seus órgãos, funcionários ou agentes, por ações ou omissões praticados no exercício das suas funções e por causa desse exercício, de que resulte violação dos direitos, liberdades e garantias ou prejuízo para outrem".

79. Os termos latos em que o preceito está redigido levou parte significativa da doutrina a aceitar a responsabilidade do Estado não só por atos administra-

tivos, mas também legislativos e jurisdicionais. Hoje, o problema está, de qualquer forma, resolvido na Lei nº 67/2007.

80. Sendo vasta a doutrina nacional sobre este tema e sobre os seus antecedentes (cfr., nomeadamente, Rui Medeiros, *Ensaio sobre a responsabilidade civil do Estado por atos legislativos*, Coimbra, 1992, Jorge Miranda, *A Constituição e a responsabilidade civil do Estado*, «in» *Estudos em Homenagem ao Prof. Doutor Rogério Soares*, Coimbra, 2001, p. 927, Carlos Alberto Fernandes Cadilha, *Regime da responsabilidade civil extracontratual do Estado e demais entidades públicas – Anotado*, Coimbra editora, 2008, Maria José Rangel de Mesquita, *O regime de responsabilidade civil extracontratual do Estado e demais entidades públicas e o Direito da União Europeia*, Almedina, 2009 e Carla Amado Gomes, *Textos dispersos sobre direito da responsabilidade civil extracontratual das entidades públicas*, Lisboa, 2010), não é nosso propósito proceder a uma análise detalhada do diploma mencionado. Interessa-nos apenas suscitar a seguinte questão: o regime português de responsabilidade do Estado pela função jurisdicional está de acordo com o que tem sido fixado neste domínio pela jurisprudência do Tribunal de Justiça?

81. Note-se que o problema surge dada a redação do nº 2 do artigo 13º da Lei nº 67/2007, o qual dispõe: no caso de responsabilidade do Estado por erro judiciário "o pedido de indemnização deve ser fundado na prévia revogação da decisão danosa pela jurisdição competente". À luz desta disposição, e no contexto da violação do direito da União Europeia, se o erro judiciário é cometido por um tribunal inferior (de comarca ou mesmo de segunda instância) e esse erro é corrigido por um tribunal superior, os danos causados pela decisão da instância inferior poderão ser invocados em ação de responsabilidade interposta em tribunal administrativo ou comum (depende de o tribunal que incorreu em erro pertencer à jurisdição administrativa e fiscal ou a outra jurisdição, cfr. art. 4º do ETAF).

82. Por outro lado, na hipótese de a violação do direito da União ser imputável a um tribunal superior, devido a uma incorreta interpretação e/ou aplicação desse direito, parece que à luz da disposição enunciada os tribunais superiores dificilmente poderiam ser responsabilizados. Não obstante, desde a reforma processual de 2007 que o artigo 771º, alínea f), do Código de Processo Civil, prevê como fundamento de recurso extraordinário de revisão de uma decisão transitada em julgado o facto de ser "inconciliável com decisão definitiva de uma instância internacional de recurso vinculativa para o Estado português", nomeadamente com uma decisão de um tribunal da União.

83. Apesar do caráter inovador da solução fixada, entendemos que a exigência da prévia revogação da decisão danosa, estabelecida na Lei nº 67/2007, contraria as soluções fixadas na jurisprudência do Tribunal de Justiça. De facto, o legislador nacional ao fixar mais este requisito para a responsabilidade do

Estado, está a agravar esse regime, contrariando claramente as orientações do Tribunal neste domínio.

84. Note-se que a esta conclusão já tinha, aliás, chegado Maria José Rangel de Mesquita (pp. 88-89) que defende não poder ser a revisão extraordinária "uma condição (adicional) de efetivação da responsabilidadade estadual", quando muito será um "elemento relevante para a prova do requisito da violação suficientemente caracterizada".

85. Em síntese, o regime português de responsabilidade civil do Estado apresenta certas *discrepâncias* em relação às soluções fixadas no contexto da União Europeia pela jurisprudência do Tribunal de Justiça, sendo necessário proceder à sua harmonização, ou fazendo intervir o princípio da interpretação conforme (solução geralmente mais célere e menos onerosa), ou, no caso de tal não ser possível, apelando a outros princípios de direito da União, nomeadamente ao primado e à tutela jurisdicional efetiva.

5. Princípio das Competências Atribuídas e Princípio das Competências Implícitas

Patrícia Fragoso Martins

Acórdão do Tribunal de Justiça de 31 de março de 1971, Processo 22/70
Comissão c. Conselho (AETR)[6]

Resumo dos factos
O acórdão *AETR* foi o primeiro caso onde o Tribunal de Justiça da União Europeia ("TJUE") teve oportunidade de decidir um diferendo entre a Comissão e o Conselho.

Os factos que deram origem ao litígio começaram quando, na sessão de 20 de março de 1970, o Conselho, após uma troca de pontos de vista entre os seus membros e o representante da Comissão, adotou um conjunto de "conclusões" a respeito da conduta a adotar pelos governos dos Estados-membros nas negociações relativas ao Acordo Europeu relativo ao trabalho das tripulações de veículos que efetuam transportes internacionais rodoviários (o "AETR").

A deliberação em causa incidiu essencialmente sobre o objetivo e o processo de negociação do referido acordo.

---

[6] A presente anotação foi desenvolvida imediatamente após a da entrada em vigor do Tratado de Lisboa, razão pela qual as eventuais referências aos tratados alterados, com efeitos a partir de dezembro de 2009, se fazem já no corpo do texto. Não obstante, aconselha-se a consulta dos quadros de correspondência publicados no JOUE em anexo ao Tratado de Amesterdão e ao Tratado de Lisboa, de forma a esclarecer dúvidas que permaneçam sobre a renumeração dos artigos.
Noutro plano, e considerando a evolução ocorrida com o Tratado de Lisboa a este nível, com a supressão do sistema de pilares que fundam a União, referir-nos-emos preferencialmente à União Europeia no seu todo, fazendo referência às Comunidades Europeias apenas quando o rigor científico impuser a distinção.

No que diz respeito ao objetivo, o Conselho adotou uma posição de negociação que consistia em adaptar o AETR às disposições do Regulamento nº 543//99 do Conselho, relativo à harmonização de determinadas disposições em matéria social no domínio dos transportes rodoviários, com exceção da concessão de certas derrogações ao regulamento que deviam ser aceites pela Comunidade – hoje União. Neste sentido, o Conselho convidou a Comissão a apresentar-lhe, em momento oportuno e em conformidade com o disposto no então 85º TCEE, as necessárias propostas de alteração ao regulamento em causa.

Relativamente ao processo de negociação, o Conselho decidiu, em conformidade com a linha de conduta adotada anteriormente, que as negociações seriam desenvolvidas e concluídas pelos Estados-membros, que figurariam como partes contratantes no AETR. A estes competiria desde o início das negociações e uma vez concluído o acordo, desenvolver uma ação comum e coordenar as suas posições segundo os processos diplomáticos habituais, em estreita colaboração com as instituições da União, devendo a delegação do Estado-membro que num dado momento ocupasse a presidência agir na qualidade de porta-voz.

Da ata da sessão do Conselho em causa, resulta que a Comissão não suscitou objeções relativamente ao objetivo do acordo, mas formulou uma reserva relativamente ao processo de negociação, uma vez que o considerava contrário ao disposto no atual artigo 218º TFUE. Segundo a Comissão, o objeto do acordo caía no âmbito de competência das então Comunidades, e como tal os Estados-membros não poderiam atuar fora do quadro comunitário.

O diferente entendimento da Comissão e do Conselho relativamente a esta questão esteve na base do acórdão *AETR*. Na verdade, nesta sequência, a Comissão intentou uma ação de anulação, nos termos do atual artigo 263º TFUE, no âmbito da qual pediu a anulação da deliberação do Conselho, de 20 de março de 1970, relativa à negociação e conclusão pelos Estados-membros do AETR.

Na ação colocaram-se essencialmente duas questões relativas à admissibilidade da ação e natureza do ato impugnado: *(i)* uma relativa à forma do ato e *(ii)* outra relativamente à autoria do ato adotado, esta última associada com a competência para a celebração do AETR.

Excertos do acórdão

O Conselho suscitou, a título prévio, a questão da inadmissibilidade da ação, contestando a qualificação da deliberação como ato impugnável para efeitos do artigo 263º TFUE.

Contudo, no caso concreto, a questão da admissibilidade da ação e a decisão de mérito apareceram intimamente associadas, o que foi desde logo notado pelo advogado-geral nas suas conclusões, e o que terá determinado a estrutura da decisão do TJUE.

O TJUE considerou, aqui, que:

«12. Na inexistência de disposições específicas do Tratado relativas à negociação e à conclusão de acordos internacionais no domínio da política de transportes – categoria em que essencialmente se inclui o AETR – há que recorrer ao sistema geral do direito comunitário no que respeita às relações com Estados terceiros.

13. O artigo 210º dispõe que «a Comunidade tem personalidade jurídica».

14. Esta disposição, colocada no cabeçalho da sexta parte do Tratado consagrada às «disposições gerais e finais», significa que, nas relações externas, a Comunidade goza de capacidade para estabelecer vínculos contratuais com Estados terceiros em toda a extensão do campo dos objetivos definidos na primeira parte do Tratado, da qual a sexta constitui o prolongamento.

15. Para fixar, num caso determinado, a competência da Comunidade para concluir acordos internacionais, há que tomar em consideração a sistematização do Tratado, e bem assim as suas disposições materiais.

16. Esta competência resulta não apenas duma atribuição explícita feita pelo Tratado – como sucede com os artigos 113º e 114º relativamente aos acordos pautais e comerciais e com o artigo 238º relativamente aos acordos de associação – como pode decorrer igualmente doutras disposições do Tratado e dos atos adotados, no âmbito destas disposições, pelas instituições da Comunidade.

17. Em especial, sempre que, para execução duma política comum prevista pelo Tratado, a Comunidade tome disposições que instituem, sob qualquer forma, regras comuns, os Estados-membros, quer agindo individual quer colectivamente, deixam de ter o direito de contrair para com Estados terceiros obrigações que afetem essas regras.

18. Com efeito, à medida que se instituem regras comuns, só a Comunidade está em condições de assumir e executar, com efeitos em todo o domínio de aplicação da ordem jurídica comunitária, os compromissos assumidos em relação a Estados terceiros.

19. Na aplicação das disposições do Tratado, não se pode, por isso, separar o regime das medidas internas da Comunidade do das relações externas».

O TJUE considerou, assim, que da aplicação conjugada da norma do Tratado que incluía a adoção de uma política dos transportes entre os objetivos da União e do princípio da cooperação leal – hoje consagrado no artigo nº 3 do 4º TFUE – resultava que, uma vez que «as regras comunitárias são adotadas para realizar os fins do Tratado, os Estados-membros não podem, fora do quadro das instituições comuns, assumir compromissos suscetíveis de afetar essas regras ou de lhes alterar o alcance» (nº 22).

Acresce que, considerou o TJUE, decorria das disposições aplicáveis em matéria de transportes que as normas comuns adotadas se aplicavam parcialmente aos transportes provenientes ou destinados a Estados terceiros. Essas disposições previam por isso a competência da Comunidade no plano internacional, implicando nesse domínio a necessidade de acordos com Estados terceiros interessados.

Apesar de tal competência internacional não se encontrar expressamente referida no Tratado, a adoção do regulamento comunitário referido «teve, contudo, como efeito necessário atribuir à Comunidade competência para concluir com Estados terceiros todos os acordos que se refiram à matéria disciplinada pelo mesmo regulamento» (nº 28), competência aliás reconhecida pelo próprio regulamento.

Segundo o TJUE, decorre daqui, naturalmente, que a «competência comunitária exclui a possibilidade duma competência concorrente dos Estados-membros, sendo qualquer iniciativa tomada fora do quadro das instituições comuns incompatível com a unidade do mercado comum e a aplicação uniforme do direito comunitário» (nº 31).

Em seguida, o TJUE decidiu acerca da admissibilidade da ação em termos que marcariam decisivamente a jurisprudência posterior relativamente à noção de "ato impugnável", nos termos e para os efeitos do artigo 263º TFUE.

«38. Nos termos do artigo 173º, o Tribunal tem por função controlar a legalidade «dos atos do Conselho... que não sejam recomendações ou pareceres».

39. Ao excluir do recurso de anulação à disposição dos Estados-membros e das instituições apenas as «recomendações ou pareceres» – desprovidos de qualquer efeito obrigatório nos termos do artigo 189º, último parágrafo – o artigo 173º considera atos recorríveis todas as disposições tomadas pelas instituições que visem produzir efeitos jurídicos.

40. Este recurso tem como objetivo assegurar, em conformidade com o disposto no artigo 164º, o respeito pelo direito na interpretação e aplicação do Tratado.

41. Seria contrário a este objetivo interpretar restritivamente as condições de admissibilidade do recurso, limitando o seu alcance apenas às categorias de atos referidas pelo artigo 189º.

42. Deve, pois, ser possível o recurso de anulação de todas as disposições tomadas pelas instituições que se destinem a produzir efeitos jurídicos, quaisquer que sejam a respetiva natureza e forma».

Segundo o TJUE, a deliberação do Conselho não constitui «apenas a expressão ou a constatação duma coordenação voluntária» tendo antes tido como objeto fixar uma linha de conduta obrigatória para as instituições e para os Estados-membros, destinada a repercutir-se no conteúdo do regulamento. Acresce que, relativamente ao processo de negociação, o Conselho tomou uma posição que poderia constituir eventualmente uma derrogação dos processos previstos pelo Tratado.

Conclui-se daqui que a deliberação do Conselho provocou efeitos jurídicos determinantes nas relações entre Estados-membros e a União, e entre as próprias instituições da União.

Comentário

I – Da desconsideração da forma do ato para efeitos da ação de anulação

1. Uma das conclusões mais importantes que decorreram do acórdão *AETR* respeita à forma e substância dos atos impugnáveis no âmbito de uma ação de anulação intentada diretamente nos tribunais da União. Trata-se, aliás, de um dos pontos onde a jurisprudência do TJUE se revela generosa e flexível, de forma a assegurar o controlo da validade dos atos da União no maior número de casos possível, ao contrário do que sucede, por exemplo, em matéria de legitimidade dos particulares – nos termos do § 4 do artigo 263º TFUE – onde a jurisprudência dos tribunais da União é ainda, em termos gerais, tendencialmente conservadora e restritiva.

2. Assim, no acórdão *AETR*, o TJUE admitiu a existência de ações de anulação contra todos os atos adotados pelas instituições da União que se destinem a produzir efeitos jurídicos, quaisquer que sejam a respetiva natureza e forma. A definição de "ato" constante do acórdão incide, assim, na sua substância e não na sua forma.

3. Nas suas conclusões, o advogado-geral discutiu igualmente a noção de "ato" para efeitos de aplicação do atual artigo 263º TFUE, articulando esta noção com as fontes de direito estabelecidas no atual artigo 288º TFUE. Assim, não obstante a jurisprudência do TJUE, até à data, ter apenas incidido sobre decisões, o advogado-geral concluiu que dessa jurisprudência decorriam uma série de princípios gerais, nomeadamente que: «a) os artigos 173º e 189º do Tratado formam um conjunto coerente e, por isso, o termo 'ato' usado pelo artigo 173º não pode ter como efeito alargar a competência do Tribunal ao conhecimento de manifestações de vontade cuja substância e efeitos não permitem considerá-los ou equipará-los a regulamentos, diretivas ou decisões; b) pelo contrário, é a própria substância, o objeto, o conteúdo e os efeitos da manifestação de vontade impugnada que lhe conferem a sua verdadeira natureza e não a forma escolhida pelos seus autores». A esta luz, o advogado-geral concluiu que a deliberação em apreço constituía uma medida com efeitos jurídicos.

4. No caso *IBM* (Acórdão de 11 de novembro de 1981, Proc. 60/81, *IBM//Comissão*), o TJUE viria a considerar que um ato produz efeitos jurídicos relevantes quando o mesmo é vinculativo e suscetível de afetar os interesses do autor, acarretando uma modificação na sua esfera jurídica.

5. O conceito de "ato impugnável" é, assim, mais abrangente do que os tipos previstos no atual artigo 288º TFUE, incluindo, por exemplo, *(i)* conclusões dos Estados-membros adotadas nas sessões do Conselho (Acórdão *AETR*), *(ii)* cartas emitidas pelos serviços da Comissão (Despacho de 4 de maio de 1998, Proc. T-84/97, *BEUC/Comissão*; Acórdão de 12 de setembro de 2002, Proc. T--113/00, *DuPont Teijin Films Luxembourg e.a./Comissão*) ou mesmo *(iii)* decisões verbais (Acórdão de 9 de fevereiro de 1984, Proc. 316/82, *Kohler/Tribunal de Contas*; Acórdão de 24 de março de 1994, Proc. T-3/93, *Air France/Comissão*; Despacho de 26 de março de 2003, Proc. T-85/03R, *Governo das Ilhas Caimão/ /Comissão*). Alguma doutrina considera, contudo, que o facto de o ato ter de afetar de alguma forma a esfera jurídica do autor, pode constituir um obstáculo significativo no acesso aos tribunais da União (Neste sentido, TURK, Alexander, *Judical Review in EU Law*, Cheltenham, UK, Edward Elgar Publishing Ltd, 2009, p. 12).

6. Mais tarde, o TJUE deixaria ainda claro que apenas a parte decisória do ato pode produzir efeitos jurídicos relevantes (Despacho de 28 de janeiro de 2004, Proc. C-164/02, *Países Baixos/Comissão*), o que significa que as considerações incluídas no preâmbulo de um ato não podem constituir base para uma ação de anulação. Não obstante, uma vez que a fundamentação do ato é considerada fundamental para a determinação do sentido e alcance da parte decisória do ato, o TJUE considera que uma decisão que altera os fundamentos de uma decisão anterior pode constituir um ato impugnável se, e na medida em que, as alterações introduzidas modifiquem a substância do que foi decidido anteriormente (Acórdão de 20 de novembro de 2002, Proc. T-251/00, *Lagardère et Canal+/Comissão*; Acórdão de 22 de março de 2000, Proc. T-125/97, *Coca-Cola/Comissão*).

7. Jurisprudência posterior viria a clarificar os termos em que o teste-*AETR* se aplica a um número considerável de diferentes atos da União, nomeadamente a:

    (i) recusa de um pedido (Acórdão de 9 de dezembro de 2004, Proc. C--123/03P, *Commissão/Greencore*; Despacho de 14 de dezembro de 2005, Proc. T-369/03, *Arizona Chemical e.a./Comissão*);

    (ii) atos preparatórios (Acórdão *IBM*; Acórdão de 18 de março de 1997, Proc. C-282/95P, *Guérin automobiles/Comissão*; Acórdão de 19 de outubro de 1995, *Rendo e.a./Comissão*, Proc. C-19/93; Acórdão de 4 de março de 1999, Proc. T-87/96, *Assicurazioni Generali et Unicredito/Comissão*; Acórdão de 30 de junho de 1992, Proc. C-312/90, *Espanha/Comissão*);

    (iii) prestação de informações (Despacho de 17 de maio de 1989, Proc. 151/88, *Itália/Comissão*; Despacho de 19 de abril de 2005, Proc. C-521/ /04P, *Tillack/Comissão*);

(iv) regras internas e *"guidelines"* (Acórdão de 4 de junho de 1986, Proc. 78/85, *Groupe des Droites européennes/Parlamento*; Despacho de 3 de julho de 1986, Proc. 385/85, *França/Parlamento*; Acórdão de 23 de abril de 1986, Proc. 294/83, *Os Verdes/Parlamento Europeu*; Acórdão de 9 de outubro de 1990, Proc. 366/88, *França/Comissão*);
(v) atos confirmatórios (Acórdão de 22 de março de 1961, Proc. apensos 42 e 49/59, *S.N.U.P.A.T./Alta Autoridade*; Despacho de 21 de novembro de 1990, *Infortec/Comissão*, Proc. C-21/90; Despacho de 16 de março de 1998, Proc. T-235/95, *Goldstein/Comissão*);
(vi) manifestação de conduta futura (Acórdão de 16 de julho 1956, Proc. 8/55, *Fédération charbonnière de Belgique/Alta Autoridade*; Acórdão de 12 de julho de 1957, Proc. 7/56, 3/57 à 7/57, *Algera e.a./Assemblée commune*; Acórdão de 11 de maio de 1978, Proc. 25/77, *De Roubaix/Comissão*; Acórdão de 27 de setembro de 1988, Proc. 114/86, *Reino Unido/Comissão*);
(vii) acordos internacionais (Acórdão de 9 de agosto de 1994, Proc. C-327/ /91, *França/Comissão*); e,
(viii) atos inexistentes (Acórdão de 5 de dezembro de 1963, Proc. apensos 53 e 54/63, *Lemmerz-Werke e.a./Alta Autoridade*; Acórdão de 26 de fevereiro de 1987, Proc. 15/85, *Consorzio Cooperative d'Abruzzo/ /Comissão*; Acórdão de 15 de junho de 1994, Proc. C-137/92P, *Comissão/BASF e.a.*).

II – Competências atribuídas e implícitas
8. O acórdão *AETR* é comumente referido na doutrina como tendo estabelecido o princípio das competências implícitas no plano internacional, na medida em que reconheceu a existência de uma competência para concluir um acordo internacional onde ela não existia expressamente conferida no Tratado.
9. Como é amplamente sabido a União rege-se pelo princípio das competências atribuídas. Este princípio encontra-se hoje consagrado no nº 1 do artigo 5º TUE que dispõe que «A delimitação de competências da União rege-se pelo princípio da atribuição». Dispõe ainda o nº 2 da mesma disposição que «Em virtude do princípio da atribuição, a União atua unicamente dentro dos limites das competências que os Estados-Membros lhe tenham atribuído nos Tratados para alcançar os objetivos fixados por estes últimos. As competências que não sejam atribuídas à União nos Tratados pertencem aos Estados-Membros».
10. A doutrina chama a atenção para a dimensão positiva e negativa deste princípio. Na verdade, o princípio da atribuição significa, por um lado, que a União só pode agir aí onde os Estados-membros a tenham autorizado a prosseguir umas das finalidades constantes dos Tratados e, por outro lado, que quando os Tratados não tenham conferido competência para realizar certos objetivos,

esta se mantém nos Estados-membros (Neste sentido, *vide* GORJÃO-HENRIQUES, Miguel, *Direito da União*, 6ª ed., Coimbra, Almedina, 2010, p. 375).

11. Trata-se, assim, de um princípio fundamental que reflete a ideia de que também a União se rege pelo princípio da especialidade que caracteriza, em geral, as organizações internacionais, e de que a União não pode criar a sua própria competência (*i.e.*, não tem *Kompetenz-kompetenz*). Acresce que o princípio das competências atribuídas traduz a chamada repartição vertical de competências entre os Estados e a União.

12. A principal consequência prática da existência deste princípio traduz-se na necessidade de as instituições da União indicarem para cada ato adotado com base dos Tratados a respetiva base jurídica, ou seja a disposição que as habilita a adotar o ato e a decidir em certo sentido. Esta exigência, que reflecte a chamada distribuição horizontal de competências – ou seja, a repartição de competências entre as instituições da União – tem estado na origem de um conjunto de litígios interinstitucionais que deram origem a uma jurisprudência do TJUE relativamente complexa (*vide* designadamente Parecer 2/00, *Protocolo de Cartagena*; Acórdão *Comissão/Conselho*, Proc. 45/86; Acórdão *Comissão/Conselho*, Proc. C-300/89).

13. O princípio das competências atribuídas não é, todavia, um princípio absoluto. A doutrina e a jurisprudência têm identificado um conjunto de desvios a este princípio. O acórdão *AETR* fundou a existência de um deles, ao consagrar a ideia de que as competências da União podem advir implicitamente do texto dos Tratados.

14. A estrutura da decisão é complexa, sendo a questão da competência analisada numa secção inicial, ainda antes de analisada a questão da admissibilidade da ação. Na verdade, de uma forma que pode parecer à primeira vista pouco clara, o TJUE entendeu que a resposta à questão da admissibilidade da ação dependia de saber a quem competia negociar e concluir o AETR – uma vez que o alcance jurídico da deliberação seria diferente consoante a mesma fosse considerada como constituindo o exercício de uma competência da União ou dos Estados-membros – decidindo, por isso, preliminarmente este ponto, e antecipando de certa forma considerações que poderiam ter lugar apenas adiante na decisão de mérito da ação.

15. Na verdade, se o TJUE tivesse concluído pela competência dos Estados-membros para adotar o AETR, teria de concluir pela ausência de jurisdição para decidir da validade da deliberação, que não deveria ser considerada um ato proveniente de uma das instituições da União. Não obstante, sempre se poderá argumentar que o TJUE poderia ter considerado que o ato era, formalmente, um ato do Conselho e decidir anulá-lo por ser *ultra vires*, isto é, conflituar com o princípio das competências atribuídas, se concluísse pela existência de com-

petência dos Estados-membros. Não foi, todavia, esta a orientação do TJUE, que analisou a questão das competências no plano da admissibilidade da ação previamente à decisão de mérito.

16. A versão original do Tratado de Roma não continha muitas disposições que previssem a atuação da Comunidade no plano internacional, para além das relativas à política comercial comum e a alguns artigos contidos das disposições finais do Tratado que estabeleciam o procedimento para a celebração de acordos internacionais e normas relativas ao estabelecimento de relações com organizações internacionais relevantes, como as Nações Unidas, o Conselho da Europa e a Organização para a Cooperação e Desenvolvimento Económico.

17. Acresce que a versão original do Tratado de Roma não continha – o que continua a ver válido até hoje – nenhuma disposição semelhante ao artigo 6º TCECA nos termos do qual «nas relações internacionais, a Comunidade goza de capacidade jurídica necessária para exercer as suas funções e alcançar os seus objetivos». Esta disposição estabelecia um claro paralelismo entre competências internas e externas, e uma vez que não existia uma disposição semelhante no Tratado de Roma era legítimo pressupor que os autores do Tratado teriam querido evitar tal transferência de competências no plano internacional para a então Comunidade Económica Europeia.

18. Todavia, no plano interno, o TJUE já havia decidido no acórdão Acórdão *Alemanha e.a./Comissão* (Acórdão de 9 de julho de 1987, Proc. 281/85, *Alemanha e.a./Comissão*) que «quando um artigo do Tratado CEE, [neste caso o artigo 118º], atribui à Comissão uma missão concreta, deve admitir-se, sob pena de se retirar todo o efeito útil a essa disposição, que ela lhe confere necessariamente os poderes indispensáveis para desempenhar essa missão».

19. No acórdão *AETR*, o TJUE deu o primeiro passo para a transferência do mesmo princípio para o plano das relações internacionais. Partindo do então artigo 281º TCE que conferia personalidade jurídica à Comunidade, o TJUE concluiu que esta dispunha de capacidade para atuar no plano internacional, devendo a concreta competência para celebrar determinado acordo internacional ser determinada no contexto de todo o Tratado, e podendo advir tanto de uma atribuição expressa pelas suas disposições, como decorrer implicitamente do Tratado ou de outras disposições adotadas pelas instituições.

20. Daqui o TJUE concluiu que sempre que a Comunidade, com vista à adoção de polícias comuns do quadro do Tratado, estabelecesse regras comuns, por qualquer forma que fosse, os Estados-membros perdiam o direito de atuar individual ou coletivamente, e de assumir obrigações perante terceiros Estados que pudessem afetar essas regras comuns. Ou seja, no domínio de implementação das disposições do Tratado, o sistema das normas internas não podia ser separado do sistema de normas adotadas no plano externo.

21. O TJUE considerou no caso concreto que, por um lado *(i)* o âmbito de aplicação da política dos transportes se estendia a transportes internacionais, e que *(ii)* o objeto do AETR se sobrepunha ao objeto do regulamento entretanto adotado em matéria de transportes, pelo que por efeito combinado destes dois fatores, tinha sido atribuída competência à Comunidade para negociar e concluir o AETR desde a entrada em vigor do regulamento. Esta competência excluía a possibilidade de competências concorrentes dos Estados-membros, uma vez que isso comprometeria a unidade do mercado comum e a aplicação uniforme do direito da Comunidade.

22. Assim, o TJUE não só concluiu pela existência de competência internacional da Comunidade, como a qualificou de exclusiva. Pode dizer-se que na ausência do regulamento referido é legítimo pressupor que o TJUE teria concluído pela existência de competência internacional, mas partilhada com os Estados-membros (Cf. Eeckhout, Piet, *External Relations of the European Union*, Oxford, Oxford University Press, 2004, p. 63).

23. A decisão do TJUE no caso *AETR* contraria a solução encontrada pelo advogado-geral Dutheillet de Lamothe no processo, que se havia manifestado contra a admissibilidade de uma teoria dos poderes implícitos numa Comunidade governada pelo princípio das competências de atribuição (cf. artigo 5º TUE). No seu entendimento, estas competências deveriam poder ser alargadas quando tal se revelar «o complemento direto e necessário de competências relativas a questões intracomunitárias», como anteriormente decidido pelo TJUE no plano do TCECA. Todavia, esse entendimento não seria aplicável ao caso concreto uma vez que a celebração do AETR pela Comunidade não se revelava necessária. Acresce que decorria, no seu entendimento, da economia do Tratado de Roma, que os seus autores haviam querido limitar a competência externa da Comunidade aos casos expressamente previstos. Assim sendo, deveria concluir-se que a deliberação do Conselho não era um ato impugnável para efeitos do artigo 263º TFUE, e como tal a ação devia ser considerada inadmissível.

24. O advogado-geral partiu nas suas conclusões da análise de uma questão – que não veio a ser abordada pelo TJUE na sua decisão – e que se prende com a dupla natureza do Conselho, enquanto instituição da União. Na verdade, «[s]egundo a fórmula usada por alguns autores, o Conselho é tanto um órgão da Comunidade instituída entre os seis Estados, como o órgão da coletividade que os seis Estados formam (cf. Acórdão do Tribunal de 18 de fevereiro de 1970, *Comissão/República Italiana*, Colect. 1969-1970, p. 259)». Esta dualidade de funções comporta, contudo, vantagens e inconvenientes, sendo que no caso concreto um deles era particularmente visível: a confusão entre atos do Conselho enquanto órgão da Comunidade e as suas deliberações enquanto organismo de concertação entre os Estados-membros.

25. Assim, «das duas, uma: ou na negociação e a conclusão do AETR se incluíam ou passaram a incluir-se a partir de certa data no âmbito de aplicação de um dos artigos do Tratado relativo à competência comunitária para a negociação e conclusão de acordos com países terceiros; ou não se incluíam nessa competência e nunca foram nela integradas». No primeiro caso, a ação seria admissível, uma vez que se trataria da impugnação de um ato do Conselho, ao contrário do que sucederia no segundo caso, onde estaria em causa um ato coletivamente adotado pelos Estados-membros. Como vimos, a resposta a esta questão levou o TJUE a ter de decidir primeiramente a questão da atribuição de competências.

26. Segundo o advogado-geral existia um conjunto de objeções sérias à interpretação extensiva em matéria de competências internacionais advogada pela Comissão. Desde logo, essa interpretação parecia ir muito para além da letra do Tratado, designadamente dos então artigos 75º, 116º e 228º do Tratado.

27. Questão diferente, segundo o advogado-geral era a de saber se a publicação do regulamento referido acima teria tido como efeito «criar uma competência comunitária», tornando assim aplicáveis à negociação e à conclusão do AETR as disposições do atual artigo 218º TFUE. Na sua ótica, não só as particularidades do caso concreto, como uma «certa ética comunitária» e imperativos práticos poderiam aconselhar tal solução. Contudo, tudo visto e considerado, o advogado-geral considerou que as objeções a tal método interpretativo deveriam prevalecer, pelos seguintes motivos: *(i)* seria praticamente impossível atribuir tal efeito a todos os regulamentos comunitários, sendo difícil encontrar um critério que diferenciasse os regulamentos ao qual a solução se aplicava dos demais, gerando instabilidade jurídica; *(ii)* seria uma forma de misturar os processos – repressivo e preventivo – previstos no Tratado e travar, em certos casos, o desenvolvimento da integração, caso os ministros dos Estados-membros evitassem a adoção de regulamentos por causa do efeito preclusivo que se seguiria no plano das relações internacionais.

28. Por fim, o advogado-geral analisou ainda a aplicação do atual artigo 352º TFUE conhecido por estabelecer as chamadas "competências necessárias" da União. Aqui, a Comissão havia alegado que esta disposição teria tido o efeito de criar a obrigação de o Conselho atribuir à Comunidade a competência para negociar e concluir o AETR. Reconhecendo que tal disposição permite o alargamento das competência da Comunidade (hoje, da União) o advogado-geral concluiu que certamente não impunha essa obrigação ao Conselho, além de que não tinha existido nenhuma proposta da Comissão nesse sentido.

29. Curiosamente o advogado-geral considerou que, no caso de o TJUE, adotar uma solução contrária à proposta, considerando que as competências externas implícitas existiam, a publicação do regulamento comunitário apenas

podia produzir efeitos relativamente a negociações futuras e não a negociações em curso. Assim, a publicação do regulamento não deveria levar à interrupção das negociações do AETR – substituindo a Comissão os Estados-membros nesse processo –, que se encontravam à data praticamente concluídas e que se destinavam apenas a introduzir pequenas alterações à versão inicial do Acordo celebrado pelos Estados-membros. Esta solução estaria em conformidade com duas particularidades do caso concreto: *(i)* com o facto de a Comissão não ter apresentado uma proposta ao Conselho no sentido de negociar e concluir o AETR, e *(ii)* com a circunstância de, na ação junto do TJUE, a Comissão não ter pedido para negociar em exclusividade o AETR, mas apenas ter pedido para ser «mais intimamente associada» às negociações.

30. O TJUE não seguiu a orientação proposta, mas a sua decisão não deixa de constituir um exemplo de «justiça salomónica», e não deixa de ser possível de nela divisar alguns ecos da proposta do advogado-geral. Com efeito, depois de ter construído a competência internacional da Comunidade em termos amplos, e porventura para além da letra e espírito do Tratado, o TJUE concluiu que o poder para concluir as negociações do AETR continuava investido nos Estados-membros, uma vez que se tratava da continuação de negociações anteriores quando o regulamento em causa ainda não tinha entrado em vigor.

31. Não obstante o desfecho da causa segundo a fórmula adotada no acórdão *AETR*, o TJUE considerou que existe uma competência externa implícita quando o acordo internacional possa «afetar ou alterar o âmbito de aplicação» das normas da União.

32. Certo que num eventual conflito entre um acordo internacional celebrado pelos Estados-membros e normas internas da União, o princípio do primado determinaria a prevalência destas últimas sobre o acordo. Não obstante, aparentemente, o TJUE considerou preferível evitar esse tipo de conflitos, resolvendo antecipadamente a questão da competência, segundo o princípio da preempção analisado adiante (Considerando que a aplicação do princípio do primado constitui apenas uma «segunda melhor opção», porque não permite evitar conflitos, mas apenas resolvê-los *vide* EECKHOUT, Piet, *Bold constitutionalism and beyond*, in The Past and Future of EU Law: The Classics of EU Law Revisited on the 50th Anniversary of the Rome Treaty, Editado por Miguel Poiares Maduro e Loïc Azoulai, Oxford and Portland, Oregon, Hart Publishing, 2010, p. 221).

33. A decisão encontra-se, todavia, longe da sofisticação de decisões posteriores nesta matéria. O TJUE deixou, nomeadamente, sem resposta a questão de saber se na ausência de exercício da competência interna, poderia ainda assim existir competência externa. Na verdade, o TJUE teria oportunidade de desenvolver e explicitar com mais pormenor as consequências da chamada «teoria dos poderes implícitos» em decisões posteriores.

34. No caso *Kramer* (Acórdão de 14 de julho de 1976, Proc. apensos 3, 4 e 6/76, *Cornelis Kramer e.a.*) relativo à celebração de uma Convenção Sobre Pescas no Atlântico Nordeste, o TJUE teve ocasião de precisar a doutrina *AETR*, considerando que atendendo aos poderes que a Comunidade havia internamente assumido em matéria de pescas, a Comunidade tinha competência para celebrar convenções internacionais em matéria conservação de recursos marítimos. Todavia, uma vez que a Comunidade não tinha exercido plenamente a sua competência interna, os Estados-membros podiam continuar a atuar no plano internacional na medida em que não comprometessem as regras internas. Mais tarde, no caso *Comissão/Reino Unido* (Acórdão de 5 de maio de 1981, Proc. 804/79, *Comissão/Reino Unido*), o TJUE concluiu que essa mesma competência havia sido, no entretanto, completamente exercida, e que, como tal, a competência internacional se havia convertido em exclusiva.

35. No Parecer 1/76 (Parecer de 26 de abril de 1977), relativo a um projeto de acordo que estabelecia um fundo europeu de imobilização da navegação interior, o TJUE considerou que existe uma competência externa implícita não só *(i)* em todos os casos em que a competência interna já foi exercida com vista à adoção de medidas que se inserem na realização de políticas comuns, mas também *(ii)* quando as medidas internas forem adotadas no momento da conclusão e entrada em vigor do acordo internacional. Assim, a competência externa decorre implicitamente quando a participação da Comunidade (hoje, União) no acordo internacional seja necessária para a realização de um dos objetivos do Tratado.

36. O Parecer 1/76 parece ter confirmado a desnecessidade de existência de prévia legislação interna para o exercício de competência internacional. Contudo, a natureza da competência parece não ter ficado clara. Alguma doutrina considera que a mesma teria sido considerada exclusiva, uma vez que o TJUE sentiu necessidade de justificar a participação dos Estados-membros no acordo. Todavia, em parte alguma do Parecer o TJUE utiliza a linguagem da competência exclusiva. Não obstante, em jurisprudência posterior, o próprio TJUE daria indicações no sentido de a competência reconhecida no Parecer 1/76 se dever considerar exclusiva (Pareceres 1/94 e 1/03 adiante).

37. No Parecer 2/91 (Parecer de 19 de março de 1993) relativo a um projeto da Convenção nº 170 celebrada no âmbito da Organização Internacional do Trabalho, o TJUE concluiu que a doutrina *AETR* também se aplica em domínios não abrangidos por uma política comum – nomeadamente nos domínios em que existem disposições de harmonização – mas que correspondem a um dos objetivos previstos do Tratado.

38. O TJUE fundou esta competência internacional, em todos os domínios que correspondem aos objetivos do Tratado, no princípio da cooperação leal,

que impõe aos Estados-membros a obrigação de facilitar à União o cumprimento da sua missão e de se abster de tomar qualquer medida suscetível de pôr em perigo a realização dos objetivos do Tratado.

39. Todavia, no caso concreto, não obstante ter considerado que o objeto da Convenção recaía no âmbito de competência interna da Comunidade, o TJUE concluiu que a competência externa não era exclusiva, uma vez que a celebração pelos Estados-membros da convenção em causa não afetava as regras comuns adotadas internamente. Na verdade, tanto o acordo como a normas internas previam a possibilidade de adoção de regras mais restritivas, o que eliminava a possibilidade de conflito. Assim sendo, o TJUE concluiu que a competência para celebrar a Convenção nº 170 pertencia conjuntamente aos Estados-membros e à Comunidade. Isto não obstante ter considerado que a Parte III da Convenção regulava um domínio já em grande parte coberto por regras internas comuns, e que como tal era suscetível de afetar essas regras, e consequentemente, os Estados-membros não podiam, fora do âmbito da Comunidade, assumir obrigações no plano internacional.

40. A Comissão viria a invocar o teste da necessidade estabelecido no Parecer 1/76 para defender a competência da Comunidade para concluir Acordo Geral sobre o Comércio de Serviços («GATS») e o Acordo sobre os Aspetos dos Direitos de Propriedade Intelectual Relacionados com o Comércio, incluindo o comércio de mercadorias em contrafação («TRIPs»). Todavia, no Parecer 1/94 (Parecer de 15 de novembro de 1994) o TJUE viria a considerar essa competência internacional partilhada entre a Comunidade e os Estados-membros, não obstante a natureza exclusiva das competências no plano interno.

41. O TJUE esclareceu ali, referindo-se à doutrina *AETR* que «[s]ó na medida em que tenham sido estabelecidas normas comuns no plano interno é que a competência externa da Comunidade se torna exclusiva». A aplicação do Parecer 1/76 ao caso do GATS não podia, portanto, ser aceite. No caso subjacente ao Parecer 1/76 compreendia-se que a competência externa só pudesse ser exercida depois de anteriormente aprovado um ato legislativo interno, tornando-se assim exclusiva. O mesmo não acontecia no domínio dos serviços: a realização da liberdade de estabelecimento e da livre prestação de serviços a favor dos nacionais dos Estados-membros não estava indissoluvelmente ligada ao tratamento a dar, na Comunidade, aos nacionais de países terceiros ou, nos países terceiros, aos nacionais de Estados-membros da Comunidade.

42. O TJUE esclareceu então que uma competência externa implícita seria exclusiva apenas na medida em que a realização do objetivo da Comunidade estivesse «indissociavelmente ligada» à celebração do acordo internacional.

43. Todavia, o TJUE considerou ainda que quando a Comunidade tenha incluído nos seus atos legislativos internos cláusulas relativas ao tratamento a

conceder aos nacionais de países terceiros ou quando tenha conferido expressamente às suas instituições competência para negociar com os países terceiros, a Comunidade adquire uma competência externa exclusiva na medida abrangida por esses atos. O mesmo acontece ainda, na falta de uma cláusula expressa que habilite as instituições a negociar com Estados terceiros, quando a Comunidade tenha realizado uma harmonização completa do regime de acesso a uma atividade não assalariada, pois as regras comuns assim adotadas poderiam ser afectadas, na aceção do acórdão *AETR*, se os Estados-membros conservassem uma liberdade de negociação com os países terceiros. Não obstante, esse não era caso em todos os setores de serviços pelo que a competência para concluir o GATS se devia considerar partilhada entre Comunidade e os Estados-membros.

44. O TJUE aplicaria os mesmos princípios ao Acordo TRIPs onde a harmonização realizada no âmbito comunitário em determinados domínios abrangidos pelo TRIPs era apenas parcial (*v.g.*, marcas) e onde, noutros domínios, nenhuma harmonização tinha sido prevista (*v.g.*, patentes).

45. O Parecer 1/94 suscita algumas observações. Em primeiro lugar, o TJUE parece ter entendido que os princípios estabelecidos no Parecer 1/76 devem ser entendidos como excecionais, e intimamente associados à situação de facto que esteve na origem do parecer. Em segundo lugar, deve notar-se que no Parecer 1/94, o TJUE "saltou" imediatamente para a análise da questão da exclusividade da competência, sem ter previamente estabelecido a existência da competência. Em terceiro lugar, o TJUE parece ter reconhecido que no Parecer 1/76 estava em causa uma competência exclusiva, o que significa – talvez paradoxalmente – que a União pode ter competência externa exclusiva em matérias onde a competência interna é partilhada com os Estados-membros. Da mesma forma, a conclusão a que se chegou no Parecer 1/94 demonstra que pode existir competência externa partilhada quando a competência interna é exclusiva da União. Por fim, do Parecer 1/94 decorre que União pode alargar a sua competência internacional se legislar internamente, prevendo o seu poder de atuação no plano internacional ou harmonizando completamente determinada matéria, desta forma precludindo a intervenção dos Estados-membros na cena internacional.

46. As ações de incumprimento intentadas pela Comissão contra alguns dos Estados-membros relativamente à celebração dos acordos internacionais ditos de "céu aberto", em matéria de transporte aéreo, celebrados com os E.U.A (Acórdãos de 5 de novembro de 2002, Proc. C-467/98, *Comissão/Dinamarca*; Proc. C-468/98, *Comissão/Suécia*; Proc. C-469/98, *Comissão/Finlândia*; Proc. C-471/98, *Comissão/Bélgica*; Proc. C-472/98, *Comissão/Luxemburgo*; Proc. C-475/98, *Comissão/Áustria*; Proc. C-476/98, *Comissão/Alemanha*), ofereceriam ainda uma nova oportunidade para o TJUE se pronunciar sobre o alcance e as implicações da sua doutrina dos poderes implícitos.

47. Aqui, o TJUE considerou que estes casos não eram análogos à situação do Parecer 1/76, afastando a aplicação do teste de necessidade ali estabelecido e parecendo indicar que aquele parecer deveria ser entendido restritamente. Paralelamente, no que diz respeito à doutrina *AETR*, o TJUE considerou que a competência externa exclusiva existia apenas onde os acordos internacionais caíam no âmbito de aplicação de regras comuns ou num domínio largamente regulado por tais regras – Acórdão *AETR*. Nestes casos, os Estados-membros não podiam celebrar compromissos internacionais, mesmo que não existissem contradições entre os acordos e as regras internas em causa – Parecer 2/91 (Sobre a importância do princípio da cooperação leal neste domínio, e suas implicações, *vide* HILLION, Christophe, *ERTA, ECHR and Open Skies: Laying the Grounds of the EU System of External Relations*, in *The Past and Future of EU Law: The Classics of EU Law Revisited on the 50th Anniversary of the Rome Treaty*, Editado por Miguel Poiares Maduro e Loïc Azoulai, Oxford and Portland, Oregon, *Hart Publishing*, 2010, p. 230 ss).

48. Em contrapartida, decorreria do raciocínio seguido Parecer 1/94, que as eventuais distorções nos fluxos de serviços no mercado interno que podiam resultar de acordos bilaterais ditos "de céu aberto" celebrados pelos Estados-membros com países terceiros não afetavam, por si só, as regras comuns adotadas neste domínio, não sendo, portanto, suscetíveis de constituir o fundamento de uma competência externa da Comunidade. Com efeito, nada no Tratado impede as instituições de organizarem, nas regras comuns por elas adotadas, ações concertadas relativamente a países terceiros nem de determinarem as atitudes a tomar pelos Estados-membros relativamente ao exterior. À luz destas e de outras considerações, o TJUE viria a concluir que, no caso concreto, a competência internacional dos Estados-membros se encontrava apenas parcialmente precludida.

49. A doutrina dos poderes implícitos viria, por fim, mais recentemente, a ser clarificada no Parecer 1/03 (Parecer de 7 de fevereiro de 2006) relativo à celebração da nova Convenção de Lugano relativa à competência judiciária, ao reconhecimento e à execução de decisões em matéria civil e comercial. Este parecer é muito importante, uma vez que veio esclarecer alguns pontos deixados em aberto em jurisprudência anterior e estabeleceu de forma clara os princípios que governam a repartição de competências entre a União e os Estados-membros na cena internacional. O Parecer 1/03 pode sintetizar-se nas seguintes ideias fundamentais:

(i) Relativamente à questão da existência da competência, o TJUE começou por recordar que a competência da Comunidade para celebrar acordos internacionais pode resultar não só de uma atribuição expressa feita pelo Tratado como decorrer igualmente de modo implícito de outras disposições do Tratado e dos atos adotados, no âmbito dessas disposições, pelas instituições da Comunidade. Ainda, o TJUE já havia

concluído em jurisprudência anterior que sempre que o direito da União conferisse às instituições competências no plano interno, com vista a realizar um objetivo determinado, a União seria investida da competência para assumir as obrigações internacionais necessárias à realização desse objetivo, mesmo na falta de uma disposição expressa nesse sentido.
(ii) Determinada a existência de competência internacional, a mesma pode ser exclusiva ou partilhada com os Estados-membros. Aqui, o TJUE já havia concluído que na hipótese em causa no Parecer 1/76 confirmada pelo Parecer 1/94, a competência é exclusiva quando a competência interna só pode ser utilmente exercida ao mesmo tempo que a competência externa, sendo, assim, a celebração de um acordo internacional necessária à realização de objetivos do Tratado que não podem ser alcançados pela adoção de regras autónomas.
(iii) Recordando o acórdão *AETR*, o TJUE considerou que o princípio ali estabelecido era pertinente para apreciar o caráter exclusivo ou não de uma competência externa da Comunidade, resolvendo aparentemente uma das questões deixadas em aberto pelo próprio acórdão *AETR*.
(iv) No Parecer 2/91, o TJUE indicou que o referido princípio é igualmente aplicável quando são adotadas regras em domínios não abrangidos por uma política comum, nomeadamente nos domínios em que existem disposições de harmonização.
(v) No Parecer 1/94, e nos acórdãos «céu aberto», já referidos, o TJUE enunciou três hipóteses em que reconheceu uma competência exclusiva da Comunidade. Estas três hipóteses devem, no entanto, ser consideradas apenas exemplos, cuja formulação tem origem nos contextos específicos levados em consideração pelo TJUE. Com efeito, pronunciando-se em termos muito mais gerais, o TJUE reconheceu uma competência exclusiva da Comunidade, designadamente, quando *(i)* a celebração de um acordo pelos Estados-membros seja incompatível com a unidade do mercado comum e com a aplicação uniforme do direito comunitário (Acórdão *AETR*) ou *(ii)* quando, devido à própria natureza das disposições comunitárias existentes, como os atos legislativos que incluem cláusulas relativas ao tratamento a dispensar aos nacionais de Estados terceiros ou *(iii)* à harmonização completa de uma determinada questão, qualquer acordo nessa matéria afete necessariamente as regras comunitárias na aceção do acórdão *AETR* (Parecer 1/94).
(vi) Todavia, o TJUE não reconheceu a competência exclusiva da Comunidade quando, devido ao caráter de prescrições mínimas tanto das dis-

posições comunitárias como das de uma convenção internacional, esta não possa impedir a plena aplicação do direito comunitário pelos Estados-membros (Parecer 2/91). Do mesmo modo, o TJUE não reconheceu a necessidade de uma competência exclusiva da Comunidade motivada pelo risco de acordos bilaterais criarem distorções nos fluxos de serviços no mercado interno, sublinhando que, nada no Tratado, impede as instituições de organizarem, nas regras comuns por elas adotadas, ações concertadas relativamente a países terceiros, nem de determinarem as atitudes a tomar pelos Estados-Membros relativamente ao exterior (Parecer 1/94 e Acórdãos de "céu aberto").

(vii) Assim, só dispondo a União de competências de atribuição, a existência de uma competência não expressamente prevista pelo Tratado e de natureza exclusiva, deve basear-se nas conclusões resultantes de uma análise concreta da relação existente entre o acordo previsto e o direito da União em vigor, e da qual resulte que a celebração de tal acordo é suscetível de afetar as regras comuns. Não é, todavia, necessário que haja uma concordância completa entre o domínio abrangido pelo acordo internacional e o da regulamentação da União.

(viii) Havendo que determinar se o critério enunciado pela expressão "um domínio já em grande parte coberto por regras comunitárias" (Parecer 2/91) se encontra preenchido, a análise deve basear-se não só no alcance das regras em causa, mas também na sua natureza e no seu conteúdo. Importa ainda levar em conta não apenas o estado atual do direito da União no domínio em causa, mas igualmente as suas perspetivas de evolução, quando estas forem previsíveis no momento dessa análise.

(ix) De qualquer forma, segundo o TJUE é sempre essencial assegurar uma aplicação uniforme e coerente das regras da União e um bom funcionamento do sistema que instituem, a fim de preservar a plena eficácia do direito da União.

(x) Uma eventual iniciativa destinada a evitar contradições entre o direito da União e o acordo previsto não dispensa que se determine, antes da celebração deste acordo, se este último é suscetível de afetar as regras comuns.

(xi) Em síntese, o TJUE considera que «há que efetuar uma análise global e concreta» destinada a verificar se a União dispõe da competência para celebrar um acordo internacional, e se esta competência é exclusiva. Nessa análise, devem ser tomados em consideração «não só o domínio abrangido tanto pelas regras comunitárias como pelas disposições do acordo previsto, contanto que estas sejam conhecidas, mas também a natureza e o conteúdo dessas regras e disposições, a fim de assegurar que o acordo não é suscetível de pôr em causa a aplicação uniforme e coerente das regras comunitárias e o bom funcionamento do sistema que instituem» (Parecer 1/03).

50. Em conclusão, podemos dizer que em jurisprudência consolidada, o TJUE estabeleceu um princípio do paralelismo de competências internas e internacionais, mas que o mesmo não opera ilimitadamente, havendo que analisar no caso concreto quais as implicações que a celebração de um acordo internacional acarreta para a legislação da União. O caminho para esta jurisprudência – considerada uma das mais complexas do TJUE – foi aberto pelo acórdão *AETR*, considerado assim «a mais importante decisão proferida pelo Tribunal no domínio das relações externas» da União, até hoje (Cf. EECKHOUT, Piet, *Bold constitutionalism and beyond*, p. 218).

III – Do princípio da preempção
51. Tendo estabelecido o princípio das competências implícitas, o acórdão *AETR* encontra-se ainda associado a um outro princípio fundamental da ordem jurídica da União, estreitamente associado com o princípio do primado: o princípio da preempção.
52. O princípio da preempção diz respeito à repartição de competências entre os Estados-membros e a União. Trata-se, portanto, de um princípio que opera lógica e cronologicamente antes do princípio do primado. Ali, não se trata de saber o que fazer se determinada norma nacional entra em conflito com uma norma da União, mas determinar quem tem competência para adotar atos em determinada matéria.
53. O princípio da preempção ilustra, desta forma, os casos em que os Estados-membros estão precludidos de atuar – no plano interno, ou internacional – uma vez que as competências da União prevalecem.
54. A doutrina tem hesitado quanto à definição do alcance deste princípio, isto é quanto à questão de saber quando é que perante a transferência de determinadas competências para a União os Estados-membros estão impedidos de atuar. Inclinamo-nos para pensar que uma tal preclusão de competência só tem lugar quando a União tiver efetivamente exercido a competência transferida. Nesta medida o ato nacional terá de se subordinar ao ato adotado pela União, como consequência do princípio do primado. Preempção e supremacia representam, assim, em certa medida, dois lados da mesma moeda, tendo sido ambos princípios elaborados para assegurar a imunidade do direito da União face aos Estados-membros.
55. A doutrina distingue vários cenários onde a preempção pode operar, designadamente: (*i*) "*express saving preemption*", que ocorre quando a legislação

da União expressamente autoriza os Estados-membros a legislar em certa área, em concorrência ou em exclusividade, impedindo os tribunais de afastar as normas nacionais; (*ii*) "*express saving pre-emption*", que ocorre quando a legislação da União proíbe expressamente a emanação de legislação nacional em determinada matéria, ou estabelece expressamente que a intervenção da União naquela área é exclusiva; (*iii*) "*occupation of the field pre-emption*", que ocorre quando o TJUE conclui que a legislação da União regula uma área do mercado comum de forma tão exaustiva que a União não autorizou nem deixou espaço para legislação nacional adicional; e (*iv*) "*conflict pre-emption*", que pode por sua vez emergir de duas formas: em primeiro lugar, quando as normas nacionais são aprovadas de forma a que se tornam contrárias à legislação da União, o que pode acontecer sobretudo no domínio da transposição de diretivas, e em segundo lugar quando uma norma nacional, apesar de não estar em conflito direto com legislação da União, interfere com o próprio funcionamento e organização do mercado comum, e que se denomina de "*obstacle conflic pre-emption*" (Cf. CROSS, Eugene Daniel, *Pre-emption of member state law in the European Economic Community: a framework for analysis, in Common Market Law Review*, 29, 3, 1992, p. 470).

56. Estando relacionado com as competências da União, o princípio da preempção prende-se, igualmente, com o princípio da subsidiariedade: «enquanto o princípio da subsidiariedade pode ser "um argumento na distribuição de competências à Comunidade em geral", a doutrina da preempção pode ser a chave judicial para executar e conseguir tal distribuição» (Cf. CROSS, Eugene Daniel, *Pre-emption of member state law in the European Economic Community*, p. 472).

57. Quanto a nós parece-nos que o problema da preempção, embora distinto do problema do primado, e precedendo-o, pode cruzar-se com ele e resolver-se, em última análise, como um verdadeiro problema de primado. Na verdade, o problema da preempção é prévio à determinação da existência de um conflito normativo: para podermos considerar se tal conflito existe, importa determinar qual o âmbito de aplicação da norma ou ato da União em causa, o qual pode deixar alguma margem de atuação para os Estados-membros, excluindo desta forma o conflito.

58. Não obstante, a questão de saber a quem compete legislar sobre determinada matéria é também um problema da validade das normas emanadas pelos órgãos da União ou dos Estados no exercício dessa competência, e como tal um problema de primado. Assim, se uma instituição da União adota legislação quando não tem competência para o fazer, exorbitando as suas competências, o ato em causa é inválido uma vez que, em última análise, violou os próprios Tratados constitutivos. O mesmo se pode dizer, se um Estado aprovar legislação num domínio de competência da União. Em ambos os casos, União e Estados estariam a atuar *ultra vires*, ou seja, para além dos limites das suas competências.

59. Todavia, a questão pode não se reconduzir apenas a uma violação do disposto nos Tratados constitutivos. Com efeito, ambas as situações podem ser entendidas igualmente como violação da constituição do Estado-membro em causa, nomeadamente do princípio da democracia e das chamadas cláusulas constitucionais de transferência de soberania.

60. A violação dos Tratados e das constituições nacionais envolve, naturalmente, a aplicação do princípio do primado. Aqui importa não apenas saber que norma deve prevalecer, mas igualmente que entidade tem competência para atuar, e que tribunais têm competência para decidir em última instância a questão das competências da União e dos Estados (questão da *"Kompetenz-kompetenz"* no plano judicial).

Assim, embora distintas, a questão do primado e da preempção podem e devem ser analisadas conjugadamente. Foi, de resto, isso que fez o Tribunal Constitucional alemão no seu acórdão *Maastricht* (*VBerfGE* 89, 155, caso *Brunner*).

IV – A cláusula das competências necessárias

61. O acórdão *AETR* relaciona-se, ainda, com o mecanismo atualmente previsto no artigo 352º TFUE – conhecido como a «cláusula dos poderes necessários» –, não só por esta disposição ter sido diretamente invocada no processo, como também por permitir igualmente uma extensão das competências da União para além do estabelecido no Tratado. Não devem, no entanto, ser confundidos.

62. Dispõe o nº 1 do artigo 352º TFUE que «[s]e uma ação da União for considerada necessária, no quadro das políticas definidas pelos Tratados, para atingir um dos objetivos estabelecidos pelos Tratados, sem que estes tenham previsto os poderes de ação necessários para o efeito, o Conselho, deliberando por unanimidade, sob proposta da Comissão e após aprovação do Parlamento Europeu, adotará as disposições adequadas. Quando as disposições em questão sejam adotadas pelo Conselho de acordo com um processo legislativo especial, o Conselho delibera igualmente por unanimidade, sob proposta da Comissão e após aprovação do Parlamento Europeu».

63. O artigo estabelece, portanto, um processo decisório especificamente desencadeado para permitir o alargamento de certas competências da União. Distingue-se, assim, do princípio das competências implícitas que se trata de um princípio interpretativo de fonte inteiramente jurisprudencial, e que opera cronologicamente numa fase anterior à atuação da cláusula dos poderes necessários, uma vez que esta implica a prévia determinação da ausência de competência, expressa ou implícita, nos Tratados.

64. O artigo 352º TFUE não opera, igualmente, de forma ilimitada, tendo a jurisprudência do TJUE determinado que o mesmo tem de respeitar o *"acquis communautaire"* e que não pode determinar um salto qualitativo na integração.

Estes limites foram essencialmente explorados no Parecer 2/94 (Parecer de 28 de março de 1996) do TJUE relativo à adesão por parte da União à Convenção Europeia para a Proteção dos Direitos do Homem e das Liberdades Fundamentais ("CEDH").

65. No Parecer 2/94, o TJUE entendeu que a Comunidade não tinha competência para aderir à CEDH, uma vez que não dispunha de competência expressa para a adoção de legislação ou para a celebração de acordos internacionais em matéria de direitos fundamentais. A isto acrescia que, no entendimento doTJUE, a cláusula dos poderes necessários não podia ser utilizada no caso concreto, já que a adesão implicaria uma alteração substancial no sistema de proteção de direitos fundamentais, uma vez que a União passaria a fazer parte de um sistema institucional distinto, e todas as disposições da CEDH seriam automaticamente incorporadas na ordem jurídica da União.

66. O Parecer 2/94 foi longamente criticado pela doutrina, que considerou, genericamente, que a questão da adesão à CEDH não devia ser entendida como uma questão de competências, mas de compatibilidade com o Tratado, a qual dependeria dos concretos «arranjos institucionais» que o Tratado de adesão estabelecesse. A justificação para a solução ali encontrada foi, então, associada à recusa do TJUE em se submeter a uma jurisdição exterior – o TEDH – o que poderia acabar por acontecer com a adesão à CEDH.

67. Não obstante, o ponto encontra-se hoje ultrapassado, em face do artigo 6º TUE, que prevê expressamente a adesão por parte da União à CEDH (*Vide* ainda Protocolo nº 8 e Declaração nº 2 anexos ao Tratado de Lisboa).

68. A adesão à CEDH deve considerar-se bem-vinda: promove a certeza jurídica, evita que os tribunais nacionais se vejam confrontados com decisões contraditórias, reforça e promove a tutela jurisdicional efetiva dos particulares, e resolve o problema de coerência suscitado pela adesão de todos os Estados-membros à CEDH.

69. Não obstante, o novo artigo 352º TFUE introduziu duas limitações que inexistiam na versão do anterior artigo 308º TCE. Assim, nos termos do nº 3 do artigo 352º TFUE «[a]s medidas baseadas no presente artigo não podem implicar a harmonização das disposições legislativas e regulamentares dos Estados-Membros nos casos em que os Tratados excluam tal harmonização», sendo ainda que nos termos do nº 4 da mesma disposição «[o] presente artigo não pode constituir fundamento para prosseguir objetivos do âmbito da política externa e de segurança comum e qualquer ato adotado por força do presente artigo deve respeitar os limites estabelecidos no segundo parágrafo do artigo 40º do Tratado da União Europeia».

V – Notas finais: o acórdão *AETR* e o Tratado de Lisboa

70. Algumas das novidades introduzidas pelo Tratado de Lisboa prendem-se estreitamente com a jurisprudência *AETR*. Assim, o novo artigo 263º TFUE – nomeadamente no seu § 4 – desconsidera completamente a forma do ato impugnável, deixando de se referir a decisões e regulamentos, como acontecia no anterior artigo 230º TCE, e abrindo a porta, por exemplo, para a impugnação direta de diretivas por parte de particulares.

71. Na versão atual, os Tratados consagram, ainda, um conjunto de competências expressamente atribuídas à União no plano internacional, de que são exemplo, as competências no domínio da política comercial comum (artigo 207º TFUE), dos acordos de associação (artigo 217º TFUE), nas relações internacionais (220º TFUE) e ainda em determinadas matérias, como a política de desenvolvimento (artigo 211º TFUE), a política ambiental (artigo 191º, nº 4 TFUE) e a política de investigação e desenvolvimento tecnológico (artigo 186º TFUE).

72. O nº 2 do artigo 3º TFUE passou ainda a dispor que «[a] União dispõe igualmente de competência exclusiva para celebrar acordos internacionais quando tal celebração esteja prevista num ato legislativo da União, seja necessária para lhe dar a possibilidade de exercer a sua competência interna, ou seja suscetível de afetar regras comuns ou de alterar o alcance das mesmas».

73. Os Tratados em vigor reconhecem, assim, três diferentes categorias de competência externa exclusiva da União: *(i)* quando a conclusão do acordo for prevista num ato legislativo (Parecer 1/94 e Acórdãos "céu aberto"), *(ii)* quando a conclusão é necessária para permitir à União o exercício da competência interna (Parecer 1/76); e quando *(iii)* a conclusão possa afetar as regras comuns ou alterar o seu âmbito de aplicação (Acórdão *AETR*).

74. O eventual exercício de competência partilhada requer, naturalmente, uma colaboração estreita entre a União e os Estados-membros, imposta desde logo pelo princípio da cooperação leal (artigo 4º, nº 3 TUE), e a necessidade de assegurar consistência na representação internacional da União (artigo 21º TUE). O exercício desta competência no plano internacional, conduz à celebração dos chamados "acordos mistos", onde são partes simultaneamente a União e os Estados-membros, os quais suscitam importantes e complexas questões na sua aplicação e interpretação.

75. Por fim, foi ainda anexada uma Declaração aos Tratados em matéria de delimitação de competências (Declaração nº 18) nos termos da qual «[a] Conferência salienta que, em conformidade com o sistema de repartição de competências entre a União e os Estados-Membros, previsto no Tratado da União Europeia e no Tratado sobre o Funcionamento da União Europeia, pertencem aos Estados-Membros as competências não atribuídas à União pelos Tratados. Quando os Tratados atribuam à União competência partilhada com os Estados-

-Membros em determinado domínio, os Estados-Membros exercem a sua competência na medida em que a União não tenha exercido a sua ou tenha decidido deixar de a exercer. Esta última situação ocorre quando as instituições competentes da União decidem revogar um ato legislativo, designadamente para melhor garantir o respeito constante dos princípios da subsidiariedade e da proporcionalidade. O Conselho, por iniciativa de um ou mais dos seus membros (representantes dos Estados-Membros) e em conformidade com o artigo 241º do Tratado sobre o Funcionamento da União Europeia, pode solicitar à Comissão que apresente propostas com vista à revogação de atos legislativos. A Conferência saúda o facto de a Comissão declarar que prestará especial atenção a tais pedidos. De igual modo, os representantes dos Governos dos Estados-Membros, reunidos em Conferência Intergovernamental, de acordo com o processo de revisão ordinário previsto nos nºs 2 a 5 do artigo 48º do Tratado da União Europeia, podem decidir alterar os Tratados em que se funda a União, inclusivamente no sentido de aumentar ou reduzir as competências atribuídas à União por esses Tratados».

6. Princípio da Uniformidade na Interpretação e Aplicação do Direito da União Europeia

Manuel Fontaine Campos

6.1. Acórdão do Tribunal de Justiça de 30 de junho de 1966 – Processo 61/65 Viúva G. *Vaassen-Göbbels* c. Direção do Beambtenfonds voor het Mijnbedrijf (BFM)

Resumo dos factos

A Sra. Vaassen era viúva de um empregado de minas holandês e, em consequência, tinha direito a uma pensão da Caixa de Pensões do BFM e a estar inscrita na Caixa de Doença do BFM. Em 1963, mudou de residência para a Alemanha, o que acarretou o cancelamento automático da inscrição na Caixa de Doença. A viúva pediu a sua reinscrição, mas foi-lhe recusada. A Sra. Vaassen recorreu dessa decisão desfavorável para o órgão competente, o Scheidsgerecht ("Tribunal arbitral").

O Scheidsgerecht teve dúvidas quanto à interpretação de normas do Regulamento (comunitário) nº 3, cuja aplicação era relevante para decidir o recurso. Em consequência, dirigiu duas questões de interpretação ao Tribunal de Justiça das Comunidades Europeias (cujo nome foi alterado, pelo Tratado de Lisboa, para «Tribunal de Justiça», integrado no «Tribunal de Justiça da União Europeia»). No mesmo pedido, o Scheidsgerecht colocou a questão de saber se podia ser considerado um «órgão jurisdicional de um dos Estados-membros», no sentido do artigo 177º do TCEE (atual artigo 267º do TFUE) e se, portanto, podia dirigir-se ao Tribunal de Justiça. A questão colocou-se porque, nos termos da lei holandesa, o Scheidsgerecht não era considerado um órgão jurisdicional. No entanto, o Scheidsgerecht argumentou que, pelo facto de ser a instituição que decide em única e última instância sobre os litígios daquele tipo, devia ser considerado «órgão jurisdicional de um dos Estados-membros».

O advogado-geral Joseph Gand entendeu, nas suas Conclusões, que o Scheidsgerecht devia ser considerado um «órgão jurisdicional de um Estado-membro» e, consequentemente, o Tribunal de Justiça devia responder às questões prejudiciais formuladas.

Excertos do acórdão
«I – Quanto à admissibilidade do pedido de interpretação
Fundamentos da decisão

O recorrido no processo principal [BFM] alega que o Scheidsgerecht van het Beambtenfonds voor het Mijnbedrijf, a seguir "Scheidsgerecht", não é um órgão jurisdicional na aceção do artigo 177º do Tratado CEE, pelo que não pode submeter ao Tribunal um pedido de interpretação ao abrigo daquela disposição.

O Scheidsgerecht foi constituído nos termos da legislação neerlandesa.

Com efeito, este órgão encontra-se previsto no Reglement van het Beambtenfonds voor het Mijnbedrijf (RBFM), texto que regula as relações entre o Beambtenfonds e os seus segurados.

Nos termos da lei neerlandesa sobre invalidez, o seguro obrigatório nela previsto não abrange as pessoas cujas pensões de invalidez e de velhice se integram num regime que se substitui ao regime geral, bastando para tanto que as autoridades competentes declarem que aquele regime preenche os requisitos legais e dá garantias suficientes para o pagamento de pensões.

Existem disposições análogas noutros ramos da segurança social.

Consequentemente, aquele regime, bem como as suas eventuais alterações, necessita, para além da aprovação do ministro neerlandês do qual depende a indústria mineira, da aprovação do ministro dos Assuntos Sociais e da Saúde Pública.

Além disso, compete ao ministro do qual depende a indústria mineira nomear os membros do Scheidsgerecht, designar o seu presidente e adotar o seu regulamento processual.

O Scheidsgerecht, organismo permanente competente quanto aos litígios definidos, em termos gerais, no artigo 89º do RBFM, está sujeito a regras de processo contraditório semelhantes às que regem o funcionamento dos tribunais de direito comum.

Por fim, as pessoas abrangidas pelo RBFM são obrigatoriamente membros do Beambtenfonds, nos termos de um regulamento adotado pelo Mijnindustrieraad (Conselho da Indústria Mineira), instituição de direito público.

Estas pessoas, relativamente aos litígios que as opõem ao seu organismo de segurança social, devem dirigir-se ao Scheidsgerecht como instância judicial.

O Scheidsgerecht deve aplicar normas de direito.

No presente caso, a questão de saber se o Regulamento nº 3 do Conselho da CEE se aplica a regulamentações como o RBFM implica que este seja interpretado e deve ser examinada no âmbito da primeira questão submetida pelo Scheidsgerecht.

Nestas condições, deve considerar-se o Scheidsgerecht como um órgão jurisdicional na aceção do artigo 177º

Consequentemente, o pedido de interpretação é admissível».

Comentário

I – Introdução

1. O reenvio prejudicial constitui um mecanismo de colaboração entre os tribunais nacionais e o Tribunal de Justiça da UE. Os primeiros são também tribunais ordinários de Direito da União, aplicando-o nos litígios que lhes cabe resolver. É natural que esses tribunais tenham dúvidas na interpretação das normas da União, quer as mesmas constem dos tratados ou dos atos adotados pelas suas instituições e órgãos. O artigo 267º do TFUE permite-lhes esclarecerem essas dúvidas junto do Tribunal de Justiça, colocando-lhe «questões prejudiciais» (isto é, questões cuja não resolução prejudica o prosseguimento da causa) a que aquele há de responder. O reenvio prejudicial serve ainda para resolver dúvidas relativas à validade das normas de Direito derivado da UE (artigo 267º/§1). Sempre que, num caso concreto, um tribunal nacional deva aplicar normas da União Europeia e tenha dúvidas quanto à sua interpretação ou validade, pode suspender o processo e dirigir as suas questões ao Tribunal de Justiça. Uma vez que o TJ responda às dúvidas do tribunal nacional, este está obrigado a aplicar as normas de Direito da UE nos termos prescritos pelo primeiro.

2. O reenvio prejudicial, ao dar cumprimento ao objetivo *micro* do esclarecimento das dúvidas colocadas por cada tribunal nacional, de forma a poder resolver os litígios concretos que é chamado a julgar, permite sobretudo concretizar o objetivo *macro* da realização do *princípio da uniformidade na interpretação e aplicação do Direito da União Europeia*. Como o Tribunal vai responder da mesma forma às perguntas que, colocadas por diferentes tribunais, sejam substancialmente idênticas, esses tribunais terão de aplicar de maneira uniforme o Direito da União (cf. RUI MOURA RAMOS, *Das Comunidades à União Europeia – Estudos de Direito Comunitário*, 1999, Coimbra Editora, pp. 222-225).

3. É certo que, por regra, os tribunais nacionais não estão obrigados a reenviar estas questões ao Tribunal de Justiça. Pode, portanto, suceder que as partes no processo chamem a atenção para dúvidas pertinentes de interpretação ou

validade do Direito da União e o tribunal opte por não apresentar essas dúvidas ao TJ (o artigo 267º/§2 diz que o órgão nacional «pode» reenviar a questão). Se o mecanismo do reenvio prejudicial não acrescentasse mais nada ao que acabou de se dizer, haveria o risco de os tribunais nacionais aplicarem o direito da União no sentido que cada um entendesse mais adequado, podendo esse entendimento variar de tribunal para tribunal, quer entre Estados, quer dentro do mesmo Estado. Como não existe recurso das decisões dos tribunais nacionais para os tribunais da União Europeia, estaria em causa a aplicação *uniforme* do Direito da União Europeia.

4. No entanto, o artigo 267º/§3 prevê que, em certas circunstâncias, os tribunais nacionais estão «obrigado[s] a submeter a questão ao Tribunal» de Justiça. Tal sucede quando não é possível recorrer das decisões desses tribunais, o que sucederá normalmente quanto aos acórdãos dos tribunais supremos, mas sucede igualmente quanto às decisões de tribunais inferiores que julguem uma causa em última instância. É esta obrigatoriedade excecional do reenvio, conjugada com a possibilidade de as partes, numa causa submetida a julgamento, recorrerem das decisões judiciais até chegarem a um tribunal que decide em última instância, que garante a intervenção do Tribunal de Justiça no esclarecimento de questões prejudiciais e, portanto, garante a uniformidade na interpretação e aplicação do Direito da União Europeia.

5. Nas várias décadas subsequentes à fundação das Comunidades europeias foram surgindo diversos problemas relativos ao mecanismo do reenvio prejudicial. Tal sucedeu com a questão de saber se os tribunais que decidem em última instância estão sempre obrigados a reenviar questões ao Tribunal de Justiça, mesmo quando considerem que as questões não são pertinentes para a resolução do caso, que a resposta às mesmas é evidente ou que já foram respondidas pelo Tribunal de Justiça. Foi também o que aconteceu com o problema relativo à possibilidade de os tribunais nacionais desaplicarem normas da UE por as considerarem inválidas, sem reenviarem essa questão (de validade) ao Tribunal de Justiça. Um outro problema diz respeito aos órgãos nacionais que podem reenviar questões ao Tribunal de Justiça. Os dois primeiros problemas serão abordados nas anotações aos acórdãos *CILFIT* e *Foto-Frost*. O último problema é objeto desta anotação, bem como da anotação ao acórdão *Dorsch Consult*.

II – A noção de órgão jurisdicional nacional
6. No caso *Vaassen-Göbbels* esteve em causa a delimitação das entidades nacionais que podem fazer uso do mecanismo do reenvio prejudicial, colocando questões ao Tribunal de Justiça. Foi o primeiro caso em que o Tribunal de Justiça teve de pronunciar-se sobre o significado da expressão «órgão jurisdicional de um dos Estados-membros», presente no segundo parágrafo do artigo 267º do TFUE

(então artigo 177º do TCEE). A pronúncia do TJ era necessária, uma vez que o Tratado não define nem explicita essa noção.

7. Naturalmente, a interpretação que o Tribunal de Justiça daria dessa expressão estava limitada pelo teor literal da mesma: teria de tratar-se de um «órgão», o mesmo teria de poder ser qualificado como «jurisdicional» e, finalmente, teria de poder dizer-se que o mesmo era «de um dos Estados-membros» ou, como refere o terceiro parágrafo da mesma norma, que o mesmo era «nacional». Da análise dos cinquenta anos de jurisprudência da União Europeia relativa a esta questão, pode concluir-se que foi a qualificação de «jurisdicional» que levantou os problemas essenciais. Não encontramos qualquer discussão relativa ao que seja um «órgão», o que poderá resultar do facto de essa expressão não aparecer em três das quatro línguas originais do TCEE (francês, alemão, italiano). Nessas versões fala-se apenas em «juridiction d'un des États membres»/«juridiction nationale», «Gericht eines Mitgliedstaats»/«einzelstaatlichen Gericht», «giurisdizione di uno degli Stati membri»/«giurisdizione nazionale». Só na versão holandesa se fala em instância ou corpo jurisdicional: «rechterlijke instantie van een der lidstaten»/«nationale rechterlijke instantie».

8. Também não se encontra qualquer problematização da qualificação do órgão como «nacional», com uma única exceção: a consideração, no acórdão *Parfums Christian Dior* (4/11/1997, proc. C-337/95, nºs 20-23), de que um tribunal *internacional* (o Tribunal de Justiça do Benelux) constituía um «órgão jurisdicional nacional». A aparente contradição pode ser ultrapassada se, como T. C. HARTLEY (*The Foundations of European Union Law*, 2010, Oxford University Press, pp. 299-300), considerarmos o Tribunal de Justiça do Benelux um tribunal conjunto de vários Estados-membros, que decide questões que seriam resolvidas pelos tribunais nacionais não fora a sua existência. Num caso mais recente, envolvendo a tentativa (infrutífera) de reenvio de questões prejudiciais pela Instância de Recurso das Escolas Europeias, considerou-se que a situação era diferente, uma vez que a referida Instância constituía um órgão jurisdicional de uma organização internacional diferente dos Estados-membros (cf. acórdão *Escolas Europeias*, 14/6/2011, proc. C-196/09, nº 42).

9. São de referir, a este propósito, os acórdãos em que o Tribunal de Justiça admitiu reenvios formulados por órgãos jurisdicionais sedeados em territórios ultramarinos sujeitos a um regime especial de aplicação do Direito da União – *Kaefer e Procacci* (12/12/1990, proc. C-100/89 e C-101/89, nºs 6-10), e *Leplat* (12/2/1992, proc. C-260/90, nºs 7-9), – ou que não estão integrados no sistema jurisdicional do respetivo Estado-membro – *Barr* (3/7/1991, proc. C--355/89, nº 9) e *Pereira Roque* (16/7/1998, proc. C-171/96). O argumento fundamental que o Tribunal usou, no acórdão *Barr*, para aceitar o reenvio foi o facto de esse órgão dever aplicar normas de Direito da União pelo que, para

assegurar a uniformidade na interpretação e aplicação desse Direito, o Tribunal devia responder às questões prejudiciais formuladas. É claro que, se apenas relevasse esse objetivo, estaria justificada a possibilidade de reenvio por tribunais de Estados terceiros, que tivessem de aplicar normas de uma convenção internacional celebrada pela União com esses Estados, pois as mesmas fazem parte do Direito da União. O facto de o artigo 267º se referir a órgãos jurisdicionais «dos Estados-membros» ou «nacionais» impede, no entanto, essa extensão do âmbito de aplicação da norma (neste sentido, cf. as conclusões do advogado-geral MISCHO no caso *Kaefer e Procacci* (17/5/1990, proc. C-100/89 e C-101/89, nº 15).

10. A qualificação de um órgão nacional como «jurisdicional» poderia resultar de razões diversas. Uma hipótese consistiria em aceitar a qualificação feita pelos ordenamentos jurídicos nacionais. Todos os órgãos que o Direito português, por hipótese, qualifica como «tribunais» ou aos quais reconhece caráter «jurisdicional» poderiam, desta forma, reenviar questões ao Tribunal de Justiça. Os outros órgãos, aos quais o Direito nacional não reconhecesse essa qualidade, não poderiam usar o mecanismo do reenvio prejudicial. O problema desta opção, como se percebe desde logo, é que a mesma acarretaria a possibilidade de órgãos com exatamente as mesmas características, mas localizados em Estados-membros diferentes, poderem reenviar ou estarem impossibilitados de o fazer, consoante a respetiva ordem jurídica os qualificasse como «jurisdicionais» ou não. No sentido de afastar o recurso às qualificações nacionais de «tribunal» concorre ainda a circunstância de o Tratado ter utilizado a expressão «órgão jurisdicional» ao invés de «tribunal».

11. Não surpreende, portanto, que o advogado-geral JOSEPH GAND tivesse defendido, no caso *Vaassen-Göbbels*, a possibilidade de uma interpretação «comunitária» da noção de «órgão jurisdicional nacional», distinta das interpretações nacionais. A razão apontada pelo magistrado é clara: assim o exigem as «necessidades de interpretação e de aplicação uniformes do Tratado». As normas de Direito da UE apenas serão interpretadas e aplicadas de maneira *uniforme* em todos os Estados-membros se todos os órgãos aplicadores do Direito com as mesmas características («jurisdicionais») puderem colocar questões ao Tribunal de Justiça e resolver os casos que tenham pendentes em conformidade com a resposta desse Tribunal. Seguindo a opinião do advogado-geral, o Tribunal de Justiça optou, como fez, aliás, em muitos outros domínios, por uma qualificação autónoma, de Direito da União Europeia, da noção de «órgão jurisdicional nacional» (no mesmo sentido, cf. as Conclusões do advogado-geral TESAURO no caso *Dorsch Consult*, de 15/5/1997, proc. C-54/96, nº 20 e nota 20). O Tribunal de Justiça afirmou ulteriormente no acórdão *Hagen* (1/2/1972, proc. 49/71, nº 6), e de maneira geral, que «salvo em caso de remissão, explícita ou implícita,

para o direito nacional, as noções jurídicas utilizadas pelo Direito da União devem ser interpretadas de maneira uniforme no conjunto da Comunidade» (ligando este entendimento ao da autonomia do próprio Direito da UE, cf. João Mota de Campos e João Luiz Mota de Campos, *Contencioso Comunitário*, 2002, Fundação Calouste Gulbenkian, p. 122).

12. Sendo assim, quais são os fundamentos da qualificação de um órgão como «jurisdicional»? Na sequência do referido pelo advogado-geral, um desses fundamentos é a razão principal do próprio mecanismo do reenvio prejudicial: a necessidade de assegurar uma *interpretação e aplicação uniforme* das normas dos Tratados e dos atos das instituições da União em todo o espaço da União Europeia. Foi exatamente essa razão que justificou ulteriormente a qualificação do Tribunal de Justiça do Benelux como órgão jurisdicional ... nacional. Mas, até por este exemplo, percebe-se o potencial disruptivo da consideração *única* daquele objetivo. Na verdade, se apenas fosse tido em conta esse objetivo, deveria aceitar-se o reenvio de qualquer entidade que tivesse de aplicar normas de Direito da União (neste sentido, cf. Damian Chalmers, Gareth Davies e Giorgio Monti, *European Union Law – Cases and Materials*, 2010, Cambridge University Press, pp. 153-155). Ora, as entidades administrativas nacionais também interpretam e aplicam o Direito da UE. Não será de exigir que essa interpretação e aplicação sejam uniformes? E não se poderá dizer o mesmo dos particulares, que são frequentemente destinatários diretos das normas da União? Não fará sentido que, quando os mesmos tenham dúvidas quanto a essas normas, as procurem resolver junto do Tribunal de Justiça? Esta última hipótese seria demasiado arrojada, face à letra do segundo parágrafo do artigo 267º, quer na parte em que se refere a «*órgãos jurisdicionais*» quer naquela em que exige que a decisão sobre a questão (colocada ao Tribunal de Justiça) seja «necessária ao *julgamento da causa*». Na verdade, convém esclarecer, desde já, que os particulares que sejam partes no litígio perante uma jurisdição nacional não podem, eles próprios, suscitar as questões prejudiciais. Apenas podem pedir ao juiz do processo que o faça, como o próprio Tribunal de Justiça esclareceu nos casos *Hessische Knappschaft* (9/12/1965, proc. 44/65, p. 1198), *Lothar Mattheus* (22/11/1978, proc. 93/78, nº 5) e no caso *Município de Barcelos* (12/2/2010, proc. C-408/09, nºs 8-9), em que a referida autarquia local portuguesa colocou diretamente ao TJ certas questões prejudiciais, que ficaram, consequentemente, sem resposta. Mas não faria sentido que, quando os particulares procuram resolver os seus litígios recorrendo a outras entidades privadas, nomeadamente a árbitros, estes pudessem colocar questões ao Tribunal de Justiça? No que diz respeito às autoridades administrativas, quando os destinatários das suas decisões contestem a respetiva validade, não poderão as mesmas, a fim de "julgar" essa causa, reenviar questões ao Tribunal de Justiça?

13. Deste modo, por um lado, uma interpretação finalista ou teleológica do artigo 267º, que confira prioridade ao objetivo prosseguido com a instituição e funcionamento do mecanismo do reenvio prejudicial, da garantia da uniformidade na interpretação e aplicação do Direito da União, implica um grande alargamento do conjunto de entidades que podem reenviar questões ao Tribunal de Justiça. Por outro lado, uma interpretação que dê mais importância à letra da norma, quando se refere a órgãos «jurisdicionais» e exige o «julgamento de uma causa», conduz a uma restrição desse conjunto. Do ponto de vista do Tribunal de Justiça, um desejo de aumentar o respetivo poder e influência levariam a privilegiar a primeira perspectiva. Ao mesmo tempo, nenhum tribunal deseja ser inundado de pedidos aos quais não possa dar satisfação em tempo útil, até porque isso acaba por funcionar em detrimento desse poder e dessa influência (referindo como a sobrecarga do Tribunal de Justiça gerou uma preocupação com a filtragem do acesso à competência de decisão prejudicial, cf. MARIA INÊS QUADROS, *A Função Subjetiva da Competência Prejudicial do Tribunal de Justiça das Comunidades Europeias*, 2006, Almedina, nota 22). Assim, o Tribunal estava destinado a procurar um equilíbrio entre estas diversas razões e pretensões. O preenchimento da expressão «órgão jurisdicional nacional» resulta dessa busca. A concepção de «órgão jurisdicional nacional» que temos hoje exprime esse equilíbrio evolutivo.

III – A noção de órgão jurisdicional nacional – conceito ou tipo?

14. Há algumas considerações metodológicas que permitem compreender melhor a jurisprudência do Tribunal de Justiça. Essas considerações respeitam à distinção entre conceito e tipo e à questão de saber se a noção de «órgão jurisdicional nacional» deve ser encarada como um conceito ou como um tipo.

15. O «conceito» jurídico, tal como construído pela ciência do Direito, implica a identificação de um conjunto de características necessárias e suficientes para se concluir que, a serem preenchidas num caso concreto, a realidade conceptualizada está presente. Se alguma dessas características não se verificar, a conclusão é a oposta. Quando se analisa um determinado caso concreto, o raciocínio seguido para descobrir se o conceito está presente é o da subsunção lógica. A premissa maior é composta por todas as características abstratas do conceito. A premissa menor consiste na confirmação de que, realmente, *todas* essas características se verificam no caso concreto. Finalmente, a conclusão consiste na declaração da presença do conceito. O conceito é, portanto, uma forma rígida de pensar o Direito, baseada na distinção entre realidades distintas e inconfundíveis. Se o Tribunal de Justiça tivesse, à partida, definido as características necessárias e suficientes ao preenchimento do conceito de «órgão jurisdicional nacional» não teria depois margem de manobra para dar cumprimento às razões e pretensões de que

falámos acima. Assim, procurar um *conceito* de «órgão jurisdicional nacional» seria, neste contexto, prejudicial à busca do equilíbrio referido.

16. Uma outra categoria trabalhada pela ciência do Direito, sobretudo no século XX, e que se adapta melhor, como veremos, ao desenvolvimento jurisprudencial da noção de «órgão jurisdicional nacional», é o «tipo». O «tipo» tem um caráter mais fluído do que o «conceito» (sobre a distinção entre o «conceito» e o «tipo», cf. KARL LARENZ, *Metodologia da Ciência do Direito*, 1997, Fundação Calouste Gulbenkian, pp. 306-310). Um «tipo» é uma imagem à qual a realidade pode ser mais ou menos aproximada. Para verificarmos se, num caso concreto, um «tipo» está presente, não é preciso que a realidade em causa seja exatamente igual ao modelo que esteve na base da construção do tipo (o «arquétipo»). Dizer-se que determinado órgão é do «tipo» de um «órgão jurisdicional nacional» significa que o mesmo preenche algumas características, embora não necessariamente todas as características do referido arquétipo. Dois órgãos podem ser identificados com o mesmo «tipo» e não terem exatamente as mesmas características: o que importa é que preencham ambos um conjunto de características, algumas comuns, outras (eventualmente) diferentes, que os tornem suficientemente semelhantes ao arquétipo.

17. Na verdade, o raciocínio tipológico é o da analogia: no caso concreto, o órgão deve ser suficientemente semelhante ao arquétipo (que, como veremos, é, neste caso, o «tribunal de direito comum») para se poder dizer que faz parte do tipo (neste caso, «órgão jurisdicional nacional»). O que seja uma semelhança «suficiente» depende, em parte, de considerações valorativas, a efetuar pelo Tribunal de Justiça, nomeadamente de saber se o órgão e as suas decisões podem pôr em causa a uniformidade na interpretação e aplicação do Direito da União Europeia e se, portanto, é importante que o Tribunal de Justiça exerça poder e influência sobre o mesmo. Por outro lado, se o órgão em causa não preenche nenhuma ou quase nenhuma das características que são associadas ao arquétipo «tribunal de direito comum», o Tribunal de Justiça não poderá considerar que se enquadra no tipo de «órgão jurisdicional nacional».

18. Repare-se que o facto de o Tratado ter utilizado a expressão «órgão jurisdicional», tal como sucedeu nas versões francesa, italiana e holandesa do TCEE, ao invés de «tribunal», aponta no sentido de um seu entendimento tipológico. A ideia é que o órgão em causa não tem de ser um «tribunal», mas deve ser parecido com um tribunal, por exercer funções «jurisdicionais». Apenas na versão alemã se fala em «tribunal» embora a palavra alemã (*Gericht*) tenha um sentido amplo. Na ulterior versão inglesa fala-se em «*any* court or tribunal», o que amplifica ainda mais o âmbito de aplicação da expressão.

19. Repare-se ainda que o artigo 267º, ao estipular que apenas os «órgãos jurisdicionais nacionais» podem reenviar questões ao Tribunal de Justiça, parte

das considerações valorativas que identificámos acima. Efetivamente, sendo preciso delimitar, por razões de economia processual, as entidades que têm legitimidade para questionar o Tribunal de Justiça, faz sentido que sejam escolhidas aquelas mais importantes do ponto de vista da uniformidade na interpretação e aplicação do Direito da UE. Essas entidades são, claramente, os tribunais. Tal acontece porque o seu papel é, justamente, o de declarar o direito vigente, nomeadamente o Direito da União. Por outro lado, tal sucede porque as outras entidades, públicas ou privadas, podem ver a respetiva interpretação e aplicação do Direito (designadamente, o da UE) contestada ... em tribunal. Nesses casos, os tribunais ditarão, de forma vinculativa para essas entidades, públicas ou privadas, a interpretação e aplicação adequada do Direito da União. Finalmente, os tribunais (designadamente, os tribunais supremos) são as entidades que determinam a interpretação e aplicação definitiva do Direito nos casos concretos.

20. O preenchimento do tipo de «órgão jurisdicional nacional» aconteceu através da enunciação de diversas características que, tradicional e consensualmente, são identificáveis nos «tribunais de direito comum» dos diversos Estados-membros. O advogado-geral JOSEPH GAND exprime isto mesmo quando esclarece que vai ter «em consideração os princípios gerais aplicáveis nos diversos Estados-membros em matéria de organização judicial», tendo em vista determinar se o «Scheidsgerecht apresenta as características dos organismos competentes para dirimir litígios». Tal não significa que, ao contrário do que se disse acima, o Tribunal se tenha "rendido" às qualificações nacionais de «tribunal».

21. Na verdade, no caso *Vaassen-Göbbels*, a questão da qualificação como «órgão jurisdicional nacional» colocou-se porque o Scheidsgerecht não era qualificado pelo direito holandês como «órgão jurisdicional». Mas que isso não é determinante da qualificação operada pelo Direito da UE demonstra-o claramente este caso, uma vez que o Tribunal de Justiça acabou por reconhecer ao Scheidsgerecht essa qualidade.

22. Diga-se, aliás, que a hipótese contrária é também possível: o direito nacional qualificar um órgão como «tribunal» e, não obstante, o Tribunal de Justiça não lhe reconhecer a qualidade de órgão jurisdicional nacional. Foi, nomeadamente, o que sucedeu nos acórdãos *Job Centre* (19/10/1995, proc. C-111/94), *Salzmann* (14/6/2001, proc. C-178/99), *HSB-Wohnbau* (10/7/2001, proc. C-86/00), *Lutz* (15/1/2002, proc. C-182/00) e *Standesamt Stadt Niebüll* (27/4/2006, proc. C-96/04), bem como no despacho *Holto Ltd.* (22/1/2002, proc. C-447/00).

IV – Características associadas à noção de órgão jurisdicional nacional

23. Quais são, então, as características associadas à noção de «órgão jurisdicional nacional»? No caso *Vaassen-Göbbels*, o advogado-geral e o Tribunal de Justiça

enunciaram claramente cinco características cuja verificação lhes permitiu considerar o Scheidsgerecht como «órgão jurisdicional de um dos Estados--membros». O órgão nacional
  (i) era permanente;
  (ii) estava sujeito a regras de processo «semelhantes às que regem o funcionamento dos tribunais», prevendo nomeadamente a audiência em contraditório;
  (iii) tinha sido criado nos termos da legislação holandesa, sendo o seu regulamento processual adotado pelo ministro, que também nomeava os seus membros;
  (iv) era a instância processual obrigatória quanto aos litígios em causa;
  (v) e, finalmente, devia aplicar regras de Direito.

24. Há duas características adicionais, referidas pelo advogado-geral mas não referidas ou acentuadas pelo Tribunal de Justiça: os membros do Scheidsgerecht eram (vi) totalmente independentes das partes e (vii) esse órgão tinha como função a resolução de litígios. Como se verá na anotação ao acórdão *Dorsch Consult*, também estes elementos acabaram por ser adotados pelo Tribunal de Justiça, em casos ulteriores.

25. O advogado-geral e o Tribunal de Justiça enunciaram, assim, um conjunto de características do Scheidsgerecht que lhes pareciam bastar para qualificar o mesmo de «órgão jurisdicional na aceção do artigo 177º [267º do TFUE]». Há alguns indicadores, já neste caso, de que a abordagem seguida é tipológica. O advogado-geral, depois de ter indicado algumas características do Scheidsgerecht, reconhece a seguir que as mesmas não são *«por si só* determinantes», procurando depois enunciar um outro conjunto de características que possam permitir formar a convicção de que se está perante um órgão jurisdicional. O Tribunal de Justiça, por seu lado, acentua como o Scheidsgerecht está «sujeito a regras» «*semelhantes* às que regem o funcionamento dos *tribunais de direito comum*». Os tribunais de direito comum são, portanto, o arquétipo relativamente ao qual se estabelecem as comparações que permitem aferir da *semelhança* indispensável à qualificação da entidade em causa dentro do tipo de «órgão jurisdicional nacional». Essa semelhança é aferida pelo preenchimento de um conjunto de características. No sentido defendido no texto, da abordagem tipológica do preenchimento da noção de «órgão jurisdicional nacional», DENYS SIMON (*Le système juridique communautaire*, 2001, Presses Universitaires de France, pp. 666 e 668) considera que o Tribunal utiliza a «técnica do feixe de índices» e usa de «flexibilidade» na qualificação de um organismo como jurisdição nacional.

V – Os tribunais arbitrais

26. Um outro aspeto que contribuiu, no caso *Vaassen-Göbbels*, para a dúvida relativa à qualificação mencionada, foi o nome do órgão em causa. Scheidsgerecht significa, em holandês, Tribunal Arbitral. Os tribunais arbitrais são, por regra, tribunais criados por convenção de arbitragem celebrada entre as partes de uma relação jurídica (veja-se, como demonstração, o regime da arbitragem voluntária, na nossa Lei nº 31/86, de 29 de agosto). As partes nessa relação não estão obrigatoriamente submetidas à competência desse tribunal, a não ser que convencionem essa competência. Trata-se de uma entidade constituída para julgar aquele particular litígio entre as partes e que se extingue depois de desempenhada a sua tarefa. São as partes que designam os árbitros. É frequente que as partes determinem que os árbitros decidam de acordo com a equidade e não por aplicação das regras de Direito vigentes.

27. A referência aos tribunais arbitrais tem interesse porque, como vimos, o tipo de «órgão jurisdicional nacional» *poderia* ser alargado de modo a englobar esses tribunais. Todavia, o Tribunal de Justiça, ao estipular as características dos «órgãos jurisdicionais nacionais», fez a escolha oposta, uma vez que os tribunais arbitrais «puros» não preenchem essas características. Logo, não se enquadram naquele tipo e, portanto, não podem reenviar questões prejudiciais.

28. Pode até supor-se que a caracterização que é feita dos «órgãos jurisdicionais nacionais» no caso *Vaassen-Göbbels* toma como modelo antagónico justamente os tribunais arbitrais: se estes são temporários, criados pelas partes em litígio, de competência facultativa e podem julgar de acordo com a equidade, aqueles deverão ser permanentes, de criação pública, de competência obrigatória e obrigados a julgar de acordo com o Direito. O «tribunal arbitral» é, assim, assumido como contratipo, como modelo antagónico em que nenhum órgão que pretenda usar o reenvio prejudicial poderá encaixar.

29. Como se explica, então, que o Scheidsgerecht tenha sido considerado «órgão jurisdicional nacional»? Tal sucedeu porque foi demonstrado que, apesar do nome, o órgão em causa se assemelhava muito mais aos «tribunais de direito comum» do que a um verdadeiro tribunal arbitral. O Tribunal de Justiça chegou à mesma conclusão no caso *Danfoss* (17/10/1989, proc. 109/88), em que estava em causa um tribunal arbitral profissional dinamarquês. Já o mesmo não sucedeu nos acórdãos *Nordsee* (23/3/1982, proc. 102/81, nºs 10-12) e *Denuit e Cordenier* (27/1/2005, proc. C-125/04, nºs 12-16), em que o Tribunal de Justiça recusou reconhecer a qualidade de «órgão jurisdicional nacional» a um árbitro e a um tribunal arbitral, respetivamente, porque as partes na relação jurídica não estavam obrigadas a confiar-lhes a resolução dos seus litígios e porque não existia qualquer intervenção das autoridades públicas na escolha pela via da arbitragem. Na verdade, tal como reconhecem JOÃO MOTA DE CAMPOS e JOÃO LUIZ MOTA DE

CAMPOS (p. 125), «os tribunais arbitrais não obedecem a um modelo uniforme». Assim, o Tribunal de Justiça qualifica-os como «órgãos jurisdicionais nacionais» se os mesmos se aproximarem do modelo do «tribunal de direito comum» e se afastarem do modelo antagónico do «tribunal arbitral» puro.

30. Podemos compreender que o Tribunal de Justiça não tenha qualquer interesse em responder a questões de um órgão arbitral quando o mesmo não aplica o direito e decide de acordo com a equidade. Com razão se pode dizer que esse órgão não exerce, nessa hipótese, uma função jurisdicional. Mas se o órgão arbitral deve aplicar as regras de Direito vigentes, como sucede em muitas circunstâncias, na resolução de litígios reais entre partes (privadas, públicas ou públicas e privadas), litígios que poderiam estar a ser julgados em tribunais do Estado, caso as partes não tivessem optado pela via arbitral, não há dúvida de que uma função jurisdicional está a ser exercida. Neste sentido, há quem julgue «manifestamente exagerado» o não reconhecimento dos tribunais arbitrais não permanentes como órgãos jurisdicionais nacionais – FAUSTO DE QUADROS, *Direito da União Europeia – Direito Constitucional e Administrativo da União Europeia*, 2008, Almedina, p. 479. Como compreender esta renitência do Tribunal de Justiça em reconhecer ao órgão arbitral o caráter de «órgão jurisdicional nacional»?

31. A razão poderá estar na escassa importância que, por regra, os tribunais arbitrais assumem no que diz respeito à fixação de uma jurisprudência nacional. Tal resulta das suas características intrínsecas, designadamente o seu caráter temporário e o facto de o recurso aos mesmos não ser obrigatório. Em contraposição, se qualquer tribunal arbitral pudesse reenviar questões ao Tribunal de Justiça, este teria dificuldade em responder em tempo útil a todas as questões que lhe são reenviadas, o que poria em causa a efetividade do mecanismo do reenvio prejudicial (apresentando estes argumentos, entre outros, cf. FAUSTO DE QUADROS e ANA MARIA GUERRA MARTINS, *Contencioso da União Europeia*, 2007, Almedina, p. 84).

32. Por outro lado, tal como decidido no acórdão *Nordsee*, havendo recurso da sentença do tribunal arbitral para os tribunais de direito comum (ou outra forma de intervenção destes nessa sentença), os mesmo já poderão reenviar a questão prejudicial ao Tribunal de Justiça. Assim, mantém-se a possibilidade de pronúncia do Tribunal de Justiça nesses casos. Mesmo que o direito nacional não preveja como fundamento de anulação da sentença do tribunal arbitral a aplicação de normas de Direito da União Europeia, o tribunal de direito comum pode reenviar questões relativas à interpretação de normas fundamentais do Tratado (normas imperativas "de ordem pública") ao Tribunal de Justiça e as mesmas podem servir de fundamento para essa anulação (cf. acórdão *Eco Swiss China*, 1/6/1999, proc. C-126/97, nºs 36-37 e 40).

33. Acrescente-se que os Tratados, tendo como objetivo a garantia da uniformidade na interpretação e aplicação do Direito da União, consagraram um mecanismo (o reenvio prejudicial) que institucionaliza um diálogo interjurisdicional. Trata-se de um diálogo entre ordens jurisdicionais (a da União e as nacionais) e entre órgãos jurisdicionais (o Tribunal de Justiça e os «órgãos jurisdicionais nacionais»). Neste sentido, o Tribunal de Justiça fala, no acórdão *Firma G. Schwarze* (1/12/1965, proc. 16/65, p. 1094), de uma «cooperação judiciária instituída pelo artigo 267º, pela qual a jurisdição nacional e o Tribunal de Justiça, no âmbito das suas competências respetivas, são chamadas a contribuir direta e reciprocamente para a elaboração de uma decisão tendo em vista assegurar a aplicação uniforme do Direito da União no conjunto dos Estados-membros». O diálogo, para conduzir a uma aproximação progressiva de posições, deve ser continuado. Deve ainda conduzir a resultados relevantes. Ora, em qualquer caso, não pode, para tal, estabelecer-se com órgãos que têm uma existência contingente e efémera.

VI – A característica da origem legal do órgão

34. As cinco características cuja verificação permitiu ao Tribunal de Justiça considerar o Scheidsgerecht como «órgão jurisdicional de um dos Estados-membros» foram desenvolvidas em casos ulteriores, acabando por ser designadas, de forma estandardizada, a partir do acórdão *Dorsh Consult*, como veremos. Essas características são, então, a *origem legal* do órgão, a sua *permanência*, o *caráter obrigatório da sua jurisdição*, a *natureza contraditória do processo* e a *aplicação de normas de direito*.

35. A «origem legal do órgão» é uma exigência que, formulada desta forma, pode enganar quanto ao seu verdadeiro significado. Na verdade, o Tribunal não exige que o órgão tenha sido criado por ato do Estado-membro com força de lei. Apenas exige que haja um determinado envolvimento das autoridades públicas. No acórdão *Nordsee* (nºs 12-13), o Tribunal negou que o árbitro fosse órgão jurisdicional nacional porque, entre outras razões, as autoridades públicas (alemãs) não estavam *envolvidas* na decisão de optar pela arbitragem nem tinham de intervir no processo que decorria perante o árbitro, pelo que não se podia considerar ter o Estado-membro confiado a esse particulares o dever de impor a aplicação do Direito da União. O Tribunal concluiu que a «*ligação*» entre o processo arbitral e a organização das vias legais de recurso nos tribunais do Estado-membro em questão não era «*suficientemente próxima*». Também no acórdão *Denuit e Cordenier* (nº 16) o Tribunal recusou reconhecer o «colégio de arbitragem da Comissão de Litígios de Viagens» como «jurisdição nacional» porque, entre outras razões, «as autoridades públicas belgas não estavam *envolvidas* na escolha pela via da arbitragem».

36. O grau de *envolvimento* das autoridades públicas necessário para a qualificação do órgão como «órgão jurisdicional nacional» resulta de casos em que o Tribunal de Justiça considerou que o órgão tinha «origem legal». No acórdão *Vaassen-Göbbels*, foi considerado relevante o facto de o ministro do qual dependia a indústria mineira nomear os membros do tribunal arbitral, designar o seu presidente e adotar o seu regulamento processual. Isso permitiu ao Tribunal de Justiça concluir que o Scheidsgerecht havia sido «constituído nos termos da legislação neerlandesa». De acordo com este acórdão, portanto, seria exigível que o órgão fosse criado por ato das autoridades públicas (embora tal ato não tivesse necessariamente de assumir natureza legislativa) e que, adicionalmente, essas autoridades nomeassem os seus membros.

37. No entanto, no acórdão *Broekmeulen* (6/10/1981, proc. 246/80, n°s 3, 9 e 17), o Tribunal de Justiça admitiu responder a questões colocadas por uma «comissão de recurso», criada por uma associação profissional de direito privado, constituída por nove membros, dos quais apenas três eram nomeados por ministros do Estado-membro. O tribunal bastou-se com o facto de a «comissão de recurso» exercer a sua função com a «aprovação das autoridades públicas», referindo-se ao facto de a mesma funcionar de acordo com um regulamento interno que só podia ser alterado com o acordo dos ministros e funcionar com a colaboração dessas autoridades (através da referida nomeação de parte dos seus membros). Deste modo, neste caso, nem todos os membros do órgão eram nomeados pelas autoridades públicas. Por outro lado, o seu regulamento não tinha sido adotado pelas autoridades públicas, embora a sua alteração exigisse a aprovação das mesmas.

38. Há pelo menos um caso em que o Tribunal de Justiça aceitou responder a questões prejudiciais formuladas por um órgão que não preenchia as condições acima explicitadas para se aferir da sua origem legal. Assim, no acórdão *Danfoss* (n°s 7-8), a lei dinamarquesa atribuía competência para a resolução dos litígios em causa a um tribunal arbitral profissional, criado *ad hoc* e regido por um regulamento aprovado pela Confederação Patronal e pela Confederação dos Empregados, e determinava as regras que as partes deviam seguir na escolha dos árbitros. Isto bastou para que o Tribunal de Justiça aceitasse o reenvio. Neste caso, as autoridades públicas não nomeavam qualquer membro do órgão, limitando-se a fixar regras que as partes teriam de seguir quando fazem essa nomeação. Por outro lado, o regulamento do órgão não foi adotado nem aprovado pelas autoridades públicas, mas por entidades privadas. O aspeto essencial relevado pelo tribunal residiu na circunstância de a lei dinamarquesa atribuir competência ao órgão em causa para resolver determinado tipo de litígios. Mas esse aspeto já não está ligado à origem legal do órgão, mas antes ao preenchimento de outra característica: o caráter obrigatório da jurisdição do órgão em causa, imposto pela lei do Estado-membro.

VII – A característica da permanência

39. Antes de referirmos essa característica, devemos esclarecer uma outra que está estreitamente ligada à da origem legal do órgão: a sua «permanência». O Tribunal de Justiça não responde a questões formuladas por órgãos criados temporariamente para resolver um litígio determinado, como sucede tipicamente com os tribunais arbitrais puros. Só se as questões são formuladas por órgãos que, como acontece com os tribunais de direito comum, são criados por lei para resolver todos os casos que, no futuro, caiam no seu âmbito de competência é que o TJ admite essas questões. O Tribunal de Justiça reafirmou a necessidade da verificação do elemento da permanência nos acórdãos *Dorsch Consult* (17/9/1997, proc. C-54/96, nº 23), *Emanuel* (30/3/2006, proc. C-259/04, nº 23) e *Rundfunk* (18/10/2007, proc. C-195/06, nº 20). No entanto, não se conhecem casos em que o Tribunal de Justiça tenha recusado responder a questões prejudiciais formuladas por um organismo nacional por não o considerar permanente. Tal poderia ter sucedido no acórdão *Nordsee*, em que o árbitro não constituía uma jurisdição permanente, tendo sido nomeado para resolver o litígio entre as partes pela Câmara de Comércio de Bremen. Não obstante, o Tribunal de Justiça não invocou esse argumento (invocou outros) para recusar qualificar esse árbitro de «jurisdição nacional».

40. Já no acórdão *Danfoss* o tribunal arbitral fora constituído *ad hoc* pelas partes do litígio, não sendo, assim, permanente, mas o Tribunal admitiu responder às questões prejudiciais. Neste caso, o advogado-geral Lenz considerou, nas suas conclusões (31/5/1989, proc. 109/88, nº 21), que os tribunais arbitrais são permanentes quando a lei lhes confere competência para conhecer dos litígios em determinadas matérias. Acaba, assim, por reduzir a exigência da permanência (tal como já havia sucedido com a exigência da origem legal do órgão) à do carácter obrigatório da jurisdição.

VIII – O caráter obrigatório da jurisdição

41. Quanto ao «caráter obrigatório da jurisdição» do órgão, o Tribunal de Justiça argumentou, nos acórdãos *Nordsee* (nº 11) e *Denuit e Cordenier* (nºs 13-16), que, como as partes no litígio tinham tido a possibilidade, antes de celebrarem a convenção que impôs a resolução do litígio através da arbitragem, de escolher entre essa via ou o recurso aos tribunais comuns, a jurisdição dos tribunais arbitrais em causa não era obrigatória. Já no acórdão *Vaassen-Göbbels* ficou claro que as pessoas que quisessem resolver os seus litígios com a BFM estavam obrigadas a dirigir-se ao assim chamado Tribunal Arbitral. Também no acórdão *Danfoss* (nº 7), o tribunal de arbitragem era competente desde que uma das partes intentasse uma ação contra a outra, não sendo necessário o acordo desta última para que o julgamento prosseguisse. Deste modo, uma jurisdição tem caráter obri-

gatório se, independentemente de acordo entre as partes em litígio, qualquer uma delas pode iniciar um processo judicial nesse órgão e a outra parte fica, desse modo, sujeita ao julgamento subsequente. Tal pode acontecer, mesmo que uma das partes possa escolher entre duas vias jurisdicionais diferentes (*Emanuel*, nºs 21-22), uma vez que a outra parte no litígio fica vinculada por essa escolha. A exigência da verificação deste requisito foi confirmada no Acórdão *Dorsch Consult* (nº 23) e em acórdãos subsequentes, não se conhecendo nenhum caso em que um organismo tenha sido qualificado de «órgão jurisdicional nacional» apesar de a sua jurisdição não ter caráter obrigatório.

IX – A aplicação de regras de Direito

42. A última característica que permite distinguir, tipicamente, os tribunais de direito comum dos tribunais arbitrais consiste na necessária «aplicação de regras de Direito» pelos primeiros, contraposta à possibilidade de as partes, quanto aos segundos, consentirem na resolução dos respetivos litígios de acordo com a equidade. Os litígios são resolvidos de acordo com a equidade quando a solução que é dada é aquela que melhor corresponde ao sentimento de justiça no caso concreto, sem ter em conta as regras de Direito que, eventualmente, regulam esse tipo de situações. O Tribunal de Justiça considerou, no acórdão *Vaassen-Göbbels*, que o facto de o Scheidsgericht dever aplicar regras de Direito o afastava da caracterização como tribunal arbitral e, portanto, permitia qualificá-lo como «órgão jurisdicional de um Estado-membro». Nos acórdãos *Pretore di Saló* (11/7/1987, proc. 14/86, nº 7), *Dorsch Consult* (nºs 23 e 33) e em muitos outros o Tribunal de Justiça repetiu esta exigência.

43. Há, no entanto, um caso em que um órgão que devia julgar um litígio de acordo com a equidade foi considerado pelo Tribunal de Justiça um «órgão jurisdicional nacional». Trata-se do acórdão *Gemeeinte Almelo* (27/4/1994, proc. C-393/92, nºs 22-23) em que estava em causa um reenvio efetuado por um tribunal, classificado como tal pela legislação do Estado-membro e integrado na organização judiciária nacional. Não obstante, esse tribunal havia sido chamado a pronunciar-se, em recurso, sobre uma decisão de um tribunal arbitral e devia decidir, tal como este, de acordo com a equidade. O Tribunal de Justiça considerou que, sendo aplicáveis ao caso normas do TCE, estas teriam de ser aplicadas pelo tribunal nacional e, portanto, as questões formuladas por esse tribunal a respeito dessas normas deveriam ser admitidas.

44. Este julgamento faz, aparentemente, sentido: se as normas da UE têm de ser aplicadas, então o órgão nacional já não resolve o litígio apenas de acordo com a equidade; também aplica regras de Direito (da União). Logo, está preenchido a exigência da «aplicação de regras de direito» e o organismo é «órgão jurisdicional nacional».

45. O problema é que este julgamento torna o elemento da «aplicação de regras de direito» inútil. Na verdade, para que possa haver reenvio prejudicial, o organismo nacional deve ter dúvidas quanto à interpretação ou validade de normas de Direito da UE *que sejam aplicáveis* ao litígio que foi chamado a resolver. Se não há normas de Direito da União aplicáveis, então o reenvio nem sequer é admitido, não porque o organismo que reenviou não seja um «órgão jurisdicional nacional» (pode sê-lo, ou não), mas porque as questões relativas a essas normas não são pertinentes para a resolução do litígio (acórdão *Lourenço Dias*, 16/7/1992, proc. C-343/90). Assim, se, para além desta exigência, de que regras de Direito da União Europeia sejam aplicáveis, não se exige que o organismo nacional aplique outras regras de direito (nacional) e se permite que o mesmo julgue de acordo com a equidade, então o teste da «aplicação de normas de direito» não afeta em nada a qualificação de um órgão como «órgão jurisdicional nacional». Talvez por isso, não se conhecem casos em que o Tribunal tenha recusado qualificar um organismo como «órgão jurisdicional nacional» por não aplicar regras de Direito.

X – A natureza contraditória do processo

46. Falta referir uma característica que, de acordo com a jurisprudência do Tribunal, contribui para a qualificação de um organismo como «órgão jurisdicional nacional»: a «natureza contraditória do processo» nele seguido. Esta característica foi afirmada, desde logo, no acórdão *Vaassen-Göbbels*. Foi reafirmada no acórdão *Dorsch Consult* (nº 23) e em vários acórdãos subsequentes. No entanto, ao mesmo tempo, trata-se da característica cuja importância foi mais relativizada, ou até negada, pelo Tribunal de Justiça. O processo seguido num tribunal tem natureza contraditória quando as partes em litígio têm de ser ouvidas e quando todas se podem pronunciar relativamente às questões pertinentes para a resolução do litígio, incluindo os argumentos, de facto ou de direito, apresentados pelas partes contrárias. As partes devem poder discutir, no processo, do bem fundado das pretensões recíprocas.

47. Não foi preciso esperar muito para que o Tribunal qualificasse como órgão jurisdicional nacional um órgão que, no processo em causa, decidia sem ouvir uma das partes no litígio. Foi o que sucedeu no acórdão *Politi* (14/12/1971, proc. 43/71, nºs 4-5), em que o Tribunal se bastou com a circunstância de o organismo nacional exercer uma «função jurisdicional». No acórdão *Birra Dreher* (21/2/1974, proc. 162/73, nº 4), o Tribunal afirmou expressamente que o artigo 267º «não subordina a competência do Tribunal ao caráter contraditório, ou não, do processo [no qual] o juiz formulou a questão prejudicial». O mesmo sucedeu em numerosos casos subsequentes, dos quais destacamos os acórdãos *Corsica Ferries* (17/5/1994, proc. C-18/93, nº 12) e *Job Centre* (nº 9). Apesar de, no acórdão *Dorsch*

Consult (nºs 23 e 31), o Tribunal de Justiça o ter incluído no elenco dos elementos que devem ser tidos em conta na qualificação de um organismo nacional, acaba por afirmar no mesmo acórdão, face à alegação de que o organismo em causa não cumpria essa característica, que «a exigência de um processo contraditório não é um critério absoluto». No acórdão *Cartesio* (16/12/2008, proc. C-210/06, nº 56), o Tribunal voltou a referir que o artigo 267º «não faz depender o recurso ao Tribunal de Justiça do caráter contraditório desse processo».

48. Apesar das pronúncias referidas do Tribunal de Justiça, não se deve retirar a conclusão de que a exigência do caráter contraditório do processo não existe ou é irrelevante. É verdade que o Tribunal nunca negou a qualificação de um organismo de reenvio como «órgão jurisdicional nacional» pelo facto de não cumprir esse critério. Todavia, considerou em muitos casos que o facto de o organismo cumprir esse critério contribuía para qualificá-lo como «órgão jurisdicional nacional» – foi o que sucedeu nos acórdãos *Eddline El-Yassini* (2/3/1999, proc. C-416//96), *Längst* (30/6/2005, proc. C-165/03, nº 26), *Emanuel* (nº 23), *Rundfunk* (nº 20) e *Umweltanwalt von Kärnten* (10/12/2009, proc. C-205/08, nºs 37-38). No fundo, trata-se de um critério que torna os órgãos que o cumprem mais semelhantes aos «tribunais de direito comum» e torna os órgãos que não o cumprem menos semelhantes, mas que não chega, por si só, para afirmar ou negar essa qualificação.

XI – Conclusão

49. Chegamos, deste modo, à conclusão de que a noção de «órgão jurisdicional nacional» tem sido construída pelo Tribunal de Justiça utilizando uma metodologia tipológica. Na verdade, o Tribunal de Justiça avalia se os organismos nacionais de reenvio são suficientemente parecidos com os «tribunais de direito comum» e suficientemente diferentes dos «tribunais arbitrais» para que possam ser qualificados de «órgão jurisdicional nacional» (neste sentido, Paul Craig e Graínne de Burca, *EU Law – Text, Cases and Materials*, 2008, Oxford University Press, p. 465, referem a exigência de uma «ligação mais próxima» entre o organismo nacional – ainda que apelidado de arbitral – e o sistema judicial ordinário, para que o mesmo possa ser qualificado de «órgão jurisdicional nacional»). O Tribunal não adotou um conjunto de requisitos que, de forma necessária e suficiente, tivessem de estar cumpridos para qualificar o organismo nacional como «órgão jurisdicional nacional». O que o Tribunal fez foi enunciar um conjunto de características que permitissem testar essa semelhança e essa dissemelhança, sem exigir que todas essas características estivessem, sempre, presentes. Foram analisadas, até este momento, cinco dessas características (origem legal, permanência, caráter obrigatório da jurisdição, natureza contraditória do processo e aplicação de regras de Direito). No que concerne à exigência da origem legal do órgão, a mesma foi de tal forma atenuada que pouco se distingue, como se viu,

da exigência do caráter obrigatório da jurisdição. No que diz respeito às características da permanência, natureza contraditória do processo e aplicação de regras de Direito, existem casos em que o Tribunal de Justiça admitiu responder às questões formuladas pelo organismo nacional em causa, qualificando-o como «órgão jurisdicional nacional», apesar de uma dessas características não estar preenchida. Isso sucedeu porque as outras características se encontravam preenchidas e tornavam, portanto, o órgão nacional suficientemente parecido (embora não idêntico) a um tribunal de direito comum para justificar essa qualificação. Já no que diz respeito à característica do caráter obrigatório da jurisdição não se conhecem casos em que o TJ tenha prescindido da sua verificação. Trata-se, na verdade, do único elemento, dos cinco enunciados no acórdão *Vaassen-Göbbels*, que o Tribunal de Justiça considerou indispensável. É um requisito fundamental da noção de «órgão jurisdicional nacional».

50. Como se verá na anotação ao acórdão *Dorsch Consult*, o Tribunal enunciou mais características («testes») relevantes. Esses testes adicionais são especialmente úteis para afastar da qualificação de «órgão jurisdicional nacional» organismos que encaixem em dois modelos antagónicos adicionais: o «Ministério Público» e a «autoridade administrativa».

6.2. Acórdão do Tribunal de Justiça de 17 de setembro de 1997 – Processo C-54/96 *Dorsch Consult* Ingenieurgesellschaft c. Bundesbaugesellschaft Berlin

Manuel Fontaine Campos

Resumo dos factos
Em 1995, na sequência da decisão de transferir a capital da República Federal da Alemanha de Bona para Berlim, uma entidade pública alemã lançou um concurso tendo em vista a adjudicação de um contrato de serviços (de arquitetura e engenharia civil) para a conceção de conjunto da construção de novos edifícios destinados ao governo alemão, em Berlim. A Dorsch Consult Ingenieurgesellschaft mbH, que participava no concurso, apresentou uma proposta. No entanto, a sua proposta foi rejeitada. Considerando que a sua exclusão violava simultaneamente uma diretiva comunitária relativa aos serviços e as disposições nacionais na matéria, a recorrente recorreu para a comissão federal de fiscalização da adjudicação dos contratos públicos (Vergabeüberwachungsausschuß des Bundes). A comissão federal decidiu suspender a instância e submeter ao Tribunal de Justiça uma questão de interpretação do artigo 41º da referida diretiva (Diretiva 92/50/CEE).

O advogado-geral Tesauro, nas suas Conclusões, entendeu que a comissão federal não podia ser considerada um «órgão jurisdicional nacional» e que, consequentemente, o Tribunal de Justiça devia recusar-se a responder à questão prejudicial formulada.

Excertos do acórdão
«Quanto à admissibilidade
22. Antes de responder à questão colocada, há que examinar se a comissão federal de fiscalização, no âmbito do processo que deu origem à presente questão prejudicial, deve ser considerada um órgão jurisdicional na aceção do artigo ... [267º] do Tratado. [...].
23. Para apreciar se o organismo de reenvio possui a natureza de um órgão jurisdicional na aceção do artigo [267º] do Tratado, questão que releva unicamente do direito comunitário, o Tribunal de Justiça tem em conta um conjunto de elementos, tais como a origem legal do órgão, a sua permanência, o caráter obrigatório da sua jurisdição, a natureza contraditória do processo, a aplicação pelo órgão das normas de direito, bem como a sua independência.
24. No respeitante à origem legal, a Comissão alega que a HGrG [lei relativa aos princípios do direito orçamental] é uma lei orçamental-quadro que não cria direitos nem obrigações em relação aos cidadãos enquanto sujeitos de direito. Refere, por outro lado, que a comissão federal de fiscalização só pode intervir para fiscalizar as decisões dos serviços de controlo. No domínio dos contratos públicos de serviços, não há até ao presente qualquer serviço de controlo competente. Daqui a Comissão deduz que, para esta matéria, falta a origem legal da comissão federal de fiscalização.
25. A este respeito basta referir que a comissão federal de fiscalização foi instituída pelo § 57c, nº 7, da HGrG. Assim, a sua origem legal não pode ser contestada. Para constatar uma origem legal, é irrelevante que a legislação nacional não tenha atribuído à comissão federal de fiscalização competências no domínio concreto dos contratos públicos de serviços.
26. Por outro lado, há que salientar que não há dúvidas quanto ao caráter permanente da comissão federal de fiscalização.
27. A Comissão contesta igualmente que a comissão federal de fiscalização tenha a natureza de um órgão jurisdicional obrigatório, condição que, em sua opinião, pode ter um duplo significado. Com efeito, pode significar que as partes devem ser obrigadas a dirigir-se ao órgão de reenvio para a regulamentação do seu litígio ou que as decisões desse órgão devem ser coercivas.
28. Há que reconhecer, em primeiro lugar, que as disposições do § 57c da HGrG estabelecem a comissão de fiscalização como o único organismo que verifica a legalidade das decisões do serviço de controlo. Para invocar uma violação das disposições aplicáveis em matéria de adjudicação de contratos, é obrigatório o recurso à comissão de fiscalização.

29. Em segundo lugar, resulta do § 57c, nº 5, da HGrG que, quando a comissão de fiscalização conclui pela ilegalidade das decisões adotadas pelo serviço de controlo, obriga-o a tomar uma nova decisão, respeitando a decisão da comissão de fiscalização quanto às questões de direito. Conclui-se que as decisões da comissão de fiscalização têm efeitos jurídicos coercivos.

30. A Comissão sustenta igualmente que a comissão federal de fiscalização, não intervindo, segundo as próprias indicações desta última, num processo contraditório, não pode ser considerada um órgão jurisdicional na aceção do artigo [267º] do Tratado.

31. Há que recordar que a exigência de um processo contraditório não é um critério absoluto. Além disso, há que concluir, de acordo com os termos do § 3, nº 3, do regulamento relativo ao processo de controlo dos contratos públicos, que as partes no processo perante o serviço de controlo da adjudicação dos contratos devem ser ouvidas antes de qualquer decisão da secção em causa.

32. Segundo a Comissão, o critério relativo à aplicação da norma de direito também não existe, porque, nos termos dos §§ 57c da HGrG e 3, nº 1, do regulamento relativo ao processo de controlo dos contratos públicos, o processo aplicável na comissão federal de fiscalização é regido pelo regulamento interno de que ela é dotada, regulamento que não produz efeitos em relação a terceiros e que não está publicado.

33. Todavia está provado que a comissão federal de fiscalização é obrigada a aplicar as disposições relativas à adjudicação dos contratos tais como as contidas nas diretivas comunitárias e nos regulamentos nacionais adotados para a sua transposição. Além disso, exigências processuais gerais, tais como a obrigação de audição das partes, de decidir por maioria absoluta dos votos e de fundamentar as decisões, são mencionadas no § 3º do regulamento relativo ao processo de controlo dos contratos públicos, que está publicado no Bundesgesetzblatt. A comissão federal de fiscalização aplica, por conseguinte, normas jurídicas.

34. Por último, a Dorsch Consult e a Comissão consideram que a comissão federal de fiscalização não é independente. Está vinculada à estrutura organizacional do Bundeskartellamt, que está ele próprio sujeito ao controlo do ministro da Economia. Não é fixada qualquer duração do mandato quer para o presidente quer para os assessores funcionários e as disposições destinadas a garantir a imparcialidade apenas dizem respeito aos membros a título não profissional.

35. Em primeiro lugar há que salientar que, nos termos do § 57c, nº 1, da HGrG, a comissão de fiscalização exerce a sua missão de modo independente e sob a sua própria responsabilidade. Nos termos do § 57c, nº 2, da HGrG, os membros das secções são independentes e apenas estão sujeitos ao cumprimento da lei.

36. Seguidamente há que sublinhar que, nos termos do § 57c, nº 3, da HGrG, as disposições essenciais da lei alemã sobre os magistrados relativas à anulação

ou à revogação da sua nomeação bem como à sua independência e à sua inamovibilidade aplicam-se por analogia aos membros funcionários das secções. De um modo geral, as disposições da lei relativa aos magistrados respeitantes à anulação da sua nomeação bem como à sua revogação aplicam-se igualmente aos membros a título não profissional. A imparcialidade desses membros é, por outro lado, assegurada pelo § 57c, nº 2, da HGrG, segundo a qual não lhes devem ser submetidos processos em que eles próprios tenham participado na adoção da decisão relativa à adjudicação de um contrato ou em que são ou eram eles próprios proponentes ou representantes de proponentes.

37. Além disso, convém salientar que, no caso concreto, a comissão federal de fiscalização exerce uma função jurisdicional. Pode, com efeito, declarar a ilegalidade das decisões adotadas pelo serviço de controlo e obrigá-lo a adotar uma nova decisão.

38. Resulta de tudo o que acima se disse que a comissão federal de fiscalização, no âmbito do processo que deu origem à presente questão prejudicial, deve ser considerada um órgão jurisdicional na aceção do artigo [267º] do Tratado, de modo que a questão prejudicial é admissível.»

Comentário

I – Introdução

1. O acórdão *Dorsch Consult* condensa, numa frase, um conjunto de características consideradas relevantes para qualificar a entidade que usa o mecanismo do reenvio prejudicial como «órgão jurisdicional nacional». Assim, para esse efeito, «[...] o Tribunal de Justiça tem em conta um conjunto de elementos, tais como a *origem legal* do órgão, a sua *permanência*, o *caráter obrigatório da sua jurisdição*, a *natureza contraditória do processo*, a *aplicação pelo órgão das normas de direito*, bem como a sua *independência*» (nº 23). As cinco primeiras características constavam já, com outra formulação, do acórdão *Vaassen-Göbbels* (30/6/1966, proc. 61/65) e foram analisadas na anotação relativa a esse acórdão.

2. O acórdão *Dorsch Consult* acrescenta, portanto, a característica da «independência» ao elenco que já resultava do acórdão *Vaassen-Göbbels*. A leitura do acórdão permite perceber que, adicionalmente, são discutidas duas interpretações possíveis do elemento do «caráter obrigatório da jurisdição». Como veremos, trata-se, do nosso ponto de vista, de uma confusão entre duas características diferentes: o «caráter obrigatório da jurisdição» propriamente dito e a «natureza jurisdicional da decisão». A anotação a este acórdão fornece, portanto, a oportunidade de discutir e perceber estas duas características adicionais: a «independência» e a «natureza jurisdicional da decisão» do órgão nacional.

Aproveitaremos ainda para referir outro elemento que, noutros acórdãos, o Tribunal de Justiça tem considerado importante: a necessária «resolução de litígios» por parte do organismo nacional de reenvio. Referiremos também um caso em que o Tribunal considerou relevante um elemento adicional (o caráter passivo do organismo), embora consideremos que, justamente pelo facto de só ter sido invocado nesse caso isolado, não lhe pode ser dada a mesma relevância. Finalmente, mencionaremos um elemento adicional que, quando se verifica, fundamenta a existência de um crivo menos exigente na seleção dos «órgãos jurisdicionais nacionais»: a inexistência de recurso da decisão do organismo de reenvio.

II – A característica da independência

3. A característica da independência já havia sido apontada pelo advogado-geral JOSEPH GAND no caso *Vaassen-Göbbels*, mas não foi mencionada, então, pelo Tribunal de Justiça. O facto de essa característica não ser essencial para distinguir os tribunais arbitrais dos «tribunais de direito comum» permite compreender a sua não invocação. O tempo permitiu-lhe alterar a posição. Na verdade, a invocação desse elemento mostrou-se necessária quando, a certa altura, determinados órgãos nacionais que, classicamente, eram considerados órgãos administrativos ou que exercem funções não jurisdicionais, começaram a colocar questões prejudiciais ao Tribunal de Justiça.

4. Sucede que, como salientou o advogado-geral FRANCIS JACOBS, nas conclusões *Syfait* (28/10/2004, proc. C-53/03, nº 21), muitos órgãos *administrativos* são criados por lei, são permanentes, têm de aplicar as normas de direito e possuem competência exclusiva para aplicar determinadas sanções. Assim, as características que haviam permitido distinguir claramente os «órgãos jurisdicionais nacionais» dos «tribunais arbitrais» mostraram-se inúteis quando foi preciso diferenciar os primeiros dos órgãos administrativos. A característica da natureza contraditória do processo, embora permitisse, nalguns casos, efetuar essa diferenciação, não o permitia de forma tão perentória noutros casos em que os órgãos administrativos estavam obrigados a ouvir os interessados de forma prévia à adoção da decisão.

A. O Ministério Público

5. O Tribunal de Justiça começou por exigir a verificação da característica da independência aquando do reenvio de questões prejudiciais por determinados órgãos que, podendo ser considerados como parte da magistratura, exercem funções não jurisdicionais: os órgãos que exercem a função de «Ministério Público». O Ministério Público é aquela entidade que, com designações diferentes nos diversos Estados-membros, dirige o inquérito criminal e exerce a ação penal, acusando em tribunal os suspeitos da prática de crimes. Da jurisprudência do

Tribunal de Justiça resulta que o «Ministério Público» foi erigido em "contra-tipo" ou modelo antagónico do «órgão jurisdicional nacional», a acrescer ao contra-tipo de «tribunal arbitral».

6. O Tribunal de Justiça considerou, no caso *Processos penais contra X* (12/12/1996, proc. C-74/95 e C-129/95, n°s 18-20) que o Ministério Público, exercendo essa função, é uma parte no processo, não lhe cabendo decidir com independência o litígio em causa. Já o mesmo não se verifica relativamente a uma figura que intervém igualmente no processo criminal, mas noutra posição: o «juiz de instrução». Trata-se, não do juiz que vai julgar a causa principal, isto é, a questão de saber se o suspeito cometeu efetivamente os crimes de que é acusado, mas do juiz que, durante o inquérito criminal, garante o respeito dos direitos do arguido e decide sobre medidas preventivas a aplicar ao arguido propostas pelo Ministério Público. Assim, no caso *Pretore di Saló* (11/6/1987, proc. 14/86, n°s 6-7), o magistrado exerce as funções de juiz de instrução e, portanto, julgava de forma independente e de acordo com o Direito. O TJ concluiu que o mesmo devia ser considerado «órgão jurisdicional nacional». O juiz de instrução funciona como um terceiro imparcial entre o Ministério Público, por um lado, e o arguido (e seu defensor), por outro, sendo independente de ambos e resolvendo as disputas nos termos da lei. Isto mesmo disse o Tribunal de Justiça no despacho *Saetti e Fredianni* (15/1/2004, proc. C-235/02, n° 23). Assim, nos casos em que esteve em causa a distinção Ministério Público/juiz de instrução, um dos aspetos distintivos que foi salientado foi o da parcialidade do primeiro face à independência do último.

7. A independência do órgão jurisdicional nacional foi considerada, como se vê, uma característica importante nos casos em que estava em causa a distinção entre entidades que exercem a função de Ministério Público e aquelas que exercem a função de juiz de instrução. O sentido em que deve ser entendida essa característica foi esclarecido noutros casos em que estava em causa a classificação de órgãos integrados na Administração Pública como «órgãos jurisdicionais nacionais» ou como «autoridades administrativas».

B. A autoridade administrativa

8. A compreensão desses casos é facilitada pela enunciação de um terceiro contra-tipo ou modelo antagónico relativamente ao tipo de «órgão jurisdicional nacional»: o da «autoridade administrativa». As autoridades administrativas são órgãos estatais que prosseguem os interesses públicos fixados por lei, satisfazendo assim as mais variadas necessidades coletivas. Fazem-no através da prática de atos, jurídicos ou materiais, que põem frequentemente em causa outros interesses e direitos, designadamente direitos e interesses dos particulares. Embora, como foi referido, sejam normalmente criadas por ato de autoridade pública,

tenham caráter permanente, executem normas de Direito (por isso são órgãos "executivos") e tenham competências exclusivas em vários domínios, são muito diferentes dos órgãos jurisdicionais. Na verdade, não existem para declarar o Direito (*ius dicere*), mas para satisfazer necessidades públicas dentro dos limites fixados pelo Direito. Não assumem uma postura de neutralidade entre os vários interesses em confronto, mas de favorecimento do interesse público. Não são órgãos passivos, em que o exercício das competências é ativado por um pedido externo, mas órgãos ativos, que agem por iniciativa própria. Não procuram, em primeira linha, resolver litígios entre sujeitos de Direito; ao contrário, a sua atuação pode desencadear conflitos com os particulares (sobre a distinção entre a função jurisdicional e a função administrativa, cf. FILIPA URBANO CALVÃO/MANUEL FONTAINE CAMPOS/CATARINA SANTOS BOTELHO, *Introdução ao Direito Público*, Almedina, 2011, pp. 88-91). Algumas destas diferenças concretizaram-se em elementos que vieram a ser valorizados pelo Tribunal de Justiça, a começar pelo elemento da independência.

9. Sucede que a maior parte dos sujeitos administrativos estão hierarquicamente organizados. Muitos dos respetivos órgãos relacionam-se de acordo com vínculos hierárquicos. Normalmente, os órgãos situados num patamar hierárquico superior podem revogar os atos praticados por órgãos subordinados. Tal pode acontecer com fundamento na inconveniência ou na ilegalidade desses atos, por iniciativa oficiosa do superior hierárquico ou a pedido de particulares (ou outros sujeitos) afetados pelo ato. Ora bem, nesta última hipótese, quando o superior hierárquico seja chamado, através de um recurso hierárquico, a decidir da validade ou invalidade jurídica de atos praticados pelo seu subordinado, acentuam-se as semelhanças da função que exerce relativamente à função jurisdicional. Faria sentido considerar os superiores hierárquicos, nessas circunstâncias, «órgãos jurisdicionais nacionais»?

10. No caso *Corbiau* (30/3/1993, proc. C-24/92, nºs 14-17) o TJ optou por responder negativamente a essa questão. Estava em causa um reenvio prejudicial efetuado pelo diretor dos serviços fiscais de um Estado-membro, que decidia uma impugnação administrativa relativamente a atos praticados pelo serviço fiscal de que era diretor. O Tribunal de Justiça considerou que o diretor dos serviços fiscais não tinha a «qualidade de terceiro» relativamente aos serviços de cuja decisão o particular havia recorrido, uma vez que era o órgão de topo desses serviços. O Tribunal salientou aqui um aspeto da independência que é o da *imparcialidade* do órgão que decide o litígio. Não pode ser considerado «órgão jurisdicional nacional» um organismo ligado a uma das partes no litígio e que, portanto, não é um «terceiro» relativamente a ambas. A importância da imparcialidade foi salientada, como vimos, no caso *Processos penais contra X* (nº 19), em que se considerou que o Ministério Público era uma das partes

no litígio e, logo, não era um «órgão jurisdicional nacional». O TJ recusou, em ambos os casos, responder às questões prejudiciais formuladas. Não obstante, a conclusão retirada por Derrick Wyatt, Alan Dashwood, Anthony Arnull, Michael Dougan, Malcom Ross e Eleanor Spaventa (*European Union Law*, 2006, Sweet and Maxwell, p. 508) de que a noção de «jurisdição nacional» ficou confinada a autoridades sem ligação ao órgão que adotou a medida impugnada foi, como se verá, apressada.

11. Esta pronúncia do Tribunal de Justiça não chegou para resolver a questão da qualificação dos órgãos administrativos como «órgãos jurisdicionais nacionais». Na verdade, uma tendência das últimas décadas na estruturação das Administrações Públicas nacionais tem sido a de criar órgãos administrativos que julgam impugnações administrativas relativas à atividade de outros órgãos administrativos, com independência relativamente a estes. A questão que se pode colocar é a de saber se estas entidades administrativas podem ser consideradas «órgãos jurisdicionais nacionais» quando exercem essas funções. A resposta a essa questão joga-se na verificação da independência dessas entidades relativamente aos órgãos administrativos cujos atos são chamadas a julgar.

12. Assim, no caso *Dorsch Consult*, aqui anotado, estava em causa um reenvio por parte de uma «comissão federal de fiscalização da adjudicação de contratos públicos», organismo criado por lei para responder a recursos interpostos por candidatos à adjudicação desses contratos que se considerassem ilicitamente prejudicados. Assinale-se que a «comissão federal de fiscalização» apenas avaliava a legalidade do processo de adjudicação dos contratos. Embora o advogado-geral Tesauro (15/5/1997, proc. C-54/96, nºs 35-36) tivesse considerado que um conjunto vasto de elementos não estava cumprido, a questão essencial colocou-se quanto à exigência da independência. O advogado-geral distinguiu dois aspetos da independência, a imparcialidade e a inamovibilidade, considerando que nenhuma das duas estava, naquele caso concreto, preenchida. O Tribunal de Justiça assumiu a posição contrária.

13. No que diz respeito ao primeiro aspeto (a *imparcialidade*) o Tribunal considerou que, embora os membros da «comissão federal de fiscalização» fossem funcionários administrativos, chamados a exercer temporariamente as funções de juízes numa entidade organicamente situada na Administração Pública, o facto de não poderem resolver processos em que tivessem participado como funcionários, proponentes ou representantes de proponentes, bastava para assegurar a sua imparcialidade. Aliás, como acrescentam Stephen Weatherill e Paul Beaumont (*EU Law*, 1999, Penguin Books, p. 322), não parece que a circunstância de os membros da «comissão» terem sido anteriormente funcionários da autoridade alemã da concorrência pudesse afetar substancialmente a sua impar-

cialidade na análise de litígios relativos a matérias que estão sob a alçada de uma autoridade diferente.

14. No caso *Köllensperger* (4/2/1999, proc. C-103/97, n.º 23), em que estava em causa um organismo que exercia funções semelhantes à da «comissão federal de fiscalização», o «serviço de adjudicações do Land do Tirol», o TJ salientou ainda o facto de serem proibidas quaisquer instruções aos juízes em causa por parte dos órgãos da Administração. Este desenvolvimento jurisprudencial levou à diferenciação de dois aspetos da imparcialidade, consistentes na separação *orgânica* e na separação *funcional* entre o organismo de reenvio e o órgão administrativo cuja atuação o primeiro é chamado a avaliar.

15. Essa diferenciação foi assumida no caso *Schmid* (30/5/2002, proc. C-516/99, n.º 38), em que o Tribunal de Justiça considerou que o organismo em causa (a «secção de recurso da direção regional de finanças») não era imparcial, uma vez que havia uma ligação orgânica *e* funcional entre o mesmo e a «direção regional de finanças», de cujas decisões era chamado a decidir em recurso. A ligação orgânica resultava do facto de alguns membros do organismo serem funcionários da Administração Fiscal. Este facto não seria impeditivo do reconhecimento da característica da independência, na sua vertente da imparcialidade, desde que houvesse uma separação funcional entre o organismo e a Administração Fiscal.

16. Na verdade, no caso *Gabalfrisa* (21/3/2000, proc. C-110/98 a C-147/98, n.º 39), o Tribunal de Justiça reconheceu que existia essa separação (funcional) e, consequentemente, classificou o organismo de reenvio como «órgão jurisdicional nacional». Nesse caso, a lei determinava que os serviços da administração fiscal estavam encarregados da gestão, da cobrança e da liquidação dos impostos. Os organismos que haviam reenviado as questões (os *Tribunales Económico-Administrativos* espanhóis, organicamente inseridos no Ministério da Economia e Finanças e cujos membros eram funcionários da administração nomeados pelo ministro), por sua vez, decidiam as reclamações apresentadas contra as decisões adotadas pelos referidos serviços, *sem receberem qualquer instrução da administração fiscal*. Este caso fixou, parece-nos, o "caso-limite" em que o Tribunal de Justiça ainda aceita o reenvio, por considerar o organismo em causa um «órgão jurisdicional nacional». A «separação funcional» serviu como elemento decisivo na conclusão de que o organismo era imparcial (neste sentido, cf. Takis Tridimas, «Knocking on Heaven's Door: Fragmentation, Efficiency and Defiance in the Preliminary Reference Procedure», *in* Common Market Law Review, vol. 40, 2003, pp. 9-50, 30). Trata-se de um acórdão polémico, fortemente criticado, por exemplo, pelo advogado-geral Ruiz-Jarabo Colomer, que chegou mesmo a afirmar, nas suas conclusões *De Coster* (28/6/2001, proc. C-17/00, n.º 14), que os critérios fixados pelo Tribunal de Justiça permitiriam

um reenvio efetuado pelo próprio Sancho Pança, quando, na novela de Cervantes, era governador da ilha de Barataria. Efetivamente, é muito duvidoso que, ao prescindir-se da exigência de separação orgânica e ao confiar-se somente na existência de uma separação funcional, se possa ainda afiançar a imparcialidade do organismo nacional. Não obstante, as críticas do advogado-geral à forma como o TJ tem preenchido a noção de «órgão jurisdicional nacional» parecem exageradas e foram bem contraditadas por TAKIS TRIDIMAS (pp. 30-32). Na verdade, como diz este autor, a preocupação principal do TJ, que explica o critério frouxo de independência adotado, é a de tornar o «processo do reenvio prejudicial tão disponível quanto possível, assegurando assim a interpretação uniforme do direito da Comunidade e a disponibilidade de uma via de proteção dos direitos comunitários».

17. No caso *Schmid* (nº 38-40) não havia a referida separação funcional, porque os funcionários que exerciam funções no organismo de reenvio continuavam a exercer funções na Administração Fiscal, podendo receber ordens de superiores hierárquicos. Um desses funcionários era, inclusivamente, o próprio presidente da «direção regional de finanças», que podia receber instruções vinculativas do Ministério das Finanças. Consequentemente, o TJ considerou que o organismo não era imparcial. Este caso foi interpretado como implicando um maior rigor na verificação do elemento da independência pelo Tribunal de Justiça (cf. TAKIS TRIDIMAS, 2003, p. 32). Também no despacho *Pilato* (14/5/2008, proc. C-109/07, nºs 25-30), o facto de o organismo de reenvio estar sujeito à autoridade de um órgão da administração pública impedia que se considerasse que o mesmo era imparcial. Em ambos os casos, o TJ recusou responder às questões colocadas.

C. A autoridade administrativa independente

18. Uma outra tendência contemporânea na estruturação das Administrações Públicas nacionais consiste na criação das chamadas «autoridades administrativas independentes», às quais o Estado comete a prossecução de interesses públicos específicos. Estas autoridades são instituídas e organizadas de forma a poderem decidir com total independência relativamente aos poderes políticos e sociais mais relevantes na sua área de atuação. Ora bem, estas autoridades devem, por vezes, decidir litígios entre particulares aplicando as regras de Direito vigentes. Noutros casos, são competentes para aplicar sanções, nos termos da lei, a sujeitos que tenham violado as regras vigentes no seu domínio de atuação (p. ex., o direito da concorrência). A questão que se pode colocar é a de saber se estas entidades administrativas podem ser consideradas «órgãos jurisdicionais nacionais» quando exercem essas funções.

19. No caso *AEBP* (16/7/1992, proc. C-67/91) estavam em causa questões colocadas pelo *Tribunal de Defensa de la Competencia* espanhol, que julgava um líti-

gio entre uma associação privada e um órgão administrativo (a direção-geral de defesa da concorrência). O TJ nem sequer colocou a questão da admissibilidade das questões. O advogado-geral FRANCIS JACOBS (10/6/1992, proc. C-67/91, nº 12) declarou não ter dúvidas de qualquer espécie quanto à qualificação do Tribunal como «órgão jurisdicional nacional».

20. A questão da qualificação das autoridades administrativas independentes foi expressamente abordada pelo Tribunal de Justiça no acórdão *Syfait* (31/5/2005, proc. C-53/03). O organismo de reenvio era a Comissão de Concorrência grega, que julgava um litígio entre empresas. O advogado-geral (ainda FRANCIS JACOBS) considerou que a Comissão devia ser classificada como «órgão jurisdicional nacional» (nº 32). O Tribunal considerou que era indispensável, para o efeito, aferir a independência da mesma. No que diz respeito à imparcialidade, o TJ (nºs 30-32) considerou que a Comissão não era imparcial, na medida em que estava submetida ao poder administrativo de tutela (de legalidade) de um ministro do Governo grego e o respetivo presidente era o superior hierárquico do serviço administrativo que instruía o procedimento, sendo que esse serviço podia ser considerado parte interessada. Recusou, portanto, responder às questões formuladas pelo organismo grego. Repare-se que nem o ministro grego, nem o serviço administrativo eram partes no litígio que a Comissão grega devia julgar. Pensamos que o raciocínio do TJ poderá ter sido o seguinte: quer o ministro, quer o serviço administrativo eram autoridades administrativas envolvidas na satisfação de determinados interesses e que, portanto, podiam influenciar a decisão da Comissão de Concorrência num sentido diferente do resultante da mera aplicação do direito da concorrência. GEORGIOS ANAGNOSTARAS («Preliminary problems and jurisdiction uncertainties: the admissibility of questions referred by bodies performing quasi-judicial functions», *in* European Law Review, vol. 30, nº 6, pp. 878-890, pp. 888-889), em comentário ao acórdão *Syfait*, observa como as autoridades nacionais da concorrência que não se estruturem de modo dualista (separando organizatória e funcionalmente a função de investigar da função de julgar) dificilmente verão as suas questões prejudiciais aceites, o que seria igualmente aplicável a outras autoridades nacionais que exerçam funções para-jurisdicionais. Essa estruturação dualista parecia estar presente no caso *Rundfunk* (18/10/2007, proc. C-195/06, nº 21), em que o TJ aceitou o reenvio do *Bundeskommunikationssenat*, entidade criada pela ordem jurídica austríaca para decidir recursos de atos da autoridade austríaca de regulação das comunicações e totalmente independente desta. O mesmo parecia suceder no referido caso *AEBP* – cf. advogado-geral FRANCIS JACOBS (10/6/1992, proc. C-67/91, nº 10-11).

21. Deste modo, a imparcialidade do organismo de reenvio supõe uma separação orgânica ou, pelo menos, funcional, relativamente aos órgãos administrativos que praticaram os atos cuja legalidade aquele organismo é chamado a jul-

gar. A separação orgânica existe quando o organismo de reenvio não está inserido na mesma estrutura organizatória do órgão administrativo sobre cujas atuações é chamado a pronunciar-se (não é, por exemplo, superior hierárquico do mesmo). Exige-se ainda que os membros do organismo de reenvio não sejam, ao mesmo tempo, funcionários desse órgão administrativo. Não havendo uma separação orgânica total porque, por exemplo, os membros do organismo de reenvio foram recrutados entre funcionários do órgão administrativo fiscalizado, deve existir, pelo menos, separação funcional. Tal significa que os membros do organismo de reenvio não devem estar vinculados por ordens ou instruções recebidas por órgãos administrativos, isto é, não podem ser subordinados hierárquicos de outros órgãos administrativos, nomeadamente daqueles que dirigem os serviços cujos atos são impugnados, mas também de outros órgãos que prossigam com parcialidade outros interesses públicos que não os da mera administração da justiça. A única hierarquia admitida é aquela que resulta de recurso judicial. Deste ponto de vista, perguntamo-nos se a decisão do Tribunal de Justiça no caso *Gabalfrisa* seria, hoje, a mesma, tendo em conta que, como salientou o advogado-geral RUIZ JARABO COLOMER (*De Coster*, n.º 28), os *Tribunales Económico-Administrativos* podiam remeter a decisão da impugnação que haviam sido chamados a julgar para o Ministro da Economia e Finanças.

22. Quanto ao segundo aspeto da independência do órgão (a *inamovibilidade*), trata-se de garantir que os titulares do órgão jurisdicional não possam ser arbitrariamente removidos do seu lugar. Os juízes devem saber que, independentemente do sentido do seu julgamento, não podem ser demitidos arbitrariamente. De outro modo, poderão sentir-se tentados a julgar os litígios no sentido querido por aqueles que os podem demitir e não de acordo com as regras de Direito aplicáveis. Devem, assim, existir as garantias legais expressas suficientes dessa inamovibilidade, respeitantes à «composição da instância, à nomeação, à duração das funções, bem como às causas de abstenção, de impugnação da nomeação e de destituição dos seus membros» (*Pilato*, n.º 24). No acórdão sob anotação (n.º 36), o TJ considerou que essas garantias existiam. O mesmo sucedeu nos acórdãos *Jokela* (22/10/1998, proc. C-9/97 e C-118/97, n.º 16), *Emanuel* (30/3/2006, proc. C-259/04, n.º 24) e *Rundfunk* (n.º 21). Já no acórdão *Syfait* (n.º 31), não havia garantias especiais contra a revogação ou anulação da nomeação dos membros da Comissão da Concorrência grega, que permitissem «fazer frente de forma eficaz a intervenções ou pressões indevidas do poder executivo relativamente aos referidos membros», pelo que a característica da inamovibilidade não se mostrava preenchida e, portanto, o organismo em causa não era independente. Também no despacho *Pilato* (n.ºs 28-30) o TJ negou a qualificação de «órgão jurisdicional nacional» à *prud'homie de pêche de Martigues* por, entre outras razões, não haver garantias de inamovibilidade. No entanto, no acórdão

Abrahamsson e Anderson (6/7/2000, proc. C-407/98, n°s 37-38) o Tribunal de Justiça aceitou as questões formuladas pela «comissão de recurso para os institutos de ensino superior» sueca, quando era muito duvidoso que existissem garantias legais suficientes da inamovibilidade dos seus membros (neste sentido, cf. conclusões do advogado-geral Saggio, 16/11/1999, proc. C-407/98, n°s 19-21).

23. No despacho *Pilato* (n° 24), o Tribunal de Justiça traduziu, de forma feliz, a exigência de independência na «impermeabilidade da [...] instância em relação a elementos externos e na sua neutralidade relativamente aos interesses em confronto». A mesma concretiza-se na imparcialidade do organismo nacional (resultante da sua separação orgânica ou funcional relativamente às partes em litígio) e na inamovibilidade dos seus membros. A independência permite distinguir entre os órgãos que exercem uma função administrativa, de prossecução dos interesses públicos previstos na lei, fazendo-os prevalecer sobre outros interesses conflituantes (nomeadamente, interesses de particulares) e os órgãos que, podendo estar integrados na organização administrativa, exercem uma função jurisdicional, na medida em que foram criados (apenas) para fiscalizar o cumprimento da lei por parte dos primeiros, não lhes cabendo fazer prevalecer os interesses públicos sobre os interesses privados.

III – O caráter jurisdicional da decisão

24. Um outro elemento cuja verificação, como referimos, foi exigida no acórdão *Dorsch Consult*, foi o «caráter jurisdicional da decisão» a ser adotada pelo organismo nacional de reenvio. Pergunta-se se as decisões dos organismos que reenviam as questões ao Tribunal de Justiça vinculam as partes, tal como sucede com as sentenças ou acórdãos dos tribunais de direito comum. Só nesse caso, em que a sua decisão é vinculativa, é que tem «caráter jurisdicional». O Tribunal de Justiça não formulou este elemento no acórdão *Vaassen-Göbbels*, mas viria a fazê-lo ulteriormente. Assim, nos acórdãos *Borker* (18/6/1980, proc. 138/80, n° 4) e *Greis Unterweger* (5/3/1986, proc. 318/85, n° 4), o Tribunal recusou responder às questões do Conselho da Ordem dos Advogados parisiense e de uma Comissão consultiva italiana sobre infrações monetárias. Tal aconteceu porque os atos finais que esses organismos eram chamados a praticar nos casos vertentes consistiam, respetivamente, numa declaração relativa a um diferendo entre um advogado francês e um tribunal alemão e num parecer no âmbito de um procedimento administrativo. Em nenhum dos casos os atos vinculavam as partes em litígio e, por isso, não tinham «caráter jurisdicional».

25. A ligação deste elemento ao do «caráter obrigatório da jurisdição» levou a que, por vezes, os dois fossem confundidos. Assim, no acórdão *Dorsch Consult*, a própria Comissão, ao pronunciar-se contra a qualificação de um organismo como «órgão jurisdicional nacional», faz essa confusão: «[a] Comissão contesta

igualmente que a comissão federal de fiscalização tenha a natureza de um órgão jurisdicional obrigatório, condição que, em sua opinião, pode ter um duplo significado. Com efeito, pode significar que as partes devem ser obrigadas a dirigir-se ao órgão de reenvio para a regulamentação do seu litígio ou que as decisões desse órgão devem ser coercivas. A Comissão opta a favor da segunda interpretação e declara que a legislação nacional não prevê que as decisões da comissão federal de fiscalização sejam executórias» (*Dorsch Consult*, n.º 27). A verdade é que não estão em causa duas interpretações do mesmo elemento, mas dois elementos diferentes, que o Tribunal de Justiça aplicou consistentemente ao longo da sua jurisprudência.

26. Assim, quanto ao elemento do «caráter jurisdicional» da decisão, assinale-se ainda o acórdão *Syfait* (n.ºs 34-36), em que o Tribunal concluiu que o organismo de reenvio não era um órgão jurisdicional nacional, uma vez que podia ser privado da sua competência por decisão da Comissão europeia avocando o poder de resolver o caso. Consequentemente, nessa hipótese, o processo no organismo de reenvio não conduziria a uma decisão de caráter jurisdicional. Num sentido contrário, admitindo o reenvio porque a decisão final do organismo em causa tinha caráter jurisdicional, por vincular as partes no litígio, são de assinalar os acórdãos *Längst* (30/6/2005, proc. C-165/03, n.º 26), *Emanuel* (n.º 23) e *CARTESIO* (16/12/2008, proc. C-210/06, n.º 58), para além do próprio acórdão *Dorsch Consult* (n.ºs 29 e 37), em que o Tribunal de Justiça concluiu que a «comissão federal» exercia «uma função jurisdicional» ao «declarar a ilegalidade das decisões adotadas pelo serviço de controlo e obrigá-lo a adotar uma nova decisão».

27. Deve assinalar-se que, no entanto, o Tribunal de Justiça já admitiu responder a questões prejudiciais colocadas por um organismo nacional que, no caso concreto em julgamento, viria a adotar uma decisão cujo «caráter jurisdicional» pode ser questionado. Assim, no acórdão *Garofalo* (16/10/1997, proc. C-69/96 a C-79/96, n.º 24), o Conselho de Estado italiano colocou questões no âmbito de um processo intentado perante o Presidente da República Italiana. A função do *Consiglio di Stato* consistia em dar um parecer contendo o projeto de decisão, a ser adotada formalmente pelo Presidente da República. O problema está em que era possível a adoção de uma decisão não conforme com esse parecer, desde que houvesse uma deliberação, devidamente fundamentada, do Conselho de Ministros nesse sentido. Dificilmente se poderá considerar, portanto, que o parecer do *Consiglio di Stato* vinculava as partes no litígio e que tinha «caráter jurisdicional». No entanto, isso não impediu o Tribunal de Justiça de responder às questões formuladas. Embora o Tribunal de Justiça tivesse invocado um acórdão anterior em que havia decidido da mesma forma (*Nederlandse Spoorwegen*, 27/11/1973, proc. 36/73), nesse acórdão o parecer do *Raad van Staat* (Conselho de Estado holandês) à Coroa era, *de facto*, vinculativo (neste sentido,

cf. TC HARTLEY, *The Foundations of European Union Law*, 2010, Oxford University Press, p. 297).

A. Organismos funcionalmente híbridos

28. Foram já referidos dois elementos, não mencionados no acórdão *Vaassen-Göbbels*, mas que o Tribunal de Justiça considerou, ulteriormente, deverem ser tidos em conta na separação entre os «órgãos jurisdicionais nacionais» e aqueles que não o são: a independência do órgão e o caráter jurisdicional (vinculativo) da sua decisão. Ambos permitem distinguir os órgãos jurisdicionais nacionais das «autoridades administrativas». Tal sucede sobretudo com o primeiro elemento, mas também o segundo contém essa virtualidade, permitindo afastar reenvios apresentados por órgãos (administrativos) consultivos. No entanto, estes elementos não foram suficientes para distinguir, em todos os casos, os órgãos que exercem funções jurisdicionais dos órgãos que exercem funções administrativas. Na verdade, um problema diferente, e que suscitou a necessidade de invocar um novo elemento distintivo, colocou-se quando surgiram reenvios apresentados por organismos, qualificados pelas ordens jurídicas nacionais como «tribunais», mas que deviam exercer funções administrativas *e* funções jurisdicionais.

29. A questão surgiu, inicialmente, no que diz respeito a órgãos que, como sucede em determinados países, acumulam as funções de Ministério Público e juiz de instrução. A solução dada a este problema pelo Tribunal de Justiça foi a de distinguir as funções que estavam a ser exercidas aquando do reenvio prejudicial: se, como aconteceu no acórdão *Pretore di Saló* (nºs 6-7), o magistrado estava a exercer as funções de juiz de instrução e, portanto, julgava de forma independente e de acordo com o Direito, então deve ser considerado «órgão jurisdicional nacional» e as questões que colocou devem obter resposta do Tribunal de Justiça, apesar de a lei nacional também lhe reconhecer funções de «Ministério Público».

30. Este acórdão foi útil para outros acórdãos subsequentes, em que estavam em causa órgãos que podiam exercer funções jurisdicionais e funções administrativas. Assim, no acórdão *Job Centre* (19/10/1995, proc. C-111/94, nº 11), estava em causa um reenvio pelo *Tribunale civile e penale di Milano*. Este devia adotar uma decisão respeitante ao pedido de homologação dos estatutos de uma sociedade. O *Tribunale*, verificando que os estatutos da sociedade satisfaziam as condições previstas pela lei, ordenava a inscrição da sociedade no registo, o que implicava que a mesma adquirisse personalidade jurídica. O Tribunal de Justiça considerou que o tribunal italiano exercia «uma função não jurisdicional, que, aliás, noutros Estados-Membros, é confiada a autoridades administrativas», recusando consequentemente responder às questões formuladas. À mesma conclu-

são viria a chegar nos acórdãos *Salzmann* (14/6/2001, proc. C-178/99, n.º 17), *Lutz* (15/1/2002, proc. C-182/00, n.ºs 14 e 16) e *Standesamt Stadt Niebüll* (27/4/2006, proc. C-96/04, n.º 20) e nos despachos *HSB-Wohnbau* (10/7/2001, proc. C-86/00, n.º 16) e *Holto* (22/1/2002, proc. C-447/00, n.º 22), em que recusou responder às questões do *Bezirksgericht Bregenz* (tribunal da comarca de Bregenz), do *Amtsgericht Heidelberg* (tribunal da comarca de Heidelberg), do *Amtsgericht Niebüll* (tribunal da comarca de Niebüll), do *Landesgericht Wels* (tribunal estadual de Wels) e do *Landesgericht Salzburg* (tribunal estadual de Salzburgo), em casos em que os mesmos eram competentes, respetivamente, para proceder à inscrição de transacções imobiliárias no registo predial, proceder à inscrição no registo comercial da transferência da sede de uma sociedade, verificar o cumprimento das exigências legais de publicidade das contas anuais e do relatório de gestão de sociedades comerciais, proceder à inscrição no registo comercial da sucursal de uma sociedade estrangeira e transferir o direito de escolher o apelido de um menor para um dos seus progenitores. O Tribunal de Justiça concluiu, em todos os acórdãos, que os tribunais haviam sido chamados a exercer funções não jurisdicionais, pelo que não podiam reenviar, nesses casos concretos, questões prejudiciais.

31. O Tribunal de Justiça já havia explicitado o raciocínio que entende dever seguir neste tipo de situações nos despachos *ANAS* (26/11/1999, proc. C-192/98) e *RAI* (26/11/1999, proc. C-440/98), em que recusou admitir o reenvio da *Corte dei Conti* (tribunal de contas) de Itália. De acordo com o TJ, «um organismo nacional pode ser qualificado como "órgão jurisdicional" na aceção do [artigo 267.º] quando exerça funções jurisdicionais, enquanto, no exercício de outras funções, designadamente de natureza administrativa, não lhe pode ser reconhecida essa qualificação. [...] Daqui resulta que, para determinar se um organismo nacional, ao qual a lei confia funções de natureza diferente, deve ser qualificado como «órgão jurisdicional», *é necessário verificar qual a natureza específica das funções que exerce no contexto normativo particular em que tem de recorrer ao Tribunal de Justiça*».

IV – A resolução de litígios

32. Questão que ainda não se esclareceu foi a de saber o que distingue, nesses casos, a função jurisdicional da função administrativa. Não pode ser o elemento da independência, pois que os casos eram decididos por tribunais constituídos por juízes totalmente independentes. O que permitiu, nesses casos, efetuar a distinção foi a inexistência de qualquer litígio entre partes que tivesse de ser resolvido pelos juízes (neste sentido, cf. DENYS SIMON, *Le système juridique communautaire*, 2001, Presses Universitaires de France, p. 668, e WYATT, DASHWOOD ET AL., p. 509). A necessidade da «resolução de litígios» pelo órgão *a quo* havia

já sido referida pelo advogado-geral Joseph Gand nas conclusões *Vaassen--Göbbels*, mas não fora realçada pelo Tribunal de Justiça, o que se compreende, dado que não se tratava de um elemento distintivo dos «órgãos jurisdicionais nacionais» relativamente aos «tribunais arbitrais». Esse elemento acabou por ser invocado nos referidos acórdãos *Job Centre* (nº 9-11), *Salzmann* (nº 15), *Lutz* (nºs 14-15) e *Standesamt Stadt Niebüll* (nº 17) e nos despachos *HSB-Wohnbau* (nº 14) e *Holto* (nº 20), em que estava em causa o exercício de funções administrativas por tribunais que, normalmente, exerciam funções jurisdicionais. O facto de, nesses casos, os tribunais não resolverem diferendos, mas adotarem decisões que, essas sim, poderiam ser contestadas noutros tribunais, aproximava a sua atuação suficientemente da das autoridades administrativas e afastava-a de forma bastante da dos tribunais de direito comum para justificar a sua não qualificação como «órgãos jurisdicionais nacionais». Por sua vez, nos despachos *ANAS* e *RAI*, o Tribunal de Contas italiano havia colocado questões no âmbito de um processo interno em que efetuava uma apreciação e avaliação *a posteriori* dos resultados da atividade administrativa. O Tribunal de Justiça não foi muito claro quanto à razão pela qual, nesses acórdãos, considerou que o Tribunal de Contas exercia funções administrativas, mas há de ter pesado o argumento da Comissão de que não existia qualquer litígio na base do processo em causa.

33. Apesar de ter assumido um papel decisivo na distinção entre as funções jurisdicionais e administrativas exercidas pelo mesmo órgão, o elemento da necessária «resolução de litígios» pelos organismos nacionais de reenvio foi invocado, pela primeira vez, noutras circunstâncias. Nos acórdãos *Borker* e *Greis Unterweger*, em que, como vimos, estavam em causa reenvios por parte de órgãos administrativos consultivos, o Tribunal de Justiça afirmou claramente que o facto de esses órgãos não resolverem litígios impedia a respetiva classificação como «órgãos jurisdicionais nacionais». O mesmo aconteceu no acórdão *Victoria Film* (12/11/1998, proc. C-134/97, nºs 14-18), em que estava em causa uma «comissão de direito fiscal» sueca que podia ser chamada a pronunciar-se, a pedido de um contribuinte, sobre a sua situação tributária à luz do direito fiscal vigente. Essa pronúncia vinculava depois a administração fiscal, nas suas relações com o contribuinte em causa. O Tribunal de Justiça considerou que as funções exercidas pela comissão eram «essencialmente administrativas», já que não se pronunciava sobre uma decisão anterior da administração fiscal, impugnada pelo contribuinte, mas a pedido deste último e independentemente de qualquer litígio entre o mesmo e a administração fiscal. Já foi aceite o reenvio do Tribunal Administrativo Supremo sueco, que julgava um recurso interposto por um particular contra uma pronúncia da «comissão de direito fiscal», sendo assim clara a existência de um litígio – cf. acórdão *X e Y*, 18/11/1999, proc. C-200/98, nº 22. Tam-

bém no despacho *Telekom Austria* (6/10/2005, proc. C-256/05, nº 11), a inexistência de um litígio serviu de fundamento para negar o reenvio da autoridade austríaca de regulação das comunicações.

34. Este último caso apresenta o interesse adicional de nele se ter referido um elemento que, fazendo parte integrante, de forma evidente, da distinção entre os órgãos jurisdicionais e os órgãos administrativos, não havia ainda sido invocado: o caráter passivo da atuação do organismo jurisdicional, contraposto ao caráter ativo da atuação do órgão administrativo. Efetivamente, no acórdão *Telekom Austria* (nº 11), a autoridade de regulação das comunicações havia comunicado à Comissão Europeia um determinado projeto de medidas. A Comissão Europeia adotou uma decisão pela qual impôs à autoridade austríaca a retirada do projeto. A autoridade decidiu, então, questionar o Tribunal de Justiça sobre a validade dessa decisão, em sede de reenvio prejudicial. O Tribunal considerou que, o facto de a autoridade ter agido em todo o procedimento por sua própria iniciativa (e não a pedido de sujeitos, que pudessem ser classificados como partes, para a resolução de um litígio) impedia a sua qualificação como órgão jurisdicional.

35. Tal como sucedeu no que diz respeito a outros elementos, existe um caso em que o Tribunal de Justiça desvalorizou a circunstância de o organismo nacional não exercer a sua função no âmbito da resolução de um litígio concreto – o acórdão *Gewerkschaftsbund* (30/11/2000, proc. C-195/98). O organismo nacional, o *Oberster Gerichtshof* (Supremo Tribunal de Justiça austríaco), no caso concreto em questão, «*não decid[ia] litígios relativos a um processo concreto implicando pessoas determinadas* [e] dev[ia] *basear a sua apreciação jurídica nos factos alegados pelo demandante sem outra averiguação*» (nº 29). Nesse caso, o Supremo Tribunal austríaco era chamado a pronunciar-se sobre uma questão de direito, colocada por um sindicato, que tinha de ser relevante para um número mínimo de trabalhadores. A pronúncia do Supremo Tribunal servia, depois, de referência orientadora para as decisões dos tribunais que resolvessem litígios concretos entre trabalhadores e entidades patronais. Deste ponto de vista, é duvidoso até que a decisão tivesse uma natureza jurisdicional (vinculativa). Não obstante, o Tribunal de Justiça qualificou o *Oberster Gerichtshof* como «órgão jurisdicional nacional».

V – A decisão em última instância
36. A razão pela qual isso sucedeu permite iluminar um último elemento que, apesar de não ter sido invocado muitas vezes, parece conter a virtualidade de compensar a inexistência de um conjunto vasto de outros elementos: o facto de o organismo nacional de reenvio decidir em última instância. Como o Tribunal de Justiça afirmou no acórdão *Broekmeulen* (6/10/1981, proc. 246/80, nº 17), «*na*

ausência prática de uma via de recurso efetiva para as jurisdições ordinárias, *numa matéria que contende com a aplicação do direito comunitário*, [o organismo nacional] [...] deve ser considerado como jurisdição de um Estado-membro». Não foi o único elemento que o Tribunal considerou preenchido, mas foi claramente invocado como forma de atenuar a inexistência de elementos importantes. Também no acórdão *Danfoss* (17/10/1989, proc. 109/88, nºs 7-9), o facto de o tribunal arbitral dinamarquês decidir em última instância terá contribuído para que o TJ tivesse prescindido da origem legal e da permanência do organismo nacional e aceite, não obstante, o reenvio prejudicial.

37. Esse elemento foi, aliás, invocado pela empresa Dorsch Consult, no processo que conduziu ao acórdão sob anotação. A empresa utilizou o argumento de que, embora o organismo nacional de reenvio não fosse um «órgão jurisdicional nacional», por lhe faltar a independência, devia, não obstante, ser considerado como tal, porque «quando a questão prejudicial é submetida por um órgão que constitui o único órgão a que o particular que invoca regras comunitárias pode recorrer, o Tribunal dev[e], em quaisquer circunstâncias, pronunciar-se para, por um lado, evitar que o requerente fique desprovido de uma proteção efetiva e, por outro, garantir a aplicação uniforme do direito comunitário» (apresentando este argumento, cf. o advogado-geral TESAURO que, nas conclusões *Dorsch Consult*, nº 39, criticou, em abstrato, a aplicação desse elemento e considerou que, em concreto, o mesmo não se mostrava preenchido).

38. Nas conclusões *De Coster* (nº 87), o advogado-geral RUIZ-JARABO COLOMER propôs uma reformulação radical do entendimento pelo Tribunal de Justiça da noção de «órgão jurisdicional nacional», no sentido de o identificar com os organismos que são classificados, pelas ordens jurídicas internas, como «tribunais». No entanto, admitiu que o Tribunal deveria, excecionalmente, continuar a admitir responder às questões prejudiciais «quando o órgão de reenvio seja um órgão que, apesar de se situar fora da estrutura judicial, tenha a última palavra no ordenamento jurídico interno, por a sua decisão ser inatacável. Nestas condições, a finalidade e a razão de ser do reenvio prejudicial tornam imprescindível que o Tribunal de Justiça admita e dê resposta às perguntas que se lhe coloquem». A finalidade e razão de ser do reenvio são a garantia da uniformidade na interpretação e aplicação do Direito da União. O Tribunal não poderia admitir que um órgão julgando em última instância, sem intervenção ulterior de tribunais de direito comum, fosse aplicando o Direito da União e consolidando, deste modo, uma jurisprudência eventualmente contrária à do próprio Tribunal.

39. Repare-se que, nesses casos, nos termos do terceiro parágrafo do artigo 267º do TFUE, o reenvio é, não só possível, como obrigatório para os organismos nacionais em causa. Assim, o próprio artigo 267º, ao prescrever no seu 3º parágrafo que, quando decidem em última instância, os «órgãos jurisdicionais nacio-

nais» estão *obrigados* a reenviar a questão ao Tribunal de Justiça, demonstra que o objetivo da garantia da uniformidade na interpretação e aplicação do Direito da União assume maior importância nessas hipóteses.

40. No acórdão *Gewerkschaftsbund* (nº 30), que vínhamos analisando, o Supremo Tribunal de Justiça austríaco decidia, numa questão em que devia aplicar o Direito da União, como tribunal de primeira e *última instância*. Esse facto permitirá compreender os critérios menos exigentes do TJ relativamente ao preenchimento do elemento da resolução de litígios e do elemento da natureza jurisdicional da decisão.

41. Obviamente, a característica de que o organismo nacional decida em última instância, sem hipótese de recurso para tribunais ordinários, não é um requisito que tenha de estar sempre verificado para se concluir pela presença de um «órgão jurisdicional nacional». De outro modo, não se compreenderia a distinção efetuada pelos parágrafos 2 e 3 do artigo 267º do TFUE entre as jurisdições que decidem em última instância, que estão obrigadas a reenviar, e aquelas cujas decisões são recorríveis, cujo reenvio é facultativo. Estas últimas, se aquele elemento fosse necessário, nunca poderiam reenviar. Assim, o elemento referido apenas permite, quando verificado, atenuar a não existência de outros elementos, mas não é ele próprio um requisito do «órgão jurisdicional nacional».

42. Podemos até perguntar-nos se a jurisprudência do Tribunal de Justiça não acaba por permitir caracterizar de forma diferente as duas noções consagradas nos parágrafos 2 e 3 do artigo 267º: a de «órgão jurisdicional de um dos Estados-membros» e a de «órgão jurisdicional nacional». Quanto a esta última, o Tribunal de Justiça reconhecerá a sua existência quando estejam em causa organismos nacionais que, tendo de aplicar o Direito da União, decidem em última instância e tenham jurisdição obrigatória. Se e qual elemento adicional terá de estar cumprido dependerá de cada caso concreto, mas serão exigidos certamente menos elementos do que no preenchimento do conceito previsto no segundo parágrafo do artigo 267º. De outra forma, a uniformidade na interpretação e aplicação do Direito da União poderia ver-se desafiada pelo surgimento de uma jurisprudência nacional contrária. Ao mesmo tempo, a tutela jurisdicional efetiva das partes no processo seria posta em causa, por não existirem formas alternativas de acesso à pronúncia do Tribunal de Justiça.

43. Já quanto ao conceito, de «órgão jurisdicional de um dos Estados-membros», relativo aos organismos nacionais de cuja decisão cabe recurso, a sua verificação exigirá a invocação dos diversos elementos que foram sendo elencados nestas anotações aos acórdãos *Vaassen-Göbbels* e *Dorsch Consult*, sendo que um é de verificação indispensável (o caráter obrigatório da sua jurisdição), outros devem verificar-se, apesar de o seu conteúdo ser bastante flexível (a origem legal do órgão, a sua independência e a resolução de litígios), outros poten-

ciam claramente, caso sejam preenchidos, a qualificação acima referida (o caráter jurisdicional da decisão do órgão, a aplicação de normas de direito pelo mesmo e a sua permanência) e outro auxilia nessa qualificação, embora o TJ tenha afirmado numerosas vezes que o mesmo é prescindível (a natureza contraditória do processo). Todos estes elementos se encontram reunidos na seguinte fórmula lapidar do Tribunal de Justiça no acórdão *Gewerkschaftsbund* (n°s 24-25):

> «resulta de jurisprudência constante que, para apreciar se o organismo de reenvio possui a natureza de um órgão jurisdicional na aceção do artigo [267°] do Tratado, questão que releva unicamente do direito comunitário, o Tribunal de Justiça tem em conta um conjunto de elementos, tais como a origem legal do órgão, a sua permanência, o caráter obrigatório da sua jurisdição, a natureza contraditória do processo, a aplicação pelo órgão das normas de direito, bem como a sua independência [...]. Por outro lado, os órgãos jurisdicionais nacionais só podem recorrer ao Tribunal de Justiça se perante eles se encontrar pendente um litígio e se forem chamados a pronunciar-se no âmbito de um processo que deva conduzir a uma decisão de caráter jurisdicional».

VI – Conclusão

44. A noção de «órgão jurisdicional de um Estado-membro» é construída pelo Tribunal de Justiça da União Europeia de um modo tipológico: um organismo será qualificado dessa forma se for suficientemente parecido com o arquétipo «tribunal de direito comum» e se se afastar suficientemente dos contratipos «tribunal arbitral», «Ministério Público» e «autoridade administrativa». O objetivo desta abordagem tipológica está em conceder margem de manobra ao Tribunal de Justiça, tendo em vista chegar a um equilíbrio entre a *ratio* do mecanismo do reenvio prejudicial, isto é, a garantia da aplicação uniforme do Direito da União em todos Estados-membros, estreitamente ligada à maximização da influência do Tribunal, por um lado, e a necessidade de garantir o funcionamento efetivo desse mecanismo, impedindo uma "avalanche" de pedidos de reenvio que submerja o Tribunal, necessidade que é favorecida por uma interpretação literal do artigo 267°, por outro lado.

45. Para efeitos da avaliação da semelhança (e dissemelhança) entre o organismo que reenviou as questões prejudiciais e o arquétipo e contratipos referidos, o Tribunal de Justiça coligiu na sua jurisprudência um conjunto vasto de elementos cuja presença ou ausência em cada caso determina a qualificação do organismo como «órgão jurisdicional nacional». Esses elementos são (i) a origem legal do órgão, (ii) a sua permanência, (iii) o caráter obrigatório da sua jurisdição, (iv) a natureza contraditória do processo, (v) a aplicação pelo órgão das normas de direito, (vi) a sua independência, (vii) a resolução de litígios pelo órgão, (viii) o caráter jurisdicional da sua decisão. Também o caráter passivo do organismo foi considerado pelo Tribunal de Justiça como elemento do raciocínio tendente à qualificação de um órgão como «órgão jurisdicional nacional». Estes elementos

não têm de estar todos presentes para que se chegue a essa conclusão. O único elemento que, tanto quanto se pode perceber, nunca foi posto em causa é o caráter obrigatório da jurisdição. Em certos casos, os elementos da independência do órgão, da sua origem legal e da resolução de litígios apenas se consideraram preenchidos por a sua exigência ter sido consideravelmente atenuada. Todos os outros elementos, num caso ou noutro em que não se encontravam preenchidos, não impediram que, concretamente, o Tribunal de Justiça considerasse estar em causa, apesar de tudo, um «órgão jurisdicional nacional». Tudo depende de estar presente um número suficiente de elementos que permitam a conclusão de que o organismo em causa está mais próximo do tribunal de direito comum do que de um tribunal arbitral, de um agente do Ministério Público ou de uma autoridade administrativa.

46. O objetivo desse exercício consiste, como dissemos, em alcançar um equilíbrio entre a interpretação e aplicação uniforme do Direito da União, que fundamentaria o alargamento da legitimidade ativa no desencadeamento do reenvio prejudicial a todos os aplicadores de Direito da União, e a necessidade de que o número de pedidos de decisão prejudicial não exceda a capacidade de resposta do Tribunal, que é favorecida pela letra do artigo 267º, que fala em órgãos jurisdicionais. Existe uma circunstância em que o primeiro objetivo assume um peso maior do que o normal: é o que sucede quando o organismo nacional de reenvio decide em última instância. Essa maior importância reflecte-se na própria noção de «órgão jurisdicional nacional», que será nesse caso menos exigente e, portanto, mais abrangente, do que na hipótese prevista no 2º parágrafo do artigo 267º.

6.3. Acórdão do Tribunal de Justiça de 6 de outubro de 1982 – Processo 283/81 Srl *Cilfit* et Lanificio di Gavardo SpA c. Ministère de la santé

Inês Quadros

Resumo dos factos
O pedido de decisão prejudicial surgiu na sequência de um litígio que opunha a sociedade italiana *Cilfit*, e outras sociedades que se dedicavam à importação de lã, ao Ministério da Saúde italiano, a propósito do pagamento de encargos aduaneiros. As sociedades invocaram a seu favor a aplicação de um regulamento comunitário, que, do seu ponto de vista, as isentava do pagamento de direitos aduaneiros. O Ministério considerou que o regulamento não permitia uma tal interpretação, e que essa solução era de tal forma óbvia que não se justificava o reenvio para o Tribunal de Justiça; em contrapartida, a sociedade *Cilfit* conside-

rava que, uma vez que estava em causa a decisão por parte de um tribunal supremo, a *Corte Suprema di Cassazione*, o reenvio seria obrigatório à luz do último parágrafo do art. 267º.

Face a esta divergência, o tribunal italiano submeteu ao Tribunal de Justiça a questão que reproduzimos acerca da interpretação do artigo 267º:

«A terceira alínea do art. [267º] do Tratado – que dispõe que, quando uma questão do tipo enumerado na primeira alínea do mesmo artigo é suscitada perante uma jurisdição nacional cujas decisões não são suscetíveis de recurso jurisdicional previsto no direito interno, esta jurisdição é obrigada a dirigir-se ao Tribunal de Justiça – estabelece uma obrigação de reenvio que impede o juiz nacional de fazer qualquer apreciação sobre o fundo da questão colocada, ou, antes, faz subordinar esta obrigação – e em que condições – à existência prévia de uma dúvida de interpretação razoável?»

Excertos do acórdão (tradução a partir da versão francesa):
«9. (...) O art. [267º] não constitui uma via de recurso aberta às partes num litígio pendente perante um juiz nacional. Por conseguinte, não é suficiente que uma parte sustente que o litígio envolve uma questão de interpretação de Direito Comunitário, para que a jurisdição em causa seja obrigada a considerar que existe uma questão no sentido do art. [267º] (...).

10. (...) Decorre da relação entre os pars. 2 e 3 do art. [267º] que as jurisdições visadas pelo par. 3 gozam do mesmo poder de apreciação que todas as outras jurisdições nacionais no que respeita à questão de saber se uma decisão sobre uma questão de Direito Comunitário é necessária para a formulação da decisão. Por conseguinte, estas jurisdições não são obrigadas a reenviar uma questão de interpretação de Direito Comunitário perante si suscitada se a questão não for pertinente, ou seja, no caso em que a resposta a esta questão, qualquer que seja, não produz nenhuma influência na solução do litígio.

13. A autoridade da interpretação feita pelo Tribunal em virtude do art. [267º] pode privar a obrigação da sua causa e esvaziá-la de conteúdo; é assim quando, nomeadamente, a questão colocada é materialmente idêntica a uma questão que já tenha sido objeto de uma decisão a título prejudicial num caso análogo.

14. O mesmo efeito (...) pode resultar de uma orientação jurisprudencial do Tribunal que esclareça o ponto de direito em causa, qualquer que seja a natureza do procedimento que deu lugar a esta jurisprudência, mesmo na ausência de uma estrita identidade das questões em litígio.

16. Por fim, a aplicação correta do Direito Comunitário pode impor-se com tal evidência que não deixa lugar a nenhuma dúvida razoável sobre o modo de resolver a questão suscitada. Antes de concluir pela existência de uma tal situa-

ção, a jurisdição nacional deve estar convencida de que a mesma evidência se impõe igualmente às jurisdições de outros Estados-Membros e ao Tribunal de Justiça (...).

17. A ocorrência de uma tal possibilidade deve ser avaliada em função das características próprias do Direito Comunitário e das dificuldades particulares que a sua interpretação apresenta.

18. É necessário, desde logo, ter em conta que os textos de Direito Comunitário são redigidos em várias línguas, e que as diversas versões linguísticas fazem igualmente fé; uma interpretação de uma disposição de Direito Comunitário implica, assim, uma comparação das versões linguísticas;

19. É necessário fazer notar, de seguida, que, mesmo em caso de concordância exata das versões linguísticas, o Direito Comunitário utiliza uma terminologia própria. Além disso, é necessário sublinhar que os conceitos jurídicos não têm necessariamente o mesmo significado para o Direito Comunitário e para os diferentes direitos nacionais.

20. Por fim, cada disposição de Direito Comunitário deve ser colocada no seu contexto e interpretada à luz do conjunto das suas disposições, das suas finalidades, e do estado da sua evolução à data da aplicação da norma.

Comentário

I – A competência das jurisdições nacionais para aplicação do Direito da União Europeia e o processo das questões prejudiciais

1. O Tratado sobre o Funcionamento da União Europeia (TFUE) não dedica nenhuma disposição à afirmação de que é aos órgãos jurisdicionais nacionais que cabe a competência genérica para aplicação jurisdicional do Direito da União. No entanto, essa competência extrai-se de vários indícios ali presentes:

   a) o Tribunal de Justiça é um tribunal de competência especializada: nos termos do princípio das competências atribuídas, ele dispõe apenas dos poderes definidos no Tratado, que incluem a responsabilidade por dirimir determinadas categorias de litígios, como sejam, sucintamente, aqueles que surjam entre os órgãos da União (arts. 263º, 265º), ou entre a União, ou os seus órgãos, e os Estados (arts. 258º, 263º, 265º, 271º), ou ainda entre a União e os seus funcionários (270º);

   b) algumas normas de Direito da União (as que constem de regulamentos ou decisões) são diretamente aplicáveis por força do Tratado, ou seja, são aptas a reger situações jurídicas sem intermédio das instâncias nacionais. Outras normas não dispensam concretização por parte do exercício do poder legislativo dos Estados; no entanto, quanto a algumas destas, o Tribunal tem reconhecido a possibilidade de produzirem efeito direto (é o caso de determinadas normas do Tratado e das diretivas), ou seja, de serem invocadas em juízo em benefício de particulares. Ora, a aplicabilidade das normas europeias às situações jurídicas nacionais concretas inclui a sua aptidão para reger os litígios derivados dessa aplicação. Como os Tratados não atribuíram ao Tribunal de Justiça a competência para resolução desses *litígios comuns*, conclui-se que caberá aos tribunais nacionais essa tarefa;

c) o artigo 267º do Tratado, por fim, estabelece um mecanismo de diálogo entre a jurisdição europeia e as jurisdições nacionais: ao determinar que o Tribunal de Justiça intervém a título *prejudicial* (quanto à interpretação e à validade das normas) a pedido de um *órgão jurisdicional nacional*, o Tratado está a admitir que a competência para resolver o litígio principal pertence a este, que é o órgão habilitado a proceder ao reenvio.

2. São, por conseguinte, os *órgãos jurisdicionais nacionais* aqueles que têm competência para dirimir a generalidade dos conflitos derivados da aplicação das normas da União Europeia. Por isso se pode afirmar que o Direito da União é de aplicação *descentralizada* (expressão preferível a *desconcentrada*, por melhor refletir a ausência de uma relação de hierarquia orgânica entre a ordem jurisdicional europeia e as nacionais), e que os juízes nacionais revestem a natureza de *juízes comuns* de Direito da União, ou seja, que a eles compete a resolução de litígios que envolvem a aplicação das normas europeias e não estão expressamente cometidos ao Tribunal de Justiça.

3. Esta solução comporta alguns riscos, como sendo a possibilidade de as normas europeias serem aplicadas de modo divergente pelos tribunais dos vários Estados-Membros, ou, mais simplesmente, o facto de os julgadores nacionais poderem ter dúvidas na aplicação de normas de um ordenamento que não é aquele com o qual estão mais familiarizados. Por essa razão, o Tratado estabeleceu um procedimento através do qual o Tribunal de Justiça é chamado a pronunciar-se a propósito de casos concretos, atenuando alguns dos riscos da aplicação descentralizada. Essa intervenção ocorre a pedido dos juízes nacionais, aos quais cabe a possibilidade de submeterem ao Tribunal de Justiça questões concretas quanto à interpretação ou a validade das normas europeias (cfr. art. 267º, par. 1 do TFUE). E é precisamente sobre este mecanismo de reenvio que incide o caso de que agora nos ocupamos.

4. É para acautelar a ocorrência daqueles riscos da aplicação descentralizada do Direito que o Tratado prevê que a competência do Tribunal de Justiça para resolver questões prejudiciais possa ser provocada pelas jurisdições nacionais a dois títulos diversos, correspondentes ao segundo e terceiro parágrafos do art. 267º.

5. O segundo parágrafo atribui a todos os órgãos jurisdicionais nacionais a faculdade de submeterem questões prejudiciais ao Tribunal de Justiça, *especialista do Direito da União* (na expressão de JACQUES PERTEK, *La pratique du renvoi préjudiciel en Droit Communautaire – Coopération entre CJCE et juges nationaux*, Paris, 2001, p. 12), no âmbito de litígios que se encontrem a decidir. Este pedido de reenvio tem como função a de auxiliar o juiz nacional no cumprimento do seu papel de juiz comum, *generalista* (*ibidem*, p. 11), daquele ordenamento jurídico. Para que possa proceder ao reenvio, basta que a entidade responsável pela resolução do litígio tenha a natureza de *órgão jurisdicional nacional* (nos termos definidos pelo Tribunal de Justiça nos casos *Vaassen-Göbbels*, proc. 61/65, ac. de 30.06.1966, e *Dorsch Consult*, proc. C-54/96, ac. de 17.09.1997) e que surja uma questão sobre a interpretação ou a validade do Direito da União, questão essa que deverá ser *relevante para decisão da causa*. Neste caso, o reenvio é meramente facultativo: é efetuado a pedido do julgador e no seu interesse, o que não obsta a que o juiz nacional esteja, posteriormente, vinculado ao sentido da resposta que o Tribunal de Justiça vier a dar à sua questão (como o Tribunal de Justiça referiu no caso *Milch-, Fett- und Eierkontor*, proc. 29/68, ac. de 24.06.1969, em especial nºs 2 e 3), sem prejuízo da possibilidade de tornar a submeter uma questão prejudicial se não se considerar suficientemente esclarecido.

6. O terceiro parágrafo, diferentemente, converte a faculdade em obrigação, para os órgãos jurisdicionais nacionais que julguem sem hipótese de *recurso judicial previsto no direito interno*. Neste caso, já não ressalta tanto a função do reenvio enquanto auxílio do julgador nacional: ele assume também uma natureza objectiva, prosseguindo a finalidade de garantir a uniformidade na aplicação do Direito da União, o que se reveste de particular importância pelo facto de aquela aplicação se tornar agora definitiva, por não caber recurso da decisão final.

7. Na realidade, a exigência de uniformidade é imposta pela própria natureza deste ordenamento jurídico: para ser Direito da União (Direito *comum*, ou *comunitário*, como se denominava até à entrada em vigor do Tratado de Lisboa), é essencial que as suas normas comportem uma aplicação coerente nos vários Estados-Membros, que obvie às diferenças resultantes da variedade de sensibilidades jurídicas. Não é demais relembrar a importância deste resultado: por um lado, nalguns domínios o Direito da União veio substituir os direitos nacionais; por outro, em consequência da abertura das fronteiras a mercadorias, serviços e pessoas, cada vez mais os cidadãos europeus se encontram na confluência dos ordenamentos nacionais e europeu, e se confrontam com a necessidade de resolução dos mesmos problemas em Estados diferentes. Esta exigência de uniformidade na aplicação do Direito favorece também, pois, os princípios da segurança jurídica e da igualdade, na medida em que os administrados da União

passam a poder razoavelmente contar com um sentido constante dos preceitos europeus nos vários Estados-Membros.

II – A teoria do litígio concreto e a teoria orgânica (ou do litígio abstrato)

8. Justificada a obrigação de reenvio para todo o *órgão jurisdicional nacional cujas decisões não são suscetíveis de recurso judicial previsto no direito interno*, é necessário ainda saber como preencher este conceito. O que significa, para o Tratado, a expressão *insuscetibilidade de recurso judicial previsto no direito interno*?

9. A questão sintetiza-se do seguinte modo: a expressão fará apelo apenas aos tribunais nacionais supremos – aqueles que proferem decisões que são sempre irrecorríveis? Estarão apenas esses obrigados ao reenvio por força do último parágrafo do art. 267º? Ou ela abrange igualmente os tribunais que, no caso concreto, decidem o litígio em definitivo, como sucede por efeito da aplicação da lei processual (no caso português em resultado da conjugação entre o valor da causa e a alçada dos tribunais, por exemplo)? Nesta última hipótese, e em razão das características do caso, qualquer tribunal poderá vir a ser considerado um órgão jurisdicional nacional que decide sem hipótese de recurso, estando em consequência, obrigado ao reenvio para o Tribunal de Justiça.

10. A primeira versão, denominada *teoria orgânica*, ou *do litígio abstrato* (defendida, entre nós, por JOÃO MOTA DE CAMPOS/JOÃO LUIZ MOTA DE CAMPOS in *Contencioso Comunitário*, Lisboa, 2002, p. 144 e segs.), apresenta em seu favor três argumentos:

a) desde logo, a convicção da tendencial menor importância dos processos resolvidos de modo definitivo pelos tribunais inferiores, o que contrastaria com a utilização de um meio processual necessariamente mais oneroso, em tempo e em custo, para as partes;

b) por outro lado, a necessidade de aliviar o Tribunal de Justiça da sobrecarga excessiva, o que necessariamente sucederá se todos os tribunais dos Estados-Membros estiverem obrigados ao reenvio em determinados momentos;

c) por fim, a circunstância de os tribunais supremos serem formalmente (nos sistemas em que vigore, o sistema de precedente judicial) responsáveis pela definição da orientação jurisprudencial dos restantes tribunais; ou de o serem tendencialmente (nos casos em que aquele sistema não vigore e em que a autoridade das suas decisões fora do processo é apenas material); ou, num caso e noutro, de constituírem exemplo ilustrativo da orientação jurisprudencial de cada Estado-Membro.

11. Por sua vez, a segunda versão atrás apontada, designada *teoria do litígio concreto*, funda-se:

a) na necessidade de se assegurar a coerência na aplicação do Direito da União sempre que ela seja definitiva, o que se opõe à possibilidade de mui-

tos dos casos que envolvem a aplicação daquele ordenamento poderem ser decididos sem a intervenção do Tribunal de Justiça;
b) no facto de, para as partes no litígio, haver interesse na aplicação consistente do Direito, reforçando-se assim o princípio da igualdade entre os administrados europeus, materializado na aplicação concordante das normas em situações idênticas;
c) na demonstração de que as questões de Direito da União se destacam dos casos concretos, pelo que a menor importância destes não corresponderá necessariamente à menor importância daquelas (o que seria comprovado a partir da constatação de que muitos dos casos marcantes resolvidos pelo Tribunal de Justiça tiveram como ponto de partida litígios de pequena gravidade em tribunais nacionais – a título ilustrativo costuma apontar-se o caso *Costa c. E.N.E.L.*, uma decisão histórica para o ordenamento jurídico europeu, mas em cujo processo nacional se discutia o pagamento de uma fatura de eletricidade de um valor irrisório).

12. Qual das posições deve ser acolhida? A questão não se afigura de fácil resolução, mesmo socorrendo-nos de outros indícios. Por um lado, a previsão literal não é clara, e qualquer dos significados pode ser enquadrado no art. 267º. Por outro, não obstante durante muito tempo se tentar forçar na jurisprudência do Tribunal de Justiça a opção por uma ou outra das posições, a verdade é que ele não se teria pronunciado nunca diretamente acerca da questão, e as suas referências ao assunto podiam ser entendidas meramente como afirmações *obiter dicta*. Compreende-se o porquê desta opção do Tribunal: se, de uma parte, acolher a teoria do litígio concreto envolveria um acréscimo de trabalho para o qual a sua estrutura poderia não ser suficiente, de outra parte, rejeitá-la expressamente equivaleria a desvalorizar o imperativo de uniformidade imposto pela obrigação de reenvio, que o próprio Tribunal proclama. Apesar de tudo, na última década há quem afirme uma certa inclinação da sua parte para a teoria do litígio concreto, sendo disso exemplo o caso *Lyckeskog* (proc. C-99/2000, ac. de 4.06.2002), no qual o Tribunal, trazendo à colação a necessidade de uniformidade, afirmou que "este objetivo é alcançado quando são sujeitos a esta obrigação de reenvio, sob reserva dos limites admitidos pelo Tribunal de Justiça (...), os Supremos Tribunais (...) bem como qualquer órgão jurisdicional nacional cujas decisões não sejam suscetíveis de recurso judicial (...)" (nº 15).

13. É necessário esclarecer que, para efeito de determinação da obrigação de reenvio, está sempre em causa apenas a eventualidade da existência de recurso ordinário. Assim, acolhendo-se a teoria do litígio concreto, a obrigação de reenvio deverá ser interpretada como surgindo para o tribunal nacional que decida o caso concreto sem que haja lugar a recurso ordinário. Desse modo, a possibi-

lidade de subsistir possibilidade de recurso para o Tribunal Constitucional, por exemplo, não impede a formação da obrigação de reenvio.

III – A autonomia do juiz na apreciação dos pressupostos de reenvio

14. No acórdão agora analisado, o Tribunal de Justiça procede à interpretação do terceiro parágrafo do art. 267º, concretamente quanto à questão de saber se a obrigação aí referida é automática. Trata-se de indagar se o julgador nacional de última instância deve submeter a questão de interpretação para o Tribunal de Justiça todas as vezes que se depare com a aplicação de uma norma comunitária ou pelo simples facto de uma das partes o solicitar, ou, diferentemente, se dispõe de alguma margem de apreciação acerca da necessidade ou oportunidade do reenvio. Aquilo que o juiz nacional italiano pediu ao Tribunal de Justiça que desenvolvesse foi, no fundo, a delimitação dos contornos da obrigação de reenvio.

15. O Tribunal começou por afirmar que o mecanismo do art. 267º não está na disponibilidade das partes (nº 9). Isto é, a circunstância de as partes requererem ao julgador a submissão da questão ao Tribunal de Justiça não é, por si só, suficiente para desencadear o processo de reenvio: é necessário que a questão a colocar ao Tribunal seja reconhecida pelo próprio juiz nacional como necessária à decisão da causa (v. o recente caso *Kempter*, proc. C-2/06, ac. de 12.02. 2008, no qual o Tribunal afirmou que "o reenvio prejudicial assenta num diálogo de juiz a juiz, cujo início depende inteiramente da apreciação que o órgão jurisdicional nacional faça da pertinência e da necessidade do referido reenvio" – nº 42).

16. Esta aparente irrelevância das partes no âmbito da decisão de reenvio deve ser esclarecida. Em primeiro lugar, ela significa que a decisão de reenvio não tem de se fundar em pedido das partes: embora frequentemente sejam elas, ou uma delas, a requerer ao juiz nacional a submissão da questão ao Tribunal de Justiça, tal não deverá constituir condição necessária para apreciação da oportunidade de reenvio: o juiz pode, *ex officio*, avaliar a necessidade de a ele se proceder. No entanto, e em segundo lugar, a irrelevância das partes não pode significar irrelevância do pedido: sempre que tiver sido requerido pelas partes, uma eventual rejeição do pedido de reenvio deverá ser fundamentada pelo tribunal, sob pena de nulidade da decisão; e, tratando-se de um *órgão jurisdicional que decide sem hipótese de recurso*, a recusa de reenvio deverá fundar-se numa das causas de dispensa admitidas pelo Tribunal de Justiça (às quais faremos referência de seguida). Acresce, em terceiro lugar, que o direito nacional poderá prever o direito de recurso da decisão do juiz que decida o reenvio ou decline o seu pedido (embora, evidentemente, o fundamento do recurso deva ser limitado à legalidade da decisão, já que a sua oportunidade é avaliada pelo juiz: v. *Rheinmühlen*, proc. 146/73, ac. de 12.02.1974, especial-

mente o nº 3). Por fim, a afirmação de que a decisão de reenvio não cabe às partes não impede o reconhecimento de que aquelas podem ter um interesse legítimo na sua realização: de facto, ao impor a obrigatoriedade de reenvio em determinados casos, o Tratado estabeleceu uma regra de competência, nos termos da qual a resolução de determinados aspetos de Direito da União (a validade das normas ou a sua interpretação) cabe apenas ao Tribunal de Justiça. Assim, a inobservância do dever de reenvio determina a subtração da causa ao juiz competente, o que tem levado parte da doutrina a considerar que nesse caso haverá violação do *direito ao juiz legal*. Voltaremos a este ponto adiante, quando referirmos as consequências de uma eventual omissão de reenvio.

IV – As circunstâncias nas quais o órgão jurisdicional nacional está dispensado de reenviar questões ao Tribunal de Justiça

17. No núcleo do caso de que agora nos ocupamos, o Tribunal enunciou três circunstâncias que podem fundamentar a decisão do julgador de última instância de não lhe submeter uma questão de Direito da União.

18. a) Em primeiro lugar, o Tribunal afirma que cessa a obrigação de reenvio quando a questão for impertinente ou desnecessária para a resolução do caso. À primeira vista, a constatação parece óbvia e um tanto paternalista, por se admitir em abstrato que o juiz nacional pudesse ser levado a reenviar uma questão irrelevante para a resolução da causa. É preciso esclarecer, no entanto, que a importância da afirmação feita pelo Tribunal resulta da diferença de redação dos pars. 2 e 3 do art. 267º. Na verdade, enquanto que o 2º par. do art. 267º, que trata da mera faculdade de reenvio, diz expressamente que ela existe quando a questão seja *necessária* ao julgamento da causa, o 3º par. do mesmo artigo não utiliza idêntica expressão. Admite-se, por conseguinte que poderia surgir a dúvida de saber se a obrigação de reenvio existiria mesmo quando a questão não fosse *necessária ao julgamento da causa*.

Cumpre, por conseguinte, completar a posição do Tribunal com o esclarecimento daquilo que se considera uma *questão pertinente* ou *necessária*:

19. i) no caso *Foglia* v. *Novello* (proc. 104/79, ac. de 11.03.1980), o Tribunal afirmou a necessidade de existir uma disputa genuína entre as partes para que uma questão prejudicial possa ser considerada pertinente. No caso concreto, verificava-se que o litígio tinha sido forjado de modo a obter-se do Tribunal uma decisão quando à conformidade da legislação italiana com o Direito da União. O Tribunal considerou que a sua função não substitui as vias processuais normais que os Estados colocam à disposição dos particulares para defesa dos seus interesses, destinando-se, antes, a conferir aos tribunais nacionais os elementos para uma correta aplicação do Direito. Por conseguinte, se é verdade que não cabe às partes a decisão de reenvio, verifica-se, apesar disso,

que a existência real de um litígio entre elas é necessária para que a questão possa ser submetida ao Tribunal – o que, de resto, se compreende, à luz da natureza do reenvio, enquanto mecanismo enxertado num processo judicial. Mais recentemente, no caso *García Blanco* (proc. C-225/02, ac. de 20.01.2005), o Tribunal tornou a esclarecer que "a justificação do reenvio prejudicial não é a formulação de opiniões a título consultivo sobre questões gerais ou hipotéticas, mas a necessidade inerente à efetiva solução de um contencioso" (n.º 28).

Esta orientação precisa, no entanto, de ser conjugada com a primeira afirmação feita pelo Tribunal de Justiça no sentido de o reenvio não estar na disponibilidade das partes. Na verdade, se por um lado apenas há reenvio no quadro de um verdadeiro litígio, por outro não será necessário que a questão a colocar ao Tribunal respeite a uma matéria controvertida para as partes; o que é indispensável é que o julgador nacional sinta, ele próprio, necessidade de esclarecimento. Ou seja: ainda que, por hipótese, as partes estejam de acordo quanto à irrelevância do Direito da União para a decisão da causa, o juiz sempre poderá, se considerar, *ex officio*, que é necessário um esclarecimento por parte do Tribunal, proceder ao reenvio para obter deste uma decisão.

20. ii) em segundo lugar, para que a questão seja pertinente é igualmente necessário que a decisão final esteja, nalguma medida, dependente da resposta que lhe seja dada. Desde logo, é pertinente aquela questão cuja resposta determina diretamente o favorecimento de uma ou outra parte; é igualmente pertinente aquela que resolve um dos pedidos alternativos de uma das partes, ou mesmo a que apenas altera a decisão final se a matéria de facto, ainda a fixar, assumir uma determinada configuração; por fim, será igualmente pertinente a questão, quando, ainda que o resultado final da ação já esteja decidido, a resposta do Tribunal de Justiça seja relevante para determinação da sua concreta medida (por exemplo, para cálculo de uma indemnização, apuramento da medida de uma sanção, ou determinação de um prazo para exercício de um direito).

21. Podemos, em síntese, afirmar que será pertinente toda a questão colocada pelo juiz nacional ao Tribunal de Justiça, quando a resposta que lhe venha a ser dada constitua uma premissa no raciocínio que conduz à decisão final por parte daquele juiz. Diferentemente, se a decisão do Tribunal de Justiça em nada altera a decisão do juiz nacional, então a questão é impertinente e não deve ser suscitada (a este respeito v. TC HARTLEY, *The foundations of European Community Law*, 6ª ed. Oxford, 2007, p. 286-287): é o caso de a questão poder ser resolvida apenas com recurso ao direito nacional, ainda que alguma das partes tenha, indevidamente, invocado o Direito da União (V. JOÃO MOTA DE CAMPOS/JOÃO LUIZ MOTA DE CAMPOS, *Contencioso Comunitário*, cit., p. 151).

22. Refira-se, por fim, que os pedidos gozam de uma "presunção de pertinência", como afirmou o Tribunal de Justiça no caso *Van der Weerd* (procs. apensos C-222-225/05, ac. de 7.06.2007), reforçando a autonomia do juiz nacional na configuração da questão prejudicial: "as questões relativas à interpretação do direito comunitário colocadas pelo juiz nacional no quadro fatual e regulamentar que o mesmo define sob sua responsabilidade, e cuja exatidão não compete ao Tribunal de Justiça verificar, gozam de uma presunção de pertinência (...). O Tribunal de Justiça só pode recusar-se a responder a uma questão submetida à sua apreciação por um órgão jurisdicional nacional quando for manifesto que a interpretação do direito comunitário solicitada não tem qualquer relação com a realidade ou com o objeto do litígio no processo principal, quando o problema for hipotético ou ainda quando o Tribunal de Justiça não disponha dos elementos de facto e de direito necessários para dar uma resposta útil às questões que lhe foram submetidas" (n.º 22).

23. b) Um segundo caso, a que o Tribunal alude (n.ºs 13 e 14), que exonera o órgão jurisdicional nacional de proceder ao reenvio, consiste na hipótese de o Tribunal de Justiça se ter já pronunciado sobre questão equivalente a propósito de processo anterior. Nesse caso, a norma europeia será já um *ato clarificado*.

24. Ainda anteriormente ao caso *Cilfit*, o Tribunal tinha já feito referência a esta exceção num caso anterior, para o qual remete agora: o caso *Da Costa* (proc. 28-30/62, ac. de 27.03.1963). Segundo o Tribunal, no caso em que as normas controvertidas (isto é, cuja interpretação ou validade se discute) já tenham sido por si interpretadas em processo anterior (em sede de reenvio prejudicial ou de outro meio processual – julgamos que não é relevante distinguir entre tipos de ações para este efeito, por interessar sobretudo o seu conteúdo), a obrigação de reenvio do art. 267.º fica privada de substância, pois a dúvida do juiz já se encontra esclarecida. Aprofundemos um pouco mais esta questão, relacionando-a com a jurisprudência do Tribunal de Justiça quanto aos efeitos das suas decisões.

25. Por variadas vezes, o Tribunal definiu os efeitos no tempo dos seus acórdãos: quer os meramente interpretativos, quer os que declaram a invalidade de uma norma comunitária, obrigam todos os tribunais nacionais que venham a pronunciar-se sobre aquele caso (ou seja, todos aqueles que, em sede de recurso, venham a proferir decisão no mesmo processo), e, do mesmo modo, todos os tribunais, que, de futuro, se venham a pronunciar sobre a mesma questão de Direito. Todas as autoridades nacionais deverão *extrair as consequências [de um tal acórdão] para a sua ordem jurídica* (v. *Pietro Pinna*, proc. 359/87, ac. de 2.03.1989, em especial n.º 13). Ora, se todas as jurisdições estão vinculadas pela posição firmada pelo Tribunal de Justiça, compreende-se que não subsista necessidade de reenvio quanto à dúvida sobre uma questão já esclarecida pelo Tribunal: a obri-

gação de reenvio substitui-se, neste caso, pela necessidade de levar em conta a interpretação feita previamente pelo juiz comunitário (é o que FRÉDERIQUE BERROD chama o *princípio da autoridade da coisa interpretada*. V. *La systématique des voies de droit communautaires*, Paris, 2003, p. 150. e INÊS QUADROS, *A função subjetiva da competência prejudicial do Tribunal de Justiça das Comunidades Europeias*, Coimbra, 2006, p. 48 e segs.). Deste modo, "aplicar o Direito Comunitário é, para o juiz nacional, aplicar esse direito tal como interpretado pelo Tribunal" (JEAN PAUL JACQUÉ, *Droit Institutionnel de l'Union Européenne*, Paris, 2009, p. 619): aquilo que era antes uma norma necessitada de esclarecimento, uma questão carecida de resposta, converteu-se num *ato clarificado*.

26. A afirmação desta causa de dispensa de reenvio converte as decisões do Tribunal de Justiça num *precedente judicial em sentido material*. Não se trata de um precedente formal, característico dos sistemas de matriz anglo-saxónica, uma vez que, se, por um lado, o juiz nacional está dispensado de reenviar na circunstância descrita, acolhendo a posição firmada pelo Tribunal, ele não perde nunca a faculdade de o fazer. Assim, sempre que considerar que é necessário que o Tribunal de Justiça se pronuncie novamente sobre o caso, ou que a decisão anterior estava errada ou necessitava de ser esclarecida, ele mantém a possibilidade de submeter a questão ao Tribunal de Justiça. Mais: o dever de reenvio renasce se o juiz considerar que a sua dúvida se mantém.

27. A prática processual do Tribunal (acolhida posteriormente no art. 104º nº 3 do seu Regulamento de Processo) tem sido a de remeter o tribunal nacional, por despacho fundamentado, para decisões anteriores incidentes sobre um ponto de direito idêntico (a título de exemplo, v. o caso *Gallo e Damonte*, proc. C-191/06, ac. de 6.03.2007); mas muitos casos ilustram que o Tribunal de Justiça, por razões relacionadas com a compreensão do seu papel na integração europeia, nem sempre se conforma com as suas anteriores decisões, desde que os tribunais nacionais lhe deem oportunidade de as rever ou completar (por exemplo, no caso *Keck e Mithouard*, proc. C-267/91, ac. de 24.11.1993, o Tribunal de Justiça reverteu as suas decisões anteriores relativas à interpretação dos artigos do Tratado sobre circulação de mercadorias, afirmando expressamente que tomava uma nova decisão "contrariamente ao que até aqui tem sido estabelecido..." – (nº 16)).

28. c) O último caso referido pelo Tribunal, que dispensa o julgador nacional de última instância de submeter questões ao juiz europeu, é o caso em que a "aplicação correta" do Direito da União se impõe "com tal evidência que não deixa lugar a nenhuma dúvida razoável sobre o modo de resolver a questão suscitada" (nº 16).

29. É frequente afirmar-se que o Tribunal aproveitou aqui uma antiga teoria importada do liberalismo do séc. XVIII, que, para obviar ao arbítrio do poder

judicial, separava a interpretação da norma da sua aplicação. De acordo com esta teoria, à função judicial estaria reservada a aplicação da norma, não podendo o juiz interpretá-la, uma vez que essa função estava cometida apenas ao seu autor, o legislador. Assim, ao juiz restaria a consideração de que o legislador expressou na lei tudo o que queria, e, por conseguinte, a aplicação da norma seria automática, segundo o princípio de que *in claris non fit interpretatio*. O Tribunal de Justiça, transportando esta teoria para o domínio do Direito da União, afirmou, no acórdão de que agora nos ocupamos, que o juiz nacional está dispensado de reenviar quando o significado da norma seja tão claro no seu espírito que não surja qualquer dúvida de interpretação.

30. É fácil de perceber quais os riscos deste último caso de dispensa de reenvio. Aponte-se, à cabeça, o facto de ela fazer apelo a um juízo subjetivo de valoração da norma europeia: a clareza da norma, ou falta dela, resultam de um raciocínio que é eminentemente pessoal e dependente das circunstâncias do caso, o que é incompatível com a uniformidade que o reenvio pretende alcançar: *clareza* não supõe necessariamente *exatidão*, e dois julgadores diversos poderão proceder a interpretações opostas da mesma norma, considerando, cada um, que a sua interpretação é inequívoca. Assim, para atenuar os efeitos desta exceção e diminuir a nota de subjetividade que ela comporta, o Tribunal de Justiça faz depender a sua invocação da verificação de uma série de condições:

31. i) é necessário que o juiz nacional se coloque no lugar de outro julgador, situado numa jurisdição de qualquer outro Estado-Membro, e procure interrogar-se sobre se a certeza acerca da clareza da norma será tão evidente para ele como é para si (par. 16). Num certo sentido, isto equivale a afirmar o papel do juiz nacional enquanto *bonus pater familias*, preocupado não apenas com a resolução do processo que conduz, mas com a coerência da aplicação do Direito em toda a União. Reforça-se, assim, a natureza objetiva do reenvio e a sua função enquanto garante da uniformidade na aplicação do Direito europeu;

32. ii) é necessário, ainda, que se levem em conta as diferentes tradições jurídicas e as diferentes versões linguísticas do Tratado, comparando as várias traduções e verificando se os conceitos assumem o mesmo significado em todas elas (par. 18). Um caso resolvido pelo Tribunal é ilustrativo da relevância desta condição: no caso *Koschniske* (proc. 9/79, ac. de 12/07/1979), ao interpretar um regulamento europeu na sua versão holandesa, o juiz holandês deparou-se com o conceito de *echtgenote*, o qual significa, em português, "esposa", ou "mulher". Por essa razão, submeteu ao Tribunal a questão de saber se o direito em causa não podia ser estendido ao "esposo", ou "marido". Ao analisar diferentes versões linguísticas do Tratado, o Tribunal constatou que o termo nelas utilizado era mais geral, correspondente ao equivalente a "cônjuge". Assim se vê a vantagem

da comparação entre diferentes versões linguísticas dos textos europeus, quando se procede à interpretação das normas. É preciso reconhecer, no entanto, a dificuldade que essa comparação comporta, ao exigir dos juízes nacionais o domínio de várias línguas europeias.

33. iii) é igualmente necessário que se leve em conta a especial natureza do Direito da União, cujos conceitos assumem significados próprios, obrigando os juízes a socorrerem-se de termos e designações distintos do Direito nacional (nºs 17 e 19).

34. iv) é necessário, por fim, que as normas de Direito da União sejam colocadas no seu contexto e analisadas à luz dos princípios que lhe são próprios (par. 20): esta não é mais do que uma afirmação da necessidade de as normas serem interpretadas no seu contexto sistemático e teleológico.

35. Apenas levando em conta estes quatro elementos é que o juiz nacional poderá afirmar a clareza da norma: o intuito do Tribunal é, pois, o de tornar o juízo de clareza o mais objetivo possível.

36. No entanto, há quem afirme que estes meios que o Tribunal propõe para auxiliar o juiz nacional a decidir sobre a clareza da norma são tão difíceis de verificar, que o Tribunal os terá estabelecido para tornar impossível a invocação da teoria do ato claro (V. TC HARTLEY, *cit.*, p. 288, e bibliografia aí indicada). Apesar disso, a experiência demonstra que, bem pelo contrário, a teoria do ato claro tem sido utilizada com abundância para justificar a recusa de reenvio. Circunscrevendo-nos exclusivamente ao caso português, é interessante verificar como ela é a responsável pelo escasso número de reenvios efetuados por tribunais portugueses, sendo uma exceção as jurisdições administrativas.

37. Ainda que a intenção do Tribunal de Justiça fosse meritória no sentido de esclarecer o juiz nacional de que a obrigação de reenvio não é automática nem desencadeada pelas partes, o acórdão *Cilfit* tem sido alvo de várias críticas.

38. Por um lado, ao estabelecer circunstâncias nas quais o reenvio não é necessário, o Tribunal de Justiça acabou, veladamente, por converter o dever de reenvio na regra geral, obrigando os tribunais nacionais a justificar sistematicamente a decisão de não reenvio, enquadrando-a numa das exceções por ele admitidas. Em lugar de fixar os contornos do reenvio, concentrou-se no "negativo" da obrigação, fixando as circunstâncias nas quais um órgão jurisdicional nacional se pode considerar dispensado de submeter questões ao Tribunal de Justiça.

39. Uma outra crítica, metodológica, aponta que os casos intitulados de "dispensa de reenvio" em bom rigor não o são verdadeiramente. Haveria verdadeira dispensa se, previamente, estivesse estabelecido quanto a eles a obrigatoriedade de reenvio. Ora, ao estabelecer que a obrigação de reenvio não é automática, o Tribunal de Justiça recusou essa obrigatoriedade prévia.

40. De facto, verifica-se que, nos casos de "falta de pertinência da questão" e do "ato claro", não chega sequer a surgir uma "questão" na aceção do art. 267º (V. INÊS QUADROS, *A função*..., cit., p. 54): se o ato é claro, não se coloca, quanto a ele, qualquer *questão*; se não é pertinente, não é *prejudicial*. Em qualquer das duas hipóteses, o dever de reenvio não se chega a formar. Por outro lado, no caso referido pelo Tribunal de Justiça em segundo lugar – aquele em que a questão já foi objeto de decisão pelo Tribunal – ocorre necessariamente uma de duas hipóteses: ou o juiz nacional ficou esclarecido com a anterior interpretação do Tribunal de Justiça (a qual se integra na norma interpretada, constituindo o acervo que o julgador deverá levar em conta na aplicação da norma), caso em que, à semelhança do que sucede com a invocação da teoria do ato claro, não surge qualquer *questão*; ou, diversamente, o juiz necessita de maior clarificação quanto ao significado da norma ou da própria decisão anterior do Tribunal, caso em que não se poderá considerar dispensado do reenvio. Nenhuma das três circunstâncias configura, pois, verdadeira *dispensa* de uma *obrigação de reenvio*.

41. No caso concreto, o Tribunal de Justiça limitou-se a descrever as causas de exceção da obrigação de reenvio, sem contudo indicar se alguma delas seria relevante para o caso que corria no tribunal nacional. O Tribunal seguiu, assim, a sua orientação habitual, segundo a qual se deverá limitar a afirmar o Direito, cabendo ao juiz nacional extrair as consequências da sua interpretação e adequá-las às circunstâncias do caso, decidindo em conformidade. A título de curiosidade, refira-se que, cerca de quatro meses depois da decisão ora analisada, a *Corte Suprema di Cassazione* entendeu submeter ao Tribunal de Justiça a questão substantiva relativa à interpretação do regulamento comunitário controvertido (relativo à organização comum dos mercados de determinados produtos agrícolas), vindo daí a resultar um segundo acórdão *Cilfit* (Proc. 77/83, ac. de 29.02.1984), no qual o Tribunal de Justiça esclareceu, por fim, o conceito que era controvertido para as partes. De onde se conclui que o tribunal italiano reconheceu não poder beneficiar de nenhuma das circunstâncias que o dispensariam de proceder ao reenvio.

42. Uma última afinação: como resulta da parte da decisão transcrita, as reflexões do Tribunal no caso *Cilfit* relevam apenas para efeito do reenvio de interpretação das normas. É certo que algumas das suas afirmações se intuem aplicáveis ao reenvio de validade – como é o caso da dispensa de reenvio em caso de impertinência da questão, ou da prévia decisão do Tribunal que declare a invalidade de norma. No entanto, quanto a esta última, o Tribunal pronunciou-se expressamente em processo onde se discutia o reenvio de validade; por outro lado, e como decorre do caso *Foto frost*, a clareza sobre a invalidade do ato não só não constitui causa de dispensa de reenvio, como até obriga ao mesmo.

V – Sanções e proteção jurisdicional em caso de incumprimento da obrigação de reenvio

43. Como vimos, as exceções à obrigação de reenvio agora desenvolvidas, e a subjetividade que sempre estará subjacente aos conceitos de "pertinência da questão" ou de "clareza do ato", comportam o risco de os tribunais nacionais fazerem delas uso generoso, considerando-se excessivamente dispensados do reenvio.

44. Pode ainda acontecer que o juiz, independentemente de uma interpretação errónea das causas de dispensa de reenvio, simplesmente não acolha a obrigação de submeter a questão ao Tribunal de Justiça.

45. Chegados aqui, há então que indagar o que sucede nos casos em que, por qualquer razão, a obrigação de reenvio não for respeitada pelo juiz nacional. Ora, o Tratado não estabelece qualquer sanção específica para a inobservância da obrigação de reenvio. Não obstante, apontam-se habitualmente, no Tratado e na jurisprudência comunitária, algumas soluções com graus diferentes de adequação:

46. a) A primeira consiste em admitir que vale, também aqui, a consequência prevista para o incumprimento da generalidade das obrigações derivadas do Direito da União: a possibilidade de a Comissão ou outro Estado--Membro iniciarem o processo de incumprimento contra o Estado faltoso, nos termos, respetivamente, dos arts. 258º e 259º do TFUE (H. SCHERMERS//D. WAELBROECK, *Judicial protection in the European Communities*, Haia, 2001, p. 272 e segs..). Esta solução foi considerada pela Comissão como apropriada para os casos em que tenha havido omissão de reenvio (v. resposta nº 28/68 dada pela Comissão a deputados do Parlamento Europeu). No entanto, apesar disso, não há registo de ações de incumprimento desenroladas com esse fundamento.

47. Compreende-se o porquê deste paradoxo. É que, embora o processo de incumprimento se destine a sancionar a atuação dos Estados quando contrária ao Direito da União (e, nesta perspetiva, não haja razão para excluir o incumprimento perpetrado por um órgão jurisdicional – o próprio Tribunal de Justiça desde cedo afirmou que a ação por incumprimento é adequada também nos casos em que o órgão faltoso é uma instituição constitucionalmente independente: v., em especial, o nº 15 do caso *Comissão c. Bélgica*, proc. 77/69, ac. de 5.05.1970, com a ressalva, porém, de que, a despeito da formulação geral, estava em causa o incumprimento por parte do legislador), a verdade é que há que reconhecer a maior dificuldade em condenar o Estado quando o incumprimento tenha tido essa origem: por um lado (i) a solução contrasta com a independência do poder judicial, que se relaciona mal com o facto de, na ação por incumprimento, o Estado ser representado pelos Governos nacio-

nais; por outro lado, e por essa razão, (ii) se o Estado vier a ser condenado por incumprimento da obrigação de reenvio, não haverá forma de garantir que o incumprimento cessará, pelo que dificilmente a ação será executada ou alcançará o seu fim preventivo; por fim, (iii) a ação dirigida ao Estado por incumprimento de um órgão jurisdicional comporta o risco de pôr em causa a cooperação judicial instituída por força do reenvio entre o Tribunal de Justiça e os tribunais nacionais, e necessária para a sua plena efetividade. O caso *Comissão c. Itália* (C-129/00, ac. de 9.12.2003) ilustra bem o dilema em que a Comissão se encontra quando confrontada com o incumprimento do Direito da União imputável a um órgão jurisdicional. Nele se discutia o modo como os tribunais faziam interpretação de uma lei nacional de modo incompatível com o Direito da União. A Comissão configurou o pedido de declaração de incumprimento do seguinte modo: "ao manter em vigor o artigo (...), tal como interpretado e aplicado pela Administração e os órgãos jurisdicionais, (...) a República Italiana não cumpriu as obrigações que lhe incumbem por força do Tratado CE". Ou seja: o incumprimento acabaria por ser imputado ao legislador, e foi nesses termos que o Tribunal proferiu declaração de incumprimento.

48. Para além desta dificuldade de aplicação prática da sanção descrita, ela apresenta ainda uma desvantagem: ela reveste uma natureza eminentemente objetiva, pelo que não aproveita aos indivíduos, especialmente aqueles que, por serem partes na ação que corria no tribunal nacional, mais teriam interesse no cumprimento da obrigação de reenvio (V. INÊS QUADROS, *A função...*, cit., p. 57 e segs.).

49. b) Uma solução diferente (alternativa ou cumulativa), e que resolve diretamente esta última objeção, pode ser encontrada no princípio da responsabilidade do Estado por atos jurisdicionais. Dando sequência ao caminho iniciado pelo acórdão *Francovich* (proc. C-6/90, ac. de 19.11.1991), no qual proclamara o princípio da responsabilidade do Estado por violação do Direito da União, o Tribunal de Justiça confirmou, passada mais de uma década, no caso *Köbler* (proc. C-224/01, ac. de 30.09.2003), que tal princípio comporta aplicação qualquer que seja o órgão responsável pelo dano. Em consequência, e verificados os requisitos gerais da responsabilidade civil, qualquer Estado-Membro pode ser condenado em tribunal nacional ao pagamento de uma indemnização pelos danos causados pelo facto de uma das suas jurisdições superiores ter incumprido manifestamente a obrigação de reenvio. Foi, de resto, o que se verificou no próprio caso *Köbler*, no qual o tribunal austríaco, depois de ter submetido a questão ao Tribunal de Justiça, veio a retirá-la e a decidir de modo oposto àquele que era o entendimento do Tribunal de Justiça na matéria em causa.

50. Verificada a dificuldade de aplicação do processo por incumprimento previsto nos arts. 258º e segs. do Tratado nos casos de omissão de reenvio, a solu-

ção proposta pelo acórdão *Köbler* revela-se atrativa, com a vantagem de estar à disposição dos particulares, que não são partes legítimas no processo por incumprimento. No entanto, também quanto a esta solução se podem opor algumas objeções.

51. A primeira, e a principal, é a de que não é evidente que se consiga apurar a existência de uma lesão em caso de omissão de reenvio. Na verdade, seria preciso demonstrar que a falta de reenvio causou dano a uma das partes (que seria possivelmente a Autora na ação de responsabilidade), o que equivale a considerar que o desfecho da ação principal teria sido diferente se tivesse havido reenvio. Ora, tal conclusão parece, à partida, indemonstrável: sempre dependeria do sentido da decisão prejudicial a proferir pelo Tribunal de Justiça, a qual não beneficiaria necessariamente a parte que veio a decair na ação principal. Ainda assim, é possível contornar esta objeção, argumentando-se, primeiro, que a lesão existe simplesmente pela circunstância de a decisão do juiz nacional não ter sido tomada com recurso aos meios legalmente impostos, os quais incluem o reenvio quando ele seja obrigatório; por outro lado, será possível comprovar a existência de dano nos casos em que se consiga demonstrar que uma eventual pronúncia do Tribunal de Justiça ditaria um resultado diverso da ação – o que poderá suceder, por exemplo, quando o Tribunal de Justiça proferir uma decisão que permita essa conclusão, a propósito de uma outra ação perante si colocada que comporte a interpretação das mesmas regras.

52. Uma segunda dificuldade no apuramento da responsabilidade do Estado por violação da obrigação de reenvio prende-se com os requisitos que o Tribunal de Justiça afirmou serem necessários para que exista responsabilidade, em concreto o facto de a violação ter de ser suficientemente caracterizada. Ora, para o Tribunal de Justiça, "a fim de estabelecer uma eventual responsabilidade do Estado em razão de uma decisão de um órgão jurisdicional nacional decidindo em última instância, há que ter em conta a especificidade da função jurisdicional bem como as exigências legítimas de segurança jurídica (...). Só pode haver responsabilidade do Estado resultante de uma violação do direito comunitário por tal decisão, no caso excecional de o juiz ter ignorado de modo manifesto o direito aplicável" (*Köbler*, nº 53). Ou seja: a solução apresentada tem apenas aplicação nos casos mais graves de violação do dever de reenvio, e não em todos os casos em que ela tenha ocorrido.

53. Uma última objeção à responsabilidade do Estado por violação do Direito da União levada a cabo por tribunais prende-se mais diretamente com a sua conjunção com o caso *Cilfit*. É que o acórdão *Köbler* acaba por impor uma responsabilidade acrescida no juízo que os tribunais façam acerca das ocasiões em que se considerarão dispensados de reenviar, dado o risco de virem a ser condenados por omissão de reenvio. Assim, o intuito do Tribunal ao estabelecer as tais causas de

dispensa, devolvendo às jurisdições nacionais a competência para apreciar a oportunidade do reenvio, pode ficar lograda pelo temor de uma eventual condenação em ação de responsabilidade (neste sentido, e tecendo graves críticas à orientação do Tribunal, v. PETER WATTEL, *Köbler, Cilfit and Welthgrove: we can't go on meeting like this*, in *Common Market Law Review*, vol. 41, nº 1, 2004, pp. 177-190).

54. Merece especial referência o facto de, entre nós, a lei 67/2007, de 31 de dezembro, que estabeleceu o regime da responsabilidade civil extracontratual do Estado, apenas admitir a responsabilidade do Estado por erro judiciário *pelos danos decorrentes de decisões jurisdicionais manifestamente inconstitucionais ou ilegais* (art. 13º, nº 1). Não cabe aqui desenvolver extensivamente o modo de compatibilização deste regime com a jurisprudência europeia. Adiantamos apenas que ela poderá ser encontrada no conceito de *ilegalidade* em sentido amplo, e que, mesmo que não se entenda desse modo, para que o princípio da responsabilidade opere não será imprescindível que a lei nacional acompanhe a posição perfilhada no caso *Köbler*, já que a responsabilidade do Estado por violação do Direito da União encontra o seu fundamento nesse ordenamento jurídico e não no direito nacional.

55. c) Por fim, especificamente no plano do Direito nacional, admite-se a existência de outros meios de tutela dos particulares em caso de omissão de reenvio, como sejam o recurso de amparo, nos Estados onde ele exista, ou, numa determinada interpretação, a fiscalização concreta da constitucionalidade (posição defendida por NUNO PIÇARRA, *O Tribunal de Justiça das Comunidades Europeias como Juiz Legal e o processo do Artigo 177º do Tratado CEE*, Lisboa, 1991, p. 90 e segs.). Em ambos os casos estaria em causa uma violação do direito ao juiz legal, consagrado nas variadas constituições nacionais (cfr., em especial, o art. 32º, nº 9 da Constituição da República Portuguesa).

VI – Conclusões

56. Importa, agora, concluir. O acórdão que analisámos foi ilustrativo da tensão em que o Tribunal de Justiça se encontra entre duas opções de política judicial. De um lado, a afirmação do dever de os *órgãos jurisdicionais nacionais* aplicarem bem o Direito da União – tal supõe a valorização do seu contributo para a uniformização e consistência na aplicação daquele, e, igualmente, a convicção de que, apesar de tudo, é a ele, Tribunal de Justiça, que competirá a definição das grandes orientações de Direito da União. No pólo oposto, encontramos o respeito pela autonomia da função judicial, a afirmação das jurisdições nacionais enquanto *juízes comuns* de Direito da União, e a exigência prática de dinamismo e celeridade na resolução dos casos suscitados perante aquelas. Foram estas considerações, decerto, que terão presidido às escolhas manifestadas no caso *Cilfit*, tendo o Tribunal conseguido um interessante equilíbrio no quadro do relacionamento entre a ordem jurisdicional europeia e a nacional.

6.4. Acórdão do Tribunal de Justiça de 22 de outubro de 1987 – Processo 314/85 *Foto-Frost* c. Hauptzollamt Lübeck-Ost

Inês Quadros

Resumo dos factos

A sociedade Foto-frost com sede na, então, República Federal da Alemanha, dedicava-se à importação e comercialização de artigos fotográficos. Tendo sido inicialmente dispensada do pagamento de direitos aduaneiros pela importação de material fotográfico proveniente da República Democrática Alemã (à época não membro da União), foi, posteriormente, notificada para pagamento desses direitos, na sequência de uma decisão que a Comissão dirigiu ao Estado alemão e que determinava a impossibilidade de dispensa do pagamento naquele caso.

A sociedade Foto-frost reclamou do aviso de cobrança para o FinanzGericht de Hamburgo, com fundamento em invalidade do aviso, vindo o tribunal alemão a considerar que a apreciação da validade estava dependente da análise da legalidade da própria decisão comunitária, na qual a ordem de pagamento se fundava.

A questão prejudicial suscitada ao Tribunal de Justiça referia-se não exclusivamente à dúvida sobre a validade da norma controvertida (matéria que não será analisada nesta ocasião), mas sobretudo sobre a questão de saber se um órgão jurisdicional nacional pode declarar a invalidade de uma norma europeia, deixando de a aplicar no caso concreto. Reproduz-se agora esta parte da questão:

«O tribunal nacional pode apreciar a validade de uma decisão da Comissão (...) e, eventualmente, decidir no âmbito de um processo que lhe é submetido que, contrariamente à decisão atrás citada da Comissão, se não deve proceder à cobrança a posteriori?»

Excertos do acórdão

«13. Ao dar aos órgãos jurisdicionais nacionais cujas decisões são suscetíveis de recurso judicial previsto no direito interno a faculdade de apresentarem ao Tribunal questões prejudiciais sobre a interpretação ou apreciação da validade, o artigo [267º] não decidiu a questão do poder desses órgãos jurisdicionais para declararem eles próprios a invalidade dos atos das instituições comunitárias.

14. Esses órgãos jurisdicionais podem apreciar a validade de um ato comunitário e, se não considerarem procedentes os fundamentos de invalidade invocados pelas partes, podem rejeitar esses fundamentos concluindo que o ato é plenamente válido. Com efeito, ao agirem deste modo, não põem em causa a existência do ato comunitário.

15. Em contrapartida, não têm poder para declarar inválidos os atos das instituições comunitárias. Efetivamente (...), as competências reconhecidas ao Tribunal pelo artigo [267º] visam essencialmente garantir uma aplicação uniforme do direito comunitário pelos órgãos jurisdicionais nacionais. Esta exigência de uniformidade é especialmente imperiosa quando está em causa a validade de um ato comunitário. Divergências entre os órgãos jurisdicionais dos Estados-membros quanto à validade dos atos comunitários seriam suscetíveis de comprometer a própria unidade da ordem jurídica comunitária e de prejudicar a exigência fundamental da segurança jurídica.

16. A necessária coerência do sistema de proteção jurisdicional instituído pelo Tratado impõe a mesma conclusão. Importa recordar a este respeito que o reenvio prejudicial de apreciação de validade constitui, tal como o recurso de anulação, uma modalidade da fiscalização da legalidade dos atos das instituições comunitárias. (...)

17. Atribuindo o artigo [263º] competência exclusiva ao Tribunal para anular um ato de uma instituição comunitária, a coerência do sistema exige que o poder de declarar a invalidade do mesmo ato, se ela for suscitada perante um órgão jurisdicional nacional, seja igualmente reservado ao Tribunal.

18. Por outro lado, convém sublinhar que é o Tribunal que está em melhor posição para se pronunciar sobre a validade dos atos comunitários. (...).

19. Convém acrescentar que sob determinadas condições, na hipótese do processo de medidas provisórias (todavia não evocado na questão do órgão jurisdicional nacional), podem impor-se alterações à regra segundo a qual os órgãos jurisdicionais nacionais não são competentes para declarar a invalidade dos atos comunitários.

Comentário

I – O reenvio prejudicial para apreciação da validade das normas
1. O Tribunal de Justiça da União Europeia é um Tribunal de competência especializada, isto é, dispõe apenas de competência para julgamento de determinadas categorias de litígios definidas no Tratado. Uma delas consiste na fiscalização da validade das normas europeias, e rege-se pelos arts. 263º e 267º do Tratado sobre o Funcionamento da União Europeia (TFUE).

2. No primeiro desses artigos estabelece-se o controlo da validade de normas a título principal, na sequência da impugnação de atos levada diretamente ao Tribunal de Justiça pelos órgãos comunitários, pelos Estados-Membros e, em certas condições, também pelos particulares. Quaisquer normas emanadas dos órgãos da União podem ser objeto de uma ação de anulação, por violação das

regras do Tratado. Ao invés, os próprios Tratados não estão sujeitos a este controlo, o que se compreende, pois, enquanto atos de Direito Internacional Público, nele encontram o seu fundamento de validade.

3. O art. 267º, por seu lado, regula a competência do Tribunal para a fiscalização incidental da validade das normas, nos casos em que a aplicação do Direito da União esteja em discussão nos tribunais nacionais, os quais são considerados jurisdições comuns de Direito da União, ou tribunais de competência genérica para dirimir os litígios derivados da aplicação das regras da União aos casos concretos.

4. Ora, sempre que, no decurso de um destes litígios, o tribunal nacional se depare com uma dúvida sobre a interpretação ou a validade de uma norma europeia, poderá fazer uso do mecanismo instituído pelo art. 267º, habitualmente denominado reenvio prejudicial, através do qual o Tribunal de Justiça é chamado a colaborar com o juiz nacional na aplicação do Direito da União. Daqui resulta, por conseguinte, a possibilidade de o Tribunal de Justiça fiscalizar a validade das normas europeias a título incidental, prejudicial, porque efetuada a pretexto de casos concretos cuja decisão está dependente da prévia definição daquela validade.

5. É precisamente a este último tipo de fiscalização que se refere o acórdão *Foto-frost*. O art. 267º refere, por um lado (no seu segundo parágrafo), uma faculdade de submissão de questões ao Tribunal de Justiça, da qual são beneficiários todos órgãos jurisdicionais nacionais que se encontrem a resolver um litígio para o qual se apresente como relevante uma norma europeia sobre a qual incide uma dúvida; por outro lado, o terceiro parágrafo do mesmo artigo consagra uma obrigação de reenvio para os tribunais que julguem sem hipótese de recurso judicial previsto no direito interno (para um esclarecimento acerca desta expressão v. anotação ao caso *Cilfit*).

6. Este regime não é distinto, na letra do Tratado, para quando esteja em causa uma questão relativa à interpretação da norma europeia, ou para quando se discuta a sua validade, ambas podendo, como vimos, ser objeto do reenvio. Assim, dir-se-ia que apenas sobre o juiz nacional de última instância impenderia a obrigação de submeter questões prejudiciais de validade ou interpretação das normas ao Tribunal de Justiça, havendo uma dúvida sobre esses aspetos (e fundando-se esta obrigação na necessidade de salvaguardar a uniformidade na aplicação do Direito da União quando esta é definitiva); diversamente, ao juiz nacional de cujas decisões coubesse ainda recurso assistiria meramente uma faculdade de reenvio (2º par.) com um daqueles objetos (interpretação ou validade).

7. No entanto, a questão colocada ao Tribunal de Justiça pelo juiz alemão no caso *Foto-frost* abre uma brecha neste sistema. Ela avança a hipótese de o regime do reenvio para interpretação das normas e o reenvio para apreciação da sua validade serem distintos, sugerindo uma menor autonomia do juiz nacional no que concerne à apreciação de validade das normas.

8. Perguntou o juiz alemão se o juiz nacional, enquanto juiz comum de Direito da União, declarar a invalidade das normas europeias e, em consequência, excluir a sua aplicação no caso concreto.

9. A resposta negativa que a pergunta sugeria teria como implicações (a) que as jurisdições inferiores, sobre as quais o Tratado não estabelecia qualquer obrigação de reenvio, teriam também de reenviar caso considerassem a norma inválida; e (b) que todos os órgãos jurisdicionais nacionais deveriam reenviar mesmo que estivessem convictos da invalidade da norma (isto é, mesmo que não se colocasse qualquer dúvida ou questão de validade das normas, para usar a expressão do Tratado), não podendo sozinhos extrair a natural decorrência dessa convicção, que seria a não aplicação da norma.

10. Dir-se-ia, a título preliminar, que o juiz do *FinanzGericht* terá agido com excesso de zelo, pois a pergunta submetida ao Tribunal de Justiça não parecia ter cabimento à luz da letra do art. 267º do Tratado, como vimos. Para além disso, o assunto trazido ao Tribunal transportava consigo o problema delicado de saber qual o âmbito dos poderes atribuídos aos tribunais nacionais na aplicação do Direito da União. Talvez por isso, o Advogado-Geral MANCINI tenha afirmado, nas suas conclusões do caso (proferidas em 19.05.1987), que a questão colocada era uma "das mais difíceis que o Tribunal teve de apreciar".

II – A decisão do Tribunal de Justiça

11. No seu acórdão, o Tribunal proclamou a incompetência de todos os órgãos jurisdicionais nacionais para a declaração de invalidade das normas de Direito da União (nº 15). Assim, sempre que o juízo que aqueles fizerem da norma conduzir à sua invalidade, deverão submeter a questão prejudicial ao Tribunal de Justiça, para que seja este a apreciar os fundamentos de invalidade apresentados. O juiz nacional estará, depois, vinculado à decisão proferida pelo Tribunal de Justiça e deverá aplicar a norma se os motivos de invalidade tiverem sido afastados pelo Tribunal, ou deixar de a aplicar se, ao contrário, eles tiverem sido acolhidos.

12. O que terá inspirado uma tal solução da parte do Tribunal, que contraria, em certa medida, o espírito que presidiu à criação do mecanismo de reenvio – a aplicação descentralizada das normas comunitárias e a competência dos tribunais nacionais para, enquanto juízes comuns de Direito da União, fazerem plena aplicação das suas normas? A nosso ver, os fundamentos da decisão do Tribunal de Justiça poder-se-ão encontrar nos seguintes aspectos, alguns deles avançados pelo próprio Tribunal:

   a) em primeiro lugar, a exigência de uniformidade (cfr. nº 15 do acórdão) na aplicação do Direito da União, que implica que os juízos acerca da invalidade das normas sejam concentrados num único tribunal. Na verdade, atribuir aos tribunais nacionais a possibilidade de recusa da aplicação da norma com fundamento na sua invalidade permitiria que tribunais diferentes – e até, porventura, o mesmo tribunal nacional – aplicassem ou deixassem de aplicar a mesma norma, gerando-se decisões contraditórias que constituiriam um fator de desagregação do ordenamento europeu (na expressão do Advogado-Geral: v. nº 5 das Conclusões). Esta uniformidade é exigida pela segurança jurídica enquanto garantia de previsibilidade dos efeitos da atuação dos particulares: os cidadãos europeus poderão contar com um sentido constante das normas em todo o território da União e com a garantia de que as normas europeias aplicáveis ao caso serão as mesmas onde quer que se encontrem. Assim, é mais difícil de se dar o caso de uma norma ser chamada a reger uma situação jurídica, e excluída quanto à aplicabilidade noutra situação;

b) em segundo lugar, e nesta sequência, a decisão é motivada pela exigência do princípio da igualdade na aplicação judicial do Direito. Quando proferida pelo Tribunal de Justiça, a declaração de invalidade obriga todos os tribunais que se venham a pronunciar acerca da aplicação da mesma regra, o que garante um tratamento semelhante a pessoas colocadas em situações semelhantes;

c) em terceiro lugar, o Tribunal afirma que esta solução é imposta pela coerência do sistema de meios contenciosos previsto no Tratado (cfr. nº 16). Para o Tribunal, portanto, a fiscalização de validade das normas europeias a título incidental deverá ser articulada com a fiscalização a título principal, prevista no art. 263º do Tratado, consistindo as duas, tal como já tinha sido referido no caso *Os Verdes c. Parlamento Europeu*, um "sistema completo de vias de recurso e de procedimentos destinados a confiar ao Tribunal de Justiça a fiscalização da legalidade dos atos das instituições" (proc. 294/83, ac. de 23.04.1986). Deste argumento sistemático retira o Tribunal a sua competência exclusiva para formulação do juízo de invalidade das normas;

d) em quarto lugar, relacionada também com esta coerência do sistema, encontra-se ainda uma razão de ordem prática que fundamenta a decisão em análise: é que a analogia do regime de fiscalização prejudicial das normas europeias com o recurso de anulação do art. 263º engloba ainda a consideração de que só o Tribunal de Justiça está em posição de limitar os efeitos no tempo de uma eventual declaração de invalidade das normas. Como as decisões proferidas pelo tribunal nacional apenas comportam aplicação no caso concreto, ele não está autorizado a proceder a essa limitação, exigida pela segurança jurídica;

e) além disso, o Tribunal considera que o processo de fiscalização da validade das normas por parte do Tribunal de Justiça é mais equitativo, pois, para além das partes no processo nacional, igualmente podem apresentar as suas observações os órgãos europeus autores dos atos impugnados (cfr. n.º 18 da decisão). Acresce que o Tribunal está mais familiarizado com o ordenamento europeu, estando em melhor posição para definir o conteúdo e alcance das normas europeias que servem de parâmetro às normas impugnadas;

f) em sexto lugar, dá-se conta de um antecedente legal que propugnava no sentido semelhante ao do agora firmado pelo Tribunal: o art. 41º do Tratado de Paris (entretanto caducado), que instituíra a Comunidade Europeia do Carvão e do Aço (CECA), estabelecia a competência exclusiva do Tribunal de Justiça para fiscalização da validade das normas europeias, o que abrangia a fiscalização a título prejudicial;

g) por outro lado, admitir que os tribunais de instância têm competência para declarar a invalidade das normas redundaria num reconhecimento de que eles têm mais poder do que os tribunais supremos, para os quais a mera dúvida configura um caso de dever de reenvio;

h) por fim, uma última justificação prende-se com a necessidade de consolidar o princípio do primado das normas europeias. Este objetivo seria concretizado de dois modos, por meio da decisão *Foto-frost*: desde logo, ao afirmar-se a primazia do Tribunal de Justiça na interpretação das normas europeias, mormente quando tal interpretação redunda na avaliação acerca da sua validade, em detrimento da levada a cabo pelas instâncias nacionais; por outro lado, a decisão proferida pelo Tribunal reforça a ideia de que o fundamento de validade das normas da União deve ser encontrado no ordenamento jurídico europeu. Na verdade, reconhecer aos tribunais dos Estados-Membros a possibilidade de declararem a invalidade das normas comportaria o risco de eles alargarem o parâmetro do controlo de modo a incluir também o direito nacional, *maxime* as Constituições. Esta afirmação não reflete um receio infundado, como se vê da conhecida jurisprudência do Tribunal Constitucional alemão quanto à validade das normas europeias e a sua eventual desconformidade com as normas que protegem direitos fundamentais. E essa apreensão foi, aliás, manifestada pelo Advogado-Geral nas conclusões do caso em apreço (cfr. n° 4).

13. Acontece que o Tribunal de Justiça reservou a obrigação de reenvio apenas para os casos em que o juiz nacional, tendo dúvidas quanto à validade da norma europeia, se incline para considerá-la inválida. Assim, diversamente, o dever de reenvio não subsiste quando o juiz, interpretando a norma, tenda a considerá-la válida, rejeitando os motivos de invalidade perante si invocados. O controlo difuso da validade das normas, que resultava da letra do art. 267º, tornou-se, por efeito do acórdão *Foto-frost*, controlo concentrado no que toca apenas à declaração de invalidade.

14. Ora, descritas acima as razões que justificam o estabelecimento de um controlo concentrado das normas, porquê então limitá-lo aos casos em que o juiz se incline para considerar a norma inválida, diversamente do que sucedia no dispositivo do Tratado CECA? O Tribunal de Justiça não dedica muitas palavras a explicar este paradoxo, o que terá deixado espaço para que ele fosse objeto de várias críticas. A favor deste solução poder-se-á referir a presunção de validade de que gozam todas as normas (a que o Advogado-Geral tinha já aludido, louvando-se em jurisprudência anterior), a qual só poderá ser ilidida por decisão do Tribunal de Justiça. Além disso, uma solução que impusesse o dever de reenvio sempre que surgissem dúvidas sobre a validade da norma comportaria para o Tribunal de Justiça uma sobrecarga processual excessiva. Por fim, sempre se poderia afirmar que a caracterização dos juízes nacionais enquanto juízes comuns de Direito europeu apenas lhes atribui competência para aplicação das normas europeias, e não para a recusa da sua aplicação.

III – A falta de competência dos tribunais nacionais para declaração de invalidade das normas europeias – alcance

15. Cumpre fazer alguns esclarecimentos para um cabal esclarecimento da decisão do Tribunal de Justiça.

16. A pergunta do juiz nacional não se limitava aos casos em que se discutia a validade de uma norma europeia aplicável diretamente no litígio. Ela abrangia também os casos de apreciação indireta da validade de um ato, como sejam aqueles nos quais estão em causa disposições internas ou europeias através das quais os atos impugnados são aplicados. Era o que sucedia no caso *Foto-frost*, no qual se discutia a validade de um ato administrativo nacional que dava execução a uma decisão europeia. Por isso, a resposta do Tribunal de Justiça também abrangeu os dois casos: o reenvio será obrigatório sempre que o juiz tenda a considerar inválido um ato jurídico europeu que, ou é aplicável ao caso, ou constitui fundamento de outra norma ou ato relevante para a sua decisão – e podemos dar como exemplo a decisão ou o regulamento europeu nos quais se tenham fundado atos administrativos nacionais, ou uma diretiva europeia que tenha sido implementada por legislação nacional.

17. Por outro lado, importa esclarecer que a obrigação de reenvio firmada no acórdão que ora analisamos é diversa da que decorre do último parágrafo do art. 267º:

– é diversa, desde logo, porque a obrigação do art. 267º destina-se apenas aos órgãos jurisdicionais nacionais que julguem sem hipótese de recurso previsto no direito interno, ao passo que, no caso *Foto-frost*, o Tribunal consagrou uma obrigação de reenvio para qualquer tribunal que se depare com

a possibilidade de aplicação de uma norma de Direito da União inválida, mesmo que da sua decisão caiba ainda recurso;
- é diversa, ainda, pois a obrigação firmada no art. 267º surge sempre que o julgador, debruçando-se sobre uma determinada norma europeia, tenha dúvidas sobre o seu sentido e alcance. Diferentemente, como vimos, no acórdão em análise o Tribunal de Justiça estabeleceu uma obrigação de reenvio apenas para quando o julgador esteja inclinado a considerar a norma inválida. Assim, se o julgador de última instância, resolvendo a sua dúvida inicial, se convencer no sentido da validade da norma – com a consequência da sua aplicação no caso concreto (ou, pelo menos, da sua relevância) –, ele já não estará obrigado a reenviar, pois desapareceu a dúvida que fundava a obrigação.

18. Esta orientação do Tribunal de Justiça vinca a diferença de regime entre o reenvio de interpretação e o reenvio de validade relativamente aos órgãos jurisdicionais nacionais que julguem sem hipótese de recurso. Na verdade, tratando-se de reenvio de interpretação, o juiz de última instância está dispensado de submeter questões ao Tribunal de Justiça sempre que o sentido da norma for claro e inequívoco (cfr. a interpretação que o Tribunal deu ao último par. do art. 267º no caso *Cilfit*, proc. 283/81, ac. de 6.10.1982). Pelo contrário, como resulta do acórdão *Foto-Frost*, tratando-se de uma questão de invalidade, a convicção clara e inequívoca acerca da invalidade da norma não só não dispensa o julgador de reenviar, como precisamente o obriga ao reenvio, para que um eventual juízo de invalidade seja proferido pelo Tribunal de Justiça.

19. Em suma, no que toca ao reenvio de validade, o regime agora instituído pelo Tribunal de Justiça vem criar *ex novo* uma obrigação de reenvio para as jurisdições de instância (as quais não eram antes obrigadas a reenviar), e vem alargar o dever de reenvio das jurisdições de cujas decisões não caiba recurso, aos casos em que não lhes assista qualquer dúvida de que a norma é inválida.

20. Uma outra questão relevante, para melhor compreensão do reenvio de validade, respeita aos efeitos de uma eventual declaração de invalidade por parte do Tribunal. Neste âmbito, o acórdão *Foto-Frost* nada acrescenta à jurisprudência relativa ao regime geral do art. 267º. Assim, a declaração de invalidade da norma europeia por parte do Tribunal de Justiça implica, para o julgador nacional, o afastamento da norma no caso concreto (ou, o que é o mesmo, a sua não aplicação); implica, ainda, a mesma solução para todos os tribunais que venham a intervir no mesmo processo; e determina, por fim, para todas as jurisdições que, em processos diferentes, se venham a deparar com questão idêntica, a obrigação de decidirem no mesmo sentido ou, em alternativa, de submeterem nova questão ao Tribunal de Justiça, pedindo a clarificação da decisão. Este precedente material torna desnecessário novo reenvio sempre que um julgador esteja colo-

cado numa situação equivalente e pretenda socorrer-se da mesma interpretação firmada pelo Tribunal de Justiça. V., a este respeito, o caso *SpA International Chemical Corporation* (proc. 66/80, ac. de 13.05.1981), no qual o Tribunal afirmou que, embora a declaração de invalidade seja primeiramente dirigida ao juiz que submeteu a questão ao Tribunal de Justiça, ela constitui razão suficiente para que qualquer outro juiz considere esse ato como não válido para os efeitos da sua decisão. Se, diversamente, o juiz nacional tiver dúvidas acerca dos fundamentos, o alcance ou efeitos da declaração de invalidade, não fica impedido de submeter nova questão prejudicial (cfr. nºs 12-14 do mencionado caso).

IV – O regime do reenvio de validade e o recurso de anulação do art. 263º: semelhanças e diferenças

21. Importa, agora, indagar em que medida o reenvio para apreciação de validade das normas, tal como completado pelo Tribunal de Justiça no caso em análise, se aproxima do recurso de anulação previsto no art. 263º. Comecemos pelas semelhanças que ambos apresentam.

22. No que toca aos efeitos no tempo da declaração de invalidade da norma, o Tribunal de Justiça tem vindo a considerar que retroagem à data da sua entrada em vigor, à semelhança da declaração de invalidade a título principal à luz do art. 263º, pois a norma é, *ab initio*, inválida. Além disso, o Tribunal tem entendido que, também aqui, no domínio da declaração de validade a título prejudicial, goza da faculdade, prevista no art. 264º, de limitação no tempo dos efeitos da sua decisão, para garantia da segurança jurídica e de respeito pelo caso julgado (v., a título de exemplo, o caso *Regie Networks*, proc. 333/07, ac. de 22.12.2008).

23. Por outro lado, merece referência o facto de a apreciação de validade a título prejudicial ter como propósito a averiguação dos mesmos vícios das normas previstos para o recurso contencioso de anulação. Assim, e nos termos previstos no art. 263º, as normas europeias poderão ser inválidas por motivo de incompetência, violação de formalidades essenciais, desvio de poder e violação dos Tratados ou de qualquer norma jurídica relativa à sua aplicação. Este último vício é muito amplo, e tem, por exemplo, fundamentado a apreciação da validade de normas europeias com fundamento em violação de direitos fundamentais (v., por exemplo, no âmbito de um recurso de anulação, o proc. C-402/05, *Yassin Abdullah Kadi et alli c. Conselho e Comissão*, ac. de 3.09.2008; em sede de reenvio prejudicial, embora concluindo pela não invalidade, v. o proc. C-305/05, *Ordre des barreaux francophones et germanophone*, ac. de 26.06.2007).

24. A analogia entre os dois procedimentos não é, porém, absoluta. Em primeiro lugar, a declaração de invalidade proferida pelo Tribunal de Justiça no âmbito de uma ação de anulação erradica a norma do ordenamento jurídico europeu; diversamente, a declaração de invalidade da norma proferida no con-

texto de um reenvio prejudicial apenas determina a sua inaplicabilidade. O que está em causa, ali, é a impossibilidade de vigência de normas inválidas; aqui, diversamente, é a impossibilidade da sua aplicação, em nome da legalidade do ordenamento, o que tem como consequência que a produção dos seus demais efeitos está dependente do conteúdo de cada declaração de invalidade, bem como da colaboração das autoridades nacionais (v. caso *Pietro Pinna*, proc. 359/87, ac. de 2.03.1989, nº 13).

25. Desta diferença de regimes entre o reenvio prejudicial de validade e o recurso de anulação decorrem outras diferenças fundamentais entre os dois: é que a declaração de invalidade a título prejudicial pode ser proferida a todo o tempo, não estando sujeita ao prazo de dois meses a que se refere o último parágrafo do art. 263º, contados a partir da publicação do ato ou da sua notificação ao destinatário. Além disso, ela funciona como *sucedâneo* de um procedimento de impugnação de normas por parte de recorrentes não privilegiados no recurso de anulação, como sejam os particulares relativamente a atos de que não sejam destinatários ou que não lhes digam diretamente respeito (cfr. par. 4º do art. 263º). Chamámos-lhe *sucedâneo* porque a simples invocação, pelas partes, da invalidade das normas nos tribunais nacionais não é suficiente para que estes decidam submeter a questão ao Tribunal de Justiça: como este vem reconhecendo de modo consistente, caberá apenas ao juiz nacional apreciar a oportunidade do reenvio e a verificação dos pressupostos da correspondente obrigação (o que poderá consistir uma desvantagem relativamente ao recurso de anulação, v. Paul Cassia, *L'accès des personnes physiques ou morales au juge de la légalité des actes communautaires*, Paris, 2002, p. 832 e segs.). Ainda assim, é forçoso reconhecer que o reenvio de validade poderá colmatar "lacunas decorrentes dos termos restritivos em que é concebido o acesso dos particulares ao recurso de anulação" (José Manuel Ribeiro de Almeida, *A cooperação judiciária entre o Tribunal de Justiça e os órgãos jurisdicionais nacionais*, separata da *Revista do Ministério Público* nº 93, 2003, p. 57).

26. Dentro ainda da comparação entre ambos os processos de impugnação das normas, subsiste a necessidade de resolver uma última questão: poderá o juiz nacional submeter ao Tribunal de Justiça a questão prejudicial de validade de um ato europeu quando a parte no processo tinha legitimidade para impugnar o ato diretamente junto do Tribunal e não o tenha feito no prazo fixado no art. 263º? No caso *TWD* (proc. C-188/92, ac. de 9.03.1994) o Tribunal de Justiça decidiu pela negativa, considerando que a admissão daquela possibilidade permitiria contornar os requisitos de admissibilidade do recurso de anulação (designadamente em matéria de prazos) previstos no art. 263º (cfr. nº 26 do acórdão). Mas esta afirmação só vale para os casos em que a legitimidade para recorrer do ato seja evidente: assim, no caso em que o particular apenas tivesse acesso

ao recurso de anulação fazendo prova de ser afetado diretamente pela norma (como sucede com os regulamentos, nos termos do par. 4º do artigo 263º), o Tribunal admite fiscalizar a sua validade a título prejudicial (v. o caso *Accrington Beef*, proc. C-241/95, ac. de 12.12.96, em especial os nºs. 14-16).

V – A decisão do Tribunal de Justiça: uma solução criticada
27. Apesar das virtudes apresentadas pelo Tribunal para fundamentar a sua solução, ela tem sido alvo de várias críticas:

28. Em primeiro lugar aponta-se negativamente o habitual ativismo do Tribunal de Justiça, o qual é mais evidenciado neste caso, visto não ser claro, como vimos, que a posição firmada no acórdão se coadune com a letra do art. 267º. É certo que o Tribunal (na senda do proposto pelo Advogado-Geral) afirma que a solução decorre do Tratado lido no seu conjunto; mas a verdade é que poucos deixarão de concordar que tal interpretação é, na melhor das hipóteses, *praeter legem* e, na pior, *contra legem*.

29. Na verdade, o art. 267º apenas estabelece uma obrigação de reenvio para as jurisdições que julguem sem hipótese de recurso. Destas duas premissas se retiraria a possibilidade de os tribunais nacionais de instância, sendo juízes comuns para aplicação genérica do Direito da União, poderem deixar de aplicar a norma com fundamento na sua invalidade. Ao criar uma obrigação de reenvio para esses tribunais, o acórdão *Foto-Frost* consistiria numa revisão judiciária do Tratado (v. Frédérique Berrod, *La systématique des voies de droit communautaires*, Paris, 2003, p. 267 e segs.).

30. É certo, entretanto, que, como vimos acima, se poderá afirmar que o acórdão decorre de uma leitura sistemática do art. 267º, conjugado com o art. 263º. Tal leitura permite reforçar a ideia de que o Tratado quis atribuir ao Tribunal de Justiça a competência exclusiva para a apreciação de validade das normas europeias. Mas esta consequência não é forçosa: veja-se o que sucede com o mecanismo de fiscalização da constitucionalidade das normas em Portugal – a fiscalização abstracta, a título principal, compete, sempre, e apenas, ao Tribunal Constitucional; mas atribui-se igualmente, aos restantes tribunais, a competência para apreciação concreta da constitucionalidade das normas, com a possibilidade de ser recusada a sua aplicação com fundamento em inconstitucionalidade. Neste caso, diz a Constituição no seu art. 280º, assiste o direito de recurso para o Tribunal Constitucional. Em termos análogos se poderia fazer a leitura do art. 267º: possibilidade de os tribunais nacionais recusarem a aplicação de normas comunitárias com fundamento em invalidade, vindo o Tribunal de Justiça a apreciar a questão quando a dúvida se colocasse perante um órgão jurisdicional nacional de cuja decisão não caiba recurso, e cuja mera dúvida, por conseguinte, obrigue ao reenvio.

31. Em segundo lugar (e igualmente merecedora de várias críticas) está a diferença de regime que o Tribunal criou entre a dúvida que desemboca numa certeza sobre a invalidade da norma – a qual obriga ao reenvio – e aquela que acaba por afastar os fundamentos de invalidade. A posição do Tribunal causa estranheza, por admitir que o tribunal nacional goze de competência para afastar os fundamentos de invalidade da norma, considerando-a válida, mas não para os considerar procedentes. Ora, é certo que o juízo de validade ou invalidade da norma "não são duas operações jurídicas diferentes, mas o resultado alternativo de um só e mesmo exame" (JEAN BOULOUIS, *Droit institutionnel de l'Union Européenne*, Paris, 1997, p. 317).

32. Relacionada com este aspeto, mais uma crítica se avança: afirma-se que não é claro, ao contrário do que afirma o Tribunal, que a sua decisão contribua para a uniformidade na aplicação do Direito da União. É verdade que foi este princípio que presidiu à redação da obrigação de reenvio prevista no Tratado (último par. do artigo 267º); no entanto, aí, tal obrigação impõe-se a todas as jurisdições nacionais que julguem sem hipótese de recurso sempre que surja a dúvida sobre a interpretação ou a validade da norma, sendo indiferente, neste último caso, que o juiz se incline para considerar procedentes os motivos de invalidade da norma, ou para os considerar improcedentes. De facto, estando o juiz nacional autorizado a aplicar a norma se afastar os fundamentos de invalidade perante si invocados, nada obsta a que, num qualquer outro tribunal, um juiz decida submeter a questão de validade por considerar procedentes os argumentos no sentido da invalidade da norma. Neste caso, uma eventual declaração de invalidade por parte do Tribunal de Justiça não será suficiente para garantir a uniformidade e consistência na aplicação do Direito. Aliás, à semelhança do que sucede, por força do Tratado, por efeito das dúvidas de interpretação que possam surgir no espírito do julgador de uma jurisdição inferior: estando ele autorizado a resolver as suas dúvidas, por da sua decisão ainda caber recurso, é possível que se criem divergências na aplicação do Direito da União. Na verdade, o objetivo de uniformidade não se revela tanto nestes casos, em que a aplicação do Direito ainda não é definitiva, como naqueles que estejam pendentes perante órgão do qual já não caiba recurso. Neste sentido, o sistema instituído pelo Tratado CECA, a que atrás fizemos referência, contribuía melhor para a uniformidade na aplicação do Direito, ao instituir um reenvio obrigatório sempre que se discutisse a validade da norma (e não apenas quando o juiz se inclinasse para considerá-la inválida).

33. Acresce, além do mais, que os efeitos de uma decisão do tribunal nacional se limitam ao caso concreto. Assim, a recusa, pelo juiz nacional, da aplicação de uma norma europeia por ilegalidade não corresponderia a uma declaração de invalidade, mas apenas à sua inaplicabilidade no caso concreto. É certo que, como aponta o Advogado-Geral, há casos em que a decisão de inaplicabilidade

é análoga a uma declaração geral (por se referir a um ato individual, como uma decisão, que não comportará aplicação a outros sujeitos); mas esses precisamente seriam bons exemplos de circunstâncias nas quais o risco de aplicação não uniforme do Direito é menor, pela singularidade que representam.

VI – Desenvolvimentos posteriores

34. O Tribunal de Justiça deixa em aberto (nº 19) a questão de saber se a regra proferida terá aplicação também nos processos de natureza urgente. A resposta deu-a mais tarde, no acórdão *Zuckerfabrick* (proc. C-143/88, ac. de 21.02.1991), no qual estabeleceu uma exceção ao acórdão *Foto-Frost*, sempre que esteja em causa assegurar a celeridade do processo judicial, como sucede na justiça cautelar. Neste caso, o Tribunal admite que o julgador nacional suspenda a eficácia da norma europeia com fundamento em invalidade, proferindo a sua decisão nesse pressuposto, ou seja, deixando de aplicar a norma.

35. É necessário, no entanto, que se verifiquem as seguintes condições: (1) existam sérias dúvidas acerca da validade da norma (*fumus boni juris*); (2) haja urgência na adoção da medida (*periculum in mora*); (3) exista perigo de prejuízo sério e irreparável; e (4) a questão de validade seja imediatamente submetida ao Tribunal de Justiça (V. Takis Tridimas, *General principles of EC Law*, Oxford, 1999, p. 303; Fausto de Quadros, *A nova dimensão do direito Administrativo*, Coimbra, 1999, p. 30 e segs.; Mariana de Sousa e Alvim, *A tutela judicial provisória dos particulares no âmbito do Direito Comunitário*, Estoril, 2008, p. 113 e segs.; no mesmo sentido, v. o caso *Atlanta*, proc. C-465/93, ac. de 9.11.1995).

36. O desvio à regra resultante do caso *Foto-Frost* encontra o seu fundamento, desde logo, na natureza urgente do processo cautelar, a qual não se compadeceria com a morosidade associada à instauração de um incidente de instância como o reenvio prejudicial, sob pena de inutilidade do processo. Por outro lado, a decisão *Zuckerfabrick* justificou-se igualmente pela necessidade de garantir a proteção jurisdicional efetiva dos administrados europeus, da qual a justiça cautelar é instrumento. Note-se, no entanto, que a legalidade na aplicação do Direito da União fica acautelada, uma vez que a possibilidade do juiz suspender a eficácia da norma está condicionada à submissão da questão de validade ao Tribunal de Justiça num momento ulterior do processo – ainda que apenas no processo principal. Por outro lado, daquela decisão extrai-se apenas a dispensa – e não a impossibilidade – de reenviar: o juiz da providência cautelar mantém a possibilidade de reenviar se considerar necessário, e levando em consideração o grau de urgência no decretamento da providência cautelar.

37. Recentemente, o Tratado de Lisboa revogou aquele que era o art. 68º do Tratado CE, que estabelecia condições especiais para reenvio no quadro da política de vistos, asilo e imigração. Em sua substituição, o art. 276º vem limitar o

papel do Tribunal no domínio do Espaço de Liberdade, Segurança e Justiça, excluindo apenas da sua competência a verificação da validade das operações efetuadas pelos serviços de polícia e outros aspetos relacionados com a manutenção da ordem pública e segurança interna por parte do Estados-Membros. Não subsiste, em consequência, a questão anterior de saber se a jurisprudência *Foto-Frost* tinha aplicação nestas matérias pelo facto de, relativamente a elas e com base no artigo revogado, apenas os órgãos que julgassem sem hipótese de recurso estarem autorizados a reenviar questões para o Tribunal de Justiça (v. a discussão em INÊS QUADROS, *A função subjetiva...*, cit., p. 117 e segs). Recaindo estes assuntos na economia geral do sistema de reenvio do art. 267º, o acórdão em análise tem, evidentemente, aplicação nesse domínio, ressalvadas as matérias acima enunciadas.

VII – A omissão do dever de reenvio
38. O que sucede se o juiz nacional não observar o dever de reenvio estabelecido pelo Tribunal de Justiça? Neste domínio, vale tudo o que foi dito a propósito do caso *Cilfit*, havendo a possibilidade de a Comissão ou outro Estado-Membro darem início ao processo de incumprimento previsto no art. 258º e segs.. No entanto, se até agora não foi iniciado junto do Tribunal de Justiça qualquer processo de incumprimento por motivo de omissão de reenvio, quando obrigatório nos termos do Tratado (embora a Comissão já tenha chegado a abrir formalmente o procedimento pré-contencioso), é pouco provável que o venha a ser por incumprimento da obrigação firmada pelo Tribunal de Justiça no acórdão em análise. Na verdade, os malefícios resultantes da omissão de reenvio por um tribunal inferior são compensados pela existência de recurso, o que limita a gravidade daquela omissão aos casos em que ela tenha sido da responsabilidade de uma jurisdição de cujas decisões não cabe recurso. Ora, quanto a estas, a obrigação nasce pela mera existência de uma dúvida quanto à validade da norma, pelo que, em grande parte das vezes, o dever de reenvio surgirá por força do Tratado antes de surgir por força do acórdão *Foto-Frost* (neste caso, apenas quando o juiz, resolvendo a dúvida, se incline para considerar a norma inválida).

39. O mesmo se diga quanto a uma outra solução apontada em caso de incumprimento, que é a responsabilidade do Estado por atos jurisdicionais, desenvolvida pelo Tribunal de Justiça no caso *Köbler*. Esta solução parece não ter aplicação no caso de que nos ocupamos, porquanto o Tribunal de Justiça afirmou expressamente que a responsabilidade só ocorreria quando a violação do Direito da União tivesse sido manifesta, designadamente porque perpetrada por um órgão jurisdicional de última instância. Ora, os termos do acórdão *Foto-Frost* referem-se a quaisquer tribunais independentemente da existência de recurso. Assim, apenas no caso em que um juiz de última instância deixe de aplicar uma

norma europeia com fundamento em invalidade, sem proceder ao reenvio para o Tribunal de Justiça (por exemplo, por, interpretando o par. 3º do art. 267º julgar que não tem dúvidas sobre a invalidade da norma), é que se poderá apreciar a responsabilidade do Estado.

VIII – Conclusão
40. A decisão do Tribunal de Justiça, que acabámos de analisar, não podia deixar de ser controversa: ela reflete a tensão entre a necessidade de preservar a primazia do Tribunal de Justiça na aplicação do Direito da União e o reconhecimento do protagonismo dos tribunais nacionais na resolução dos litígios comuns surgidos a partir das normas daquele ordenamento. De resto, as críticas apontadas à decisão refletem a dificuldade de opção radical por uma destas duas vias; talvez por isso a Comissão Europeia e o próprio Tribunal de Justiça não tenham sido demasiado insistentes na exigência de cumprimento da obrigação de reenvio resultante do acórdão, salvo nos casos manifestos de rebeldia dos tribunais supremos. Fica por definir, por conseguinte, se a indefinição das relações entre os aparelhos judiciais nacional e europeu não decorrerá da própria natureza do sistema instituído pelo Tratado.

7. Princípio da Livre Circulação

Inês Quadros

7.1. Livre Circulação de Mercadorias

Acórdão do Tribunal de Justiça de 20 de fevereiro de 1979 – Processo 120/78 Rewe-Zentral AG c. Bundesmonopolverwaltung für Branntwein (*Cassis de Dijon*)

Resumo dos factos
Uma norma alemã, que regulava a comercialização de bebidas alcoólicas, determinava que determinados licores e outras bebidas espirituosas tinham que conter um teor mínimo de álcool.

A sociedade *Rewe-Zentral AG*, de nacionalidade alemã, dedicava-se à importação e comercialização de bebidas alcoólicas. Pediu autorização à administração do monopólio de álcool para importar um lote de licor de *Cassis de Dijon*, originário de França; mas a autorização foi recusada com fundamento no facto de aquela bebida não corresponder à exigência da lei alemã por ter uma quantidade de álcool inferior à aí exigida.

A sociedade *Rewe* recorreu da recusa de autorização para tribunal, invocando a sua incompatibilidade com as normas europeias relativas à livre circulação de mercadorias, designadamente o art. 34º do TFUE. No âmbito da faculdade concedida aos tribunais nacionais pelo art. 267º do mesmo Tratado, o juiz alemão submeteu ao Tribunal de Justiça a seguinte pergunta:

«Deve o conceito de medidas de efeito equivalente a restrições quantitativas à importação, na aceção do art. [34º do TFUE] ser interpretado no sentido de que se aplica também à fixação de um teor mínimo de álcool, para álcoois destinados ao consumo humano, estabelecida pela lei alemã sobre o monopólio do álcool, que tem por efeito impedir a circulação na República Federal da Alemanha de produtos tradicionais de outros Estados-Membros cujo teor em álcool é inferior ao limite fixado?»

Excertos do acórdão

«8. Face à inexistência de uma regulamentação comum da produção e comercialização do álcool (...) compete aos Estados-membros regulamentar, cada um no seu território, tudo o que diga respeito à produção e comercialização do álcool e bebidas alcoólicas.

Os obstáculos à circulação intracomunitária decorrentes da disparidade entre legislações nacionais relativas à comercialização dos produtos em causa devem ser aceites na medida em que tais medidas possam ser consideradas necessárias para a satisfação de exigências imperativas atinentes, designadamente, à eficácia dos controlos fiscais, à proteção da saúde pública, à lealdade das transações comerciais e à defesa dos consumidores. (...)

14. (...) as disposições relativas ao teor em álcool mínimo das bebidas alcoólicas não prosseguem uma finalidade de interesse geral suscetível de primar sobre as exigências de livre circulação de mercadorias, que faz parte das regras fundamentais da Comunidade.

O efeito prático de disposições desse tipo consiste essencialmente em conceder vantagens às bebidas alcoólicas de forte teor em álcool, afastando do mercado nacional produtos de outros Estados-membros que não correspondam a tal especificação.

Conclui-se, assim, que a exigência unilateral, imposta pela regulamentação de um Estado-membro, de um teor em álcool mínimo para a comercialização de bebidas alcoólicas constitui um obstáculo às trocas comerciais incompatível com as disposições do art. [34º] do Tratado.

Não existe, portanto, fundamento válido para impedir que as bebidas alcoólicas, legalmente produzidas e comercializadas em outros Estados-membros, sejam introduzidas em qualquer outro Estado-membro, sem que se possa opor ao escoamento desses produtos a proibição legal de comercialização de bebidas com teor em álcool inferior ao limite fixado pela regulamentação nacional.

15. (...) a noção de "medidas de efeito equivalente a restrições quantitativas à importação", constante do art. [34º] do Tratado, deve ser entendida no sentido de que a proibição estabelecida nessa disposição abrange também a fixação de um teor mínimo em álcool das bebidas alcoólicas destinadas ao consumo humano, efetuada pela legislação de um Estado-membro, quando se trate de bebidas alcoólicas legalmente produzidas e comercializadas em outro Estado--membro.

Comentário

I – A livre circulação de mercadorias na União Europeia: panorama geral

1. A liberdade de circulação de mercadorias no espaço da União foi, de todas as liberdades previstas nos Tratados desde o início da integração europeia, a que mais rapidamente foi concluída. Para tanto, terá contribuído o facto de ela exigir inicialmente dos Estados não mais do que a remoção de obstáculos às trocas comerciais, sedimentados através de uma longa tradição de protecionismo económico. Assim, a concretização desta liberdade traduziu-se, numa primeira fase, na introdução de uma obrigação de *stand still* que impediu os Estados de criarem novos direitos aduaneiros ou aumentar os existentes (art. 12º da versão originária do Tratado); mas o mesmo Tratado impôs como objetivo a abolição definitiva das fronteiras aduaneiras entre os Estados-Membros, o que viria a ocorrer em 1968. Além disso, preconizava-se a impossibilidade de os Estados estabelecerem restrições quantitativas à importação e à exportação de mercadorias, que poderiam ter um efeito ainda mais grave no comércio interestadual do que as barreiras alfandegárias, que apenas tornam mais dispendiosa, mas não impedem, a comercialização de produtos.

2. A ilegalidade da imposição de barreiras alfandegárias e de restrições quantitativas é a consequência óbvia do princípio geral de não discriminação em razão da nacionalidade, previsto no art. 18º do Tratado. De facto, as restrições quantitativas à importação e à exportação e os direitos aduaneiros são os exemplos mais perfeitos do protecionismo económico, as primeiras impossibilitando a comercialização de produtos importados, e os segundos eliminando a sua eventual vantagem comparativa e, desse modo, falseando a concorrência entre aqueles e os produtos nacionais.

II – A proibição de medidas de efeito equivalente a restrições quantitativas

3. Para os redatores do Tratado foi evidente que as duas proibições acima apontadas não seriam suficientes para fazer cessar as práticas protecionistas dos Estados europeus, vigentes durante vários séculos. Na verdade, a experiência demonstrava que seria possível aos Estados contornarem a ausência de entraves alfandegários através de regras ou práticas comerciais que colocassem os produtos importados em situação de desvantagem relativamente aos produtos nacionais. Por essa razão, foi incluída no Tratado uma cláusula que proíbe os Estados de adotarem "medidas de efeito equivalente a restrições quantitativas", ou seja, imposições que, não consistindo na criação de barreiras alfandegárias nem na fixação de restrições quantitativas à importação, alcancem o mesmo resultado prático. Acontece, porém, que o conteúdo do conceito de *medida de efeito equivalente a uma restrição quantitativa* não se encontra preenchido, ou deli-

mitado, pelo Tratado. Em consequência, o Tribunal de Justiça chamou a si essa tarefa partindo dos casos perante si colocados, convicto da urgência na liberalização das trocas interestaduais, mas igualmente vaticinando a hipótese de a livre circulação de mercadorias servir como laboratório das restantes liberdades, as quais poderiam beneficiar dos princípios gerais desenvolvidos a partir da análise daquela, como de facto viria a suceder. Vejamos, então, quais os momentos mais marcantes do percurso do Tribunal na definição dos contornos do conceito de *medidas de efeito equivalente a restrições quantitativas*.

4. O primeiro (e porventura mais amplo) sentido liberalizador das trocas comerciais entre os Estados-Membros foi dado pelo acórdão *Dassonville* (proc. 8/74, ac. de 8.07.1974). Nele, o Tribunal de Justiça debruçou-se sobre a compatibilidade, com o Tratado, de uma norma belga que proibia a importação de produtos com denominação de origem se estes não fossem acompanhados de um certificado de autenticidade. Considerando a norma incompatível com o Tratado, o Tribunal proferiu uma célebre fórmula, segundo a qual "qualquer regulamentação comercial dos Estados-Membros suscetível de entravar, direta ou indiretamente, atual ou potencialmente, o comércio intracomunitário, é considerada uma medida de efeito equivalente a uma restrição quantitativa" (nº 5).

Impõem-se alguns esclarecimentos relativos a esta definição.

5. Por um lado, e de modo mais marcante, destaca-se a ausência do sentido discriminatório da atuação dos Estados como condição necessária para que ela seja incompatível com o Direito da União, o que parece conduzir ao apartamento da construção do mercado comum meramente com base na abolição das práticas protecionistas. Na verdade, quando as normas ou práticas estaduais, sejam expressamente discriminatórias – isto é, quando forem dirigidas apenas aos produtos importados ou aos produtos nacionais, favorecendo estes em detrimento daqueles –, elas são análogas às restrições quantitativas ou alfandegárias e, por conseguinte, diretamente contrárias à liberdade de circulação de mercadorias. Ao atentarem contra o princípio da não discriminação, que constitui o núcleo fundamental das liberdades europeias, elas impedem a formação de um mercado único, razão pela qual é consensual a sua incompatibilidade com o Tratado. Mas resulta claro, a partir do caso *Dassonville*, que o princípio da não discriminação constituiu apenas o ponto de partida da análise do Tribunal, nele não se esgotando as exigências da integração económica: assim, naquele caso o Tribunal afasta-se definitivamente desta conceção restrita da livre circulação de mercadorias, alargando o conceito de *medida de efeito equivalente a uma restrição quantitativa* de modo a incluir também, como incompatíveis com o Tratado, regulamentações ou práticas dos Estados que não estabelecem uma diferença formal entre os produtos nacionais e os importados, isto é, aquelas para as quais a origem do produto não constitui critério de definição de um regime jurídico.

6. Uma segunda nota prende-se com a desnecessidade de averiguação da intenção dos Estados. Na verdade, para que uma medida seja ilegal basta que o seu efeito seja restritivo, não sendo necessário que os Estados tenham pretendido influir nas trocas comerciais interestaduais. É o reforço da perceção de que aos Estados deve ser exigido mais do que meramente a abolição das práticas protecionistas.

7. Por fim, note-se que o Tribunal não exige a averiguação do efeito real da medida, sendo suficiente que, em abstrato, o seu resultado seja *suscetível* de afetar o comércio. Por conseguinte, o Estado não poderá demonstrar que o efeito nas trocas é diminuto ou inexistente, como modo de escapar ao juízo de censura, o que parece ser corroborado pela expressão, utilizada pelo Tribunal, segundo a qual a afetação relevante inclui aquela que é meramente *indireta* ou *potencial*. Ou seja: para que a norma seja considerada ilegal parece ser suficiente que o seu efeito restritivo nas importações seja meramente colateral, ou reflexo, do objetivo principal por ela visado. Além disso, como se divisa a partir do raciocínio do Tribunal, não se torna necessário averiguar a dimensão concreta dos efeitos da norma no comércio interestadual: ainda que os seus efeitos sejam diminutos ela será considerada incompatível com o Tratado. Assim, não parece vigorar a máxima segundo a qual *de minimis non curat praetor*, que se traduziria na irrelevância, para o Direito da União, dos casos em que o efeito produzido pela norma nacional no comércio intracomunitário é reduzido ou insignificante. A rejeição dessa ideia é confirmada por jurisprudência posterior, como por exemplo os casos *Bluhme* (proc. C-67/97, ac. de 3.12.1998) ou *Comissão c. França "foiegras"* (proc. C-184/96, ac. de 22.10.1998).

8. Não obstante o sentido já amplo desta definição, a jurisprudência posterior do Tribunal encarregar-se-ia ainda de o reforçar: assim, a expressão *regulamentação comercial* foi alargada de modo a incluir não só normas jurídicas (como, apesar de tudo, constitui a forma mais frequente de os Estados intervirem na atividade económica), como igualmente simples práticas e até omissões. Na verdade, ressalta da jurisprudência do Tribunal que o juízo de ilegalidade da atuação dos Estados é independente da forma que essa atuação assume: por vezes ela não se revela através da definição de um regime jurídico, mas de uma atuação das autoridades administrativas contrária à liberdade de circulação, como é o caso das campanhas de promoção de produtos nacionais (v. o caso *Comissão c. Irlanda – "Buy Irish"*, Proc. 249/81, ac. de 24.11.1982). Por fim, também as omissões dos Estados podem ser consideradas *medidas de efeito equivalente*: no caso *Comissão c. França – "Morangos"* (Proc. C-265/95, ac. de 9.12.1997), o Tribunal entendeu que o facto de os Estados não impedirem adequadamente, sancionando, atitudes dos particulares que tornem mais difícil o escoamento de produtos importados, pode ter um efeito equivalente a uma restrição quantita-

tiva. Evidentemente que a importância de tal afirmação é acentuada pela circunstância de as normas dos Tratados relativas à livre circulação de mercadorias não poderem ser invocadas para impugnar atuações dos particulares que prejudiquem o exercício dessa liberdade.

9. Estas foram, quanto a nós, as principais consequências da densificação, pelo Tribunal, do conceito de medidas de efeito equivalente a restrições quantitativas: tornou-se claro que o valor jurídico negativo das normas e práticas nacionais não depende da sua natureza discriminatória, mas de um eventual efeito restritivo no comércio. Em consequência, à luz do acórdão *Dassonville*, qualquer norma reguladora da atividade comercial poderia ser abrangida pela proibição do Tratado, em virtude do seu efeito provável no comércio dos produtos.

10. Embora reconhecendo-se a ousadia do Tribunal na formulação daquele conceito de *medida de efeito equivalente*, a verdade é que tal formulação não causa estranheza, atento o momento histórico em que foi desenvolvida: o efeito pretendido pelo Tribunal era o de, numa fase inicial da integração europeia, incutir nos Estados-Membros uma atitude favorável à liberalização das trocas comerciais, contrária àquela que era a sua prática habitual (neste sentido, v. J. H. H. WEILER, *The Constitution of the Common Market Place: Text and Context in the Evolution of the Free Movement of Goods*, in PAUL CRAIG/GRÁINNE DE BURCA (org.), *The Evolution of EU Law*, Oxford, 1997, p. 349 e segs.).

III – A decisão do Tribunal de Justiça no caso Cassis de Dijon

11. O quadro que descrevemos ilustra o estado da jurisprudência do Tribunal nos anos que precederam a decisão que é objeto desta anotação. Vejamos agora os desenvolvimentos que esta implicou.

12. Relembremos que a questão trazida ao Tribunal relacionava-se, uma vez mais, com a compatibilidade da legislação nacional (desta feita, alemã) com o art. 34º do Tratado: de acordo com a norma controvertida, apenas poderiam ser comercializadas as bebidas alcoólicas que contivessem uma quantidade mínima, fixada, de álcool. A questão foi imediatamente reconduzida, pelas partes no processo e pelo juiz nacional que suscitou a questão prejudicial, ao conceito de *medida de efeito equivalente a uma restrição quantitativa*. Poderia a norma em causa ser abrangida por este conceito e, em consequência, ser considerada contrária ao TFUE?

13. A linha de raciocínio seguida pelo Tribunal merece um esclarecimento prévio: o Tribunal começa por afirmar que compete a cada Estado regular a produção e a comercialização no seu território. Mas essa afirmação é, de imediato, limitada pelo próprio Tribunal, ao reconhecer que o princípio só vale se o Estado demonstrar que as normas promovem a defesa de interesses legítimos. E, no

final, o princípio declarado é oposto ao que se parecia descortinar da afirmação inicial: segundo o Tribunal, um produto legalmente comercializado num Estado Membro deve ser admitido à circulação nos restantes, sem que estes lhes possam estender as suas normas relativas à produção e comercialização (salva a existência do tal interesse legítimo anteriormente reconhecido). Em abono da clareza de raciocínio, por conseguinte, comecemos por tratar do conceito de *medida de efeito equivalente*, debruçando-nos de seguida sobre as circunstâncias em que os Estados podem prever derrogações à livre circulação de mercadorias.

1. O duplo encargo e o princípio do reconhecimento mútuo
14. Recordemos o par. 8 da decisão, atrás transcrito: "os obstáculos à circulação intracomunitária decorrentes da disparidade entre legislações nacionais relativas à comercialização dos produtos em causa devem ser aceites na medida em que tais medidas possam ser consideradas necessárias para a satisfação de exigências imperativas (...)". Desta afirmação do Tribunal se retira, *a contrario*, que, quando não visem a promoção de uma *exigência imperativa*, as disparidades legislativas entre os Estados constituem um entrave à livre circulação de mercadorias e devem, por conseguinte, ser eliminadas.

15. Para tanto, o método proposto pelo Tribunal é claro: os produtos que circulam legalmente no território de um Estado-Membro devem ser admitidos à livre circulação nos outros Estados-Membros. O que é o mesmo que dizer que cada Estado deve reconhecer os métodos de fabrico e comercialização dos produtos vigentes nos restantes Estados, sem lhes poder exigir o cumprimento de formalidades adicionais: é o chamado princípio do reconhecimento mútuo. Vejamos em pormenor o alcance desta afirmação.

16. Vimos atrás como, no caso *Dassonville*, o Tribunal tinha dado a entender que não é necessário que a medida seja formalmente discriminatória para que seja considerada incompatível com o Tratado. A fórmula aí desenvolvida abstraía de uma eventual discriminação formal entre produtos nacionais e importados, centrando-se no efeito produzido pela norma. Assim, uma norma indistintamente aplicável – isto é, cuja previsão alcança os produtos nacionais e os importados – pode igualmente ser considerada contrária ao Direito da União. É certo que pode suceder que, ainda que redigida de modo neutro, a norma imponha, no fabrico de um produto, a utilização de uma determinada técnica ou método habitualmente utilizados apenas naquele Estado, por forma a limitar, de modo dissimulado, o acesso dos produtos importados ao seu mercado: neste caso, a aprovação da norma reflete uma forma de protecionismo incompatível com o Tratado, análoga à que ocorre nas normas formalmente discriminatórias. A este respeito, é interessante fazer notar que o Advogado-Geral CAPOTORTI, que apresentou as Conclusões no caso *Cassis*, sugeriu que a verdadeira

motivação do Estado alemão na adoção da medida controvertida era o favorecimento da produção nacional de álcool através da tentativa de diminuição da concorrência de bebidas alcoólicas estrangeiras com menor teor de álcool, e, portanto, de preço mais acessível (v. nº5 das Conclusões, de 16.01.1979).

17. Mas mesmo quando esta situação não ocorra – isto é, quando o resultado discriminatório da norma não se encontra nem na sua letra, nem no seu espírito – pode suceder que a norma produza um impacto diferenciado nos produtos nacionais e importados; nesse caso, decorre da decisão *Cassis* (na senda do caso *Dassonville*), que a norma é igualmente incompatível com o Tratado.

18. De facto, sucede que, ao se aplicarem a produtos que já se encontrem em livre circulação noutros Estados-Membros, as normas nacionais relativas ao processo de fabrico dos produtos têm como consequência a sujeição destes a um duplo encargo: o de se conformarem com o ordenamento jurídico do Estado no qual são produzidos, e o de corresponderem às exigências do Estado onde se destinam a ser comercializados. Assim, ainda que formalmente não discriminatórias, as normas que regulam as características dos produtos (ou, o que é o mesmo, as normas relativas ao seu processo de fabrico) são materialmente discriminatórias quando aplicáveis a produtos importados que já tenham correspondido às exigências impostas pela legislação do seu Estado de origem. O efeito económico de tais normas é claro: os importadores e exportadores destes produtos terão de suportar uma duplicação de custos para os poderem comercializar num Estado-Membro diferente do Estado de produção. Em consequência, elas conduzem à segmentação dos mercados, em oposição ao que se pretende com o estabelecimento de um mercado comum e que relega a livre circulação de mercadorias a um caráter meramente residual. É essa a razão pela qual o Tribunal considera que as diferenças legislativas entre os Estados constituem também um entrave à circulação de mercadorias, devendo ser eliminadas através da obrigação de o Estado importador admitir os produtos à circulação no seu território, nas condições em que eles adquiriram o direito à comercialização no seu Estado de origem.

19. Este *princípio do reconhecimento mútuo* decorre, aliás, do princípio da confiança entre os Estados. Nestes termos, cada Membro da União deverá admitir, como equivalentes às suas, as exigências que os restantes Estados impõem ao fabrico dos seus produtos. Dito de outro modo, cada Estado deverá reconhecer como suficiente o método de fabrico exigido – ou permitido – pelo Estado de origem do produto, a menos que, como veremos que lhe é permitido, faça prova de um interesse particular que pretenda proteger e que justifique um desvio ao princípio. Neste sentido, o princípio do reconhecimento mútuo vai mais longe que a mera comparação funcional das normas dos Estados-Membros: a obrigação de o Estado importador admitir à circulação, no seu território, os produtos legalmente comercializados noutro Estado-Membro não está dependente de

a sua legislação ser funcionalmente equivalente à que vigora neste outro Estado (ou seja, de o interesse visado por aquela estar substancialmente protegido por esta).

20. O princípio do reconhecimento mútuo, pela sua importância, viria a lograr aplicação transversal no domínio das restantes liberdades, tendo inspirado, designadamente, o princípio geral do reconhecimento de diplomas universitários e qualificações profissionais. Mas conduz, inevitavelmente, a um outro tipo de discriminação, da qual o Direito da União não se ocupa: a chamada discriminação inversa, ou seja, a que coloca em situação de desvantagem os operadores nacionais, obrigados à sujeição às normas do seu Estado, relativamente aos operadores provenientes de outros Estados-Membros, dispensados dessa sujeição por força do princípio do reconhecimento mútuo. De facto, e voltando novamente ao âmbito das mercadorias, pode suceder que as regras que vigorem no Estado-Membro de origem sejam menos exigentes que as que vigorem no Estado-Membro onde o produto se apresenta à comercialização, sem que este consiga fazer prova de um interesse legítimo que justifique a extensão da sua legislação também aos produtos importados; por essa razão, os produtos nacionais – aos quais a mais exigente legislação nacional terá sido aplicada – terão de competir no mesmo mercado com os produtos importados, que poderão ser comercializados nas condições em que foram produzidos noutro Estado, o que originará uma desvantagem para os produtos nacionais, à qual o Direito da União é alheio e para o qual não oferece solução.

21. Em suma, no caso de que agora nos ocupamos, o Tribunal esclareceu o alcance da fórmula elaborada no caso *Dassonville*, dando conta de que a extensão, aos produtos importados, da aplicação de regras respeitantes ao modo de fabrico, quando eles já circulavam legalmente no Estado de origem, produz um efeito equivalente a uma restrição quantitativa e constitui um desincentivo à importação dos produtos, pelo que deve ser considerada incompatível com o TFUE.

22. Sendo este o princípio, torna-se necessário analisar a condição de que o Tribunal faz depender a aplicação desta regra: a de que as mercadorias em causa circulem legalmente no seu Estado de origem. Tal parece pressupor que o Estado de destino dos produtos detém uma última possibilidade de controlo, que se prende com a aferição da legalidade da circulação dos produtos no Estado de origem. Assim, dir-se-ia que quando os produtos não circulem legalmente neste Estado, isto é, quando não respeitem as normas que aí se exigem relativamente ao método de fabrico ou comercialização, o Estado importador não é obrigado a admiti-los à livre circulação.

2. A atenuação do efeito desregulador do acórdão Dassonville: as exigências imperativas

23. Voltemos ao caso *Dassonville*. A amplitude da fórmula aí desenvolvida pelo Tribunal conduz a dois efeitos interligados: o primeiro é uma tendencial proibição da regulação da atividade económica, dada a probabilidade de qualquer norma reguladora do comércio, mesmo não protecionista, vir a ser julgada incompatível com o Tratado pelo impacto que produz nas trocas entre os Estados-Membros. O segundo efeito, que decorre do primeiro, é o da assumpção de que os operadores económicos europeus gozam de uma liberdade económica absoluta, livre de quaisquer entraves, para além das circunstâncias graves, previstas no Tratado, que podem justificar uma derrogação à regra da livre circulação (v. MIGUEL POIARES MADURO, *Liberdade de circulação de mercadorias e liberdade económica*, in MARTA TAVARES DE ALMEIDA/NUNO PIÇARRA (org.), *50 anos Tratado de Roma 1957-2007*, Lisboa, 2008, p. 56 e segs.).

24. Ora, no caso *Cassis* o Tribunal procurou atenuar estes resultados da jurisprudência *Dassonville*, afirmando que a construção do mercado interno não tem de ser feita à custa da eliminação das medidas legislativas dos Estados que prossigam finalidades dignas de proteção. O Tribunal reconheceu que as disparidades legislativas entre os Estados constituem obstáculos à livre circulação, nos termos que acima se analisaram, mas admite que elas não serão incompatíveis com o Tratado desde que sejam devidamente justificadas.

25. A decisão do Tribunal foi de encontro às preocupações surgidas na sequência do caso *Dassonville*, relacionadas com a possibilidade de este conduzir a uma "corrida para o fundo", isto é, à descida progressiva dos níveis exigidos de qualidade dos produtos como resultado, por um lado, da tentativa de os Estados exportadores favorecerem o escoamento dos seus produtos para os restantes Estados-Membros, sabendo que estes dificilmente poderão opor obstáculos à sua comercialização, e, por outro lado, do risco de, em contrapartida, os Estados importadores procurarem acompanhar a concorrência que os produtos importados, beneficiários da liberdade de circulação, poderão representar para as suas próprias produções.

26. Para o Tribunal foi evidente que estas duas inquietações deviam encontrar solução na possibilidade de invocação de boas razões que gozem de precedência sobre a livre circulação de mercadorias. Acontece, no entanto, que as razões de interesse público expressamente elencadas no art. 36º do TFUE correspondiam às preocupações dos Estados à data da conclusão do Tratado de Roma, na década de 50. Não tendo nunca sido objeto de atualização, aquele artigo não reflete os cuidados mais recentes dos Estados, designadamente no domínio ambiental (exceto no que respeita à proteção da vida de animais e plantas, o que, apesar de tudo, tem um significado mais restritivo) ou da defesa de consumidores.

27. Talvez por isso, no caso *Cassis*, o Tribunal de Justiça tenha manifestado disponibilidade para admitir outros interesses legítimos que podem justificar comportamentos considerados restritivos. Assim, logo nessa decisão reconheceu como razoáveis as finalidades de *proteção do consumidor* e de *garantia da lealdade nas transações comerciais*. É certo que, em concreto, acabaria por recusá-los como motivos de justificação, mas tal relacionou-se com as particularidades do caso, por ter considerado que as medidas adotadas não eram adequadas à prossecução dessas finalidades.

28. Aberta a possibilidade de invocação de causas de justificação não previstas no Tratado, o Tribunal viria, em casos subsequentes, a admitir interesses tão variáveis quanto a proteção ambiental (*Aher-Waggon GmbH*, proc. 389/96, ac. de 14.07.1998), a defesa de direitos fundamentais (*Schmidberger*, C-112/00, ac. de 12.06.2003), a promoção de características sócio-culturais de uma região (*Torfaen*, proc. 145/88, ac. de 23.11.1989), a proteção dos menores (*Dynamic Medien*, proc. C-244/06, ac. de 14.02.2008), a segurança rodoviária (Comissão c. Itália, proc. C-110/05, ac. de 10.02.2009) ou a manutenção da liberdade de imprensa (*Familiapress*, proc. C-368/95, ac. de 26.06.1997).

29. Estes interesses legítimos reconhecidos pelo Tribunal passaram a denominar-se *exigências imperativas*, seguindo a terminologia adotada no caso *Cassis*, como forma de as distinguir das *derrogações expressas* previstas no Tratado. Ficava ainda por definir a questão de saber se à diferença de denominação corresponderia uma diferença de regime. É certo que, durante muito tempo, o Tribunal dava a entender que, uma vez que não estavam previstas no Tratado, a necessidade de respeitar a segurança jurídica impunha que as exigências imperativas apenas pudessem ser invocadas para justificar medidas restritivas não expressamente discriminatórias (ou, utilizando também a terminologia do Tribunal, que fossem *indistintamente aplicáveis*). Ou seja: estas causas de justificação apenas serviriam para excluir a ilegalidade das medidas nacionais consideradas menos graves (Catherine Barnard, *The Substantive Law of the EU*, Oxford, 2007, p. 126); em contrapartida, apenas as derrogações expressas previstas no Tratado teriam aptidão para justificar um eventual tratamento discriminatório entre produtos nacionais e produtos importados. Mas a verdade é que esta diferença tende hoje a esbater-se, e o Tribunal de Justiça já tem admitido que mesmo medidas discriminatórias podem hoje ser justificadas igualmente fazendo apelo às exigências imperativas (foi o que sucedeu no caso *Bluhme*, já referido – proc. C-67/97, ac. de 3.12.1998 –, relativo à compatibilidade com o Tratado de uma norma dinamarquesa discriminatória, no qual o Tribunal aceitou a justificação do Estado dinamarquês que se baseava na *exigência imperativa* de proteção ambiental). Desse modo, poder-se-á hoje afirmar que a ampliação das causas de justificação a que o Tribunal procedeu no caso *Cassis* correspondeu meramente a uma interpre-

tação atualista do art. 36º do Tratado, conduzindo, dentro da tipologia dos resultados da interpretação, à interpretação extensiva daquele preceito.

30. Caberá a cada Estado definir a intensidade da defesa do interesse. Num certo sentido, preserva-se assim a sua autonomia, na medida em que o Tribunal não exige que a necessidade da proteção daquele interesse seja sentida por todos Estados. É isso que justifica, por exemplo, que os Estados possam invocar razões de saúde ou moralidade públicas como justificação para a recusa de importação de determinadas substâncias psicotrópicas, ou objetos pornográficos, enquanto que, noutros Estados, a sua comercialização é livre. Ainda assim, o Tribunal considera-se autorizado a fazer o controlo da proporcionalidade da medida: no caso em análise o Tribunal refere-se apenas ao facto de a medida dever ser *necessária* à satisfação de exigências imperativas (nº 8), mas da jurisprudência posterior resulta claro que a avaliação da proporcionalidade inclui o juízo de aptidão para prosseguir o fim visado, e a análise do custo-benefício da medida (v., por exemplo, o ac. *Rau*, proc. 261/81, ac. de 10.11.1982).

31. Por outro lado, ressalta da jurisprudência do Tribunal que o grau de detalhe do juízo de proporcionalidade da norma é variável consoante o interesse que ela pretende proteger respeite a uma questão de maior ou menor sensibilidade para os Estados. Assim, normas que promovem interesses relacionados com a atividade económica (por exemplo as que se discutiam no caso *Cassis*) merecem amiúde uma apreciação detalhada por parte do Tribunal, e, em contrapartida, normas ligadas à proteção da moralidade pública ou de direitos fundamentais são habitualmente analisadas por aquele com maior flexibilidade.

32. Um outro aspeto, realçado expressamente pelo Tribunal no caso *Cassis*, prende-se com o facto de a possibilidade de os Estados invocarem razões de interesse público como meio de restringir a liberdade de circulação de mercadorias apenas se poder manter enquanto não tiver ocorrido harmonização das legislações dos Estados na matéria respetiva, através do exercício do poder legislativo dos órgãos da União, e com base na previsão dos arts. 114º e segs. do Tratado. Estas disposições cometem aos órgãos da União a competência para completarem o funcionamento do mercado comum, promovendo a chamada integração positiva através da adoção de normas que harmonizem os ordenamentos jurídicos nacionais. Na prática, tal poder tem sido utilizado em domínios nos quais existe a perceção de que a disparidade das legislações nacionais compromete o funcionamento do mercado comum, designadamente quando os Estados invocam a necessidade de proteger um interesse público como fundamento para não observarem o dever de reconhecimento mútuo acima referido quanto a determinados bens importados. Nesse caso, caberá à norma europeia aprovada estabelecer o nível de proteção adequada do interesse em causa, substituindo-se aos Estados, que não mais poderão fazer uso da faculdade, admitida

pelo acórdão *Cassis*, de invocação de um interesse legítimo para afastar o princípio do reconhecimento mútuo. Entende-se, aqui, que a criação de um regime uniforme entre os Estados-Membros substitui a competência individual para regular aquele setor da atividade económica.

IV – O desenvolvimento jurisprudencial posterior e a afirmação de uma regra de competência

33. A formulação do princípio do reconhecimento mútuo estabelece que, salvos os casos excecionais descritos na secção anterior, os produtos podem apenas ser regulados uma vez, e que o local de regulação natural dos produtos é o do Estado no qual eles são fabricados. A alternativa, isto é, a admissão de que o Estado de destino poderia regular as características que os produtos devem apresentar como condição para a sua comercialização, significaria a projeção do efeito das normas deste Estado importador para além dos seus limites territoriais, impondo tantas variações no fabrico dos produtos quantos os Estados para onde se pretenderia exportá-los.

34. Da decisão do Tribunal de Justiça, resulta, então, que compete apenas ao Estado no qual o produto é fabricado a definição das suas características obrigatórias: no momento em que vai ser exportado, sedimentaram-se as características que tornam o produto apto ao consumo. Em contrapartida, o Estado importador é incompetente para definir as especificações dos produtos, devendo admitir à livre circulação aqueles que circulem legalmente noutros Estados.

35. Nos anos que se sucederam ao caso *Cassis*, e com fundamento na regra aí criada, assistiu-se à impugnação, por parte dos operadores económicos europeus, de um grande número de normas nacionais respeitantes a diversas áreas da atividade comercial, em casos que chegariam ao Tribunal de Justiça por via do reenvio prejudicial. Assim, foram consideradas ilegais (embora algumas posteriormente justificadas) medidas tão variáveis como a que impunha um determinado formato das embalagens de margarina (*Rau*, proc. 261/81, ac. de 10.11.1982), a que proibia a utilização de determinado denominações comerciais (*Smanor*, proc. 298/87, ac. de 14.07.1988), ou a que impedia a venda de material didático ao domicílio (*Buet*, proc. 382/87, ac. de 16.05.1989).

36. O culminar desta fase caracterizou-se por um conjunto de casos conhecidos como das "vendas ao Domingo", nos quais se discutia se as normas, vigentes em vários Estados, que proibiam a abertura de estabelecimentos naquele dia da semana, ou que limitavam o seu horário de funcionamento, seriam incompatíveis com o Tratado. O fundamento da sua impugnação era o sugerido pelo Tribunal nos casos *Dassonville* e *Cassis*: uma vez que os produtos importados eram comercializados legalmente no Estado de origem, deveriam ser admitidos à livre

circulação nos restantes Estados Membros; e uma norma que impedisse a sua comercialização em determinados dias da semana poderia constituir um entrave às importações (v., por exemplo, o caso *Torfaen*, proc. 145/88, ac. de 23.11.1989). Ainda sem vontade de reverter o princípio anteriormente proclamado, o Tribunal acabaria por dar resposta a estes pedidos de decisão afirmando, em primeiro lugar, que ocorria violação do Tratado e, num segundo momento, admitindo a justificação apresentada pelo Estado importador. A solução era pragmática, mas fazia deslocar o ónus da prova para o Estado autor da norma, o que tornava o discurso do Tribunal pouco compreendido, pela sua intromissão na autonomia dos Estados em domínios que eram pressentidos como alheios ao Direito da União.

37. Por essa razão, no início dos anos 90 o Tribunal aproveitou o pretexto de um caso trazido por um tribunal francês para revisitar o conceito de medida de efeito equivalente, limitando o efeito da jurisprudência *Dassonville* e *Cassis*. No caso *Keck e Mithouard* (procs. apensos C-267-268/91, ac. de 24.11.1993) discutia-se a compatibilidade, com o Tratado, de uma norma penal francesa que proibia a venda com prejuízo. Os Autores eram proprietários de supermercados que comercializavam, entre outros, produtos importados; por razões comerciais, vendiam alguns dos seus produtos a preço inferior ao qual os tinham adquirido, pelo que lhes foi movida uma ação penal à luz da referida legislação francesa. Apoiados pela jurisprudência anterior, defenderam-se por exceção, salientando a incompatibilidade da legislação francesa com o Tratado, com fundamento no facto de ela dificultar a venda de produtos importados, quando estes eram livremente comercializados no seu Estado de origem. Ora, o Tribunal de Justiça decidiu que o art. 34º não poderia ser invocado pelos operadores económicos como base para uma liberdade económica absoluta, afirmando que "contrariamente ao que até agora foi decidido, a aplicação de disposições nacionais que limitam ou proíbem determinadas modalidades de venda a produtos provenientes de outros Estados-Membros não é suscetível de entravar direta ou indiretamente, atual ou potencialmente, o comércio intracomunitário na aceção da jurisprudência *Dassonville*" (nº 16). Para o Tribunal, normas com este objeto, desde que se apliquem indistintamente a todos os operadores interessados, não impedem o acesso ao mercado dos produtos importados, nem o dificultam mais do que aos produtos nacionais. Por essa razão, não deverão ser consideradas incompatíveis com o Tratado.

38. De facto, diversamente do que sucede com as normas relativas às características dos produtos, tratadas no caso *Cassis*, as normas que determinam condições nas quais os produtos podem ser vendidos não comportam a duplicação de custos para o importador. Este não terá, por efeito da sua aplicação, que proceder à adaptação dos seus produtos para os poder comercializar.

39. Por fim, ressalte-se que a imposição ou proibição de determinadas condições de venda não tem, em regra, uma intenção protecionista, estando habi-

tualmente associada a razões culturais (como é o caso dos horários de abertura de estabelecimentos), à proteção de determinados interesses (como a limitação dos locais de venda ou a proibição de consumo por determinadas pessoas) ou a outro tipo de opções de política comercial dos Estados (como o caso que se discutia no acórdão *Keck,* relacionado com a prevenção da concorrência desleal). Não obstante esta afirmação de princípio, o Tribunal acautelou, no mesmo acórdão *Keck,* a possibilidade de os Estados fazerem uso da possibilidade de adoção de medidas com este objeto visando favorecer as produções nacionais. Por isso, para que as normas respeitantes a *certas condições de venda* não sejam incompatíveis com o Tratado, é necessário que elas afetem do mesmo modo, de facto e de direito, os operadores nacionais e os dos restantes Estados-Membros. Não sendo esse o caso, caberá ao operador económico lesado com a norma a demonstração da sua ilegalidade, invertendo-se o ónus da prova relativamente ao que resultava da jurisprudência pré-*Keck.*

40. Embora o Tribunal tivesse referido que esta decisão vinha reverter parcialmente a sua jurisprudência anterior (pelo modo como iniciou a fórmula acima citada), houve quem a interpretasse mais como complementando o seu anterior percurso, trazendo nova luz sobre a elaboração de um princípio interpretativo da livre circulação de mercadorias.

41. Na verdade, a razão pela qual a fixação de *determinadas condições de venda* não deverá ser considerada incompatível com o Tratado poderá ser lida à luz da ideia de repartição de competências que há pouco aflorámos (D. CHALMERS/C. HADJIEMMANUIL/G. MONTI/A. TOMKINS, *European Union Law,* Cambridge, 2006, p. 675 e segs.). Assim, enquanto que o local de regulação natural das características dos produtos será o Estado no qual essas características são geradas – isto é, aquele no qual os bens são produzidos –, o local de regulação das circunstâncias nas quais os produtos são comercializados deverá ser o do Estado no qual a comercialização tem lugar. A cada Estado compete regular uma determinada fase do processo económico, que é aquela que ocorre no seu território; em contrapartida, não poderá pretender aplicar as normas a factos que ocorrem fora do seu território, presumindo-se a ilegalidade da sua atuação neste último caso. Assim, o Estado de origem não poderá ter a pretensão de estender as suas regras relativas às condições de venda ao Estado importador; e este, por sua vez, não poderá exigir dos produtos importados para o seu território o cumprimento de regras que determinem a alteração das características dos produtos.

42. Dos acórdãos *Cassis* e *Keck* resulta, então, a afirmação de uma regra de conflitos (KENNETH A. ARMSTRONG, *Mutual Recognition,* in CATHERINE BARNARD,/J. SCOTT (org.), *The Law of the Single European Market. Unpacking the premises,* Hart, 2002, p. 231): compete ao Estado onde o produto é fabricado a definição das suas características; em conformidade, presumem-se ilegais as normas, com o

mesmo objeto, do Estado onde o produto será comercializado que se pretendam aplicáveis aos produtos importados, competindo a esse Estado fazer prova de que tais normas prosseguem um interesse legítimo. Por outro lado, presume--se a legalidade das normas deste Estado referentes às circunstâncias que rodeiam a venda dos produtos, mas tal presunção poderá ser ilidida se se demonstrar que elas não afetam do mesmo modo os produtos nacionais e os importados, isto é, que são direta ou indiretamente discriminatórias: o ónus da prova caberá, aqui, àquele a quem beneficia a impugnação da norma.

43. A presunção de legalidade das normas aprovadas pelo Estado naturalmente competente só será afastada se se demonstrar que a competência foi exercida de modo discriminatório. Assim, se a norma do Estado de origem dos produtos se dirige apenas aos produtos que são destinados a exportação, impondo-lhes características que não são exigidas aos produtos destinados a consumo nesse Estado, ela será incompatível com o Tratado; paralelamente, o Estado importador não poderá estabelecer condições de venda que afetam especialmente os produtos importados relativamente aos nacionais (*Keck*, nº 16).

44. Esta linha interpretativa da liberdade de circulação de mercadorias seria clarificada no caso *Gourmet* (proc. C-405/98, ac. de 8.03.2001). Estava em causa a legislação sueca, que proibia a publicidade a bebidas alcoólicas em geral, e em particular em publicações periódicas. Ora, a revista *Gourmet* incluía, numa edição apenas destinada a assinantes, algumas páginas contendo publicidade a bebidas alcoólicas estrangeiras. O Estado sueco argumentou que a norma respeitava às condições de venda dos produtos, por afetar a utilização de métodos promocionais, pelo que, à luz do caso *Keck*, não poderia ser considerada uma *medida de efeito equivalente a uma restrição quantitativa*.

45. Embora o Tribunal tivesse acolhido essa classificação, considerou que as condições definidas naquele acórdão não estavam preenchidas, reconhecendo que a abolição total de publicidade a um tipo de produtos pode produzir um maior impacto no comércio dos produtos importados em comparação com os nacionais (cfr. par. 16 do acórdão *Keck*), uma vez que aqueles primeiros são habitualmente desconhecidos do público, e, por conseguinte, mais dependentes de uma publicidade eficaz. Note-se que a norma sueca era verdadeiramente não discriminatória na sua previsão: a proibição por ela prevista abrangia os produtos nacionais e os importados. Mas, como reconheceu o Tribunal, a exclusão de ilicitude criada pelo acórdão *Keck* relativamente às condições de venda pressupunha que a norma, não apenas juridicamente, mas igualmente *de facto* produzisse o mesmo efeito nos produtos nacionais e nos importados, o que não sucedia no caso concreto. O Tribunal concluiu, por conseguinte, que a norma sueca era, em princípio, incompatível com o Tratado (embora no final a viesse a considerar justificada por apelo a razões de saúde pública).

46. Não obstante o facto de o Tribunal ter sido bem intencionado na decisão *Keck*, houve quem tenha criticado o seu excessivo formalismo, e o facto de propor um conceito *–modalidades de venda* – artificial e sem apoio nos Tratados (para uma descrição destas críticas v., em particular, CATHERINE BARNARD, *The Substantive Law of the EU*, Oxford, 2007, p. 148). Aliás, a decisão *Gourmet* teve a virtude de esclarecer que a inclusão de uma norma na categoria das *condições de venda* não redunda definitivamente na afirmação da sua compatibilidade com o Tratado. A legalidade de uma tal norma é meramente presumida, e o operador económico poderá demonstrar que o impacto que ela produz no comércio dos produtos importados é superior ao dos produtos nacionais. Tal sucede, por exemplo, quando as medidas adotadas, embora relacionadas com a comercialização dos produtos, implicam uma alteração das suas características físicas (como é o caso das menções publicitárias apostas nas embalagens dos mesmos): neste caso, o Tribunal tem entendido que as medidas deverão ficar sujeitas à fórmula *Cassis*, por imporem aos importadores o custo associado à necessidade de adaptarem os produtos (*Mars*, proc. C-470/93, ac. de 6.07.1995).

47. As críticas apontadas ao caso *Keck* serviram, então, de pretexto para que algumas vozes propusessem a substituição da rígida dicotomia *características dos produtos/modalidades de venda* por um princípio norteador que fosse transversal à jurisprudência do Tribunal, como sendo o de saber se a norma em causa *afetava substancialmente o acesso ao mercado* daquele Estado-Membro. A ideia parece ter encontrado algum interesse na doutrina jus-comunitária, pese embora o Tribunal não ter chegado a acolher expressamente esta orientação (v. a análise acerca das vantagens e desvantagens da adoção de um tal critério em CATHERINE BARNARD, *Fitting the remaining pieces into the goods and persons jigsaw?*, in *European Law Review*, vol. 26, n. 1, 2001, p. 52 e segs.).

V – Conclusões

48. O fio condutor da livre circulação de mercadorias, resultado dos acórdãos *Dassonville, Cassis e Keck*, parece hoje traduzir-se, em geral, na avaliação do impacto das normas no comércio interestadual e, em concreto, no dever, do Estado de acolhimento, de admitir no seu mercado os produtos importados tal como comercializados no Estado de origem, salvo demonstração de interesse digno de proteção. Em contrapartida, a jurisprudência do Tribunal reconhece a autonomia de cada Estado na definição das condições de venda dos produtos no seu território, desde que o impacto resultante dessa norma nos produtos importados não seja superior ao dos produtos nacionais. A análise do Tribunal parte sempre da verificação da compatibilidade da norma com o Tratado para, num segundo momento, e se tiver decidido pela incompatibilidade, apreciar as causas de justificação apresentadas pelo Estado autor da norma.

49. O regime assim descrito está longe de se poder considerar fechado. A prova disso é que, recentemente, se assistiram a algumas propostas no sentido de considerar uma nova categoria material de normas subtraída à ilegalidade resultante dos casos *Dassonville* e *Cassis*: no caso *Mickelsson* (C-142/05, ac. de 4.06.2009), a Advogada-Geral JULIANE KOKOTT propôs que, a par das *modalidades de venda*, também as normas relativas a *modalidades de utilização* dos produtos beneficiassem do mesmo regime (v. conclusões de 4.12.2006). Discutia-se uma norma sueca que impedia a utilização de motos de água em determinados locais. A proposta ganhou alguma visibilidade pelo facto de o Tribunal, antes de proferir decisão no caso, ter ordenado a repetição da elaboração das Conclusões num outro processo (*Comissão c. Itália*, Proc. C-110/05, ac. de 10.02.2009), no qual se discutia uma norma italiana que proibia a utilização de reboques por ciclomotores, e que poderia ser enquadrada na mesma categoria de *modalidades de uso*. Talvez o Tribunal estivesse preocupado em aferir do acolhimento de uma eventual reestruturação da sua jurisprudência, tendo a resposta do Advogado-Geral YVES BOT (Conclusões de 8.07.2008), que discordou da orientação da sua colega, sido bastante para dissipar as suas dúvidas. O certo é que, em ambos os casos, o Tribunal acabaria por se apoiar na sua jurisprudência anterior, sem acolher a proposta avançada pela Advogada-Geral KOKOTT. Mas a hesitação seria suficiente para demonstrar a preserverança do Tribunal no aperfeiçoamento de um princípio orientador da livre circulação de mercadorias.

7.2. Livre Circulação de Pessoas

7.2.1. Livre Circulação de Trabalhadores

Sofia Oliveira Pais

Acórdão do Tribunal de Justiça de 15 de dezembro de 1995 – Processo C-415/93 Union royale belge des sociétés de football association ASBL c. Jean-Marc *Bosman*

Resumo dos factos
J-M. Bosman, jogador de futebol de nacionalidade belga, foi transferido de um clube belga da primeira divisão para um rival, o Royal Club Liégeois SA (a seguir RCL). O contrato terminava em junho de 1990 e Bosman entrou em contacto com um clube francês de segunda divisão para ser efetuada a sua transferência, sendo necessário à luz da legislação vigente na época o pagamento de uma indemnização. O RCL, invocando dúvidas sobre a capacidade de clube francês

proceder ao pagamento, inviabilizou a transferência, e simultaneamente suspendeu Bosman, impedindo-o de jogar na nova época. Em agosto de 1990, Bosman intentou no tribunal de *première instance de Liège* uma ação contra o RCL, nomeadamente por violação do direito da União, pedindo a desvinculação e o pagamento de um certo montante até encontrar um nova entidade patronal. Em sede de recurso a *Cour d'appel de Liège* questionou o Tribunal de Justiça sobre a compatibilidade do *regime das indemnizações de transferência* e das *cláusulas de nacionalidade* com o direito da União: é contrário às regras do TCE sobre a livre circulação de trabalhadores o regime de transferências em vigor no futebol europeu que permite aos clubes impedir, após a cessação da relação laboral, os jogadores de alinharem noutros clubes de futebol profissional? São incompatíveis com o Tratado as cláusulas de nacionalidade (isto é, a regra dita "3 + 2", que prevê a possibilidade de as associações nacionais limitarem a três o número de jogadores estrangeiros que um clube pode fazer alinhar em jogos da primeira divisão dos respetivos campeonatos nacionais, mais dois jogadores que tivessem jogado ininterruptamente durante cinco anos no país da associação nacional em causa, dos quais três anos como juniores)?

Excertos do acórdão:
«73. Em resposta a estes argumentos, importa recordar que, tendo presentes os objetivos da Comunidade, a prática de desportos só é abrangida pelo direito comunitário na medida em que constitua uma atividade económica na aceção do artigo 2º do Tratado [....]. É o caso da atividade dos jogadores de futebol, profissionais ou semiprofissionais, uma vez que exercem uma atividade assalariada ou efetuam prestações de serviços remuneradas [...].

74. Cabe igualmente observar que, de qualquer modo, para efeitos de aplicação das disposições comunitárias relativas à livre circulação dos trabalhadores, não é necessário que a entidade patronal tenha a qualidade de empresa, apenas se exigindo a existência de uma relação de trabalho ou a vontade de estabelecer tal relação. [...]

82. Afastadas as objeções à aplicação do artigo [45º TFUE] a atividades desportivas como as dos jogadores profissionais de futebol, cabe recordar que, como declarou o Tribunal de Justiça no acórdão Walrave, já referido, n. 17, este artigo não regula apenas a atuação das autoridades públicas, mas abrange também as regulamentações de outra natureza destinadas a disciplinar, de forma coletiva, o trabalho assalariado.

83. Efetivamente, o Tribunal de Justiça considerou que a abolição dos obstáculos à livre circulação de pessoas e à livre prestação de serviços entre os Estados-Membros seria comprometida se a abolição das barreiras de origem estatal pudesse ser neutralizada por obstáculos resultantes do exercício da sua autono-

mia jurídica por associações ou organismos de direito privado (v. acórdão Walrave, já referido, n. 18).

84. Além disso, observou que as condições de trabalho nos diversos Estados-Membros são regidas tanto por via de disposições de caráter legislativo ou regulamentar como por convenções ou outros atos celebrados ou adotados por pessoas privadas. Por conseguinte, limitar o objeto do artigo [45º TFUE] aos atos das autoridades públicas acarretaria o risco de criar desigualdades quanto à sua aplicação (v. acórdão Walrave, já referido, n. 19). [...]

Quanto à existência de um entrave à livre circulação dos trabalhadores.

92. Impõe-se portanto verificar se as regras relativas às transferências constituem um entrave à livre circulação dos trabalhadores, proibido pelo artigo [45º TFUE].

93. Como o Tribunal de Justiça declarou em diversas ocasiões, a livre circulação dos trabalhadores constitui um dos princípios fundamentais da Comunidade e as disposições do Tratado que garantem essa liberdade têm efeito direto desde o termo do período de transição.

94. O Tribunal de Justiça considerou igualmente que o conjunto das disposições do Tratado relativas à livre circulação de pessoas visa facilitar aos nacionais comunitários o exercício de atividades profissionais de qualquer natureza em todo o território da Comunidade e opõem-se a qualquer regulamentação nacional que possa desfavorecer esses nacionais quando desejem exercer uma atividade económica no território de outro Estado-Membro [...].

95. Neste contexto, os cidadãos dos Estados-Membros dispõem, muito particularmente, do direito, diretamente resultante do Tratado, de abandonarem o seu país de origem para entrarem e permanecerem no território de outro Estado-Membro a fim de aí exercerem uma atividade económica [...].

96. Assim, disposições que impedem ou dissuadem um cidadão de um Estado-Membro de abandonar o seu país de origem para exercer o seu direito de livre circulação constituem entraves a essa liberdade, mesmo que se apliquem independentemente da nacionalidade dos trabalhadores em causa [...].

98. Ora, é certo que as regras relativas às transferências em causa nos litígios nos processos principais se aplicam igualmente às transferências de jogadores entre clubes pertencentes a associações nacionais diferentes dentro do mesmo Estado-Membro, e que as transferências entre clubes pertencentes à mesma associação nacional são reguladas por disposições análogas.

99. No entanto, [...] estas regras são suscetíveis de restringir a livre circulação dos jogadores que desejem exercer a sua atividade noutro Estado-Membro, ao impedi-los ou ao dissuadi-los de abandonar os seus clubes de origem mesmo após terminarem os contratos de trabalho que os vinculam a estes últimos.

100. Efetivamente, ao preverem que um jogador profissional de futebol não pode exercer a sua atividade num novo clube estabelecido noutro Estado-Membro se esse clube não tiver pago ao anterior a indemnização de transferência cujo montante foi acordado entre os dois clubes ou determinado em conformidade com os regulamentos das associações desportivas, as referidas regras constituem um entrave à livre circulação dos trabalhadores.

101. Como justamente sublinhou o órgão jurisdicional nacional, esta conclusão não é afetada pela circunstância de as regras relativas às transferências adotadas pela UEFA em 1990 preverem que as relações económicas entre os dois clubes não têm influência sobre a atividade do jogador, que poderá jogar livremente pelo seu novo clube. Efetivamente, este último clube continua a ser obrigado a pagar a indemnização em causa, sob pena de sanções que podem ir até à sua exclusão por dívidas, o que o impede, de maneira igualmente eficaz, de contratar um jogador proveniente de um clube de outro Estado-Membro sem pagar o montante da referida indemnização.

102. Esta conclusão tão-pouco é posta em causa pela jurisprudência do Tribunal de Justiça, invocada pela URBSFA e pela UEFA, de que o artigo [34º TFUE] não se aplica a medidas que limitam ou proíbem determinadas formas de venda, desde que se apliquem a todos os operadores que exerçam a sua atividade no território nacional e desde que afetem da mesma forma, tanto juridicamente como de facto, a comercialização dos produtos nacionais e dos provenientes de outros Estados-Membros (v. acórdão de 24 de novembro de 1993, Keck e Mithouard, C-267/91 e C-268/91, Colect., p. I-6097, n. 16).

103. Efetivamente, basta sublinhar que, se é verdade que as regras em causa nos processos principais se aplicam igualmente às transferências entre clubes pertencentes a associações nacionais diferentes no seio do mesmo Estado-Membro e são análogas às que regulam as transferências entre clubes pertencentes à mesma associação nacional, não é menos certo que condicionam diretamente o acesso dos jogadores ao mercado do trabalho nos outros Estados-Membros, sendo assim suscetíveis de entravar a livre circulação dos trabalhadores. Por conseguinte, não podem ser equiparadas às regulamentações relativas às modalidades de venda das mercadorias que o acórdão Keck e Mithouard considerou que escapam ao domínio de aplicação do artigo [34º TFUE] (v. igualmente, em matéria de livre prestação de serviços, o acórdão de 10 de maio de 1995, Alpine Investments, C-384/93, Colect., p. I-1141, nºs 36 a 38).

104. Consequentemente, as regras relativas às transferências constituem entraves à livre circulação dos trabalhadores, proibidos, em princípio, pelo artigo [45º TFUE]. Só assim não seria se essas regras prosseguissem um objetivo legítimo compatível com o Tratado e se justificassem por razões imperiosas de interesse geral. Mas, mesmo em tal caso, seria necessário que a aplicação das referi-

das regras fosse adequada para garantir a realização dos seus objetivos e não ultrapassasse o necessário para os atingir [...].

Quanto à existência de justificações

105. Em primeiro lugar, a URBSFA, a UEFA, bem como os Governos francês e italiano, defenderam que as regras relativas às transferências se justificavam pela necessidade de manter o equilíbrio financeiro e desportivo entre os clubes e de apoiar a procura de talentos e a formação de jogadores jovens.

106. Tendo em conta a considerável importância social que reveste a atividade desportiva, mais concretamente o futebol na Comunidade, importa reconhecer que os objetivos que consistem em assegurar a manutenção do equilíbrio entre os clubes, preservando uma certa igualdade de oportunidades e a incerteza dos resultados, bem como em encorajar o recrutamento e a formação de jogadores jovens, são legítimos.

107. Quanto ao primeiro destes objetivos, J.-M. Bosman tem razão ao sublinhar que a aplicação das regras relativas às transferências não constitui um meio adequado para garantir a manutenção do equilíbrio financeiro e desportivo no mundo do futebol. Essas regras não impedem os clubes mais ricos de assegurar os serviços dos melhores jogadores nem que os meios financeiros disponíveis sejam um elemento decisivo na competição desportiva e que o equilíbrio entre os clubes seja com isso consideravelmente alterado.

108. Quanto ao segundo objetivo, há que admitir que a perspetiva de receber indemnizações de transferência, de promoção ou de formação é efetivamente suscetível de encorajar os clubes de futebol a procurar talentos e a assegurar a formação dos jovens jogadores.

109. No entanto, dada a impossibilidade de prever com segurança o futuro desportivo dos jovens jogadores e o número limitado desses jogadores que desenvolvem uma atividade profissional, tais indemnizações caracterizam-se pela sua natureza eventual e aleatória e são, de qualquer modo, independentes dos encargos efetivamente suportados pelos clubes para formar tanto os futuros jogadores profissionais como os que nunca o serão. Nestas condições, a perspetiva de receber tais indemnizações não pode constituir um elemento determinante para encorajar o recrutamento e a formação de jovens jogadores nem um meio adequado de financiar essas atividades, designadamente no caso dos pequenos clubes.

110. Por outro lado, [...] os mesmos objetivos podem ser alcançados de um modo pelo menos tão eficaz através de outros meios que não entravem a livre circulação dos trabalhadores. [...]

111. Em seguida, foi defendido que as regras relativas às transferências são necessárias para proteger a organização mundial do futebol.

112. A este propósito, importa sublinhar que o presente processo tem por objeto a aplicação destas regras no interior da Comunidade e não as rela-

ções entre as associações nacionais dos Estados-Membros e as dos países terceiros. [...]

113. Finalmente, o argumento segundo o qual as referidas regras são necessárias para compensar os encargos suportados pelos clubes para pagar indemnizações por ocasião do recrutamento dos seus jogadores não pode ser acolhido, uma vez que pretende justificar a manutenção de entraves à livre circulação dos trabalhadores pelo simples facto de esses entraves terem existido no passado.

114. Consequentemente, há que responder à primeira questão que o artigo [45º TFUE] se opõe à aplicação de regras adotadas por associações desportivas nos termos das quais um jogador profissional de futebol nacional de um Estado-Membro, no termo do contrato que o vincula a um clube, só pode ser contratado por um clube de outro Estado-Membro se este último pagar ao clube de origem uma indemnização de transferência, de formação ou de promoção. [...]

Quanto à existência de um entrave à livre circulação dos trabalhadores

116. Como o Tribunal sublinhou [...] o artigo [45º]. do Tratado aplica-se às regras instituídas por associações desportivas que determinam as condições de exercício de uma atividade assalariada por desportistas profissionais. Assim, há que apreciar se as cláusulas de nacionalidade constituem um entrave à livre circulação dos trabalhadores, proibido pelo artigo [45º].

117. O artigo [45., n. 2], dispõe expressamente que a livre circulação dos trabalhadores implica a abolição de toda e qualquer discriminação em razão da nacionalidade, entre os trabalhadores dos Estados-Membros, no que diz respeito ao emprego, à remuneração e demais condições de trabalho. [...]

120. [...] [A] circunstância de essas cláusulas não terem por objeto a contratação desses jogadores, que não é limitada, mas a possibilidade de os clubes inscritos nas associações os utilizarem num encontro oficial, é indiferente. Na medida em que a participação nesses encontros constitui o objeto essencial da atividade de um jogador profissional, é evidente que uma regra que a limita restringe igualmente as possibilidades de emprego do jogador em causa.

Quanto à existência de justificações. [...]

122. A URBSFA, a UEFA, bem como os Governos alemão, francês e italiano alegam que as cláusulas de nacionalidade se justificam por razões não económicas, que têm unicamente que ver com o desporto enquanto tal.

123. Efetivamente, servem, em primeiro lugar, para preservar a ligação que tradicionalmente existe entre cada clube e o seu país, que reveste grande importância para permitir a identificação do público com a sua equipa favorita e garantir que os clubes que participam em competições internacionais representam efetivamente o seu país.

124. Em segundo lugar, as cláusulas são necessárias para criar uma reserva de jogadores nacionais suficiente para colocar as equipas nacionais em condições de alinhar jogadores de alto nível em todos os setores da equipa.

125. Em terceiro lugar, contribuem para manter o equilíbrio desportivo entre os clubes, impedindo os mais ricos de contratarem os melhores jogadores. [...]

129. [...] [A]s cláusulas de nacionalidade não podem ser consideradas conformes com o artigo [45º] do Tratado, sob pena de se privar esta disposição do seu efeito útil e de reduzir a nada o direito fundamental de aceder livremente a um emprego [...].

130. Nenhum dos argumentos invocados pelas associações desportivas e pelos governos que apresentaram observações é suscetível de pôr em causa tal conclusão.

131. Em primeiro lugar, deve sublinhar-se que a ligação entre um clube de futebol e o Estado-Membro em que se encontra estabelecido não pode ser considerada inerente à atividade desportiva, do mesmo modo que não se pode considerar que reveste essa natureza o nexo entre esse clube e o bairro, cidade, região ou, no caso do Reino Unido, território abrangido por cada uma das quatro federações. Ora, opondo os campeonatos nacionais clubes de diferentes regiões, cidades ou bairros, nenhuma regra limita, em relação a esses encontros, o direito de os clubes fazerem alinhar jogadores provenientes de outras regiões, cidades ou bairros.

132. Por outro lado, nas competições internacionais, a participação é reservada aos clubes que tenham obtido determinados resultados desportivos nos respetivos países, não revestindo a nacionalidade dos seus jogadores papel determinante.

133. Em segundo lugar, importa observar que, se é verdade que as seleções nacionais devem ser compostas por jogadores com a nacionalidade do país em causa, esses jogadores não têm que estar qualificados para clubes desse país. De resto, por força das regulamentações das associações desportivas, os clubes que empregam jogadores estrangeiros são obrigados a autorizá-los a participar em certos encontros da respetiva seleção nacional. [...]

135. Em terceiro lugar, quanto à manutenção do equilíbrio desportivo, deve observar-se que as cláusulas de nacionalidade, que supostamente impedem os clubes mais ricos de contratarem os melhores jogadores estrangeiros, não são adequadas para alcançar este objetivo, uma vez que nenhuma regra limita a possibilidade de esses clubes recrutarem os melhores jogadores nacionais, que de igual modo compromete esse equilíbrio. [...]

137. De quanto precede, resulta que o artigo [45º TFUE] se opõe à aplicação de regras adotadas por associações desportivas nos termos das quais, nos encontros por elas organizados, os clubes de futebol apenas podem fazer alinhar um

número limitado de jogadores profissionais nacionais de outros Estados--Membros».

Comentário

I – Considerações introdutórias
1. O acórdão *Bosman*, sendo um dos mais "populares" da jurisprudência do Tribunal de Justiça, por esclarecer que o mundo do desporto não escapa ao direito da União Europeia, interessa-nos sobretudo num outro prisma: o da *livre circulação de pessoas* enquanto requisito indispensável para a construção do mercado interno.
2. Os princípios estabelecidos na jurisprudência *Bosman*, sobre a proibição de medidas nacionais indistintamente aplicáveis violadoras de normas da União, apesar de não serem totalmente inovadores, foram pela primeira vez aplicados no domínio da livre circulação de trabalhadores: as regras de transferência de jogadores analisadas no caso referido, aplicáveis *independentemente da nacionalidade* desses jogadores, foram vistas como uma restrição à livre circulação de trabalhadores ao impedir os jogadores de abandonarem o clube e prosseguirem a atividade noutro Estado-membro. São, deste modo, proibidas pela livre circulação de trabalhadores não só *medidas nacionais discriminatórias*, mas ainda as *medidas nacionais que não sendo discriminatórias restrinjam o acesso ao mercado*.
3. Note-se que a solução fixada no acórdão *Bosman* já tinha sido afirmada no contexto das outras liberdades, revelando-se por isso o resultado natural e expectável. Refiram-se os acórdãos *Cassis de Dijon* (Ac. 20 de fevereiro de 1979, proc. 120/78), no domínio da livre circulação de mercadorias, *Säger* (Ac. de 25 de julho de 1991, proc. C-76/90), no domínio da livre prestação de serviços, *Gebhard* (Ac. 30 de novembro de 1995, proc. C-55/94*)*. na área do direito de estabelecimento, e, finalmente, o acórdão *Comissão contra França* (Ac. de 4 de junho de 2002, proc. C-483/99), no domínio da livre circulação de capitais. Em todos eles o Tribunal reconheceu que a eliminação de medidas nacionais restritivas das liberdades da União, sejam ou não discriminatórias, é essencial para a concretização do mercado interno. Só sendo assegurada a livre circulação de pessoas (entendida esta de forma ampla como sendo suscetível de abranger a livre circulação de trabalhadores, a livre circulação de cidadãos da União e o direito de estabelecimento), a par das outras liberdades (como a livre circulação de mercadorias, serviços e capitais) num espaço europeu sem fronteiras internas (tal como resulta do artigo 26, nº 2, do TFUE), é que será possível a realização de um verdadeiro mercado interno, indispensável à existência de uma União político-económica entre os Estados-Membros capaz de evitar *inter alia* conflitos armados à escala europeia.

3. Repare-se que o objetivo da concretização do *mercado interno*, inscrito desde o início no Tratado de Roma (ainda que sob a designação de mercado comum), é apenas uma das fases do processo de integração (económica) europeia. De facto, os economistas desenvolveram vários modelos que demonstram o grau de intensidade de integração do mercados e hoje é geralmente aceite (cf., por exemplo, na doutrina portuguesa, João Mota Campos, *Manual de Direito Comunitário*, Fundação Calouste Gulbenkian, 2001, pp. 498 e ss. e Ana Guerra Martins, *Curso de Direito Constitucional da União Europeia*, Almedina, 2004, pp. 539 e ss.) que cada fase assimila as características da anterior: *zona de comércio livre* (identificada pela abolição de direitos aduaneiros entre os Estados-Membros); *união aduaneira* (caracterizada pela abolição de direitos aduaneiros entre os Estados-Membros e pela criação de um pauta aduaneira comum nas relações com países terceiros); *mercado comum/interno* (abrange as características da união aduaneira e visa ainda a livre circulação de fatores produtivos, isto é, trabalhadores, mercadorias, serviços e capitais) e a *união económica e monetária* (que apresenta as características da fase anterior e procura ainda a coordenação das políticas económicas dos Estados-Membros e a unificação das políticas monetárias).

4. Para estabelecer o mercado interno (até 31 de dezembro de 1992, nos termos do artigo 14º do Ato Único Europeu) e para garantir o seu funcionamento, os Estados-Membros recorreram essencialmente a *dois modelos de integração económica*: o modelo descentralizado e o modelo centralizado.

5. O *modelo descentralizado* preocupa-se, sobretudo, com a *integração negativa*, ou seja, com a abolição de barreiras nacionais ao comércio, sejam elas de ordem física, técnica ou fiscal. Trata-se de um sistema assente, como já foi sublinhado, no princípio da não discriminação, no livre acesso ao mercado, bem como no conceito de federalismo competitivo, isto é, dentro dos limites do Tratado (nomeadamente da não discriminação e livre acesso) os Estados-Membros são livres de legislar e regular; logo, «as regras (...) das liberdades (...) têm por efeito colocar os diferentes sistemas nacionais em concorrência», sujeitando-os às escolhas do mercado (cfr. Catherine Barnard, *The substantive law of the EU. The four freedoms*, 2nd edition, Oxford University Press, p. 12).

6. Cada Estado-Membro procuraria produzir as melhores regras para atrair indivíduos e capital, tendo as autoridades da União a obrigação de assegurar a livre circulação de fatores produtivos E, no limite, a Comunidade Europeia, hoje União Europeia, deveria ser vista como um «*mercado sem Estado*», assente nos pilares da liberalização e desregulação, no qual a concorrência entre os vários sistemas «legislativos», permitiria atingir as soluções mais eficientes do ponto de vista da troca de mercadorias, trabalho, serviços e capitais (assim, Manfred

Streit e Werner Mussler, *The Economic Constitution of the European Community: From Rome to Maastricht*, European Law Journal, 1995, p. 14).

7. Ora, a verdade é que, a livre concorrência, desprovida de qualquer tipo de fiscalização, pode conduzir à escolha do sistema legislativo menos protetor, solução esta que pode comprometer a própria realização das liberdades de circulação. Dadas as falhas de mercado, é hoje praticamente pacífico o entendimento de que a intervenção pública, nacional e supranacional, é uma necessidade. Saber qual o grau de regulação supranacional necessário, para evitar os abusos na economia europeia, já será, todavia, uma questão mais controversa.

8. Por outro lado, obstáculos de diversa natureza dificultaram a aplicação do modelo descentralizado: desde logo, não há acesso livre e gratuito à informação, como demonstrou F. Hayek (cfr. *Law, legislation and liberty*, vol. 3, *The political order of free people*, The University Chicago Press, Chicago 1979, p. 68 e ainda do mesmo autor, *Competition as a discovery procedure*, The Quaterly Journal of Austrian Economics, 2002, vol. 5, n.º 3, pp. 10 e ss), o que põe em causa uma das premissas fundamentais deste modelo; além disso, razões linguísticas, culturais, e mesmo afetivas tornam mais difícil a livre circulação de pessoas do que a de mercadorias ou capitais; acresce que a concorrência entre sistemas nacionais pode transformar-se numa *race to the bottom*, isto é, podem acabar por vingar no mercado as soluções nacionais menos protetoras do ponto de vista social (cfr. Catherine Barnard, Social dumping revisited: lessons from Delaware, *European Law Review*, 2000, 25, p. 57).

9. O *modelo centralizado*, por seu turno, foca a *integração positiva*, isto é, o objetivo da criação de um mercado sem fronteiras, o qual só pode ser alcançado com a adoção, pelas instituições da União, de medidas relativas à aproximação das disposições legislativas dos Estados-Membros que visam o «estabelecimento» e «funcionamento do mercado interno» (art. 115.º do TFUE).

10. É certo que o modelo centralizado, construído em torno de medidas de harmonização, tem várias vantagens (nomeadamente reduzir os custos de evasão, evitar a compra do foro ou as dificuldades da extraterritorialidade); mas também é verdade que a sua aplicação não é isenta de dificuldades. De facto, trata-se de um modelo que exige a resolução prévia da complexa questão das competências atribuídas às autoridades centrais. Acresce que a solução centralizadora corre o risco de eliminar a diversidade nacional e a responsabilidade local, bem como a inovação legislativa, além de incentivar soluções pautadas pelo mínimo denominador comum (cfr. Paul Craig e Gráinne de Burca, *EU Law, Text, Cases and Materials*, Oxford University Press, 2008, pp. 629-630).

11. Às dificuldades na implementação dos modelos enunciados, acrescem as preocupações sociais inerentes ao próprio projeto de realização do mercado interno. Ou seja, os benefícios económicos, resultantes da eliminação dos obs-

táculos ao comércio intracomunitário, podem acarretar determinados custos sociais, nomeadamente a nível dos países economicamente mais débeis na União Europeia, questão que foi, aliás, discutida quer no acórdão *Viking* (Ac. de 11 de dezembro de 2007, proc. C-438/05, no qual se debateu a articulação da proteção dos direitos sociais com o direito de estabelecimento, uma vez que um operador finlandês de serviços de ferry entre Helsínquia e Talin procurou transferir a sua sede para a Estónia, com o intuito de pagar salários mais baixos, tendo um sindicato finlandês, apoiado por uma união internacional de sindicatos, ameaçado fazer greve e boicotes se, com a transferência, o operador diminuísse os níveis salariais existentes), quer no processo que conduziu à adoção da *Diretiva Serviços,* cuja versão inicial foi, aliás, radicalmente alterada (Diretiva 2006/123/CE do Parlamento Europeu e do Conselho, de 12 de dezembro de 2006, relativa aos serviços no mercado interno, JO L 376 de 27.12.2006).

12. É, deste modo, preciso conciliar as tensões e os conflitos de interesses gerados pela realização do mercado interno. Como referiu Poiares Maduro, nas conclusões apresentadas em 23 de maio de 2007 (n.º 59), relativamente ao acórdão *Viking*, «a ordem económica europeia está firmemente assente num contrato social: os trabalhadores em toda a Europa devem aceitar as consequências negativas recorrentes que são inerentes à criação de uma prosperidade crescente no mercado comum, em troca da qual a sociedade se deve comprometer a contribuir para a melhoria geral das suas condições de vida e de trabalho e a dar apoio económico aos trabalhadores que, em consequência das forças de mercado, se encontrem em dificuldades».

13. As tensões sócio-económicas, inerentes à realização do mercado interno, tornaram-se, aliás, mais evidentes com a passagem de uma visão do mercado interno com uma dimensão essencialmente económica, herdeira, em certa medida, da conceção ordoliberalista subjacente à redação do Tratado da Comunidade Europeia (isto é, da teoria económica que defende a intervenção do Estado para corrigir as falhas do mercado que se pretende livre (e justo), centrando-se na defesa da liberdade económica do indivíduo cfr. W. Eucken, *Os Fundamentos da Economica Política – Die Grundlagen der Nationalökonomie,* tradução de Gameiro dos Santos, Fundação Calouste Gulbenkian, Lisboa, 1998, VIII), para uma *conceção abrangente* desse mercado, que, exigindo uma *fiscalização constante,* passaria a incluir claramente uma dimensão político-social.

14. Observe-se, por fim, que esta transformação do mercado interno foi incentivada pelas várias instituições europeias. Refira-se, por exemplo, a contribuição do Conselho Europeu de Lisboa de 2000, ao estabelecer que o novo objetivo estratégico da União passaria por torná-la, através da *contínua realização de um mercado interno*, numa economia baseada no conhecimento mais competitiva e dinâmica, capaz de um crescimento económico sustentado com mais e

melhor emprego e maior coesão social, o que obrigaria *inter alia* ao *reforço e modernização do modelo social europeu*, (Conselho Europeu extraordinário de Lisboa, março de 2000: para uma Europa da inovação e do conhecimento).

15. E a própria Comissão assumiu, desde cedo, que o projeto do mercado único não terminava *milagrosamente* em dezembro de 1992 (antes deveria ser concebido como um *processo em construção*, a exigir uma vigilância constante), nem deveria ter apenas uma dimensão *económica*. Daí que, mesmo depois de 1 de janeiro de 1993, a Comissão tenha continuado a adotar abundante legislação relativa ao mercado interno, com o intuito de tornar as disposições mais eficazes e de alargar o seu campo de incidência: aborda, assim, novas questões, como a segurança dos consumidores, a política do trabalho e do ambiente e os direitos sociais (COM 2000, 257 final, *Review of the Internal Market Strategy*, Bruxelas 3.5.2000).

16. Mas o motor deste processo de transformação do mercado interno foi, sem dúvida, o Tribunal de Justiça. Foi este que através a sua jurisprudência 'criativa' contribuiu de forma decisiva para o enriquecimento do mercado interno com novas dimensões. E um dos exemplos paradigmáticos é o acórdão *Bosman*. Neste caso, não só o Tribunal conseguiu a proeza de sujeitar o desporto às regras da União, apesar de os Tratados serem omissos sobre o assunto, como ainda através de uma interpretação sistemático-teleológica das normas do Tratado relativas à livre circulação de trabalhadores considerou ser da sua competência a apreciação das medidas nacionais restritivas do acesso ao mercado, ainda que não discriminatórias, e desde que não fossem objetivamente justificadas (trazendo à colação o conceito de restrições não discriminatórias e de justificação objectiva, ainda que sem apoio expresso na letra da lei). Sem pôr em causa o papel dinamizador, essencial, do Tribunal de Justiça no processo de integração europeia, convêm, em todo o caso, não esquecer os receios, que tal atuação pode suscitar nos Estados-membros, preocupados com a 'desregulação' a que poderá conduzir a atuação enunciada, e questionar se, atualmente, o impulso decisivo na ação integracionista e na mudança de prioridades do mercado interno não deverá ser dado (igualmente) pelas outras instituições da União.

16. Em síntese, a consideração de valores político-sociais, como o ambiente, a segurança, ou mesmo os direitos sociais, ao lado dos tradicionais valores de mercado (que deverão ainda hoje ser vistos como fundamentais no *processo* de construção do mercado interno) acaba por ser uma fonte de tensões: dificulta a adoção de medidas pela União, e pelos Estados, e conduz frequentemente a soluções de compromisso. A procura de um equilíbrio entre esses valores sociais e a livre concorrência no mercado – única solução consentânea com a visão da União Europeia como uma ordem jurídica, que transcende uma simples união aduaneira e em que a construção do mercado interno, cada vez mais alicerçado

no estatuto de cidadania e na proteção dos direitos fundamentais, envolve um conjunto amplo de novos valores, que ultrapassam largamente os que estavam presentes nos tratados iniciais – está hoje, aliás, no centro de todos os debates sobre a constituição económica europeia ou carta constitucional europeia (expressão utilizada pelo Tribunal no acórdão os *Verdes*, de 23 de abril de 1986, proc. 294/83, nº 23, para referir o Tratado da Comunidade Económica Europeia, hoje TFUE).

II – Livre circulação de trabalhadores: campo de aplicação subjetivo e material

17. A livre circulação de pessoas é uma das liberdades essenciais da União Europeia, a par da livre circulação de mercadorias, serviços e capitais. Mais: o direito à livre circulação de pessoas traduz-se, como refere recorrentemente o Tribunal de Justiça, num *direito fundamental* que é atribuído, desde logo, a cada trabalhador da União individualmente pelo Tratado (Ac. 15 de outubro de 1987, *Heylens*, proc. 222/86, nº 14).

18. Além de sublinhar o caráter essencial destas liberdades, o Tribunal tem vindo a desenvolver uma jurisprudência ativa que parece caminhar para uma certa *convergência* dos princípios aplicáveis às várias liberdades, sem deixar de considerar os diferentes interesses visados.

19. Ora, o acórdão *Bosman* dá o seu contributo para esta tendência jurisprudencial em destacar os aspetos comuns às várias liberdades, que remonta aliás ao acórdão Royer (Ac. de 8 de abril de 1976, processo 48/75). Assim, no acórdão em análise o Tribunal confirma que também no domínio da livre circulação de trabalhadores, e à semelhança do que sucede nas outras liberdades, *são proibidas restrições nacionais, ainda que indistintamente aplicáveis, desde que não sejam objectivamente justificáveis*. Este entendimento comum às várias liberdades acresce a outros princípios "convergentes" enunciados pelo Tribunal de Justiça, como o reconhecimento de *efeito direto* às várias disposições do Tratado que consagram as liberdades da União ou a afirmação do princípio do *reconhecimento mútuo*.

20. Repare-se que, apesar de o Tribunal de Justiça defender a aplicação de princípios comuns às várias liberdades, subsistem, ainda assim, algumas diferenças. De facto, mesmo no domínio da livre circulação de pessoas, e apesar da tendência para a cidadania ocupar cada vez um lugar mais central no seio dessa liberdade, a verdade é que, neste momento, ainda não há total coincidência entre os direitos invocáveis pelo cidadão europeu e pelo trabalhador (enquanto agente económico).

21. Inicialmente, o direito à livre circulação de pessoas no território europeu era concedido pelo Tratado da Comunidade Económica Europeia (TCEE) em termos muito limitados. Só os indivíduos que tivessem *nacionalidade* de um dos

Estados-Membros e desenvolvessem uma *atividade económica transfronteiriça*, como os *trabalhadores dependentes*, poderiam *beneficiar* do direito à livre circulação nos termos do artigo 45º do TFUE (já os trabalhadores *independentes* poderiam invocar o direito de estabelecimento, estabelecido hoje no artigo 49º do TFUE).

22. Excluídas desta liberdade (e também das outras referidas no TFUE) ficam, deste modo, as *situações puramente internas*, isto é, em contacto com um único ordenamento jurídico, e sem conexão com uma situação prevista pelo direito da União, podendo conduzir, em certos casos, a uma *discriminação inversa* (contra os nacionais dos Estados-membros). Ou seja, uma vez que as normas no domínio das liberdades não podem ser invocadas em situações internas, podem os nacionais dos Estados-Membros ficar impossibilitados de invocar certos direitos reconhecidos no ordenamento jurídico da União. A solução, nestes casos, terá de ser encontrada, segundo o Tribunal de Justiça, no ordenamento nacional (cfr. Ac. de 1 de abril de 2008, proc. C-212/06, *Governo da Comunidade Francesa e Governo Valão contra Governo Flamengo*, nº 32).

23. Há que assinalar que no caso *Bosman*, apesar das dúvidas sobre se configuraria uma situação puramente interna, entendeu o Tribunal que tal não seria o caso, pois o jogador profissional de futebol nacional de *um Estado-Membro* celebrou um contrato de trabalho com um clube de *outro Estado-Membro* para exercer no território deste uma atividade assalariada, respondendo a uma oferta de emprego efetivamente feita na aceção do artigo 45º, nº 3, alínea a), do Tratado (Bosman nº 13).

24. Também não beneficiam da livre circulação de trabalhadores os *nacionais de terceiros Estados* (solução que resulta da interpretação dada ao art. 45º do TFUE em aplicação do princípio da preferência 'comunitária'). Todavia, os acordos celebrados pela União com terceiros Estados podem conduzir à aplicação de regras semelhantes aos trabalhadores nacionais desses terceiros Estados; além de que os familiares de trabalhadores da União, ainda que não tenham nacionalidade de um Estado-membro, podem sempre exercer uma atividade económica na União nos termos do artigo 23º da Diretiva 2004/38/CE.

25. Observe-se ainda que o conceito de trabalhador, que usufrui da liberdade estabelecida no art. 45º do TFUE, não vem definido no Tratado, antes resulta de uma construção pretoriana. Com efeito, dada a inexistência de uma qualquer indicação no TCE quanto ao conceito de *trabalhador*, o Tribunal de Justiça optou por uma *definição ampla*, afastando qualquer tentativa de os Estados-Membros manipularem conceitos nacionais por forma a deixarem desprotegidos os trabalhadores migrantes e garantindo, assim, uma interpretação e aplicação uniforme do conceito nos vários Estados-Membros (vejam-se neste sentido os acórdãos *Unger*, Ac. de 19 de março de 1964, proc. 75/63 e *Lawrie Blum*, Ac. de 3 de julho de 1986, processo C-66/85).

25. No ordenamento jurídico da União, e mais concretamente no âmbito do art. 45º do TFUE, preenche o conceito do trabalhador o *nacional de um Estado-Membro* que, durante um certo período de tempo, realize *prestações em favor de outra pessoa, e sob a direção desta*, mediante *remuneração*; e daí que, no acórdão *Lawrie Blum* (nºs 16-18), um professor estagiário tenha sido considerado um trabalhador da União.

26. A jurisprudência e o direito derivado vão ampliar o campo subjetivo desta liberdade ao assimilarem ao estatuto de trabalhadores pessoas que não são economicamente ativas, mas que já foram ou podem vir a ser, bem como aqueles que têm vínculos familiares com o trabalhador.

27. Assim, no conceito de trabalhador o Tribunal de Justiça incluiu ainda, a partir do acórdão *Antonissen* (Ac. de 26 de fevereiro de 1991, processo C-292/89), aqueles que *procuram trabalho* no Estado-Membro de acolhimento. Neste caso, discutiu-se os direitos de um cidadão belga que procurou, sem sucesso, emprego no Reino Unido, acabando por ser expulso depois de ter estado preso pela posse de drogas. A legislação do Reino Unido fixava em seis meses o período durante o qual o trabalhador migrante podia procurar trabalho no seu território, prazo esse que o Tribunal considerou razoável. Já não será, em princípio, razoável, um prazo inferior a três meses (cf. Diretiva 2004/38/CE do Parlamento Europeu e do Conselho, de 29 de abril de 2004, JO L 158/77 de 30.4.2004, relativa ao direito de livre circulação e residência dos cidadãos da União e dos membros das suas famílias no território dos Estados-Membros, que altera o Regulamento (CEE) nº 1612/68 do Conselho, de 15 de outubro de 1968, relativo à livre circulação dos trabalhadores na Comunidade, JO L nº 257/2 de 19/10/68, e revoga, entre outras, a Diretivas 64/221/CEE).

28. Aliás, o cidadão europeu não pode ser automaticamente expulso se, findo o período fixado na legislação nacional, provar que continua a procurar emprego e tem efetivamente a possibilidade de vir a ser contratado. Foi esta a solução dada pelo Tribunal no acórdão *Comissão contra Bélgica* (Ac. de 20 de fevereiro de 1997, processo C-344/95): "o efeito útil do artigo [45º do TFUE] fica garantido na medida em que a legislação comunitária ou, na sua falta, a legislação de um Estado-Membro, conceda aos interessados um prazo razoável que lhes permita tomar conhecimento, no território do Estado-membro em causa, das ofertas de emprego correspondentes às suas qualificações profissionais e tomar, eventualmente, as medidas necessárias para serem contratados (...) [no] entanto, se, após ter decorrido o prazo em causa, o interessado provar que continua a procurar emprego e que tem efetivamente possibilidades de ser contratado, não poderá ser obrigado a abandonar o território do Estado-Membro de acolhimento».

29. Acresce aos casos referidos, o disposto nos artigos 14º, nº 4, al. b), e artigo 7º, nº 3, da Diretiva 2004/38/CE, nos termos dos quais mantêm o estatuto de

trabalhador os que se encontrem *incapacitados temporariamente para trabalhar*, por doença ou acidente, os que, em certas condições, se encontrem *desempregados involuntariamente* e os que seguem uma *formação profissional*.

30. Refira-se, por fim, que se aplica igualmente o estatuto de trabalhador aos seus *familiares*, abrangendo tal conceito nos termos do Regulamento (CEE) 1612/68 e da Diretiva 2004/38/CE (art. 2º), que como é sabido tem um campo de aplicação mais vasto (ou seja, a diretiva estabelece certos direitos dos cidadãos da União e dos seus familiares, visando portanto os nacionais dos Estados-membros, sejam ou não trabalhadores), os seguintes membros: o cônjuge, o parceiro com quem o cidadão da União contraiu uma parceria registada, equiparada ao casamento (tornando residual, se não mesmo desnecessária, a jurisprudência *Reed*, de 17 de abril de 1986, proc. 59/85, nos termos da qual a união de facto podia ser vista como uma vantagem social do trabalhador migrante), os descendentes diretos com menos de 21 anos de idade ou que estejam a cargo, assim como os do cônjuge ou do parceiro, e os ascendentes diretos que estejam a cargo, assim como os do cônjuge ou do parceiro.

31. Os *direitos dos familiares dos trabalhadores migrantes*, nomeadamente de circulação e residência, só deixaram de ser uma mera ficção com a adoção do Regulamento (CEE) nº 1612/68, do Conselho, de 15 de outubro de 1968, e do Regulamento (CEE) nº 1408/71, do Conselho, de 14 de junho de 1971 (este último revogado pelo Regulamento CE nº 883/2004 do Parlamento Europeu e do Conselho, JO L 166/1 de 30.4.2004, ainda que se mantenham alguns efeitos jurídicos do Regulamento 1408/71, nos termos do artigo 90º do Regulamento 883/2004). De facto, os regulamentos referidos permitiram que os trabalhadores pudessem circular acompanhados da respetiva família e pudessem beneficiar das medidas de segurança social existentes no Estado-Membro de acolhimento, nos mesmos termos dos nacionais desse Estado, solução esta indispensável para garantir o reagrupamento familiar e a própria eficácia da livre circulação de trabalhadores.

32. Além do conceito de trabalhador, o Tribunal de Justiça teve oportunidade de desenvolver na sua jurisprudência o *conceito de trabalho*, nos termos do art. 45º do TFUE. Deste modo, esclareceu no acórdão *Levin* (Ac. de 23 de março de 1982, processo C-53/81) que, não sendo o trabalho a tempo parcial, ou ao qual corresponda uma remuneração pouco significativa, excluídos das regras relativas à livre circulação de trabalhadores, é, em todo o caso, necessário que o trabalhador desenvolva *atividades reais e efetivas, com exclusão de atividades de tal modo reduzidas que se apresentam como puramente marginais e acessórias*.

33. E daí que no caso *Steymann* (Ac. de 5 de outubro de 1988, processo 196/87), relativo a um canalizador alemão a trabalhar na comunidade religiosa de Bhagwan, nos Países Baixos, que preenchia as necessidades materiais dos seus

membros, o Tribunal tenha entendido tratar-se de um trabalhador. Apesar de não auferir um salário significativo – isto é, prestava serviços relevantes à Comunidade e recebia certas contrapartidas nomeadamente em termos de alojamento e alimentação – desenvolvia uma *atividade real e efetiva*.

34. E se a atividade económica remunerada, desenvolvida pelo trabalhador, fizer parte de um programa estatal de reabilitação e tiver como objetivo a *reintegração no mercado de trabalho*? Ou seja, se um indivíduo, devido à sua dependência de estupefacientes, não se encontrar apto a aceitar durante um período de tempo indefinido ofertas de emprego em condições normais, pode ser considerado um trabalhador? Esta hipótese foi discutida no caso *Bettray* (Ac. de 31 de maio de 1989, processo 344/87), no qual as comunas neerlandesas, ao abrigo da lei neerlandesa sobre o emprego social, criaram, com o apoio financeiro do Estado, empresas ou associações de trabalho cuja única finalidade era a de fornecer, às pessoas em causa, a possibilidade de exercerem atividades remuneradas em condições *sui generis*. Como salientou o governo neerlandês, no acórdão referido, nessas relações de trabalho a produtividade dos beneficiários é muito baixa e a sua remuneração é em grande parte financiada por subvenções dos poderes públicos (logo, o sistema em causa tem carácter eminentemente social e não económico, não estando preenchido o conceito de trabalhador).

35. É certo que o facto de o objetivo do trabalho ser a *reinserção social* não significa automaticamente que o trabalho não seja real e genuíno. O importante, como referiu o Tribunal, no caso *Trojani* (Ac. de 7 de setembro de 2004, processo C-456/02, nºs 22-24), relativo a um cidadão francês que prestava alguns serviços a uma instituição de acolhimento belga em troca de alojamento e dinheiro de bolso, é que, atendendo a critérios objetivos, como o horário de trabalho ou a remuneração, o trabalho se insira no mercado laboral normal.

36. Muito discutida, no caso *Bosman*, foi a questão de saber se a atividade desportiva seria abrangidas pelas regras do Tratado e se um jogador profissional de futebol seria um trabalhador. O Tribunal entendeu claramente que sim (nºs 73 e 90): "a prática de desportos só é abrangida pelo direito comunitário na medida em que constitua uma atividade económica na aceção do [ex-artigo 2. do Tratado CE]; [tal será] o caso da atividade dos jogadores de futebol, profissionais ou semiprofissionais, uma vez que exercem uma atividade assalariada ou efetuam prestações de serviços remuneradas"; acresce que "J.-M. Bosman tinha celebrado um contrato de trabalho com um clube de outro Estado-Membro a fim de exercer uma atividade assalariada no território desse Estado".

37. Em síntese, apesar dos conceitos latos de trabalhador e de trabalho adotados pela jurisprudência do Tribunal, os obstáculos de ordem cultural, linguística e mesmo económico-social (como o receio da perda de benefícios em termos de segurança social), limitaram o número de interessados no direito de

circulação. E foi precisamente para superar esses obstáculos que foram adotadas uma série de diretivas: 90/364/CEE, 90/365/CEE e 93/96/CEE (hoje revogadas pela Diretiva 2004/38/CE). As diretivas mencionadas procuraram estender o estatuto do trabalhador da União a novas situações, ao garantirem a mobilidade e a residência dos reformados, estudantes, e daqueles que dispusessem de recursos económicos suficientes e de um seguro de doença. Com a expansão do campo de aplicação pessoal da livre circulação de trabalhadores, as diretivas adotadas na década de 90 antecipam a crescente consciência de que os indivíduos devem ser considerados mais do que meros fatores de produção, ideia que acabará por ser densificada com a introdução do estatuto de cidadania europeia no TCE, bem como com a legislação derivada entretanto adotada.

III – Conteúdo da livre circulação de trabalhadores: direito de circulação, direito de residência e princípio da não discriminação em razão da nacionalidade

38. Nos termos do artigo 45º, nºs 2 e 3, do TFUE, a livre circulação de trabalhadores implica a *abolição de toda e qualquer discriminação em razão da nacionalidade* entre os trabalhadores dos Estados-membros, quanto ao emprego, remuneração e condições de trabalho, abrangendo ainda o direitos de os trabalhadores aceitarem ofertas de emprego, circularem livremente e residirem em qualquer Estado-Membro, podendo aí permanecer depois de nele terem exercido uma atividade laboral. Estes direitos têm sido desenvolvidos pelas instituições da União através da legislação derivada e em especial pela jurisprudência do Tribunal de Justiça.

39. Desta forma, permite a Diretiva 2004/38/CE que os trabalhadores da União, enquanto cidadãos europeus, possam entrar e sair livremente dos Estados-membros munidos apenas de bilhete de identidade ou passaporte válido. Já aos os seus familiares, nacionais de um terceiro Estado, pode ser exigido um visto ou um cartão de residência (arts. 4º e 5º).

40. Quanto ao direito de residência do trabalhador (cidadão da União) e seus familiares, a Diretiva 2004/38/CE distingue consoante se trate de um direito de residência até três meses (hipótese em que não são exigidas formalidades adicionais às da entrada ou saída no território de um Estado-membro) por mais de três meses (caso em que pode ser exigido um certificado de registo ao cidadão ou um cartão de residência aos seus familiares, nos termos dos artigos 8º e 9º) ou por um período consecutivo de cinco anos (situação em que, à luz do art. 16º, cidadão e familiares podem adquirir um direito de residência permanente).

41. No artigo 24º, nº 1, da Diretiva 2004/38/CE é confirmado o princípio da igualdade de tratamento do cidadão da União em relação aos nacionais do Estado-Membro de acolhimento. Acrescentando o nº 2 dessa disposição que no

caso do cidadão europeu não ser trabalhador (assalariado ou não) o Estado-Membro pode, em certas circunstâncias, excluir o direito a prestações de assistência social a esse cidadão ou seu familiar.

42. Os direitos de circulação, residência e proibição de discriminação, enunciados vão ainda ser desenvolvidos, pela jurisprudência do Tribunal de Justiça, também frequentemente no contexto da cidadania europeia. Na verdade, fazendo apelo aos direitos dos cidadãos europeus o Tribunal vai contribuir para a concretização de um regime amplo de proteção dos trabalhadores migrantes, o qual passa necessariamente pela atribuição de direitos cada vez mais latos aos familiares desses mesmos trabalhadores. Neste contexto, assume particular relevância a evolução da jurisprudência do Tribunal relativa ao direito de residência dos familiares dos trabalhadores da União, desde o acórdão *Akrich* (Ac. de 23 de setembro de 2003, processo C-109/01), até ao caso *Metock* (Ac. de 25 de julho de 2008, processo C-127/08).

43. Observe-se, desde já, que nos dois processos estava em causa o *direito de residência de um familiar, nacional de um país terceiro,* de um trabalhador da União (curiosamente, nos dois casos, as trabalhadoras eram cidadãs britânicas que trabalhavam na Irlanda). A diferença traduz-se no facto de no caso *Metock* a cidadã britânica residir e trabalhar na Irlanda há mais de uma década, ao passo que, no caso *Akrich, o Secretary of State* alegou que a deslocação para a Irlanda «mais não fora do que uma ausência temporária com o intuito de forjar um direito de residência» a favor do marido, cidadão marroquino.

44. O Tribunal optou, todavia, nos dois acórdãos por tratar a questão à luz do estatuto da cidadania europeia, ainda que tenha chegado a conclusões diferentes. Enquanto no processo *Akrich* (nº 61), o Tribunal decidiu que o nacional de um país terceiro, cônjuge de um cidadão da União, que não reside «legalmente num Estado-Membro no momento em que tem lugar a sua deslocação para outro Estado-Membro, para o qual o cidadão da União migra ou migrou», não pode beneficiar do direito de circulação e residência, isto é, o casamento não sanaria o exercício ilegal do direito de residência, não foi esse o entendimento seguido no caso *Metock*.

45. Esta alteração da jurisprudência fixada pelo Tribunal de Justiça, sendo um fenómeno raro, era, todavia, de esperar neste domínio concreto, dado que o próprio legislador europeu sempre considerou a proteção da vida familiar dos nacionais dos Estados-Membros essencial para o exercício das liberdades fundamentais garantidas pelo Tratado. Logo, a autorização de entrada e residência dos familiares dos trabalhadores da União, nacionais de países terceiros, não podia (e não pode) ser considerada do domínio da competência exclusiva dos Estados-Membros, sob pena da liberdade de circulação dos cidadãos variar em função das legislações nacionais em matéria de imigração.

46. Acresce que a solução fixada no caso *Akrich*, ao reconhecer competência exclusiva aos Estados-Membros para autorizarem ou recusarem a entrada e a residência, no seu território, a nacionais de países terceiros, membros da família de cidadãos da União, que anteriormente não residiram de forma legal noutro Estado-Membro, poderia mesmo conduzir ao «resultado paradoxal» de um Estado-Membro ser obrigado, por força da Diretiva 2003/86/CE do Conselho, 22 de setembro de 2003, relativa ao direito ao reagrupamento familiar (JO L 251/12, de 3.10.2003), a autorizar a entrada e a residência do cônjuge de um nacional de um país terceiro, que resida de forma legal no seu território, ainda que esse cônjuge anteriormente não tenha residido de forma legal noutro Estado-Membro, mas poder recusar a entrada e a residência do cônjuge de um cidadão da União que se encontre nas mesmas circunstâncias.

47. Repare-se que o Tribunal de Justiça já tinha procurado circunscrever, no acórdão *Jia* (Ac. de 9 de janeiro de 2007, processo C-1/05, nºs 32 e 33), a jurisprudência *Akrich*, ao afirmar que a condição de residência legal prévia num Estado-Membro, estabelecida neste último acórdão, não podia ser transposta para o processo em apreço; ou seja, «o direito comunitário não impõe aos Estados-Membros, que submetam a concessão do direito de residência a um nacional de um país terceiro, familiar de um cidadão comunitário que tenha feito uso da sua liberdade de circulação, à condição de esse familiar ter anteriormente residido de forma legal noutro Estado-Membro».

48. No caso *Metock* (nº 58), o Tribunal foi ainda mais longe e afastou definitivamente a solução estabelecida no processo *Akrich*: o Tribunal afirmou claramente que a conclusão formulada no acórdão *Akrich* devia «ser reconsiderada». Nesse acórdão, o Tribunal, fazendo uso do processo de tramitação acelerada no âmbito do reenvio prejudicial (artigo 23º A do Estatuto do Tribunal de Justiça de 1 de março de 2008), concluiu que o «artigo 3º, nº 1, da Diretiva 2004/38, deve ser interpretado no sentido de que o nacional de um país terceiro, cônjuge de um cidadão da União, que reside num Estado-Membro de que não possui a nacionalidade, que acompanha ou se reúne a esse cidadão da União, beneficia das disposições dessa diretiva, independentemente do local ou da data do seu casamento ou das circunstâncias em que esse nacional de um país terceiro entrou no Estado-Membro de acolhimento»; logo, a Diretiva 2004/38/CE «opõe-se à regulamentação de um Estado-Membro que, para que um nacional de um país terceiro, cônjuge de um cidadão da União que reside nesse Estado-Membro e do qual não é nacional, possa beneficiar das disposições dessa diretiva, exige que tenha residido de forma legal noutro Estado-Membro antes de entrar no Estado-Membro de acolhimento» (nº 99).

49. São várias as dúvidas de índole processual e substantiva suscitadas pelo acórdão em análise. Desde logo, questiona-se o recurso a esta tramitação acele-

rada, de caráter excecional (que aliás parece privilegiar preocupações em evitar incertezas dos indivíduos quanto ao estatuto do direito de residência, bem como a preocupação de proteger a vida familiar, em detrimento de outro tipo de interesses como afastar a incerteza económica, ou mesmo penal das empresas) dado o o prazo curto deste processo (decorreram cerca de 4 meses, no caso *Metock*, até à decisão final), o qual pode impedir o tribunal de ponderar devidamente as consequências da decisão; e, por outro lado, este processo prescinde, ou pode prescindir, das conclusões do advogado-geral, que não são ouvidas nem publicadas (sobre esta questão cfr. Samantha Currie, "Accelerated justice or a step too far? Residence rights of non-EU family members and the Court's ruling in Metock", *European Law Review*, 2009, 34, 2, p. 32).

50. Além disso, pode questionar-se a compatibilidade da mudança da jurisprudência do Tribunal com a solução fixada no artigo 24º da Diretiva 2004/38//CE. Note-se que o Tribunal justificou a alteração da sua jurisprudência invocando essencialmente os seguintes argumentos: a Diretiva 2004/38/CE não exige, para a atribuição dos direitos nela contidos, a residência prévia, de forma legal, num Estado-membro e, segundo jurisprudência bem assente, a proteção da vida familiar dos cidadãos europeus abrange os familiares de países terceiros, aliás, o próprio legislador da União sempre «reconheceu a importância de assegurar a proteção da vida familiar dos nacionais dos Estados-Membros a fim de eliminar os obstáculos ao exercício das liberdades fundamentais garantidas pelo Tratado, tal como resulta nomeadamente das disposições dos regulamentos e diretivas do Conselho relativas à livre circulação de trabalhadores assalariados e não assalariados no interior da Comunidade» (*Metock*, nº 49, e ainda acórdão de 11 de julho de 2002, *Carpenter*, processo C-60/00, nº 38, e acórdão de 25 de julho de 2002, *MRAX* processo C-459/99, nº 37). Como sublinha o Tribunal, a diretiva não priva os Estados-Membros do poder de controlar a entrada, no seu território, dos membros da família de cidadãos da União, nomeadamente com fundamento na ordem pública, segurança pública ou saúde pública.

51. Em suma, apesar das dúvidas enunciadas, a solução dada no caso *Metock* parece estar em consonância com a legislação e jurisprudência europeia adotadas com vista à proteção da vida familiar, considerada um verdadeiro direito fundamental, além de evidenciar a preocupação do Tribunal em alargar o campo de aplicação do direito da União, nomeadamente através da atribuição de direitos àqueles que não são ativos do ponto de vista económico. Trata-se, portanto, da solução mais adequada no contexto de uma União que procura garantir, além dos objetivos económicos fixados nos Tratados iniciais, um certo modelo social europeu (neste sentido, cf. designadamente a nova redação do art. 3º, nº 3, do TUE, a partir da entrada em vigor do Tratado de Lisboa em 1 de dezembro de 2009).

IV – Proibição da discriminação em razão da nacionalidade direta, indireta e proibição de medidas não discriminatórias que entravem o acesso ao mercado

52. O *princípio da não discriminação em razão da nacionalidade*, inscrito no direito originário, designadamente nos artigos 18º e 45º do TFUE, e derivado, nomeadamente nos artigos 1º e seguintes do Regulamento (CEE) nº 1612/68 do Conselho e no artigo 24º da Diretiva 2004/38/CE, desdobra-se na proibição de discriminação *direta e indireta*, designadamente, quanto ao acesso a um emprego, e ao seu exercício, pelo trabalhador da União noutro Estado-Membro que não o da nacionalidade.

53. A *discriminação direta* abrange as medidas nacionais aplicadas de forma distinta, em razão da nacionalidade, aos nacionais e aos trabalhadores migrantes, sendo o tratamento dado a estes últimos menos favorável. Já a *discriminação indireta* refere-se às medidas nacionais *aplicáveis indistintamente* aos nacionais e aos trabalhadores migrantes (do ponto de vista formal), mas que na prática são mais onerosas para estes últimos. Tal será o caso da exigência de certos conhecimentos linguísticos, ou de residência no Estado-Membro de acolhimento, ou ainda medidas relativas à posse de certas qualificações ou licenças que podem colocar um duplo ónus sobre os trabalhadores migrantes (pois têm de cumprir as condições do Estado de origem e as do Estado de acolhimento).

54. Deste modo, exceto se forem justificadas por (certas) razões de interesse público (como saúde, ordem e segurança públicas) e proporcionais ao objetivo visado, devem as medidas nacionais ser consideradas contrárias ao direito da União se, «ainda que indistintamente aplicáveis segundo a nacionalidade, afect[arem] essencialmente ou na sua grande maioria os trabalhadores migrantes, bem como as *condições indistintamente aplicáveis que possam ser mais facilmente preenchidas pelos trabalhadores nacionais* do que pelos trabalhadores migrantes, mesmo que possam atuar particularmente em detrimento dos trabalhadores migrantes» (Ac. de 23 de maio de 1996, John O'Flynn, processo 237/94, nºs 18 e 19). Ou seja, não é necessário que as medidas tenham discriminado de facto os trabalhadores migrantes, *basta a possibilidade de o fazerem*.

55. No caso *Bosman*, encontramos também exemplos de discriminação em razão da nacionalidade, tendo o Tribunal de Justiça considerado que violava a livre circulação de trabalhadores, desde logo, a regra do "3+2" (que previa a possibilidade de as associações nacionais limitarem o número de jogadores estrangeiros que um clube podia fazer alinhar em jogos da primeira divisão dos respetivos campeonatos nacionais – cf. nº 27), uma vez que impedia nacionais de outros Estados-Membros de participarem em determinados jogos de futebol.

56. São, igualmente, exemplo de medidas *discriminatórias*, proibidas nos termos descritos, as legislações nacionais que fazem depender certos *benefícios*,

como a redução de tarifas em transportes públicos para famílias numerosas, da nacionalidade do trabalhador (como ocorreu no caso *Cristini*), ou medidas nacionais que recusam a trabalhadores migrantes *bolsas de estudo ou empréstimos* (dentro de certos limites, como referiu o Tribunal de Justiça inicialmente nos casos *Lair* e *Brown*, e de forma mais recente nos processos *Grzelczyk* e *Bidar*).

57. No acórdão *Cristini* (Ac. de 30 de setembro de 1975, processo 32/75) discutiram-se medidas nacionais discriminatórias relativas à redução dos preços de transportes no caso de famílias numerosas, vantagem esta solicitada depois da morte do trabalhador ao organismo nacional dos caminhos de ferro pelos familiares do trabalhador que permaneceram no Estado de acolhimento. O pedido foi recusado, uma vez que o cartão de descontos no preço de transportes era reservado apenas aos franceses. Todavia o Tribunal decidiu fazer uma interpretação lata do artigo 7º, nº 2, do Regulamento (CEE) nº 1612/68 (afastando a jurisprudência *Michel S.*, Ac. de 11 de abril de 1973, processo 76/72), por forma a abranger todas as vantagens sociais e fiscais ligadas, ou não, ao contrato de trabalho, bem como praticamente todos os «benefícios» atribuídos a familiares dos trabalhadores. Desta forma, o cartão em análise devia ser considerado uma vantagem social sujeita ao princípio da igualdade de tratamento.

58. Já nos acórdãos *Sylvie Lair* (Ac. de 21 de junho de 1988, processo 39/86) e *Brown* (Ac. de 21 de junho de 1988, processo 197/86), discutiu-se a concessão de bolsas a trabalhadores migrantes, tendo o Tribunal entendido que um auxílio para subsistência e formação, concedido com vista à realização de estudos universitários que conferem uma qualificação profissional são uma vantagem social, na aceção do nº 2 do artigo 7º, desde que exista um vínculo entre a atividade desenvolvida anteriormente pelo trabalhador migrante e os estudos que este visa prosseguir.

59. Com o caso *Grzelczyck* (Ac. de 20 de setembro de 2001, processo C-184/99) discutiu-se se os artigos 18º e 20º do TFUE se opunham a uma legislação nacional, como a lei belga, que condicionava a concessão de uma prestação social de um regime não contributivo, que garantia o mínimo de subsistência (o *minimex*), ao facto do cidadão europeu no Estado de acolhimento integrar o campo de aplicação do Regulamento (CEE) nº 1612/68. No fundo, o que o órgão jurisdicional nacional pretendia saber era se a atribuição do *minimex* constitui uma vantagem social acessível apenas a um trabalhador da União, ou se seria extensível a um «estudante migrante», que não podia ser considerado como um trabalhador. O Tribunal entendeu que o CPAS (Centro Público de Ajuda Social) não podia recusar o *minimex* a Grzelczyk, estudante francês numa universidade belga, que exerceu durante alguns anos pequenos trabalhos para garantir o pagamento de despesas de alojamento e estudo, e necessitava de auxílio para concluir os seus estudos, uma vez que os estudantes pelo facto de prosseguirem os seus

estudos num Estado diferente do da nacionalidade não ficavam privados dos seus direitos enquanto cidadãos europeus.

60. Finalmente no caso *Bidar* (Ac. de 15 de março de 2005, processo C-209/03) o Tribunal decidiu que o Estados-Membros, ainda que possam condicionar a concessão de bolsas e empréstimos à exigência de residência durante um certo período de tempo no Estado-membro de acolhimento, não podem fazer depender a concessão de empréstimos de estudantes do facto do cidadão ter o estatuto de *pessoa estabelecida* no Reino Unido, quando a legislação britânica recusa aos nacionais de outros Estados-Membros tal estatuto enquanto estudantes. Ou seja, um cidadão europeu, residente legalmente no Estado-membro de acolhimento, pode invocar o auxílio prestado a estudantes sob a forma de uma bolsa ou empréstimo para cobrir despesas de formação (nºs 18 e 42).

61. São também proibidas *medidas nacionais discriminatórias* em termos de *acesso ao mercado laboral*, que limitam o emprego de estrangeiros em número ou percentagem, por empresa, por ramo de atividade, por região ou à escala nacional (art. 4º do Regulamento nº 1612/68), bem como as que exigem conhecimentos linguísticos que não são necessários à luz da natureza do próprio emprego (art. 3º do mesmo Regulamento), sendo, por isso mesmo, proibidas.

62. É claro que a interpretação da expressão *exigida pela natureza do emprego* nem sempre é evidente. Refira-se, a título ilustrativo, o acórdão *Anita Groener* (Ac. de 28 de novembro de 1989, processo 379/87), no qual o Tribunal de Justiça considerou que uma professora de artes holandesa era obrigada a dominar o gaélico, primeira língua oficial da Irlanda, depois do inglês, para poder ensinar na Irlanda, uma vez que a política seguida pelos governos irlandeses visava promover a utilização dessa língua «como forma de expressão da identidade e cultura nacionais» (nº 18). Ou seja, o conhecimento da língua foi considerada uma restrição legítima à livre circulação de trabalhadores.

63. Serão igualmente *discriminatórias*, agora quanto às *condições de emprego e de trabalho*, nomeadamente em matéria de remuneração, horário de trabalho, despedimento, reintegração profissional, vantagens sociais e fiscais, que facilitem a mobilidade ou integração do trabalhador migrante e respetiva família (e como tal proibidas pelo artigo 7º do Regulamento nº 1612/68), as medidas nacionais que limitem a duração do contrato de trabalho dos leitores de língua estrangeira da universidade, sem estabelecerem a mesma obrigação para os outros trabalhadores (como sucedeu no caso *Allué e Conan*, Ac. de 30 de maio de 1989, proc. 33/88) e as que recusam benefícios fiscais a contribuintes que são trabalhadores fronteiriços (como se verificou no caso *Schumacker*, Ac. de 14 de fevereiro de 1995, processo C-279/93). Neste último processo, o Tribunal afirmou (nº 34) que embora o atual artigo 45º do TFUE, em princípio, não se oponha à aplicação de regulamentação de dado Estado-membro que tribute mais pesadamente os

rendimentos de não residentes, que exerçam atividades assalariadas no seu território, do que os de residentes, que ocupem o mesmo emprego, a situação é diferente nos casos em que o não residente não aufere rendimentos significativos no Estado de residência e obtém o essencial dos seus recursos tributáveis de uma atividade exercida no Estado de emprego, de modo que o Estado de residência não se encontra em condições de lhe atribuir os benefícios resultantes da tomada em consideração da sua situação pessoal e familiar. Com efeito, entre tal não residente e um residente que exerce atividades assalariadas comparáveis não existe qualquer diferença de situação objetiva suscetível de justificar diferenças de tratamento quanto à tomada em consideração, para efeitos de tributação, da situação pessoal e familiar do contribuinte.

64. Além da proibição das medidas discriminatórias nos termos descritos, a jurisprudência do Tribunal tem feito uma interpretação lata do artigo 45º do TFUE e considera, como aliás o ilustra de forma paradigmática o caso *Bosman*, que, *mesmo que as medidas nacionais não sejam discriminatórias* (de direito ou de facto), deverão ser proibidas quando *impeçam ou dificultem substancialmente o acesso ao mercado*. E daí que, nesse acórdão, apesar de as medidas nacionais relativas às indemnizações de transferência dos jogadores se aplicarem indistintamente aos nacionais e trabalhadores migrantes, o Tribunal concluiu terem-se revelado um *obstáculo substancial à livre circulação de trabalhadores*, impedindo o futebolista belga de aceitar um contrato de trabalho num clube francês da segunda divisão.

65. É claro que não basta que a medida nacional afete a livre circulação *de forma remota*, para ser proibida pelo direito da União, como sucedeu, por exemplo, no caso *Graf* (Ac. de 27 de janeiro de 2000, processo C-190/98), no qual um nacional alemão, depois de terminar o contrato de quatro anos na Áustria, queria regressar à Alemanha com uma indemnização por despedimento sem justa causa, possível nos termos da lei austríaca decorridos três anos do início do contrato. O trabalhador alegava que a medida nacional violava o direito comunitário, na medida em que ao mudar-se para a Alemanha ficava impossibilitado de ser despedido e receber a indemnização! Ora, a questão, como bem enunciou o Tribunal, é que o trabalhador não foi despedido, e esse acontecimento incerto não dependia da vontade do trabalhador; logo, a possibilidade de tal legislação afetar o direito de livre circulação era demasiado longínqua. Deste modo, o direito da União só será aplicável se for *previsível* que a medida nacional restrinja o acesso ao mercado.

66. Uma leitura possível desta a jurisprudência do Tribunal seria, segundo White, considerar que prossegue finalidades distintas consoante os obstáculos à livre circulação são, ou não, discriminatórios: a proibição de obstáculos não discriminatórios visaria sobretudo objetivos económicos, ao passo que a proibição da discriminação em razão da nacionalidade teria uma finalidade social

(Robin C. A. White, *Workers, Establishment, and Services in the European Union*, Oxford University Press 2004, p. 208).

67. Observe-se ainda que a solução fixada no caso *Bosman*, de estender a proibição da discriminação em razão da nacionalidade à restrição quanto ao acesso ao mercado, acaba por reduzir a autonomia legislativa dos Estados-Membros (existindo mesmo o risco de desregulação), uma vez que as medidas nacionais restritivas, mesmo que não discriminatórias, só poderão ser aceites se justificadas objetivamente por razões imperativas relacionadas com o interesse público (por exemplo, interesses ambientais ou culturais). E se é certo que o Tribunal tem sido sensível aos argumentos dos Estados, que procuram proteger os seus interesses nacionais, reconhecendo um leque relativamente amplo de justificações objetivas, também é verdade que tais medidas nacionais, além de adequadas à prossecução desses objetivos, têm de passar pelo critério exigente da proporcionalidade.

68. Em suma, a proibição da discriminação em razão da nacionalidade, fixada desde o início nos textos dos Tratados, tem sido objeto de uma constante densificação por parte do Tribunal de Justiça, em particular no domínio das vantagens sociais auferidas pelos trabalhadores migrantes e seus familiares, à luz do Regulamento 1612/68, que ultrapassou frequentemente o que era necessário para garantir a livre circulação de trabalhadores, demonstrando já a preocupação do Tribunal em atribuir direitos àqueles que não são ativos do ponto de vista económico, preparando terreno para uma jurisprudência centrada no eixo cidadania europeia/proteção de direitos fundamentais. Tal evolução era aliás previsível com a passagem de uma Comunidade Europeia, em que predominavam os objetivos económicos, para uma União Europeia, marcada igualmente por preocupações de índole social, e que deseja, ainda que nem sempre o consiga, ser pautada, entre outros, pelo princípio da solidariedade entre (cidadãos dos) Estados-Membros.

V – A questão do efeito direto

69. O Tribunal de Justiça estabeleceu, desde cedo, que a proibição da discriminação em razão da nacionalidade no contexto da livre circulação de trabalhadores, fixada no atual artigo 45º do TFUE tem *efeito direto vertical* (cfr. Ac. de 4 de abril de 1974, proc. 167/73, *Comissão contra República Francesa*, nº 41). E à mesma conclusão chegou, aliás, em relação às outras liberdades (vejam-se, por exemplo, no âmbito do direito de estabelecimento e livre prestação de serviços, respetivamente, os acórdãos *Reyners*, de 21 de junho de 1974, proc. 2/74, e *Van Binsbergen*, de 3 de dezembro de 1974, proc. 33/74).

70. Menos evidente parecia ser a questão do *efeito direto horizontal* das normas da União relativas à livre circulação de trabalhadores, ainda que no acórdão *Wal-*

rave (Ac. de 12 de dezembro de 1974, proc. 36/74, nºs 17-18) o Tribunal já tenha permitido a invocação do atual artigo 45º do TFUE para proibir quaisquer cláusulas de convenção coletiva ou de qualquer outra regulamentação coletiva respeitantes ao acesso ao emprego e ao exercício da atividade (como a remuneração, outras condições de trabalho e de despedimento) na medida em que prevejam ou autorizem condições discriminatórias relativamente aos trabalhadores nacionais de outros Estados-Membros. Segundo o Tribunal, a proibição da discriminação impõe-se não apenas à atuação das autoridades públicas, mas abrange também as regulamentações de outra natureza, destinadas a disciplinar, de forma coletiva, o trabalho assalariado, uma vez que a abolição dos obstáculos à livre circulação de pessoas seria comprometida "se a abolição das barreiras de origem estatal pudesse ser neutralizada por obstáculos resultantes do exercício da sua autonomia jurídica por associações ou organismos de direito privado".

71. Com o acórdão *Bosman* o Tribunal confirma esta jurisprudência, e reforça a ideia de que o risco de serem criadas desigualdades quanto à aplicação do artigo 45º do TFUE é particularmente evidente *in casu*, pois "as regras relativas às transferências foram adotadas por organismos ou segundo técnicas diferentes consoante os Estados-Membros"; logo, o artigo 45º do TFUE aplica-se a "regras instituídas por associações desportivas como a URBSFA, a FIFA ou a UEFA, que determinam as condições de exercício de uma atividade assalariada por desportistas profissionais" (nºs 84 e 85).

72. O último passo no reconhecimento do efeito horizontal do artigo 45º do TFUE, *stricto sensu*, foi dado no caso *Angonese* (Ac. de 6 de junho de 2000, proc. 281/98, nºs 30 e 36), no qual o Tribunal reconheceu expressamente que também os empregadores privados estão sujeitos a uma obrigação de não discriminação em razão da nacionalidade: "a proibição [enunciada no artigo 45º do TFUE] que está formulada em termos gerais e que não se dirige especialmente aos Estados-Membros, aplica-se igualmente às condições de trabalho estabelecidas por pessoas privadas".

VI – Restrições à livre circulação de trabalhadores

73. Os direitos dos trabalhadores da União e dos seus familiares poderão ser limitados por *medidas nacionais discriminatórias, ou não*, quando estejam em causa *empregos na administração pública* (isto é, empregos que «implicam uma participação direta ou indireta no exercício de poderes públicos e nas funções que têm por objeto a salvaguarda dos interesses gerais do Estado ou de outras colectividades públicas», como referiu o Tribunal no acórdão *Comissão contra Bélgica*, de 26 de maio de 1982, processo 149/79, nº 7); ou por razões de *ordem pública segurança pública e saúde pública* (art. 45º, nºs 3 e 4, do TFUE), limitações estas que devem ser interpretadas restritivamente (pois está em causa uma liberdade fun-

damental) e aplicadas observado o princípio da proporcionalidade (isto é, a medida tem de ser adequada, necessária, a solução menos restritiva, cfr. acórdão de 29 de abril de 2004, proc. C-482/01, *Georgios Orfanopoulo*).

74. Quanto ao conceito de *emprego na administração pública*, importa sublinhar que os critérios são avaliados de forma casuística, atendendo à natureza das funções e responsabilidades conferidas ao cargo. E, por isso, a Comissão desenvolveu em 1988 uma ação intitulada 'Livre circulação de trabalhadores e acesso ao emprego no setor público dos Estados-Membros – Ação da Comissão relativa à aplicação do nº 4 do artigo 48º do Tratado CE' (JO C-72/2 de 18.03.1988) destinada a sensibilizar os Estados quanto à abertura dos seus setores públicos, que não deviam ser limitados aos nacionais do Estado de origem.

75. Nessa ação, confirmada aliás em 2002 (cfr. COM/2002/0694 final) a Comissão, considerou que a derrogação do atual nº 4 do artigo 45º do TFUE abrange funções específicas do Estado e entidades afins, como as forças armadas, a polícia e outras forças de manutenção da ordem, o sistema judicial, as autoridades fiscais e os corpos diplomáticos (desde que, como é evidente, os empregos nesses domínios impliquem o exercício de autoridade pública e a responsabilidade da salvaguarda dos interesses gerais do Estado; já tarefas administrativas, consultoria técnica e manutenção, por exemplo, não devem ser exclusivamente reservados aos cidadãos do Estado-Membro de acolhimento).

76. Além dos exemplos referidos, serão ainda abrangidos pela disposição em análise os empregos em ministérios, instâncias governamentais, regionais, autarquias locais, bancos centrais e outros organismos públicos responsáveis pela elaboração de atos jurídicos, pela sua execução, pelo acompanhamento da sua aplicação e pela supervisão de organismos subordinados (cfr. Ação da Comissão).

77. Pelo contrário, ficarão fora do conceito, ainda segundo a Comissão, os organismos responsáveis pela administração de serviços comerciais (por exemplo abastecimento de água ou eletricidade), serviços de cuidados de saúde pública, setor do ensino e investigação para efeitos não militares

78. Quanto aos conceitos de *ordem pública, segurança pública e saúde pública*, a Diretiva 2004/38/CE, tendo em conta a jurisprudência do Tribunal neste domínio, estabeleceu certas condições, que os Estados-Membros têm de observar, para poderem invocar as derrogações mencionadas. Assim, as razões de *ordem pública* (conceito ao qual é frequentemente subsumido o de segurança pública), e que podem variar de Estado para Estado, têm de se fundar "exclusivamente no *comportamento da pessoa* em questão", o qual deve constituir uma "*ameaça real, atual e suficientemente grave que afete um interesse fundamental da sociedade*"; além disso, *não podem ser invocadas para fins económicos* e a *existência de condenações penais anteriores é insuficiente para servir de fundamento a medidas de ordem pública* (art. 27º da Diretiva 2004/38/CE).

79. A noção de *segurança pública*, por seu turno, visaria, segundo certa doutrina, *proteger o Estado do «terrorismo, crimes graves, espionagem e atividades que conduzam à instabilidade do Estado»* (Robin C. A. White, *Workers, Establishment and Services in the European Union*, Oxford, 2004, p. 92).

80. Apesar de a jurisprudência do Tribunal não distinguir os conceitos, parece-nos que pode ter algum interesse tal distinção no contexto da livre circulação de pessoas, uma vez que o *campo de aplicação temporal diverge*. Nos termos da Diretiva 2004/38/CE, razões de ordem pública podem ser invocadas contra o trabalhador migrante, que resida há menos de 10 anos no Estado-membro de acolhimento, ao passo que em relação aos que residam há mais de 10 anos só podem ser invocadas «razões imperativas de segurança pública» (cf. artigos 27º nº 2 e 28 nºs 2 e 3 da Diretiva).

81. Observe-se ainda que os Estados-Membros não podem invocar razões de ordem pública para exigir determinadas condutas aos nacionais de outros Estados-Membros *que não exigem aos próprios nacionais*, como sucedeu, por exemplo, no caso *Adoui e Cornouaille* (Ac. de 18 de maio de 1982, processo C-115 e 116/81). Neste processo o Tribunal decidiu que o Estado belga não podia recusar o direito de residência na Bélgica a duas prostitutas francesas, quando a lei belga não proibia a prostituição, nem adotava medidas reais e efetivas destinadas a combater esse comportamento.

82. O conceito de *saúde pública*, além de abranger, nos termos do o artigo 29º, nº 1, da Diretiva 2004/38/CE, a tradicional referência às «*doenças infeciosas ou parasitárias contagiosas*» (como será, por exemplo, o caso da tuberculose), inclui ainda as «*doenças com potencial epidémico* definidas pelos instrumentos pertinentes da Organização Mundial de Saúde». A inexistência de uma lista detalhada das doenças que poderão integrar os critérios da Diretiva, suscitou a questão de saber se o *vírus da sida* poderia ser invocado pelo Estado de acolhimento para impedir a entrada e residência de cidadãos da União. Hoje a questão tem de ser resolvida tendo em conta a Comunicação da Comissão de 1999 (COM 99, 372, final, *Communication from the Commission to the Council and the European Parliament on the special measures concerning the movement and residence of citizens of the Union which are justified on grounds of public policy, public security or public health*) que afastou claramente essa possibilidade, alegando que tal orientação conduziria à exclusão social de indivíduos com HIV/Sida.

83. Assinale-se igualmente que nos termos do nº 2, do artigo 29º, da Diretiva 2004/38/CE a «ocorrência de doença três meses depois da data de entrada no território não constitui justificação para o afastamento do território». Equivale isto a dizer que, quanto maior for o período de residência do trabalhador migrante no seu território, maiores são os benefícios auferidos no Estado--membro de acolhimento e mais difícil é a possibilidade deste último Estado

invocar as derrogações previstas no artigo 45º nº 3 do TFUE, para expulsá-lo do seu território. A Diretiva 2004/38/CE acaba, deste modo, por limitar o direito de os Estados-Membros controlarem a entrada e a residência no seu território de trabalhadores migrantes.

84. As *medidas nacionais restritivas* da livre circulação de trabalhadores, *indistintamente aplicáveis*, podem ainda ser *justificadas por razões objetivas* nos termos da jurisprudência Bosman verificados cumulativamente os seguintes requisitos (1) a medida nacional é justificada por *razões imperiosas de interesse geral*; (2) *adequada* á prossecução deste objetivo e (3) e *não ultrapassa o necessário* para o atingir (Bosman nº 104).

85. Note-se que o Tribunal já tinha invocado, e continuou a invocar, estes critérios, no contexto de outras liberdades: refiram-se, a título ilustrativo, o caso *Kraus* (Ac. de 31 de março de 1993, processo C-19/92, nº 35), no qual o Tribunal reconheceu que o facto de a legislação alemã condicionar a utilização de um título académico, obtido noutro Estado-Membro da União, a uma autorização prévia das autoridades alemãs, podia ser objetivamente justificada para «proteger um público não necessariamente alertado contra a utilização abusiva de títulos académicos» (desde que o processo fosse acessível e não fosse excessivamente oneroso, e a recusa de autorização devia ser devidamente justificada e suscetível de recurso judicial), o caso *Bachmann* (Ac. de 28 de janeiro de 1992, proc. C-204/90), no qual o interesse em garantir a coerência do regime belga de impostos levou o Tribunal a aceitar as medidas nacionais restritivas, e ainda o acórdão *Comissão contra Alemanha* (Ac. de 19 de janeiro de 2006, processo C-244/04), em que decisivo foi o argumento que a medida nacional restritiva visava evitar o *dumping* social. Não obstante, o acórdão *Bosman* foi o primeiro aplicar tais princípios no domínio da livre circulação de trabalhadores.

86. Curiosamente, no caso *Bosman*, na análise das medidas restritivas, o Tribunal de Justiça não distinguiu claramente entre medida discriminatória (a regra do "3 + 2") e medida não discriminatória (regras de transferência, isto é a obrigação do novo clube pagar ao antigo uma indemnização de transferência pelo jogador), quando parecia ser jurisprudência bem assente que as primeiras só podiam ser justificadas por motivos expressamente previstos no Tratado (como razões de ordem pública, segurança pública ou saúde pública, ou estando em causa empregos na administração pública) ao passo que as segundas podiam ser justificadas objetivamente à luz da jurisprudência do Tribunal sobre *razões imperiosas de interesse geral*. Ora, a verdade é que Tribunal no acórdão conclui que regra do "3 + 2" não estava de acordo com o direito da União, mas só o fez depois de analisar se tal regra poderia ser objetivamente justificada. Ou seja, o Tribunal analisou os argumentos invocados para justificar tal cláusula (como a necessidade de se preservar a ligação que tradicionalmente existe entre cada clube e o

seu país, bem como a de criar uma reserva de jogadores nacionais e de manter o equilíbrio desportivo entre os clubes) e só depois concluiu que havia medidas menos restritivas. Ora as questões que se podem colocar são as seguintes: deve este acórdão ser lido como uma alteração das soluções vigentes neste domínio? Devem as justificações objetivas valer igualmente para as medidas nacionais restritivas distintamente aplicáveis?

87. Quanto à primeira questão, parece-nos excessivo concluir da análise feita pelo Tribunal no caso *Bosman* que há uma alteração da jurisprudência fixada. De facto, que tal solução não nasce de forma evidente do acórdão resulta desde logo da omissão do Tribunal em qualificar a restrição em causa como discriminatória. Ainda assim, talvez se possa considerar, com Jacobs (conclusões proferidas no Ac. de 13 de março de 2001, proc. 379/98, *Preussen Elektra*, nº 226) que, de forma desejável, o Tribunal já está a rever a sua posição (como aliás resultaria do acórdão *Aher-Waggon*, de 14 de julho de 1998, proc. C-389/96)

88. Isto conduz-nos à segunda questão: haverá motivo para excluir a aplicação da jurisprudência sobre exigências imperiosas de interesse geral as medidas discriminatórias? Parece-nos que, em princípio, não há razões para afastar tal aplicação. Com efeito, cremos que, mesmo sendo a medida discriminatória, poderá ser justificada sendo legítimo o interesse público invocado e verificando-se a exigência de proporcionalidade.

89. Observe-se, por fim, que a livre circulação de trabalhadores pode ainda ser limitada quando o Estado-membro de acolhimento exige a *posse de certos diplomas* para o exercício de certas profissões regulamentadas. Tal restrição será injustificada, se as autoridades nacionais competentes, às quais incumbe o reconhecimento dos títulos profissionais adquiridos noutro Estado Membro, para o acesso a uma profissão subordinada no Estado de acolhimento à posse de um diploma, não tiverem em conta conhecimentos e qualificações pertinentes obtidos noutro Estado-membro. De facto, o Tribunal já decidiu que as autoridades nacionais são obrigadas, nomeadamente por força dos artigos 45º e 49º do TFUE, a ter em conta, ao fixar eventuais medidas de compensação que visem colmatar diferenças substanciais entre a formação seguida por um requerente e a formação exigida no Estado Membro de acolhimento (medidas essas hoje previstas na Diretiva nº 2005/36/CE, JO L 255/22 de 30.9.2005), qualquer experiência prática suscetível de colmatar, no todo ou em parte, as referidas diferenças (v., neste sentido, Ac. de 7 de maio de 1991, *Vlassopoulou*, proc. C-340/89, Ac. de 8 de julho de 1999, *Fernández de Bobadilla*, proc. C-234/97, e recentemente Ac. de 2 de dezembro de 2010, *V. S. Vandorou*, proc. 422, 425 e 426/09).

7.2.2. Cidadania Europeia

Sofia Oliveira Pais

Acórdão do Tribunal de Justiça de 17 de setembro de 2002 – Processo C-413/99 *Baumbast*, R. c. Secretary of State for the Home Department

Resumo dos factos
O Sr. Baumbast, de nacionalidade alemã, vivia no Reino Unido, com a sua mulher, colombiana, e as duas filhas, mas trabalhava para empresas alemãs em países terceiros. As autoridades britânicas não renovaram a autorização de residência do Sr. Baumbast com o argumento de que já não era trabalhador no Reino Unido e que, apesar de ter meios de subsistência e um seguro de saúde, este não abrangia tratamentos urgentes, facto que não lhe permitiria beneficiar do direito de residência à luz da Diretiva 90/364/CEE [revogada entretanto pelo Diretiva 2004/38/CE]. O Sr Baumbast recorreu da decisão, e a jurisdição nacional colocou ao Tribunal de Justiça, entre outras, a seguinte questão: um cidadão da União Europeia que já não beneficia no Estado-Membro de acolhimento de um direito de residência como trabalhador migrante pode, na qualidade de cidadão da União Europeia, beneficiar, nesse Estado, de um direito de residência, por aplicação direta do [atual] artigo 21º TFUE?

Excertos do acórdão
«68. Importa sublinhar, em primeiro lugar, que há que interpretar o artigo 12º do Regulamento nº 1612/68, bem como os direitos que dele decorrem, em função do sistema e da finalidade desse regulamento. Ora, resulta do conjunto da suas disposições que, com vista a facilitar a circulação dos membros da família dos trabalhadores, o Conselho tomou em consideração, por um lado, a importância que reveste do ponto de vista humano, para o trabalhador, o reagrupamento da sua família junto de si e, por outro, a importância que reveste, sob todos os pontos de vista, a integração do trabalhador e da sua família no Estado-Membro de acolhimento, sem qualquer diferença de tratamento em relação aos nacionais (v., neste sentido, acórdão de 18 de maio de 1989, Comissão/Alemanha, 249/86, Colect., p. 1263, nº 11).

69. Como resulta da resposta à primeira questão, o artigo 12º do Regulamento nº 1612/68 tem como principal objetivo assegurar que os filhos de um trabalhador comunitário possam, mesmo que este já não exerça uma atividade assalariada no Estado-Membro de acolhimento, iniciar e, eventualmente, terminar a sua escolaridade no referido Estado-Membro.

70. Importa sublinhar, em segundo lugar, que resulta da jurisprudência do Tribunal de Justiça que, tal como a própria qualidade de trabalhador migrante, os direitos de que beneficiam os membros da família de um trabalhador comunitário ao abrigo do Regulamento nº 1612/68 podem, em certas circunstâncias, subsistir mesmo após a relação de trabalho (v., neste sentido, acórdãos Echternach e Moritz, já referido, nº 21, e de 12 de maio de 1998, Martínez Sala, C-85/96, Colect., p. I-2691, nº 32).

71. Em circunstâncias como as dos processos principais, em que os filhos gozam, ao abrigo do artigo 12º do Regulamento nº 1612/68, do direito de prosseguirem a sua escolaridade no Estado-Membro de acolhimento enquanto os pais que asseguram a sua guarda correm o risco de perder os respetivos direitos de residência devido, num dos processos, ao divórcio de um trabalhador migrante e, no outro, ao facto de o progenitor que exercia uma atividade assalariada no Estado-Membro de acolhimento como trabalhador migrante já não trabalhar nesse Estado, é evidente que a recusa aos referidos progenitores da possibilidade de permanecerem no Estado-Membro de acolhimento durante a escolaridade dos filhos poderia ser suscetível de privar estes de um direito que lhes foi reconhecido pelo legislador comunitário.

72. Por outro lado, em conformidade com a jurisprudência do Tribunal de Justiça, é necessário interpretar o Regulamento nº 1612/68 à luz da exigência do respeito da vida familiar previsto no artigo 8º da CEDH, este respeito faz parte dos direitos fundamentais que, de acordo com jurisprudência constante, são reconhecidos pelo direito comunitário (v. acórdão Comissão/Alemanha, já referido, nº 10).

73. O direito reconhecido pelo artigo 12º do Regulamento nº 1612/68 ao filho de um trabalhador migrante de prosseguir, nas melhores condições, a sua escolaridade no Estado-Membro de acolhimento implica necessariamente que o referido filho tenha o direito de ser acompanhado pela pessoa que assegura efetivamente a sua guarda e, consequentemente, que essa pessoa possa residir com ele no referido Estado-Membro durante os seus estudos. Recusar a concessão de uma autorização de permanência ao progenitor que assegura efetivamente a guarda do filho que exerce o seu direito de prosseguir a escolaridade no Estado-Membro de acolhimento poria em causa esse direito.

74. Quanto ao argumento da Comissão segundo o qual um direito de residência não pode derivar do artigo 12º do Regulamento nº 1612/68 a favor de uma pessoa que não é o filho de um trabalhador migrante, com o fundamento de que a titularidade dessa qualidade seria a condição *sine qua non* de qualquer direito ao abrigo desta disposição, importa recordar que, tendo em conta o contexto e as finalidades prosseguidas pelo Regulamento nº 1612/68, designada-

mente pelo seu artigo 12º, este não pode ser interpretado restritivamente (v., neste sentido, acórdão Diatta, já referido, nº 17) e não deve, em nenhuma circunstância, ser privado do seu efeito útil.

75. Tendo em conta o que precede, há que responder à segunda questão que, quando os filhos beneficiam de um direito de residência num Estado-Membro de acolhimento a fim de nele frequentarem cursos de ensino geral, em conformidade com o artigo 12º do Regulamento nº 1612/68, esta disposição deve ser interpretada no sentido de que permite ao progenitor que tem efetivamente a guarda dos filhos, seja qual for a sua nacionalidade, residir com eles de modo a facilitar o exercício do referido direito, não obstante o facto de os pais se terem entretanto divorciado ou de o progenitor que tem a qualidade de cidadão da União Europeia já não ser trabalhador migrante no Estado-Membro de acolhimento. [...]

81. Embora seja verdade que, antes da entrada em vigor do Tratado da União Europeia, o Tribunal de Justiça tenha declarado que este direito de residência, diretamente conferido pelo Tratado CE, está sujeito à condição do exercício de uma atividade económica nos termos dos artigos 48º, 52º ou 59º do Tratado CE [atuais artigos 45º, 49º e 56º TFUE] [...] é um facto que, desde então, o estatuto de cidadão da União foi introduzido no Tratado CE, tendo o artigo artigo [21º TFUE] passado a reconhecer a todos os cidadãos um direito de circular e de residir livremente no território dos Estados-Membros.

82. Nos termos do artigo [20º, nº 1 TFUE] é cidadão da União qualquer pessoa que tenha a nacionalidade de um Estado-Membro. O estatuto de cidadão da União tende a ser o estatuto fundamental dos nacionais dos Estados-Membros (v., neste sentido, acórdão de 20 de setembro de 2001, Grzelczyk, C-184/99, Colect., p. I-6193, nº 31).

83. Por outro lado, o Tratado da União Europeia não exige que os cidadãos da União exerçam uma atividade profissional, assalariada ou independente, para gozarem dos direitos previstos na parte [...] do Tratado [...], relativa à cidadania da União. Além disso, nada no texto do referido Tratado permite considerar que cidadãos da União que se tenham estabelecido noutro Estado-Membro para desenvolverem uma atividade assalariada ficam, quando essa atividade termina, privados dos direitos que lhes são conferidos pelo Tratado [...] em razão dessa cidadania.

84. No que respeita, em especial, ao direito de residir no território dos Estados-Membros previsto no artigo [21º, nº 1 TFUE], importa assinalar que este é diretamente reconhecido a qualquer cidadão da União por uma disposição clara e precisa do Tratado [...]. Simplesmente com base na sua qualidade de nacional de um Estado-Membro, e portanto de cidadão da União, W. Baumbast tem assim o direito de invocar o artigo [21º, nº 1 TFUE].

85. É certo que este direito de os cidadãos da União residirem no território de outro Estado-Membro é reconhecido sob reserva das limitações e condições previstas pelo Tratado [...] e pelas disposições adotadas em sua aplicação.

86. Todavia, a aplicação das limitações e condições admitidas no artigo [21º, nº 1 TFUE] para o exercício do referido direito de residência está sujeita a fiscalização judicial. Consequentemente, eventuais limitações e condições desse direito não impedem que as disposições do artigo [21º, nº 1 TFUE] confiram aos particulares direitos que podem ser invocados em juízo e que os órgãos jurisdicionais nacionais devem salvaguardar (v., neste sentido, acórdão de 4 de dezembro de 1974, Van Duyn, 41/74, Colect., p. 567, nº 7).

87. Relativamente às limitações e condições que decorrem das disposições de direito derivado, o artigo 1º, nº 1, da Diretiva 90/364 prevê que os Estados-Membros podem exigir aos nacionais de um Estado-Membro que pretendam beneficiar do direito de residência no seu território que disponham, para si próprios e para os membros das suas famílias, de um seguro de doença que cubra todos os riscos no Estado-Membro de acolhimento e de recursos suficientes para evitar que se tornem, durante a sua permanência, uma sobrecarga para a assistência social do Estado-Membro de acolhimento.

88. Quanto à aplicação destas condições no processo Baumbast, importa sublinhar que resulta dos autos que W. Baumbast exerce uma atividade assalariada em países terceiros por conta de empresas alemãs e que nem ele nem a família recorreram à assistência social no Estado-Membro de acolhimento. Nestas circunstâncias, não foi contestado que W. Baumbast preenche a condição relativa à existência de recursos suficientes imposta pela Diretiva 90/364.

89. Quanto à condição relativa ao seguro de doença, resulta dos autos que tanto W. Baumbast como os membros da sua família se encontram cobertos por um seguro de doença completo na Alemanha. [...] Importa, em especial, fazer referência ao artigo 19º, nº 1, alínea a), [do Regulamento (CEE) nº 1408/71 do Conselho, de 14 de junho de 1971, relativo à aplicação dos regimes de segurança social aos trabalhadores assalariados, aos trabalhadores não assalariados e aos membros da sua família que se deslocam no interior da Comunidade (JO L 149, p. 2; EE 05 F1 p. 98)], que garante, a expensas do Estado-Membro competente, ao trabalhador assalariado ou não assalariado, residente noutro Estado-Membro, que venha a necessitar de cuidados no território do Estado-Membro de residência, o direito de beneficiar de cuidados de saúde em espécie prestados pela instituição deste último Estado.

90. De qualquer forma, as limitações e condições indicadas no artigo [21º TFUE] e previstas pela Diretiva 90/364 inspiram-se na ideia de que o exercício do direito de residência dos cidadãos da União pode ser subordinado aos inte-

resses legítimos dos Estados-Membros. A este respeito, importa recordar que resulta do quarto considerando da Diretiva 90/364 que os beneficiários do direito de residência não devem constituir uma sobrecarga «não razoável» para as finanças públicas do Estado-Membro de acolhimento.

91. Todavia, a aplicação das referidas limitações e condições deve ser feita respeitando os limites impostos pelo direito comunitário e em conformidade com os princípios gerais deste direito, designadamente o princípio da proporcionalidade. Isto significa que as medidas nacionais adotadas nesta matéria devem ser adequadas e necessárias para atingir o fim visado [...].

92. Para a aplicação do princípio da proporcionalidade às circunstâncias do processo Baumbast, importa recordar, em primeiro lugar, que não foi contestado que W. Baumbast dispõe de recursos suficientes na aceção da Diretiva 90/364; em segundo lugar, que trabalhou e, portanto, residiu legalmente no Estado-Membro de acolhimento durante vários anos, inicialmente como trabalhador assalariado e posteriormente como trabalhador não assalariado; em terceiro lugar, que, durante esse período, a sua família residiu igualmente no Estado-Membro de acolhimento e aí permaneceu mesmo após a cessação das suas atividades assalariadas e não assalariadas no referido Estado; em quarto lugar, que nem W. Baumbast nem os membros da sua família constituíram um encargo para as finanças públicas do Estado-Membro de acolhimento e, em quinto lugar, que tanto W. Baumbast como a sua família dispõem de um seguro de doença completo noutro Estado-Membro da União.

93. Nestas condições, recusar a W. Baumbast o exercício do direito de residência que lhe é conferido pelo artigo [21º, nº 1 TFUE], por força da aplicação das disposições da Diretiva 90/364 com o fundamento de que o seguro de doença de que dispõe não cobre os cuidados urgentes administrados no Estado-Membro de acolhimento constituiria uma ingerência desproporcionada no exercício do referido direito.»

Comentário

I – Introdução

1. A cidadania europeia introduzida apenas em 1992 no Tratado da Comunidade Europeia (hoje redenominado Tratado sobre o Funcionamento da União Europeia), e que tinha como objetivo aproximar os povos da Europa, reforçar os direitos dos cidadãos nacionais, e contribuir para a legitimidade da União Europeia, continua a ser objeto de um amplo debate no contexto da União, multiplicando-se as dúvidas sobre a pertinência da sua introdução, bem como sobre o modelo a adotar.

2. Com o acórdão *Baumbast*, as dúvidas não foram todas esclarecidas, mas ficou demonstrado que as disposições que integram o estatuto da cidadania europeia não se limitam a confirmar os direitos conferidos pelas liberdades da União, previstos no atual TFUE e desenvolvidos pelo direito derivado. Afasta-se a ideia de que a introdução do estatuto da cidadania seria meramente simbólica, e que as alterações introduzidas em 1992 seriam praticamente irrelevantes, pois pouco acrescentariam aos regimes já estabelecidos, nomeadamente no domínio da livre circulação de pessoas, além de se verificar a omissão de uma qualquer referência aos deveres dos cidadãos europeus no texto do Tratado.

3. Note-se que a ideia de reforçar os direitos dos nacionais dos Estados-Membros, criando uma União Europeia assente no princípio da solidariedade, através da instituição de uma verdadeira cidadania europeia, não é nova, remonta a 1975, ao relatório do primeiro ministro belga Leo Tindemans (cfr. European Competition Bulletin, 1976.1, pp. 29 e ss). Aí se propunha a adoção de várias medidas que consolidassem o sentimento de pertença a uma União Europeia, dada a existência de uma identidade comum. Assim, a bandeira da União Europeia, o dia da Europa (9 de maio), o hino (Ode à Alegria de Beethoven), o mote ('Unidos na Diversidade'), a carta de condução europeia e os programas de mobilidade dos estudantes (Erasmus) são apenas exemplos de medidas, que procuram sedimentar a ligação dos indivíduos à Europa, contribuindo para a criação de uma verdadeira cidadania da União.

4. Ao lado deste visão positiva do estatuto da cidadania, surgem vozes a declararem-se preocupadas com a sua criação: uns invocam a perda da identidade nacional, a fragmentação da soberania dos Estados e a ameaça que representa para a cidadania nacional, considerada por muitos o último bastião de soberania dos Estados (cfr. Francis J. Conte, "Sink or swim together: citizenship, sovereignty, and free movement in the European Union and the United States", *University of Miami Law Review*, 2007, 61, pp. 331 e 391, Karolina Rostek e Gareth Davies, "The impact of Union citizenship on national citizenship policies", *Tulane European and Civil Law Fórum*, 2007, 22, p. 101); outros consideram que a introdução da cidadania europeia mais não é do que uma tentativa frustrada de ultrapassar a perda dos valores espirituais iniciais que presidiram à construção europeia (ou seja, a cidadania europeia seria mais uma construção superficial do que uma relação político-jurídica significativa entre os europeus e a União, cfr. J. H.H. Weiler, "The transformation of Europe" in *The constitution of Europe*, Cambridge University Press,1992, pp. 335-338 John McCormick, *The European Union Politics and Policies*, Westview Press, 2004, pp. 218 e ss.).

5. Simultaneamente discute-se qual o conceito preferível de cidadania. Cidadania de mercado (que abrangeria sobretudo os direitos dos nacionais dos Estados-Membros que exerceram o direito de circulação e beneficiam do processo

de integração económica) ou cidadania social (a qual incluiria ainda significativos direitos político-sociais)? Será que o conceito de cidadania assente geralmente na ideia de pertença a uma determinada comunidade política e de atribuição de certos direitos (políticos, civis e sociais) e deveres a um conjunto de pessoas, em vez de partir do conceito de nacionalidade, como resulta do Tratado sobre o Funcionamento da União Europeia (TFUE), o qual acarreta o risco de exclusão e mesmo alienação de uma percentagem significativa da população dos Estados-Membros, não deveria adotar o critério da residência? E se aceitarmos que a cidadania europeia visa criar uma forma de cidadania pós-nacional, baseada na múltipla identidade do indivíduo (a nível local, regional, nacional e europeu) será que faz sentido utilizarmos conceitos desenhados e pensados para o modelo de cidadania nacional?

6. No fundo a questão que se coloca atualmente é a de saber, como bem refere Rui Moura Ramos, se "o conceito de cidadão da União é um ponto de chegada que procede da evolução da liberdade de circulação de pessoas, ou se é um ponto de passagem que pode, posteriormente, caminhar para novas realidades" (cf. "Da livre circulação de pessoas à cidadania europeia", in 50 anos Tratado de Roma, 1957-2007, Âncora Editora, 2008, p. 72; para uma análise geral destas e de outras questões subjacentes ao estatuto da cidadania da União, cf. Fausto de Quadros, *Direito da União Europeia*, Almedina, 2004, pp. 114 e ss., Ana Maria Guerra Martins, *Curso de Direito Constitucional da União Europeia*, Almedina, 2004, pp. 89 e ss., Maria Luísa Duarte, "O estatuto de cidadão da União e a (não) discriminação em razão da orientação sexual", *in Estudos de Direito da União e das Comunidades Europeias – II*, Coimbra Editora, 2006, pp. 291 e ss. e ainda C. Barnard, *The substantive law of the EU. The four freedoms*, 2nd edition, Oxford University Press, p. 409 e Marlene Wind, "Post-national citizenship in Europe: The EU as a 'welfare rights generator'" ?, *Columbia Journal of European Law*, 2009, 15, p. 245)

7. Apesar das dúvidas enunciadas, a verdade é que o estatuto de cidadania europeia não reduz nem substitui o da cidadania nacional, como aliás refere expressamente o TFUE (aliás, nada impede um indivíduo de pertencer simultaneamente a várias comunidades e partilhar «identidades»). Por outro lado, verifica-se uma certa interação entre elas: o estatuto da cidadania europeia, construído pelo legislador da União e também pelo Tribunal de Justiça, tem influenciado as legislações nacionais, as quais, por seu turno, enquanto reservatórios de princípios comuns ao vários Estados-Membros, também influenciam o próprio direito da União.

8. Refiram-se, apenas a título de exemplo, os casos da Irlanda e da Alemanha. Tradicionalmente apoiada no princípio do *jus sanguinis*, a Alemanha alterou a sua legislação sobre a concessão da nacionalidade em 1 de janeiro de 2002, passando a apelar igualmente ao *jus soli*. Esta solução permitiu a integração de

milhões de imigrantes residentes a longo prazo na União Europeia, e encontra-se aliás em sintonia com a Diretiva 2003/109/CE sobre o estatuto de nacionais de terceiros países residentes de longa duração na União Europeia (JO L 16/44 de 23.1.2004), mas acabará por afetar igualmente os restantes Estados-Membros, dado que a livre circulação entre os Estados-membros é um direito fundamental dos cidadãos europeus. Quanto à Irlanda, até 2005 a sua legislação era a única a conceder, sem estabelecer praticamente requisitos adicionais, nacionalidade a todos os nascidos em território irlandês, facto que conduziu um casal chinês a deslocar-se à Irlanda para o nascimento do seu segundo filho (cfr. Ac. de 19 de outubro de de 2004, *Chen*, processo C-200/02). Para evitar situações abusivas, o governo irlandês acabou por alterar a legislação, passando a exigir, para a concessão da nacionalidade, a existência de um vínculo dos pais da criança ao território irlandês.

II – Direito de circulação dos cidadãos europeus

9. Os direitos de circulação e residência no espaço da União são considerados nucleares no estatuto da cidadania europeia, ainda que inicialmente tenham sido concebidos como um mero processo de otimizar a livre circulação dos trabalhadores, contribuindo para a realização do mercado interno.

10. Efetivamente, na Comunidade Económica Europeia só podiam circular livremente aqueles indivíduos que cumprissem certas condições: possuírem nacionalidade de um Estado-Membro e desenvolverem uma atividade económica noutro Estado-Membro. Com a introdução do estatuto de cidadania europeia (sendo cidadãos da União os nacionais dos Estados-Membros, nos termos do atual art. 20º do TFUE), o direito de circulação passou a ser concebido de forma mais ampla, e praticamente incondicional, pois não só abrange o direito de o cidadão entrar e sair de qualquer Estado-Membro, e o direito a um tratamento não discriminatório, como não está dependente do prévio exercício de uma atividade económica transfronteiriça (uma vez que estas condições parecem ter sido abandonadas nos artigos 20º e 21º do TFUE, que só referem a necessidade do cidadão europeu ter nacionalidade de um Estado-Membro), ou da existência de recursos suficientes ou de um seguro de doença (visto que a Diretiva 2004/38/CE não os estabelece como requisitos do direito de circulação).

11. Daí que os cidadãos europeus possam contestar as disposições do Estado da sua nacionalidade que os discriminem direta ou indiretamente pelo facto de terem circulado na Europa. São bem ilustrativos a este respeito os acórdãos *Tas-Hagan e Tas* (Ac. de 26 de outubro de 2006, processo C-192/05) e *Morgan* (Ac. de 23 de outubro de 2007, proc. C-11/06 e C-12/06). No primeiro caso, o Tribunal esclareceu que a legislação alemã, que recusava a pensão a uma vítima civil da guerra pelo simples facto de o beneficiário se ter deslocado e residido

noutro Estado, violava o atual artigo 21º do TFUE. Já no caso *Morgan*, o Tribunal entendeu que era um restrição desproporcionada ao direito de circulação, fixado no artigo 21º do TFUE, o facto de a concessão, pelo Estado alemão, de um subsídio de formação, com vista à frequência de um estabelecimento de ensino no estrangeiro, depender da frequência de um estabelecimento de ensino alemão, durante pelo menos um ano, e da existência de uma continuidade entre os estudos frequentados na Alemanha e os prosseguidos noutro Estado-Membro, pois era suscetível de dissuadir os estudantes de se deslocarem para outro Estado-Membro, especialmente se tivessem recursos limitados. Ou seja, mesmo considerando objetivamente justificadas as medidas nacionais (o Estado alegou que essas medidas procuravam garantir que os estudantes terminavam com sucesso e rapidamente o curso, contribuindo para o equilíbrio financeiro do sistema educativo, e permitindo ao estudante fazer uma boa opção académica), tal condição não era proporcional à finalidade visada (*Morgan*, nº 33).

III – Direito de residência dos cidadãos europeus e princípio da não discriminação em razão da nacionalidade

12. Menos evidente será a questão de saber se o direito de residência dos cidadãos europeus, enquanto direito fundamental, poderá ficar sujeito a restrições estabelecidas em legislação derivada, como sucede com as exigências fixadas no artigo 7º da Diretiva 2004/38/CE, nos termos do qual o nacional de um Estado-membro da União economicamente inativo só pode residir no Estado de acolhimento, decorrido o período de três meses, se dispuser de recursos suficientes e um seguro de doença (note-se, em todo o caso, que a expulsão não pode ser a sanção para o recurso à segurança social no Estado-Membro de acolhimento). Com esta solução, os nacionais dos Estados-membros dinâmicos e economicamente autossuficientes têm, na prática, mais direitos do que aqueles que se revelam inativos e sedentários (para uma análise detalhada desta questão, cfr o nosso estudo "Todos os cidadãos da União Europeia têm direito de circular e residir no território dos Estados-membros, mas uns têm mais direitos do que os outros...", *Scientia Iuridica*, Tomo LIX, 2010, nº 323 pp. 467 e ss.).

13. É certo que o art. 25º do TFUE, ao permitir que o Conselho adote medidas, destinadas a aprofundar os direitos dos cidadãos europeus, podia ser uma solução para superar tais restrições nacionais, mas a verdade é que esta disposição não tem sido praticamente utilizada.

14. Por outro lado, o tratamento discriminatório entre cidadãos dinâmicos e sedentários resultante das soluções fixadas na Diretiva 2004/38/CE, aparentemente pouco consentâneo com o relevo que instituições da União procuram atribuir ao estatuto de cidadania europeia, não deve fazer esquecer os interesses nacionais igualmente legítimos dos Estados-Membros. Com efeito, importa

atentar que, nos termos do artigo 16º da Diretiva 2004/38/CE, o direito de residir torna-se permanente ao fim de cinco anos, permitindo ao cidadão europeu aceder a todos os benefícios em termos de segurança social do Estado de acolhimento. Acresce que a proteção do cidadão europeu contra medidas de expulsão do Estado de acolhimento tornou-se mais forte não só com a introdução desse direito de residência permanente, mas sobretudo no caso dos menores e na hipótese de o cidadão residir há mais de dez anos no Estado de acolhimento (cf. artigo 28º da mesma diretiva). Daí que os Estados procurem adotar medidas nacionais, dentro dos limites do direito da União, que salvaguardem os respetivos orçamentos.

15. Ora, são precisamente estes interesses legítimos dos Estados, nomeadamente em evitar que a livre circulação se torne uma sobrecarga «não razoável» para as finanças públicas do Estado-Membro de acolhimento (*Baumbast* nº 90), que conduziram o Tribunal de Justiça a confirmar, repetidamente, na sua jurisprudência, a validade da Diretiva 2004/38/CE, (veja-se por exemplo o acórdão *Metock*, de 25 de julho de 2008, proc. C-127/08).

16. Aliás, das dificuldades existentes neste balanço de interesses tem igualmente dado nota o Tribunal ao afirmar que, embora os Estados-membros devam dar provas, nomeadamente na organização e aplicação do seu sistema de segurança social, de «uma certa solidariedade financeira para com os cidadãos de outros Estados-membros», é preciso evitar que as ajudas fornecidas se tornem «um encargo exagerado que possa ter consequências no nível global da ajuda que pode ser concedida por esse Estado» (Acórdão *Bidar*, de 15 de março de 2005, proc. C-209/03, nº 56).

17. Por fim, é preciso ter presente que o próprio artigo 21º do TFUE estabelece que o direito de residir do cidadão europeu será exercido "sem prejuízo das limitações e condições previstas nos Tratados e nas disposições adotadas em sua aplicação", ressalva esta que parece abranger não só as derrogações às liberdades da União por razões de ordem pública, segurança pública e saúde pública, estabelecidas no direito originário, mas ainda certas limitações fixadas no direito derivado, como é o caso precisamente do artigo 7º da Diretiva 2004/38/CE.

18. O facto de o Tribunal não questionar a validade da Diretiva 2004/38/CE, e das suas antecessoras, não o impediu, em todo o caso, de reconhecer que as disposições do Tratado em que se fundam os direitos de circulação e de residência devem ser interpretados de forma ampla para se poder garantir a eficácia desses direitos, pois são verdadeiros *direitos fundamentais*.

19. Paradigmático é, aliás, o acórdão *Baumbast*, no qual o órgão jurisdicional nacional quis saber, em sede de reenvio, se um cidadão da União, sem o estatuto de trabalhador migrante, podia beneficiar do direito de residência nos termos

do atual artigo 21º do TFUE. O Tribunal de Justiça decidiu que a disposição referida reconhece «a todos os cidadãos um direito de circular e residir livremente no território dos Estados-membros», mesmo não exercendo uma atividade profissional, assalariada ou não. Em especial o direito de residir é «diretamente reconhecido a qualquer cidadão da União por uma disposição clara e precisa» (*Baumbast* nº 84).

20. Depois das hesitações demonstradas no caso *Martinez Sala* (Ac. de 12 de maio de 1998, processo C-85/96), o Tribunal afirmou claramente, no caso em análise, que o artigo 21º do TFUE produz *efeito direto*: o direito de residência pode ser invocado, pelos nacionais dos Estados-Membros, mesmo que economicamente inativos, num ordenamento jurídico nacional.

21. No caso *Martinez Sala*, uma cidadã espanhola, residente na Alemanha, e economicamente inativa, requereu um subsídio para a criação dos filhos, cuja concessão dependia da «posse de um cartão de residência em boa e devida forma». Neste caso, o Tribunal não fundamentou o direito de residência no atual artigo 21º do TFUE, uma vez que os indivíduos já se encontravam a residir legalmente no Estado de acolhimento. Limitou-se a aplicar o princípio da não discriminação em razão da nacionalidade (previsto hoje nos artigos 18º e 20º, nº 2, do TFUE), transformando-o num direito fundamental dos cidadãos europeus (assim Marlene Wind, p. 239).

22. Repare-se que o recurso ao princípio da não discriminação, para «confirmar» a atribuição de certos direitos aos cidadãos economicamente não ativos, tem sido uma prática constante na jurisprudência do Tribunal. Refiram-se, a título de exemplo, os casos *D'Hoop* (Ac. de 11 de julho de 2002, proc. C-224/98), *Collins* (Ac. de 23 de março de 2004, proc. 138/02) e *Trojani* (Ac. de 7 de setembro de 2004, proc. 456/02), nos quais o Tribunal afirmou que os cidadãos não ativos do ponto de vista económico podiam invocar o princípio da não discriminação para usufruírem de certos benefícios da segurança social, desde que legalmente residentes no Estado-Membro de acolhimento ou titulares de um cartão de residência.

23. No primeiro caso, o cidadão belga, que tinha concluído o ensino secundário em França e procurava o seu primeiro emprego na Bélgica, não teve direito ao subsídio de inserção, porque o diploma não fora obtido no Estado belga. Segundo o Tribunal, uma regulamentação nacional, que concede o direito ao subsídio de inserção aos cidadãos nacionais apenas na condição de terem concluído os seus estudos secundários num estabelecimento de ensino do seu próprio Estado-Membro, deve ser considerada, uma medida desproporcionada.

24. Já no segundo processo estava em causa o facto de um irlandês (possuidor simultaneamente de nacionalidade americana), que tinha obtido parte da sua formação universitária no Reino Unido, país onde desenvolvera igualmente tra-

balho a tempo parcial, se encontrar desempregado e não poder auferir, no Reino Unido, de subsídios para candidatos a emprego, pelo facto de não residir habitualmente nesse Estado-Membro, isto é, não demonstrou uma *conexão genuína* ao mercado laboral desse mesmo Estado. O Tribunal considerou que, com a consolidação do estatuto da cidadania europeia, era preciso «afastar» a jurisprudência *Lebon* e considerar que o princípio da igualdade de tratamento abrangia igualmente benefícios de natureza financeira, que visavam facilitar o acesso ao trabalho no mercado laboral de um Estado-Membro: «atendendo à instituição da cidadania da União, e à interpretação jurisprudencial do direito à igualdade de tratamento de que gozam os cidadãos da União, já não é possível excluir do âmbito de aplicação do artigo [45º do TFUE], que é um enunciado do princípio fundamental da igualdade de tratamento garantido pelo artigo [18º do TFUE], uma prestação de natureza financeira destinada a facilitar o acesso ao emprego no mercado de trabalho de um Estado-membro» (*Collins* nº 63).

25. Além disso, o Tribunal entendeu que a legislação nacional conferia um tratamento diferente consoante uma pessoa residisse habitualmente, ou não, no Reino Unido. E com recurso a uma linguagem que recordava claramente a jurisprudência *Bosman* sobre os conceitos de medidas nacionais discriminatórias *versus* medidas nacionais indistintamente aplicáveis que restringem o acesso ao mercado, o Tribunal afirmou que, sendo a condição da residência habitual *mais facilmente preenchida pelos cidadãos nacionais*, a referida regulamentação acabaria por prejudicar os nacionais dos Estados-membros que tivessem usado o direito à livre circulação com o objetivo de procurar emprego noutro Estado-Membro, e só poderia ser justificada com base em «considerações objetivas independentes da nacionalidade das pessoas em causa e proporcionais ao objetivo legitimamente prosseguido pelo direito nacional» (*Collins* nº 73). No caso em apreço, o Tribunal concluiu pela legitimidade da medida nacional que fazia depender a concessão do subsídio, para candidatos a emprego, da demonstração da *existência de uma ligação real daquele que procura emprego com o mercado de trabalho*, uma vez que tal subsídio exigia que o requerente estivesse disponível para trabalhar, tivesse procurado ativamente emprego e não dispusesse de rendimentos.

26. Finalmente, o caso *Trojani* dizia respeito a um cidadão francês que, após ter residido na Bélgica, em 1972, durante um pequeno período de tempo, ao longo do qual exerceu uma atividade independente no setor das vendas, regressou a este país em 2000, tendo sido acolhido a partir de 2002, numa casa do Exército de Salvação. Nesta casa efetuou diversas prestações, no quadro de um projeto individual de inserção sócio-profissional, a troco de benefícios em espécie, designadamente alojamento e algum dinheiro de bolso. O pedido do *minimex* (rendimento mínimo de subsistência), entretanto formulado pelo cidadão francês, foi recusado, uma vez que, apesar de este residir legalmente na Bélgica,

não possuía nacionalidade belga, nem podia ser considerado um trabalhador para efeitos do Regulamento nº 1612/68. O Tribunal decidiu, no entanto, afastar esta solução, alegando «que, uma vez apurado que uma pessoa, que se encontra numa situação como a do recorrente no processo principal, possui um cartão de residência, essa pessoa pode invocar o artigo [art. 18º do TFUE] para beneficiar de uma prestação de assistência social como o *minimex*» (*Trojani* nº 46). Ou seja, o Tribunal não sentiu, neste caso, necessidade de averiguar do efeito direto do atual artigo 21º do TFUE, que estabelece o direito de residência dos cidadãos europeus, uma vez que o Sr. Trojani possuía um cartão de residência. Tendo considerado este facto assente, o Tribunal confirmou, na linha da jurisprudência anterior, o direito dos cidadãos economicamente não ativos a certas prestações sociais.

27. A questão do *efeito direto do artigo 21º* do TFUE voltará, todavia, a ser trazida à colação, como já referimos, no caso *Baumbast*, no qual o Tribunal de Justiça vai, finalmente, dar uma resposta afirmativa à questão da *invocabilidade* do dito artigo 21º no ordenamento jurídico nacional, aplicando a disposição em causa, *tout court*, enquanto fundamento do direito de residência e dissociada do princípio da não discriminação.

28. Podemos questionarmo-nos se o acórdão *Baumbast* deverá ser visto como mais um exemplo de activismo judicial. Não nos parece, no entanto, que seja esse o caso, dado que o entendimento do Tribunal é suportado quer pelo argumento literal, quer pelo argumento teleológico (neste sentido cfr. igualmente Christiaan Timmermans, "Martinez Sala and Baumbast revisited", *in The past and future of EU Law – The classics of EU Law revisited on the 50th anniversary of the Rome Treaty*, ed. Miguel Poiares Maduro-Loïc Azoulai, Hart, 2010, p. 348).

29. De facto, o art. 21º, nº 1, do TFUE dispõe que "qualquer cidadão da União goza do direito de circular e permanecer livremente no território dos Estados--membros", sem estabelecer condições adicionais. Por outro lado, é preciso não esquecer que um dos objetivos da União é precisamente o de reforçar os direitos dos cidadãos europeus (art. 2º do TUE). Ora, estando o direito de residência dos cidadãos economicamente inativos garantido desde o início da década de 90 através da legislação derivada, a referência, a partir de 1992, no TCE (hoje TFUE), de um direito de residência de qualquer cidadão europeu só se justifica se considerarmos que o objetivo do legislador era conferir-lhe um 'peso' diferente. Reconhecer efeito direto ao art. 21º é pois o reflexo natural da própria evolução da livre circulação de pessoas.

30. É claro que contra a *invocabilidade* do art. 21º, nº 1, do TFUE, sempre se poderia alegar que não se trata de uma disposição clara e precisa, pois está sujeita às *limitações e condições* previstas no direito originário e derivado. Este *obstáculo* foi, no entanto, resolvido pelo Tribunal com o apelo à jurisprudência clássica *Van Duyn*

(Ac. de 4 de dezembro de 1974, proc. 41/74), nos termos da qual a aplicação das limitações e condições admitidas no artigo 21º, nº 1, do TFUE, para o exercício do referido direito de residência está sujeita a fiscalização judicial (*Baumbast* nº 87). De facto, nos termos da jurisprudência referida é possível reconhecer efeito direto a normas da União que utilizem noções ambíguas (que envolvem algum poder de apreciação), uma vez que estão sujeitas ao controlo do tribunal.

31. Por outras palavras: tal como no acórdão *Van Duyn* o Tribunal reconheceu que o princípio da livre circulação de trabalhadores previsto no atual art. 45º do TFUE produz efeito direto, apesar da reserva de ordem pública prevista na própria norma, uma vez que a aplicação dessa reserva (ordem pública) está sujeita a um controlo judicial, também no acórdão *Baumbast* o Tribunal aceitou o efeito direto do artigo 21º do TFUE apesar da reserva aí estabelecida (isto é, apesar da referência às limitações e condições fixadas na legislação originária e derivada ao direito nomeadamente ao direito de residência), pois também esta pode ser objeto de fiscalização judicial. Parafraseando o advogado-geral La Pergola nas suas conclusões relativas ao caso Martinez Sala, podemos dizer que as reservas referidas não se dirigem à *existência* do direito, mas apenas ao seu *exercício*, estando sujeitas ao controlo do Tribunal.

32. Além da solução inovadora fixada (doravante o direito de residência pode ser invocado contra medidas nacionais restritivas que ponham em causa o 'núcleo' desse direito fundamental), o acórdão *Baumbast* é igualmente esclarecedor quanto a três questões adicionais: como será feita a fiscalização judicial das condições estabelecidas no artigo 7º da Diretiva 2004/38/CE? Qual deverá ser o alcance da proteção conferida aos familiares do cidadão europeu? Em que medida é que o cidadão europeu pode beneficiar de prestações sociais não contributivas (isto é, para as quais não contribuiu, por exemplo não fez descontos)?

33. Quanto à primeira questão, o Tribunal sustentou *in casu* que, se é verdade que o Tratado não exige o exercício de uma atividade profissional para a atribuição do direito de residência aos cidadãos europeus, também é verdade que o reconhecimento desse direito deve ser feito tendo em conta «as limitações e condições» fixadas no direito originário e derivado (*Baumbast* nºs 81-85). Ou seja, o reconhecimento de efeito direto do art. 21º do TFUE não significa que o direito de residência dos cidadãos europeus não possa ser subordinado aos legítimos interesses dos Estados-Membros, nem significa que as condições fixadas pelos Estados-Membros não tenham de respeitar os princípios gerais de direito da União, como o princípio da proporcionalidade (aparentemente no mesmo sentido Síofra O'Leary, "Solidarity and Citizenship Rights in the Charter of Fundamental Rights of the European Union", *in EU Law and the welfare state In search of solidarity*, ed. Gráinne de Burca, Oxford, 2005, p. 69). E daí que, no caso em apreço, o Tribunal de Justiça, depois de reconhecer efeito direto ao referido

artigo 21º do TFUE, tenha afirmado o caráter desproporcionado da medida nacional que recusa a um cidadão europeu, que dispunha de recursos suficientes e um seguro de saúde completo, o direito de residência pelo facto do respetivo seguro não cobrir tratamentos urgentes (*Baumbast* nº 93).

34. Em relação à segunda questão enunciada, o Tribunal interpretou o princípio da não discriminação de forma lata e reconheceu igualmente o direito de residência à esposa, nacional de um terceiro Estado, depois do divórcio, durante a escolaridade das crianças (*Baumbast* nº 71), hipótese hoje prevista, aliás, de forma abrangente no próprio artigo 13º da Diretiva 2004/38/CE. Só este entendimento permite assegurar o respeito da vida familiar (previsto no art. 8º da CEDH) e garantir os objetivos do art. 12º do Regulamento (CEE) nº 1612/68: reagrupamento familiar e integração no Estado de acolhimento do trabalhador e seus familiares de forma não discriminatória.

35. Esta solução encontra-se em consonância com o acórdão *Grzelczyk* (Ac. de 20 de setembro de 2001, C-184/99), no qual o Tribunal afirmou que o estatuto de cidadão da União tende a ser o *estatuto fundamental* dos nacionais dos Estados-Membros, permitindo-lhes obter o mesmo tratamento jurídico em igualdade de circunstâncias, independentemente da nacionalidade; logo, o Estado não podia nesse caso recusar automaticamente o direito de residência a um estudante que se tornou temporariamente um encargo para o sistema de segurança social do Estado de acolhimento.

36. A jurisprudência *Baumbast* e *Grzelczyk* vai ser reiterada e desenvolvida nos acórdãos *Chen* (Ac. de 19 de outubro de de 2004, processo C-200/02) e *Comissão contra Bélgica* (Ac. de 23 de março de 2006, processo C-408/03). Com efeito, nestes dois últimos processos, o Tribunal foi ainda mais longe e considerou que o Estado não pode negar o direito de residência a menores com nacionalidade de um Estado-membro pelo facto de não terem recursos próprios e terem de se apoiar nos pais ou nos parceiros dos seus progenitores.

37. No caso *Chen*, a Srª Chen, impedida de ter um segundo filho, dada a política de filho único seguida na China, optou por ter a criança em território irlandês e mudou-se em seguida para o Reino Unido. Pelo facto de ter nascido na Irlanda, a criança adquiriu (quase) automaticamente nacionalidade irlandesa. E a questão que se colocou foi a de saber se a criança e a mãe teriam direito de residência no Reino Unido. O Tribunal de Justiça decidiu que o bebé Chen podia, enquanto cidadão europeu, residir no Reino Unido, à luz do atual artigo 21º do TFUE, uma vez que não era um encargo para o Estado de acolhimento, nos termos da Diretiva 90/364/CEE [substituída hoje pela Diretiva 2004/38/CE], sendo irrelevante a origem dos rendimentos. Aliás, essas mesmas disposições permitiriam que o progenitor, que tem a criança à sua guarda, residisse com esta no Estado de acolhimento (*Chen*, nº 47).

38. E à mesma conclusão chegou a instituição europeia, no caso *Comissão contra Bélgica* (nº 73), relativo ao direito de residência na Bélgica de uma portuguesa com as suas filhas, a qual, apesar de não ter rendimentos próprios, era apoiada (ainda que sem existir tal obrigação legal) pelo seu companheiro residente nesse Estado.

39. Quanto ao último problema enunciado – saber se os cidadãos europeus economicamente inativos podem aceder a prestações para a segurança social não contributivas –, a jurisprudência *Baumbast*, antecedida pela *Martinez Sala*, e confirmada pelo caso *Collins*, lançou as dúvidas sobre a compatibilidade com o direito da União de medidas nacionais que estabelem condições de acesso a tais prestações. Deslocou, no fundo, o ónus da prova para o Estado: é este que tem de justificar que a medida nacional é objetivamente necessária (legítima e proporcional). Significa isto que certas áreas, à partida da competência exclusiva dos Estados, acabam por ficar sujeitas ao escrutíneo do Tribunal, na medida em que interferem com a livre circulação dos cidadãos europeus.

40. Por outras palavras: sendo a cidadania europeia o estatuto fundamental dos nacionais dos Estados-membros (criando direitos para os indivíduos pelo simples facto de serem nacionais de um Estado-membro) e sendo o direito de circulação um direito fundamental, este deve ser respeitado, mesmo nos casos em que o direito da União (ainda) não prevê regras e as respetivas competências se mantêm nas esferas dos Estados Membros, como sucede na organização dos sistemas de segurança social (neste sentido, cfr. a advogada-geral Kokott nas conclusões do caso *Tas Hagen e Tas*, nº 37). Ao reconhecer aos residentes no Estado de acolhimento, e com o qual apresentam vínculos, certos benefícios sociais, anteriormente reservados pelo Estado de acolhimento aos trabalhadores enquanto agentes económicos, a jurisprudência do Tribunal alarga, de facto, o campo de aplicação objetivo da livre circulação de pessoas.

41. Em suma, os cidadãos da União, pelo simples facto de terem nacionalidade de um dos Estados-Membros, têm o direito fundamental de residir em qualquer país da União, mesmo se inativos do ponto de vista económico, podendo ainda usufruir de prestações sociais não contributivas. O direito fundamental de residência consagrado no artigo 21º do TFUE, e ao qual o Tribunal de Justiça reconheceu efeito direto no acórdão *Baumbast*, tem, em todo o caso, de observar as limitações fixadas no direito originário e derivado, destacando-se, pela sua importância, as condições fixadas no art. 7º da Diretiva 2004/38//CE, nos termos do qual é necessário que os cidadãos inativos possuam recursos suficientes e um seguro de doença, para não se tornarem um encargo para o Estado de acolhimento. As limitações, fixadas pelos Estados-membros neste domínio, devem, em todo o caso, observar os princípios gerais de direito da União, designadamente o princípio da proporcionalidade.

IV – Direitos à participação política e cívica e à proteção diplomática e consular

42. Convém, desde já, sublinhar que os direitos dos cidadãos europeus, referidos nos artigos 21º a 24º do TFUE – como os direitos de circularem e residirem em qualquer Estado-membro, o direito de votarem e serem eleitos para o Parlamento Europeu, o direito à proteção diplomática e consular e o direito de petição ao Parlamento Europeu, o direito de queixa ao Provedor de Justiça, o direito *iniciativa cidadania*, e o direito de se dirigirem por escrito a instituições, órgãos ou organismos da União e obterem uma resposta – não esgotam todos os benefícios que lhes são concedidos no contexto da União. O artigo 20º, nº 2, do TFUE, esclarece que os "cidadãos da União gozam dos direitos e estão sujeitos aos deveres previstos" nos Tratados. Significa isto que, além dos direitos referidos nos artigos 21º a 24º do TFUE, os cidadãos europeus são titulares de direitos específicos no domínio social e ambiental, dispersos designadamente por legislação derivada, além de poderem invocar a proteção geral concedida pelos artigos 18º e 19º do TFUE, traduzida no direito à não discriminação em razão da nacionalidade, do sexo, raça ou origem étnica, religião ou crença, deficiência, idade ou orientação sexual.

43. A dispersão pela legislação da União, originária e derivada, dos direitos dos cidadãos da União de cariz económico, político, civil e social, só foi atenuada com a sua consolidação, em 2000, na Carta de Direitos Fundamentais da União Europeia, que, não obstante conferir visibilidade aos direitos fundamentais enunciados, sublinha igualmente as dificuldades da concretização da cidadania europeia, principalmente em dois planos.

44. Por um lado, apesar da designação de direitos fundamentais pressupor o seu caráter universal, a verdade é que a generalidade dos direitos referidos só podem ser invocados pelos nacionais dos Estados-Membros e em certos casos só depois de terem exercido o direito de circulação.

45. Por outro lado, salvo raras exceções (é o caso por exemplo do direito de petição ao Parlamento Europeu ou o direito de se dirigir a uma instituição numa das línguas da União, nos termos do art. 24º do TFUE), os direitos conferidos aos cidadãos europeus continuam a ser invocados contra os Estados-Membros, que procuram, por vezes, na medida do possível, limitar esses mesmos direitos. Ou seja, apesar de terem criado o estatuto da cidadania europeia, a generalidade dos Estados não acreditou que tal figura se traduzisse em novos direitos substantivos. Confrontados com a jurisprudência expansiva do Tribunal de Justiça que limita, de facto, o poder de decisão dos Estados quanto à questão de saber *quem é que pode circular e residir* no seu território, e ainda *quem pode beneficiar da segurança social* (sem ter contribuído para a mesma) no país de acolhimento, a maioria dos Estados procura salvaguardar os respetivos interesses nacionais, lançando mão das limitações permitidas pelo próprio direito da União, ainda que tenham

de observar, como é evidente, os princípios gerais de direito do ordenamento jurídico da União, nomeadamente o princípio da proporcionalidade.

46. Em suma, apesar das limitações enunciadas, parece-nos que a introdução do estatuto de cidadania europeia deve ser considerada um passo fundamental no processo de integração europeia. Na verdade, de forma mais ou menos contínua, mais ou menos intensa, a cidadania europeia tem conseguido realizar o seu triplo objetivo: contribuir para promover a livre circulação, para a construção de uma identidade europeia e, em certa medida, para superar a crise de legitimidade da União.

47. À visão do trabalhador como um mero fator de produção, ao qual era necessário atribuir direitos para poder dar o seu contributo para o processo de integração económica europeia, sucede a conceção do cidadão europeu, titular de direitos fundamentais, e que desempenha um papel essencial no processo de integração política, em especial no reforço da legitimidade e democratização da União Europeia. Para desempenhar este papel, o Tribunal tem desenvolvido o estatuto do cidadão europeu, aproveitando a oportunidade para 'fiscalizar' a conformidade de disposições legislativas nacionais (particularmente no domínio da segurança social) com a livre circulação de pessoas. E se é verdade que ainda não se pode afirmar que a União é uma verdadeira comunidade de povos regida pelo princípio da solidariedade entre os (cidadãos dos) Estados-Membros, têm sido, em todo o caso, dados alguns passos nesse sentido, sem olvidar a proteção do interesse fundamental desses mesmos Estados em garantirem um regime de segurança social sustentável.

V – Restrições aos direitos dos cidadãos europeus e o problema da discriminação inversa

48. Os direitos de circulação e residência dos cidadãos europeus podem ser limitados por razões de *ordem pública, segurança pública e saúde pública* nos temos previstos na Diretiva 2004/38/CE.

49. Além disso, os cidadãos europeus, economicamente ativos, ou não, ficarão impedidos de invocar o direito da União quando não se verifique, no caso em apreço, o elemento transfronteiriço. Na verdade, o Tribunal tem afirmado de forma praticamente constante, na sua jurisprudência, que as disposições relativas às liberdades de circulação só podem ser aplicadas a situações que não estão apenas em contacto com um único Estado (como sucede com as situações puramente internas). Logo, na falta de um elemento transfronteiriço, a situação ficará fora do campo de aplicação do direito da União, podendo assim ocorrer casos de discriminação inversa (*reverse discrimination*). De facto, podem surgir *situações puramente internas*, às quais o Estado-Membro aplica a lei nacional, conferindo aos seus cidadãos, sedentários, um tratamento diferente, menos bené-

fico, relativamente aos cidadãos de outros Estados-Membros, que fizeram uso do seu direito de circulação, e que, por esse facto, podem invocar o regime mais favorável resultante da aplicação do direito da União. Repare-se, em todo o caso que, como aliás já explicou Poiares Maduro, não há qualquer vontade por parte dos Estados de discriminarem contra os próprios nacionais: o problema da discriminação em sentido inverso só surge porque o direito da União obriga os Estados a tratarem os nacionais de outros Estados-Membros de uma forma que não tinha sido pensada para os próprios nacionais (cfr. Poiares Maduro, "The Scope of European Remedies: The case of Purely Internal Situations and Reverse Discrimination", in *The Future of European Remedies*, C. Kilpatrick, Novitz and Skidmore eds., Oxford, Hart, 2000, p. 127).

50. Há, aliás, que assinalar que são vários os argumentos invocados no sentido da inaplicabilidade do direito da União a situações puramente internas (cfr. Cyrill Ritter, "Purely internal situations, reverse discrimination, Guimont, Dzodi and article 234", *European Law Review*, 2006, 31, 5, pp. 691.692): excluir a aplicação do direito da União nesses casos garante a eficácia desse direito, permitindo proteger interesses nacionais: evita-se que os tribunais da União se tornem «os árbitros» de toda a legislação nacional, onerados com a verificação da sua compatibilidade com o direito da União (solução esta que poderia conduzir à desregulação, ser fonte de litígios constantes, e tornar-se mesmo uma sobrecarga para os tribunais União); salvaguarda-se a competência dos Estados-Membros, nomeadamente quanto à regulação dos fatores de produção (isto é, mercadorias, trabalhadores, capitais e serviços), em situações sem um vínculo ao direito da União, dando-lhes a possibilidade de prosseguirem interesses diferentes dos que são aceites no plano da União (nomeadamente os que resultam da jurisprudência sobre *exigências imperiosas de interesse público*, bem como os que vêm referidos nomeadamente nos artigos 36º, 45º e 51º do TFUE). Sejam estes, ou outros, os motivos invocados pelo Tribunal, a verdade é que se mantém (com algumas exceções, aparentemente) a jurisprudência sobre a não aplicação do direito da União a situações internas,

51. Assim no caso *Moser* (Ac. de 28 de junho de 1984, proc. 180/83), um professor alemão, que viu recusado o acesso a um estágio por ser membro do partido comunista, não pôde invocar a violação do princípio da livre circulação dos trabalhadores, nos termos do atual artigo 45º do TFUE, tal como no caso *Morson* (Ac. de 27 de outubro de 1982, proc. C-35 e 36/82), o nacional holandês, que não tinha exercido o seu direito de circulação, se viu impedido de trazer a mãe com nacionalidade de um terceiro Estado para residir com ele, ao passo que no caso *Saunders* (Ac. de 28 de março de 1979, proc. 175/78), relativo a um processo penal no âmbito do qual o cidadão declarado culpado se comprometia a não regressar ao Estado da nacionalidade, não foi analisada a questão da livre cir-

culação de trabalhadores, uma vez que se tratava de uma situação puramente interna.

52. À mesma solução, de inaplicabilidade do direito comunitário a situações internas, chegou o Tribunal no caso *Uecker e Jacquet* (Ac. de 5 de junho de 1997, proc. C-64/96 e C-65/96), agora no contexto da cidadania europeia. Neste processo, o Tribunal insistiu na ideia de que a cidadania da União «não tem por objetivo alargar o âmbito de aplicação material do Tratado igualmente a situações internas sem qualquer conexão com o direito comunitário». Logo, Uecker e Jacquet (nº 23), assistentes de nacionalidades norueguesa e russa, casadas com alemães, que nunca trabalharam fora da Alemanha, não puderam invocar o direito "comunitário" para pôr em causa a validade da limitação da duração do seu contrato de trabalho no território desse mesmo Estado.

53. A situação já seria diferente se os nacionais, que pretendem invocar o direito da União, contra o Estado da nacionalidade, tivessem exercido os seus direitos de circulação (por motivos económicos ou não). Assim se percebe que, no caso Singh (Ac. de 7 de julho de 1992, proc. C-370/90), um nacional indiano e a esposa, cidadã britânica, tenham podido invocar disposições da União para garantir o direito de entrada e residência no Reino Unido, quando regressaram a este país depois de terem trabalhado na Alemanha durante dois anos.

54. É certo que, excetuando este último caso, nos vários processos referidos estamos perante o paradoxo, que já foi aliás identificado pelo advogado-geral Tesauro, nas suas conclusões gerais no processo *Lancry* (Ac. de 9 de agosto de 1994, proc. C-410/93 e C-411/93), de um mercado único em que são proibidos obstáculos às trocas comerciais intracomunitárias e à livre circulação intracomunitária de pessoas e serviços, ao passo que os obstáculos às trocas comerciais e à circulação de pessoas e serviços no interior do mesmo Estado não são tomados em consideração. Note-se, todavia, que para o advogado-geral não competia ao Tribunal de Justiça resolver este paradoxo, advertindo aliás, que se o fizesse em relação às barreiras aduaneiras internas, poria em causa a jurisprudência bem assente relativa às situações puramente internas, não só em matéria de mercadorias, mas igualmente em matéria de serviços e das pessoas em geral (Conclusões nº 28).

55. Por seu turno, o Tribunal também tem entendido que a resolução deste "paradoxo" não é problema seu, como reiterou recentemente no caso *Governo da Comunidade Francesa e Governo Valão contra Governo Flamengo* (Ac. de 1 de abril de 2008, proc. C-212/06, nº 32).

56. Neste contexto renasce o interesse pela definição do conceito de situação puramente interna. Ou seja: que tipo de vínculo é que a situação deverá apresentar com o direito da União para este poder ser aplicado? Bastará um vínculo meramente potencial? Atendendo à jurisprudência mais recente sobre cidadania europeia, parece que a resposta terá de ser afirmativa. De facto, o Tribunal já

decidiu, no casos *Schempp* (Ac. de 12 de julho de 2005, processo C-403/03) e *Garcia Avello* (Ac. de 2 de outubro de 2003, proc. C-148/02), que os artigos 20º e 21º do TFUE conferem direitos a cidadãos europeus que *nunca exerceram o direito de circulação*, isto é, indivíduos que nunca saíram do território do Estado no qual nasceram, nem têm aparentemente intenção de sair.

57. O primeiro caso referia-se a um cidadão alemão residente na Alemanha, que pagava, na sequência do seu divórcio, uma prestação de alimentos à sua ex-mulher, residente na Áustria, e viu recusado o pedido de a pensão alimentar ser considerada uma despesa especial dedutível para efeitos do imposto sobre o rendimento, dedução que já poderia ser efetuada se a sua ex-mulher residisse na Alemanha. Ora, a questão que se levantou de imediato foi a de saber se não se estaria perante uma situação puramente interna, uma vez que o Sr. Schempp com nacionalidade alemã, residente na Alemanha e a trabalhar na Alemanha, nunca exerceu o seu direito de circulação. O Tribunal entendeu, no entanto, que «a situação do nacional de um Estado-Membro que, como E. Schempp, não fez uso do direito à livre circulação não pode, só por isso, ser equiparada a uma situação puramente interna», pois, «embora seja um facto que E. Schempp não exerceu tal direito, em contrapartida, está apurado que a sua ex-mulher, ao estabelecer a sua residência na Áustria, exerceu o direito reconhecido pelo artigo 18º [do TCE] a todos os cidadãos da União Europeia, de circular e permanecer livremente no território de outro Estado-Membro» (nºs 22 a 24). Uma vez que o exercício, pela ex-mulher de E. Schempp, do direito concedido pela ordem jurídica da União teve incidência sobre o direito à dedução do recorrente no processo principal, no Estado-Membro da respetiva residência, o Tribunal concluiu que a situação *in casu* não podia «ser considerada uma situação interna sem qualquer conexão com o direito comunitário» (nº 25).

58. No segundo caso discutiu-se a compatibilidade com os artigos 18º e 21º do TFUE da legislação belga, que não permitia alterar o apelido de crianças de «Garcia Avello» para «Garcia Weber», crianças estas com dupla nacionalidade – espanhola e belga – e residentes na Bélgica, quando seria este último o apelido usado ao abrigo do direito espanhol. O Tribunal, apesar da opinião contrária dos governos irlandês e dinamarquês, entendeu que não se tratava de uma situação interna sem qualquer conexão com o direito da União. Pelo contrário, essa «conexão com o direito comunitário existe no que respeita a pessoas em situação idêntica à dos filhos de C. Garcia Avello, os quais são nacionais de um Estado-Membro a residir legalmente no território de outro Estado-Membro» (nº 27). E se é certo que os interessados no processo principal possuem igualmente a nacionalidade do Estado-Membro onde residem desde que nasceram, isto é, a nacionalidade belga – nacionalidade esta que, segundo as autoridades belgas, é, por esse motivo, a única por elas reconhecida – também é verdade

que, como refere o Tribunal, «o artigo 3º da Convenção de Haia, na qual o Reino da Bélgica se baseia para reconhecer unicamente a nacionalidade do foro, em caso de pluralidade de nacionalidades, sendo uma delas a nacionalidade belga, compreende não apenas uma obrigação, mas uma simples faculdade de as partes contratantes fazerem prevalecer esta última nacionalidade sobre qualquer outra» (nº 28). Em seguida o Tribunal concluiu que a solução dada pela autoridade administrativa belga não podia ser justificada e era desproporcionada (nºs 41 a 45).

59. Em síntese, nestes dois acórdãos, o Tribunal chegou sempre à conclusão que a situação do processo não era puramente interna; no primeiro caso a ex-mulher do cidadão alemão, que continuava a receber uma pensão de alimentos, tinha-se deslocado para outro Estado, afetando a situação tributária do ex-marido, ao passo que no segundo caso a situação estava em contacto com mais do que um Estado, isto é, os menores residentes na Bélgica, tinham dupla nacionalidade, belga e espanhola. Trata-se, todavia, de vínculos ténues, e daí que certa doutrina não hesite em afirmar que o estatuto de cidadania europeia seria suficiente para criar um certo vínculo com o direito da União (cfr. Paul Craig e Gráinne de Burca, *EU Law, Text, Cases and Materials*, Oxford University Press, 2008, p. 858). Como, aliás, seria confirmado pelo recente caso Zambrano (acórdão de 8 de março de 2011, proc. C-34/09), no qual o Tribunal decidiu que o artigo 20º TFUE se opõe, por um lado, a que um Estado-Membro recuse a um nacional de um Estado terceiro, que tem a seu cargo filhos de tenra idade, cidadãos da União, a permanência no Estado-Membro da residência destes últimos, cuja nacionalidade têm (*in casu* as autoridades belgas recusaram o pedido de asilo do Sr. Zambrano, colombiano), e, por outro, recuse ao dito nacional de um Estado terceiro uma autorização de trabalho, na medida em que essas decisões venham a privar os referidos filhos do gozo efetivo do essencial dos direitos associados ao estatuto de cidadão da União. Com esta decisão, o Tribunal parece "dispensar" o elemento transfronteiriço no contexto da cidadania; ou seja, o direito de residência seria "autonomizado" do direito de circulação, uma vez que o artigo 20º do TFUE "se opõe a medidas nacionais que tenham por efeito privar os cidadãos da União do gozo efetivo do essencial dos direitos conferidos por esse estatuto" (nº 20 do acórdão Zambrano, nº 47 do caso McCarthy, de 5 de maio de 2011, proc. C-434/09 e nº 64 do caso Dereci, 15 de novembro de 2011, proc. C-256/11; note-se que, nestes dois últimos casos, o Tribunal decidiu que "o direito da União, designadamente as suas disposições relativas à cidadania da União, deve ser interpretado no sentido de que não se opõe a que um Estado-Membro recuse a um nacional de um Estado terceiro a residência no seu território, quando esse nacional pretende residir com um membro da sua família, que é cidadão da União, residente neste Estado-Membro, do qual tem a nacionalidade e que nunca exerceu o seu direito de livre cir-

culação, desde que tal recusa não comporte, para o cidadão da União em causa, a privação do gozo efetivo do essencial dos direitos conferidos pelo estatuto de cidadão da União"). Por outro lado, o caso Zambrano suscita inúmeras dúvidas" (por exemplo: o direito de residência dos pais mantém-se depois de as crianças se tornarem adultas?) e pode mesmo provocar uma reação protecionista por parte dos Estados-Membros (os quais podem dificultar as condições de aquisição, e manutenção, da nacionalidade, ainda que com os limites já estabelecidos no acórdão Rottmann, de 2 de março de 2010, proc. C.135/08). Questiona-se, assim, se o Tribunal" não estará a utilizar o mecanismo do reenvio prejudicial para, através da desmaterialização da exigência de uma conexão da situação ao direito da União, permitir a aplicação deste direito a todos os cidadãos europeus, ainda que sedentários (Cyril Ritter p. 694). Apesar de o Tribunal nunca ter deixado de afirmar que o direito da União não se aplica a situações internas, ao aceitar o carácter transnacional hipotético dos casos em apreço (isto é, bastará a possibilidade de no futuro os cidadãos quererem exercer o seu direito de circulação), a instituição europeia estará a prosseguir uma «agenda escondida», que visa eliminar a discriminação em sentido inverso; ou seja, a jurisprudência do Tribunal na prática conduzirá à eliminação do elemento transfronteiriço (cfr. Camille Dautricourt e Sebastian Thomas, "Reverse discrimination and free movement of persons under community law: all for Ulysses, nothing for Penelope?", *European Law Review*, 2009, 34, 3, p. 446).

60. Note-se que a resolução do problema da discriminação inversa através da eliminação do elemento transfronteiriço não é uma proposta nova, ainda que recentemente tenha sido de novo colocada na mesa, com as conclusões da advogada-geral Eleanore Sharpston no caso *Governo da Comunidade Francesa e Governo Valão contra Governo Flamengo*, relativo a um regime de seguro de assistência instituído por uma comunidade autónoma de um Estado federal, com exclusão das pessoas que residem numa parte do território nacional distinta daquela na qual a referida entidade tem competência. Neste processo, o Tribunal afirmou que um Estado federal, membro da Comunidade Europeia, conserva a sua competência para levar a cabo discriminações entre os seus próprios cidadãos, sem estar obrigado a fornecer uma justificação objetiva para essa discriminação (n° 64). Afastou-se, deste modo das conclusões da advogada-geral, a qual defendera veementemente a eliminação da regra que proíbe a aplicação do direito comunitário a situações puramente internas (cfr. igualmente no sentido da eliminação do elemento transfronteiriço, e da invocação do artigo 18º do TFUE por cidadãos que não exerceram o direito de livre circulação, sob pena de serem considerados cidadãos de segunda classe, Eleanor Spaventa, "Seeing the wood despite the trees? On the scope of Union citizenship and its constitutional effects", *Common Market Law Review*, 2008, pp. 35-37).

61. Em defesa da exclusão de um elemento «transfronteiras», Sharpston invocou vários argumentos. Por um lado, sustentou que o regime da livre circulação de pessoas devia ser alinhado, na medida do possível, pelo da livre circulação de mercadorias; ou seja, deveria ser aplicada analogicamente a solução dada no acórdão *Lancry*, que estendeu a proibição das barreiras aduaneiras às fronteiras regionais no interior de um Estado-Membro. Logo, o seguro de assistência flamengo deveria ser equiparado a uma barreira aduaneira interna relativamente à livre circulação de pessoas (Conclusões nº 123). Invocou, neste sentido, o acórdão Carbonati (Ac. de 9 de setembro de 2004, proc. C-72/03), no qual o Tribunal de Justiça salientou que o artigo 14º, nº 2, do TCE (atualmente artigo 26º, nº 2, do TFUE), ao definir o mercado interno como um espaço sem fronteiras internas, no qual a livre circulação das mercadorias, das pessoas, dos serviços e dos capitais é assegurada, não faz uma distinção entre fronteiras interestatais e intraestatais. Logo, «pelo menos potencialmente, o mesmo raciocínio pode ser aplicado por analogia à livre circulação de pessoas» (Conclusões nº 129).

62. Por outro lado, apelou à redação do atual artigo 45º do TFUE, o qual, ao contrário do atual artigo 30º do TFUE, não se refere apenas a situações transfronteiriças, antes estipula que a liberdade de circulação compreende «o direito de se deslocar livremente no território dos Estados-Membros para responder a ofertas de emprego efetivamente feitas» (Conclusões, nº 132).

63. Além disso, chamou à colação o estatuto da cidadania europeia para sustentar a aplicação do direito da União às situações internas, recordando que a «cidadania da União [se] destina a ser o estatuto fundamental dos nacionais dos Estados-Membros» (Conclusões nº 139). Assim sendo, o facto de o indivíduo ser cidadão europeu seria suficiente, por si só, para se afirmar a existência de uma conexão com as situações previstas pelo direito comunitário. Aliás, vários direitos dos cidadãos europeus, fixados nos Tratados, podem ser exercidos sem que se verifique o elemento «transfronteiras»; basta referir a título de exemplo, o direito de petição dos cidadãos ao Parlamento Europeu, ou o direito de questionarem as instituições e órgãos comunitários e obterem uma resposta, nos termos do artigo 24º do TFUE. Do mesmo modo, o «direito de circular e permanecer livremente no território dos Estados-Membros», previsto no atual artigo 21º do TFUE, significa, segundo a advogada-geral, não só «'liberdade de circular e depois permanecer' (ou seja, a liberdade de permanecer resulta ou decorre do exercício anterior da liberdade de circular)» mas também «'dupla liberdade de circular e de permanecer' (de forma que é possível exercer a liberdade de residir ou de continuar a residir sem exercer primeiro a liberdade de circular entre Estados-Membros)» (Conclusões nº 144).

64. Por fim, a advogada-geral esclareceu que, ao aplicar-se o direito da União no caso em apreço, nada impediria o Estado de justificar objetivamente a discri-

minação indireta. Deste modo «[q]ualquer justificação objetiva devidamente fundamentada deixaria aos Estados-Membros uma ampla margem para aplicar regras diferenciadas a situações que, objetivamente, mereciam esse tratamento, ao mesmo tempo que preservam os cidadãos da União de discriminações arbitrárias que não pudessem ser justificadas dessa forma» (Conclusão nºs 154-155).

65. Apesar dos argumentos invocados pela advogada-geral, e do apoio que a solução da exclusão do elemento «transfronteiras» tem colhido em certa doutrina, a verdade é que não tem sido esse geralmente o entendimento seguido pelo Tribunal. Este continua a afirmar, via de regra, que a solução para o problema da discriminação inversa deve ser encontrada no contexto nacional. Neste sentido, insistiu, por exemplo no acórdão *Uecker e Jacquet*, que «as eventuais discriminações de que os nacionais de um Estado-Membro possam ser objeto à luz do direito desse Estado se enquadram no âmbito de aplicação deste, de modo que devem ser resolvidas no quadro do sistema jurídico interno do referido Estado» (nº 43).

66. Ora, o problema é que a premissa de que o acórdão parte, isto é, que os Estados não querem geralmente discriminar contra os seus nacionais, e que nessa medida adotarão as soluções adequadas, nem sempre se verifica. De facto, se há situações em que o próprio tribunal nacional resolve diretamente a situação, através da aplicação do princípio da igualdade de tratamento, consagrado, via de regra, nas constituições dos Estados-Membros, estendendo as liberdades da União aos nacionais desse Estado que não exerceram a livre circulação – solução que, quando possível, nos parece ser a mais adequada –, surgem, todavia, outros casos em que os tribunais nacionais não podem (uma vez que não dispõem de meios para o efeito), ou não querem, eliminar a discriminação inversa.

67. Acresce, como sublinham Camille Dautricourt e Sebastien Thomas (p. 438), que a discriminação pode não ser resolvida quando no plano nacional sejam impostas as soluções preferidas pela maioria; ou quando, a nível regional, a discriminação é perpetuada quer pela atuação das próprias autoridades regionais, quer pela frequente dificuldade em sancioná-las.

68. Uma outra solução, apontada designadamente pelo advogado-geral Poiares Maduro, no caso *Carbonati* (Ac. 9 de setembro de 2004, proc. C.72/03), seria considerar-se que a solução para o problema da discriminação inversa (situações residuais) passará pela aplicação, pelas autoridades nacionais e nomeadamente pelo órgão jurisdicional nacional, do princípio da não discriminação enquanto princípio geral de direito da União, que faz parte dos direitos que «entram diretamente no património pessoal dos nacionais dos Estados-Membros na sua qualidade de cidadãos da União»; ou seja, este princípio terá uma «existência independente» e um «alcance autónomo» não ficando a sua aplicação condicionada à utilização prévia das liberdades comunitárias (nºs 66-69). Trata-se de uma solução que poderá, de algum modo, contribuir, no estádio atual da evolução do

direito da União, para resolver o problema da discriminação inversa, sobretudo nos casos em que não seja possível o recurso à legislação nacional, apesar de apresentar algumas limitações: inexistência de um apoio claro na jurisprudência do Tribunal, além de conferir um alcance ao princípio da não discriminação que, aparentemente, não corresponde ao objetivo dos Estados.

VI – Conclusão

69. À cidadania europeia continua a ser reservado um papel fundamental no seio do ordenamento jurídico comunitário, como resulta de forma evidente do acórdão *Baumbast*, ainda que certas medidas, adotadas pelos Estados-Membros, possam comprometer o exercício de direitos fundamentais pelos nacionais desses mesmos Estados.

70. Este conflito de interesses – realização, por um lado, de uma União Europeia capaz de promover a «coesão económica, social e territorial, e a solidariedade entre os Estados-Membros», tal como vem estabelecido no artigo 3º do TUE, e a proteção, por outro lado, dos interesses legítimos dos Estados-Membros, que procuram evitar a sobrecarga dos seus sistemas de segurança social, e o respectivo orçamento nacional, com os direitos concedidos aos cidadãos de outros Estados – só poderá ser resolvido com um debate sério, que aliás já começou, sobre o alcance do princípio da solidariedade entre (os cidadãos dos) Estados-Membros e os inerentes critérios de justiça distributiva.

7.2.3. Direito de Estabelecimento

António Frada de Sousa

Acórdão do Tribunal de Justiça de 30 de novembro de 1995 – Processo C-55/94, Reinhard *Gebhard* c. Consiglio dell'Ordine degli Avvocati e Procuratori di Milano

Resumo dos factos
Reinhard Gebhard era um cidadão alemão que começou por exercer a advocacia em Stuttgart (Alemanha). Em 1989 abriu um escritório em Milão (Itália), passando então a repartir a sua atividade como advogado nas duas cidades. O Conselho da Ordem dos advogados de Milão instaurou um processo disciplinar ao Dr. Gebhard por este exercer em Itália uma atividade profissional estável usando o título de 'avvocato' sem a autorização desse Conselho, donde resultou a aplicação ao Dr. Gebhard de uma sanção de suspensão do exercício da atividade

profissional. O Dr. Gebhard recorreu dessa decisão para o *Consiglio Nazionale Forense* que decidiu suspender a instância e proceder a um reenvio prejudicial para o Tribunal de Justiça. As questões colocadas ao Tribunal de Justiça eram relativas à interpretação da Diretiva 77/249/CEE do Conselho, de 22 de março de 1977, tendente a facilitar o exercício efetivo da livre prestação de serviços pelos advogados (JO L 78, p. 17; EE 06 F1 p. 224). O Tribunal via-se confrontado, no essencial, com o problema central para o tratamento do caso, da delimitação da fronteira entre a livre prestação de serviços e o direito de estabelecimento. Com efeito, estando-se perante uma situação abrangida pela liberdade de estabelecimento, como o Tribunal veio a considerar, o caso não seria decidido à luz das disposições da Diretiva 77/249/CEE.

Excertos do acórdão
«20. Em primeiro lugar, há que observar que a situação de um nacional comunitário, que se desloca para outro Estado-Membro da Comunidade a fim de aí exercer uma atividade económica, é abrangida ou pelo capítulo do Tratado relativo à livre circulação dos trabalhadores, ou pelo relativo ao direito de estabelecimento, ou, ainda, pelo relativo aos serviços, que se excluem mutuamente.
21. Não relevando para o caso concreto o capítulo relativo aos trabalhadores, pode desde logo ser afastado no que toca à análise das questões submetidas, que respeitam essencialmente as noções de «estabelecimento» e de «prestação de serviços».
22. Seguidamente, há que referir que as disposições do capítulo relativo aos serviços são subsidiárias relativamente às do capítulo relativo ao direito de estabelecimento, uma vez que, em primeiro lugar, o teor do artigo [56º, primeiro parágrafo TFUE] pressupõe que o prestador e o destinatário do serviço em questão estão «estabelecidos» em dois Estados-Membros diferentes e que, em segundo lugar, o artigo [57º, primeiro parágrafo, TFUE] especifica que as disposições relativas aos serviços apenas são aplicáveis caso as relativas ao direito de estabelecimento o não sejam. Portanto, é necessário analisar o âmbito de aplicação da noção de «estabelecimento».
23. O direito de estabelecimento, regulado nos artigos [49º a 55º, TFUE], é reconhecido tanto às pessoas coletivas, na aceção do artigo [54º TFUE], como às pessoas singulares nacionais de um Estado-Membro da Comunidade. Compreende, sem prejuízo das exceções e condições previstas, o acesso no território de qualquer outro Estado-Membro a todo o tipo de atividades não assalariadas e ao seu exercício, bem como a constituição e a gestão de empresas e a criação de agências, de sucursais ou de filiais.
24. De onde resulta que uma pessoa pode estar estabelecida, na aceção do Tratado, em mais de um Estado-Membro, e isto nomeadamente no caso das

sociedades, através da criação de agências, sucursais ou filiais (artigo [49º TFUE]) e, como o Tribunal de Justiça já decidiu no caso dos profissionais liberais, através da criação de um segundo domicílio profissional (v. o acórdão de 12 de julho de 1984, *Klopp*, 107/83, *Recueil*, p. 2971, nº 19).

25. A noção de estabelecimento na aceção do Tratado é, portanto, uma noção muito ampla, que implica a possibilidade de um nacional comunitário participar, de modo estável e contínuo, na vida económica de um Estado-Membro diferente do seu Estado de origem e dela tirar benefício, favorecendo assim a interpenetração económica e social no interior na Comunidade no domínio das atividades não assalariadas (v., neste sentido, o acórdão de 21 de junho de 1974, *Reyners*, 2/74, Colect., p. 325, nº 21).

26. Em contrapartida, e na hipótese de o prestador do serviço se deslocar para outro Estado-Membro, as disposições do capítulo relativo aos serviços e, designadamente, o artigo [57º, terceiro parágrafo, TFUE], preveem que esse prestador aí exercerá a sua atividade a título temporário.

27. Como referiu o advogado-geral, o caráter temporário das atividades em causa deve ser apreciado não apenas em função da duração da prestação, mas também em função da sua frequência, periodicidade ou continuidade. O caráter temporário da prestação não exclui a possibilidade de o prestador de serviços, na aceção do Tratado, se dotar, no Estado-Membro de acolhimento, de uma certa infraestrutura (incluindo um escritório ou gabinete), na medida em que essa infraestrutura seja necessária para os efeitos da realização da prestação em causa.

28. Todavia, esta situação é diferente da de R. Gebhard, que, sendo nacional de um Estado-Membro, exerce de modo estável e contínuo uma atividade profissional noutro Estado-Membro, onde, a partir de um domicílio profissional, se dirige, entre outros, aos nacionais desse Estado. Este nacional está abrangido pelas disposições do capítulo relativo ao estabelecimento e não pelas disposições do capítulo relativo aos serviços.

[...]

33. Nos termos do artigo [49º, segundo parágrafo, TFUE], a liberdade de estabelecimento é exercida nas condições definidas na legislação do país de estabelecimento para os seus próprios nacionais.

34. Caso as atividades específicas em questão não estejam sujeitas a qualquer regulamentação no Estado de acolhimento, de modo que um nacional desse Estado-Membro não tenha de possuir qualquer qualificação especial para as exercer, um nacional de qualquer outro Estado-Membro tem o direito de se estabelecer no território do primeiro Estado e de aí exercer essas mesmas atividades.

35. Todavia, o acesso a certas atividades não assalariadas e o seu exercício podem ser subordinados ao respeito de determinadas disposições legislativas, regulamentares ou administrativas justificadas pelo interesse geral, como as nor-

mas relativas à organização, à qualificação, à deontologia, ao controlo e à responsabilidade (v. acórdão de 28 de abril de 1977, *Thieffry*, 71/76, *Recueil*, p. 765, nº 12). Essas disposições podem, designadamente, prever que o exercício de uma atividade específica será reservado, conforme os casos, às pessoas titulares de um diploma, certificado ou outro título, às pessoas inscritas numa ordem profissional ou ainda às pessoas sujeitas a uma certa disciplina ou controlo. Podem também regular as condições de utilização dos títulos profissionais, como o de «avvocato».

36. Quando o acesso a uma atividade específica, ou o seu exercício, esteja subordinado no Estado-Membro de acolhimento a tais condições, um nacional de outro Estado-Membro que pretenda exercer essa atividade deve, em princípio, preenchê-las. É por esta razão que o artigo [53º TFUE] prevê que o Conselho adotará diretivas do tipo da Diretiva 89/48, [...], que tem em vista, por um lado, o reconhecimento mútuo dos diplomas, certificados e outros títulos e, por outro, a coordenação das disposições nacionais relativas ao acesso às atividades não assalariadas e ao seu exercício.

37. Todavia, resulta da jurisprudência do Tribunal de Justiça que as medidas nacionais suscetíveis de afetar ou de tornar menos atraente o exercício das liberdades fundamentais garantidas pelo Tratado devem preencher quatro condições: aplicarem-se de modo não discriminatório, justificarem-se por razões imperativas de interesse geral, serem adequadas para garantir a realização do objetivo que prosseguem e não ultrapassarem o que é necessário para atingir esse objetivo (v. acórdão de 31 de março de 1993, *Kraus*, C-19/92, Colect., p. I-1663, nº 32).

38. De igual modo, os Estados-Membros não podem, na aplicação das disposições nacionais, ignorar os conhecimentos e qualificações já adquiridos pelo interessado noutro Estado-Membro (v. acórdão de 7 de maio de 1991, *Vlassopoulou*, C-340/89, Colect., p. I-2357, nº 15). Por conseguinte têm a obrigação de tomar em conta a equivalência dos diplomas (v. acórdão *Thieffry*, já referido, nºs 19 e 27) e, eventualmente, de proceder a uma análise comparativa dos conhecimentos e qualificações exigidos pelas disposições nacionais com os do interessado (v. acórdão *Vlassopoulou*, já referido, nº 16).»

Comentário

I – Introdução

1. O acórdão *Gebhard* é um dos mais importantes e representativos acórdãos do Tribunal de Justiça sobre o direito de estabelecimento, conferido e regulado pelos artigos 49º e seguintes do Tratado sobre o funcionamento da União Europeia (doravante "TFUE" ou "Tratado"). Este acórdão é particularmente ilustra-

tivo do Direito da União Europeia (UE) sobre a liberdade de estabelecimento, tal como esse Direito tem vindo a ser formulado pelo Tribunal de Justiça na sua vasta jurisprudência relativa à interpretação das disposições pertinentes de Direito primário da União sobre esta liberdade fundamental.

2. Resulta do artigo 54º TFUE que o direito de estabelecimento é conferido, não apenas a pessoas singulares, nacionais de um Estado Membro, como a pessoas coletivas com fins lucrativos, (Ac. *Gebhard*, nº 20). Apesar de o acórdão *Gebhard* envolver a liberdade de estabelecimento de uma pessoa singular, no caso, um advogado alemão em Itália, a relevantíssima jurisprudência do Tribunal relativa à liberdade de estabelecimento das sociedades, ulterior ao acórdão *Gebhard*, não deixou de ser influenciada pelo modo decidido como este acórdão, clara e sinteticamente, enunciou as linhas gerais, ou traves mestras, do direito de estabelecimento das pessoas singulares na UE.

3. Por um lado, o acórdão *Gebhard* constitui um ponto de chegada da jurisprudência anterior do Tribunal de Justiça relativa ao direito de estabelecimento das pessoas singulares. É uma «importante súmula conclusiva» dessa jurisprudência (cfr. A. MOTA PINTO, *Apontamentos sobre a liberdade de estabelecimento das sociedades*, in *Temas de Integração*, Vol. 17, 2004, p. 101), que nele foi, por assim dizer, sinteticamente consolidada, de um modo que prima pela clareza da apresentação de princípios já em larga medida formulados anteriormente pelo Tribunal acerca do direito de estabelecimento. Isto está bem patente, quer na forma como este acórdão clarifica a distinção entre estabelecimento e prestação de serviços, quer na forma como consolida um entendimento que tinha começado a despontar na jurisprudência do Tribunal pouco tempo antes (especialmente no acórdão *Kraus*, de 31-3-1993, proc. C-19/92, nº 32), no sentido de que o direito de estabelecimento conferido pelo Tratado não proíbe apenas medidas nacionais, direta ou indiretamente discriminatórias em razão da nacionalidade, mas também medidas nacionais que, sendo indistintamente aplicáveis a nacionais e a estrangeiros, se limitem a «afetar» ou a «tornar menos atraente» o exercício do direito de estabelecimento. Deste modo, o Tribunal consolida uma aproximação do regime do Tratado sobre o acesso a atividade não assalariada noutro Estado-Membro, ao regime da liberdade de circulação de mercadorias. Isto apesar de, pelo seu teor literal, as normas do Tratado sobre a liberdade de estabelecimento terem, aparentemente, um alcance mais limitado relativamente a normas nacionais restritivas do direito de estabelecimento, do que as disposições do Tratado sobre a livre circulação de mercadorias.

4. Por outro lado, o acórdão *Gebhard* constitui igualmente, como veremos, um ponto de partida para desenvolvimentos ulteriores da jurisprudência do Tribunal sobre o direito de estabelecimento, em especial no que concerne ao

direito de estabelecimento das sociedades. Ao formular tão claramente os termos em que os entraves não discriminatórios ao direito de estabelecimento serão incompatíveis com o Tratado, o acórdão *Gebhard* marca uma viragem na jurisprudência sobre este direito que contrasta com uma compreensão, patente em alguma jurisprudência da década de oitenta, segundo a qual o direito de estabelecimento, conferido pelo então Tratado CEE, teria apenas em vista a abolição de medidas nacionais protecionistas que se perfilassem, direta ou indiretamente, como discriminatórias em razão da nacionalidade. O acórdão *Gebhard* pode considerar-se um acórdão precursor de acórdãos ulteriores relativos ao direito de estabelecimento, com um evidente impacto desregulador relativamente a normas imperativas nacionais, nos mais variados domínios jurídicos (incluindo o fiscal e o societário), normas essas que, mesmo não sendo de todo discriminatórias, vieram a ser consideradas incompatíveis com a liberdade de estabelecimento (v. P. CRAIG & G. DE BURCA, *EU Law - Text, Cases and Materials*, 4th Ed., Oxford Univ. Press, 2008, p. 794).

II – Natureza das atividades abrangidas pela liberdade de estabelecimento
5. As pessoas, encaradas como operadores económicos indispensáveis à construção do mercado interno, viram ser-lhes reconhecida, desde os alvores da Comunidade Económica Europeia (CEE), a liberdade de circulação entre Estados-Membros. Essa liberdade de circulação económica de pessoas está prevista, atualmente, nos dois primeiros capítulos do Título IV (relativo à «livre circulação de pessoas, serviços e capitais») da Parte III do TFUE. Nesses dois capítulos, que precedem os capítulos relativos à livre prestação de serviços e à livre circulação de capitais, encontram-se vertidos os princípios orientadores da livre circulação económica de pessoas, encaradas como fatores de produção.

6. Tendo em conta que a liberdade de prestação de serviços nem sempre implicará uma deslocação de pessoas entre Estados-Membros, seja o prestador do serviço, seja o beneficiário da prestação – como sucederá, por exemplo, no caso de envio de um parecer jurídico por correio, por um jurista de Paris a um cliente em Portugal – o Tratado autonomiza conceptualmente a livre prestação de serviços da liberdade de circulação de pessoas, na qual *não* se integra. O primeiro dos capítulos, relativos à livre circulação de pessoas, é constituído pelos artigos 45º a 48º TFUE que asseguram e regem a liberdade de circulação de trabalhadores; o segundo capítulo, constituído pelos artigos 49º a 55º TFUE, assegura e rege o direito de estabelecimento.

7. O direito de estabelecimento surge como uma das duas formas possíveis que pode assumir a liberdade económica de circulação de pessoas. A distinção relativamente à liberdade de circulação de trabalhadores afigura-se relativamente simples, diferentemente do que sucede com a distinção face à liberdade

de prestação de serviços, de que se ocupa expressamente o acórdão *Gebhard*. Esta última distinção pode colocar dificuldades acrescidas naqueles casos, a bem dizer frequentes, em que a livre prestação de serviços envolva uma deslocação do prestador do serviço para outro Estado-membro. Relativamente à distinção entre o âmbito da liberdade de estabelecimento e o âmbito da liberdade de circulação de capitais, não irá aqui ser tratada.

8. A liberdade de estabelecimento, à semelhança, aliás, da liberdade de prestação de serviços, distingue-se da liberdade de circulação de trabalhadores, por ter em vista assegurar a operadores económicos independentes, autónomos, isto é, que levam a cabo uma *atividade económica não assalariada*, o direito de exercerem livremente essa atividade no território de outros Estados-Membros.

9. Exerce uma atividade económica não assalariada, quem – diferentemente de um trabalhador dependente, que atua numa posição subordinada a uma entidade patronal de quem recebe um salário – atua de modo independente, isto é, *fora de todo e qualquer vínculo de subordinação*, suportando o risco económico da sua atividade e recebendo integral e diretamente uma contrapartida, um *quid pro quo*, pela atividade efetivamente desenvolvida (Ac. *Jany*, de 20-11-2001, proc. C-268/00, n.º 34 e n.ºs 70-71 e Ac. *Nadin*, de 15-12-2005, processos apensos C151/04 e C152/04, n.º 31).

10. Deverá entender-se, em termos muito amplos, o que há de poder constituir atividade económica não assalariada que um operador económico pretenda exercer ao estabelecer-se noutro Estado-Membro. Disso mesmo dá conta o acórdão *Gebhard* ao afirmar que o direito de estabelecimento abrange o acesso a «*todo o tipo de atividades não assalariadas* e ao seu exercício» (n.º 23) e que «a noção de estabelecimento na aceção do Tratado é [...] *uma noção muito ampla*, que implica a possibilidade de um nacional comunitário participar, de modo estável e contínuo, na vida económica de um Estado-Membro diferente do seu Estado de origem» (n.º 25). Poderão estar em causa, portanto, atividades que não constituam prestações de serviços, como sucederá, por exemplo, se estiver em causa um estabelecimento num Estado-Membro, de um operador económico de outro Estado-Membro, a fim de aí levar a cabo uma produção agrícola ou industrial de mercadorias (Cfr. A. MOTA PINTO, *Apontamentos, cit.*, p. 65, sublinhando que o direito de estabelecimento não pode incluir-se numa categoria ampla de livre circulação de serviços. V., em sentido oposto, M. GORJÃO-HENRIQUES, *Direito da União*, 6.ª Edição, Almedina, 2010, p. 603).

11. A circunstância de a atividade em causa ser imoral ou até ilegal em algum, ou alguns Estados-Membros, não é de molde a excluí-la da noção de atividade económica não assalariada para efeitos da aplicação do artigo 49.º TFUE. Isto mesmo foi afirmado expressamente no acórdão *Jany*, já referido, n.ºs 55-57. Estava aí em causa o exercício de uma atividade contínua e estável, como "prostitutas de

montra", por cidadãs checas e polacas, nos Países Baixos. Entendeu-se que se tratava de atividade económica não assalariada suscetível de caber, como tal, no âmbito de aplicação do artigo 52º CE [atual 49º TFUE] (Ac. *Jany*, nº 50).

12. O Tribunal adota, a este respeito, uma posição de *neutralidade* em relação às conceções morais e éticas divergentes dos vários Estados-Membros. Mesmo reconhecendo que a moralidade de uma atividade económica pode ser questionada, o Tribunal evita abertamente substituir a sua apreciação à dos legisladores dos Estados-Membros onde a atividade em causa, pretensamente imoral, pode ser legalmente praticada (cfr. Ac. *Jany*, nº 56). Posto isto, desde que, no Estado-Membro de acolhimento, a atividade em causa seja permitida, será reconhecido o direito de estabelecimento a operadores económicos estrangeiros que aí pretendam fixar-se, a fim de desenvolverem essa atividade, nos mesmos termos em que os nacionais desse Estado a poderão desenvolver, seja ela a atividade independente de "prostituição de montra" ou outras atividades, como por exemplo certas práticas de inseminação artificial humana ou de eutanásia, que em alguns Estados-Membros não sejam lícitas.

13. Decisivo é que se verifique um nexo económico entre o exercício da atividade por um operador independente e uma contrapartida recebida diretamente de outrem por esse exercício, e que essa atividade não seja totalmente proibida em todos os Estados-Membros. Neste último caso estar-se-ia, com efeito, fora do âmbito da noção de atividade económica, por estarem em causa produtos ou serviços cujo comércio fosse absolutamente ilícito na UE. Neste sentido, o Tribunal veio afirmar, no recente acórdão *Josemans*, de 16-12-2010, proc. C-137/09, que normas municipais holandesas que proíbam a venda de *cannabis* em *coffeeshops*, nos Países-Baixos, a nacionais de outros Estados-Membros, não residentes nos Países-Baixos, não são abrangidas pelo âmbito de aplicação da liberdade de prestação de serviços e do princípio de não discriminação em razão da nacionalidade. Isto, atendendo a que o comércio de «estupefacientes que não se encontram num circuito vigiado pelas autoridades competentes tendo em vista a sua utilização para fins médicos e científicos estão abrangidos, pela sua própria natureza, por uma *proibição de importação e de comercialização* em todos os Estados-Membros» (Ac. *Josemans*, nºs 41-42). É certo que no processo *Josemans* o Tribunal se recusou apenas a admitir que a liberdade de prestação de serviços prevista no TFUE pudesse ser invocada para contrariar um regulamento do conselho municipal de Maastricht que, tendo em vista prevenir o "turismo da droga", proibia o acesso de indivíduos não residentes nos Países-Baixos às *coffeeshops* de Maastricht. Em todo o caso, a posição expressa neste acórdão no sentido de que o comércio de *cannabis* está excluído do âmbito das atividades económicas lícitas na UE, deixa algumas dúvidas quanto à questão de saber se ficaria também fora do âmbito da liberdade de estabelecimento uma eventual

regulamentação nacional neerlandesa que, mau grado o seu evidente caráter discriminatório, proibisse liminarmente a exploração de *coffeeshops*, nos Países-Baixos, por nacionais de outros Estados-Membros.

III – Distinção entre liberdade de estabelecimento e liberdade de prestação de serviços.

14. O acórdão *Gebhard* é frequentemente citado, desde logo, porque nele se enunciam os fatores que permitem delinear a fronteira entre a liberdade de estabelecimento e a liberdade de prestação de serviços. Esta última liberdade é aí, aliás, expressamente apresentada como tendo caráter «subsidiário» relativamente ao direito de estabelecimento (Ac. *Gebhard*, nº 22). Daqui resulta que, metodologicamente, face a uma situação situada na fronteira entre estas duas liberdades, que se «excluem mutuamente» (Ac. *Gebhard*, nº 20), importa verificar, em primeiro lugar, se estamos no âmbito da liberdade de estabelecimento.

15. Quando um operador económico independente, não assalariado, leva a cabo a sua atividade económica noutro Estado-Membro, de modo permanente e estável, aplicar-se-ão as disposições do Tratado relativas à liberdade de estabelecimento. Quando desenvolve essa atividade de modo temporário ficará a coberto das normas do Tratado relativas à liberdade de prestação de serviços.

16. Estabelecimento pressupõe uma instalação do operador económico independente, com caráter de *estabilidade e continuidade* (Ac. *Gebhard*, nº 25). Noutras formulações do Tribunal refere-se, em sentido não inteiramente coincidente com o Ac. *Gebhard*, que o elemento central do artigo 49º TFUE é o «exercício *efetivo* de uma atividade económica através de uma instalação permanente, num determinado Estado, por tempo indeterminado» (Ac. *Factortame* I, de 25-7-1991, proc. C-221/89, nº 20). Recentemente, no acórdão *Cadbury Schweppes*, de 12-9-2006, proc. C-196/04, nº 54, afirmou-se – mais em linha com o Ac. *Factortame I* do que com o Ac. *Gebhard* – que o artigo 49º TFUE implica o «estabelecimento efetivo» no Estado de acolhimento, acrescentando-se, no entanto, que o direito de estabelecimento «pressupõe uma implantação *real* [...] no Estado-Membro de acolhimento e o exercício de uma atividade económica *efetiva* neste». Esta exigência de uma atividade genuína e efetiva no Estado de acolhimento parece constituir, presentemente, um requisito indispensável para se poder invocar o direito de estabelecimento em termos que sejam merecedores de tutela pelo Direito primário da União.

17. À luz do exposto, a diferenciação entre o âmbito de aplicação da liberdade de estabelecimento e o da liberdade de prestação de serviços, afigura-se aparentemente fácil de compreender. Com efeito, a liberdade de prestação de serviços, prevista no artigo 57º TFUE, cobre apenas as situações em que um operador eco-

nómico, estabelecido num Estado-Membro, se desloca, *a título temporário*, a outro Estado-Membro, para aí exercer a sua atividade como prestador independente (não assalariado) de um serviço (Ac. *Gebhard*, nº 26). Assim, por exemplo, se um serralheiro estabelecido em Vigo (Galiza), se desloca a Braga para restaurar uma velha vedação de ferro de uma quinta, estaremos no âmbito da liberdade de prestação de serviços. Se decide abrir uma oficina em Portugal para desenvolver aqui a sua atividade de modo *estável* e *contínuo*, entramos no domínio da liberdade de estabelecimento.

18. Em abstrato, esta distinção entre liberdade de estabelecimento e liberdade de prestação de serviços parece simples, tanto mais que será fácil de diferenciar estas duas liberdades nos casos em que a liberdade de prestação de serviços seja exercida através da deslocação do *beneficiário da prestação*, ou da mera deslocação do *objeto da prestação*, para outro Estado. A distinção poderá, no entanto, não ser fácil de estabelecer na prática, designadamente, em situações em que não seja evidente quando é que uma atividade levada a cabo por um prestador de serviços noutro Estado terá caráter meramente temporário. Disso mesmo dá conta o acórdão *Gebhard* (nº 27), quando assinala que «o caráter temporário das atividades em causa deve ser apreciado não apenas em função da duração da prestação, mas também em função da sua frequência, periodicidade ou continuidade.» Se é solicitado a uma empresa espanhola que venha a Portugal fazer uma plantação de oliveiras numa propriedade de grandes dimensões, estaremos no âmbito de uma prestação de serviços, mesmo que esse serviço leve, por exemplo, um ano a concluir. A empresa, atendendo à envergadura do trabalho a realizar, poderá até decidir criar um armazém e um gabinete em Portugal, ou outro tipo de infraestrutura necessária para a realização da prestação em causa. Mesmo nesse caso, como expressamente resulta do acórdão *Gebhard*, nº 27, a prestação de serviços não deixará de ter caráter temporário, não sendo, portanto, enquadrável na liberdade de estabelecimento.

19. Se, a partir daquela infraestrutura localizada em Portugal, a empresa espanhola começar a prestar serviços para outros proprietários agrícolas no nosso país, a fronteira entre a liberdade de prestação de serviços e a liberdade de estabelecimento tornar-se-á mais difícil de determinar. Teremos de recorrer aos critérios descritos no acórdão *Gebhard*, nº 26, verificando-se, então, até que ponto a frequência, periodicidade e regularidade da prestação de serviços em Portugal, poderá levar-nos a concluir que se transpôs a linha de separação entre liberdade de prestação de serviços e liberdade de estabelecimento.

20. Nenhuma disposição do Tratado permite determinar, em abstrato, a duração ou frequência de uma prestação de serviços noutro Estado-Membro a partir da qual se passará a estar no quadro da liberdade de estabelecimento, na

aceção do Tratado (cfr. Ac. *Schnitzer*, de 11-12-2003, proc. C-215/01, nº 31). A análise terá de ser conduzida em concreto.

21. No entender do Tribunal, não deixará de se estar no âmbito da prestação de serviços, nos termos do artigo 57º TFUE, mesmo que os serviços sejam prestados ao longo de vários anos – como sucederá, por exemplo, com a construção de um grande edifício – ou que estejam em causa serviços fornecidos de modo frequente ou regular, ao longo de um período alargado, a várias pessoas localizadas noutro Estado (Ac. *Schnitzer*, nº 30). Nesta última situação, a eventual existência de uma infraestrutura de apoio no Estado onde regularmente sejam prestados esses serviços, que permita exercer de forma estável e contínua a atividade em causa nesse Estado-Membro, parece ser o fator decisivo que levará à transposição da fronteira para a liberdade de estabelecimento (Cfr. Ac. *Schnitzer*, nº 32 e, com mais desenvolvimentos sobre este ponto, WYATT & DASHWOOD'S, *European Union Law*, 5th Ed., Sweet and Maxwell, 2006, p. 752, que sublinham, em todo o caso, que a circunstância de os regimes das duas liberdades se terem aproximado – em especial, como veremos, desde o acórdão *Gebhard* – leva a que se reduza, em alguma medida, o alcance prático do enquadramento da situação numa ou noutra destas duas liberdades).

IV – Conteúdo do direito de estabelecimento: estabelecimento primário e secundário

22. O artigo 49º TFUE permite uma distinção, corrente na doutrina, entre direito de estabelecimento primário ou principal e direito de estabelecimento secundário (v. entre nós, mais desenvolvidamente, A. MOTA PINTO, *Apontamentos, cit.*, pp. 72-77). Haverá um exercício do direito de estabelecimento primário quando ocorre uma criação de uma nova empresa (individual ou coletiva), ou a constituição de um centro de atividade de um trabalhador autónomo, por um nacional de um Estado-Membro, noutro Estado. Quando se verifica uma aquisição de uma empresa, por nacionais de um Estado-Membro noutro Estado membro, ou quando se transfere o centro de atividade de uma empresa (através, designadamente, da transferência da sede efetiva de uma sociedade), ou se desloca o centro de atividade, domicílio profissional, de um trabalhador independente, de um Estado-Membro para outro estaremos, também, perante formas de exercício do direito de estabelecimento primário.

23. Haverá, diferentemente, um exercício do direito de estabelecimento secundário quando estiver em causa a criação, por uma empresa já estabelecida num Estado-Membro e que aí deseja manter o seu estabelecimento originário e principal, de uma segunda instalação permanente e estável (sucursal, agência ou, exclusivamente para o caso de sociedades, uma filial) ou, no caso de trabalhadores independentes, um segundo domicílio profissional, noutro Estado-Membro.

V - Beneficiários do direito de estabelecimento.

24. São beneficiários do direito de estabelecimento, desde logo, as pessoas singulares que sejam nacionais de um Estado-Membro. Não se exige a residência anterior desses nacionais de um Estado-Membro no território da União. Bastará, aliás, que uma pessoa singular tenha dupla nacionalidade, sendo uma dessas nacionalidades de um Estado-Membro, para que essa pessoa, mesmo que não resida no território do Estado-Membro de que é nacional, beneficie do direito de estabelecimento *primário* noutro Estado-Membro (cfr. Ac. *Micheletti e.o.*, de 7-7-1992, proc. C-369/90, n.º 11 e n.º 15).

25. O regime da cidadania europeia assume aqui inegável relevância já que os trabalhadores independentes, nacionais de um Estado-Membro, como cidadãos europeus, gozam dos direitos decorrentes desse novo estatuto de base que lhes é próprio, designadamente dos benefícios previstos na Diretiva 2004/38/EC relativa aos direitos dos cidadãos europeus e das suas famílias a circularem e residirem livremente no território da União Europeia (v. D. CHALMERS ET AL., *European Union Law - Text and Materials*, 2006, Cambridge Univ. Press, p. 704). Destacam-se aqui, por exemplo, as formalidades e condições de acesso e residência no território do Estado de acolhimento, ou as circunstâncias em que os Estados-Membros podem excluir dos seus territórios os trabalhadores independentes estrangeiros, bem como os membros das suas famílias, por razões de saúde pública, ordem pública e segurança.

26. Segundo o artigo 54.º TFUE são equiparadas às pessoas singulares e, portanto, também beneficiárias do direito de estabelecimento, as sociedades, entendendo-se como tal, nos termos do artigo 54.º, 2.º parágrafo, TFUE, as sociedades em sentido estrito (civis ou comerciais) bem como pessoas coletivas de direito público ou privado com fins lucrativos e as cooperativas. Questão interessante será a de saber se uma pessoa coletiva que, nos termos da legislação nacional que a rege, seja de utilidade pública e desprovida de escopo lucrativo, poderá, apesar disso, ser considerada, para efeitos da aplicação do artigo 54.º TFUE, uma pessoa coletiva que vise, em concreto, a prossecução de fins lucrativos através do exercício de uma atividade económica noutro Estado-Membro (cfr., em sentido aparentemente afirmativo, as conclusões da Advogada-geral C. STIX-HACKL, de 15-12-2005, no proc. *Centro di Musicologia Walter Stauffer*, C-386/04, n.º 33).

27. Para as sociedades beneficiarem do direito de estabelecimento, será necessário, nos termos do artigo 54.º TFUE, que tenham sido «constituídas em conformidade com a legislação de um Estado-Membro» e que «tenham a sua sede social, administração central *ou* estabelecimento principal no território da União». Trata-se de uma solução que, ao reconhecer o direito de estabelecimento a quaisquer sociedades constituídas de acordo com o Direito de um Estado-Membro,

desde que apresentem *uma* das conexões previstas no artigo 54º TFUE com o território da União – muito particularmente a conexão decorrente de a sociedade ter apenas a sua sede social (sem ser necessário o exercício de qualquer atividade económica efetiva) no território da União – se temeu, inicialmente, que conduzisse a uma invasão massiva da então CEE por sociedades norte-americanas e japonesas. Estas, constituindo filiais com sede social em Estados, como os Países Baixos, ou o Reino Unido, sem aí terem a sede efetiva da sua administração ou até, porventura, sem aí terem qualquer atividade económica genuína, poderiam depois, aparentemente, beneficiar do direito a constituírem estabelecimentos secundários noutros Estados da União. Esse cenário "catastrófico" não veio, de todo em todo, a confirmar-se (v. V. EDWARDS, *EC Company Law*, 1999, Oxford Univ. Press, pp. 340-341). O programa geral do Conselho para a supressão das restrições à liberdade de estabelecimento de 18 de dezembro de 1961 (*Journal officiel* nº 2, de 15/1/1962, pp. 36-45, Titre I), contribuiu para impedir esse resultado, ao determinar que, para uma sociedade que disponha apenas da sua sede social (*siège statutaire*, segundo a versão francesa) na Comunidade beneficiar do direito de estabelecimento secundário, a sua atividade deve apresentar uma «conexão efetiva e contínua com a economia de um Estado-Membro».

VI – Alcance do direito de estabelecimento relativamente a restrições "à saída"
28. As sociedades e pessoas singulares beneficiárias do direito de estabelecimento, diferentemente do que resulta da letra do artigo 49º TFUE – que parece limitar-se a assegurar o benefício do tratamento nacional enquanto expressão básica do princípio de não discriminação em razão da nacionalidade – podem invocar os direitos que lhes assistem, não apenas em relação ao Estado de acolhimento, onde se pretendem estabelecer, como também contra o seu próprio Estado de origem que coloque obstáculos à criação de estabelecimentos secundários noutros Estados-Membros (Cfr. Ac. *Daily Mail*, de 27-9-1988, proc. 81/87, nº 16). Esta interpretação do artigo 49º TFUE, no sentido de abranger também a eliminação de obstáculos "à saída", foi reafirmada igualmente num contexto em que estava em causa o exercício do direito de estabelecimento *primário* por uma pessoa singular, consubstanciado numa transferência da sua residência habitual/domicílio fiscal, para outro Estado-Membro (cfr. Ac. *De Lasteyrie du Saillant*, de 11-3-2004, proc. C-9/02, nº 42).

29. As pessoas singulares podem também invocar o direito de estabelecimento contra o próprio Estado de que sejam nacionais, onde se pretendam estabelecer após terem adquirido qualificações profissionais noutro Estado-Membro. Esta situação não pode ser considerada puramente interna em relação ao Estado de que o indivíduo é nacional, situação interna essa que estaria liminarmente excluída do âmbito de aplicação espacial do Tratado. Não pode também presu-

mir-se que haja aí uma prática abusiva destinada a contornar a legislação do seu Estado de nacionalidade relativa à formação profissional, consubstanciada na "saída" do sujeito para outro Estado-Membro, a fim de aí adquirir, de modo possivelmente mais fácil, uma determinada qualificação profissional (cfr. Ac. *Knoors*, de 7-2-1979, proc. 115/78, nº 20 e nºs 24-26, e Ac. *Kraus*, nº 30 e nº 34). A Diretiva 2005/36, sobre o reconhecimento de qualificações profissionais vem consagrar legislativamente este entendimento no quadro do Direito derivado da União.

VII – Efeito direto das normas do TFUE que consagram o direito de estabelecimento

30. O Tribunal veio, desde cedo, no acórdão *Reyners*, de 21-7-1974, proc. 2/74, nº 25-26, reconhecer efeito direto vertical às disposições do então Tratado CEE que conferiam o direito de estabelecimento, considerando que essas normas eram suficiente claras e precisas para que um particular pudesse invocar, perante os Estados-Membros, os direitos que delas decorrem.

31. Há, no entanto, situações excecionais em que essas normas não podem ser diretamente invocadas pelos particulares contra os Estados-Membros. Assim, no acórdão *Daily Mail*, já referido, foram excluídas do âmbito de aplicação das disposições do Tratado sobre o direito de estabelecimento as normas nacionais dos Estados-Membros que determinem as condições de existência das sociedades. Deste modo, foram consideradas fora do alcance do Direito da União normas nacionais que imponham a "morte jurídica" das sociedades através da cominação da sua dissolução, aquando da transferência da sede efetiva da administração para fora do território do Estado que lhes tenha conferido existência jurídica. Deixando a sociedade de existir, segundo o Direito do Estado que a rege, logo que ocorra a transferência da sua sede para outro Estado-Membro, essa sociedade deixaria, logicamente, de poder invocar o direito de estabelecimento contra o Estado que a impede de "emigrar" para outro Estado-Membro.

32. Este entendimento do Tribunal no acórdão *Daily Mail* mantém-se, ainda hoje, apesar da limitação a que foi sujeito no acórdão *Cartesio*, nºs 111-112. Neste último acórdão veio afirmar-se, com efeito, que uma sociedade que pretende transferir a sua sede efetiva para outro Estado-Membro poderá invocar o direito de estabelecimento, conferido pelo Tratado, para impedir uma dissolução imposta pelo seu Estado de origem, desde que realize a transferência de sede através de uma transformação numa sociedade, com forma diferente, no Estado de destino e passe a ser regida pelo Direito deste Estado.

33. Já a questão de saber se as normas do Tratado relativas ao direito de estabelecimento gozam de efeito direto horizontal, isto é se essas normas podem ser invocadas entre particulares, é uma questão bem diferente que suscitou e, em alguma medida, continua, ainda hoje, a suscitar dúvidas (v., A. MOTA PINTO,

Apontamentos, cit., pp. 89 ss, defendendo, doutrinalmente, o reconhecimento desse efeito direto horizontal relativamente a medidas com caráter discriminatório adotadas por operadores privados contra outros operadores privados).

34. É certo que o Tribunal já tinha afirmado, no acórdão *Wouters*, de 19-2-1992, proc. C-309/99, nº 120, em linha com jurisprudência anterior relativa a outras liberdades de circulação, que o respeito pelas normas dos Tratados sobre o direito de estabelecimento se impõe também «às regulamentações de natureza não pública destinadas a disciplinar, de forma coletiva, o trabalho independente» e que «a abolição dos obstáculos à livre circulação de pessoas e à livre prestação de serviços entre os Estados-Membros ficaria comprometida se a supressão das barreiras de origem estatal pudesse ser neutralizada por obstáculos resultantes do exercício da sua autonomia jurídica por associações ou organismos de direito privado». Ficava em aberto, em todo o caso, a resposta à questão de saber se qualquer tipo de medida, desprovida de caráter regulamentar, adotada por um operador privado nacional, que fosse suscetível de restringir a liberdade de estabelecimento de outro operador privado, seria abrangida pelas normas do Tratado relativas ao direito de estabelecimento.

35. O acórdão *Viking Line*, de 11-12-2007, proc. C-438/05, contribuiu decisivamente para esclarecer este ponto. Colocava-se aí a questão de saber se uma ação coletiva (no caso tratava-se de uma greve), desencadeada por um sindicato finlandês contra uma empresa finlandesa, tendo em vista forçar essa empresa a celebrar uma convenção coletiva e a dissuadi-la de exercer a sua liberdade de estabelecimento através de uma deslocalização para outro Estado-Membro, seria abrangida pelo artigo 43º CE (atual 49º TFUE). O Tribunal respondeu afirmativamente a esta questão, considerando que ao limitar-se o alcance das proibições previstas pelas disposições do Tratado relativas ao direito de estabelecimento às atuações de autoridades públicas, poderiam surgir desigualdades indesejáveis na aplicação dessas disposições (Ac. *Viking Line*, nº 34).

36. Continua, em todo o caso, a haver alguma incerteza, mesmo após o acórdão *Viking Line*, quanto à possibilidade de as normas do TFUE, designadamente as relativas ao direito de estabelecimento, poderem ser invocadas por um particular contra outro, quando estiverem em causa atuações de operadores privados que, apesar de prejudicarem, ou de tornarem menos atrativo, o exercício do direito de estabelecimento por outros operadores privados, não criem um obstáculo real ao correto funcionamento do mercado interno. Suponha-se, por exemplo, que uma sociedade de distribuição comercial portuguesa (Supermercado A), invocando a sua liberdade de não contratar, decide cortar relações comerciais com uma sociedade portuguesa (Sociedade Agrícola B) que se dedica à produção frutícola, no caso de esta exercer o seu direito de estabelecimento através da constituição de uma filial noutro Estado-Membro. Na medida em que

a Sociedade B, apesar de ser afetada no exercício do seu direito de estabelecimento, disponha de uma possibilidade real de estabelecer relações comerciais com outras empresas de distribuição concorrentes, não parece que seja de admitir a invocação do direito de estabelecimento contra a medida adotada pelo Supermercado A, diferentemente do que sucederia se fosse o Estado a adotar idêntico comportamento restritivo do direito de estabelecimento (cfr., sobre este ponto, as conclusões do Advogado-geral M. POIARES MADURO no proc. *Viking Line*, parágrafos 31 a 54, em especial o parágrafo 42, entendendo que, em situações deste tipo, os mecanismos de mercado serão suficientes para resolver o problema, não havendo, pois, motivo para intervir o Direito da União).

VIII – Da proibição de restrições discriminatórias à proibição de restrições não-discriminatórias ao direito de estabelecimento

37. O artigo 49º TFUE estabelece, presentemente, a interdição das «restrições à liberdade de estabelecimento dos nacionais de um Estado-Membro no território de outro Estado-Membro.» Até à entrada em vigor do Tratado de Amesterdão, em 1999, o artigo 53º CE previa que os Estados-Membros deveriam abster-se de introduzir novas restrições à liberdade de estabelecimento e o artigo 52º CE determinava que essas restrições deveriam ser progressivamente suprimidas ao longo do período de transição. Um programa de harmonização prévia dos direitos nacionais afigurava-se necessário para assegurar a liberdade de estabelecimento. Deste modo, nos termos do artigo 54º CE, previa-se a adoção de um programa geral para a abolição das restrições à liberdade de estabelecimento e de um conjunto de diretivas comunitárias que, designadamente, definissem as condições prévias de equivalência das qualificações profissionais, indispensáveis para assegurar esse direito de estabelecimento aos nacionais de um Estado-Membro noutro Estado-Membro. Esta conceção mais restritiva do alcance da liberdade de circulação relativamente aos trabalhadores independentes, pode compreender-se como refletindo receios, sentidos nos primórdios da CEE, quanto à liberdade de estabelecimento. Com efeito, se a liberdade de circulação de mercadorias e a própria liberdade de circulação de trabalhadores, no contexto de pleno emprego da construção europeia do pós-guerra, não colocavam particulares problemas, havia uma maior preocupação com os efeitos nefastos que a liberdade de estabelecimento poderia ter em relação a profissionais independentes como médicos, advogados e outros profissionais liberais (v., neste sentido, D. CHALMERS, G. DAVIES e G. MONTI, *European Union Law – Cases and Materials*, 2.nd Ed., 2010, Cambridge Univ. Press, p. 831).

38. O quadro normativo do Tratado relativo ao direito de estabelecimento parecia circunscrever-se então, mais do que o das outras liberdades, à interdição de regulamentações nacionais discriminatórias em razão da nacionalidade.

O teor literal do artigo 52º CEE, do subsequente artigo 43º CE, tal como, aliás, o do atual artigo 49º TFUE, ao indiciar que o direito de estabelecimento visa assegurar o princípio de tratamento nacional, apontava nesse sentido.

39. Seguindo uma interpretação funcional das disposições pertinentes do Tratado, o Tribunal começou por interpretar extensivamente a noção de discriminação, alargando o alcance do direito de estabelecimento a medidas nacionais que não eram diretamente discriminatórias relativamente a nacionais de outros Estados-Membros. O acórdão *Thieffry*, de 28-4-1977, proc. 78/76, ilustra bem o despontar deste alargamento. Tal como nas outras liberdades, verificou-se, progressivamente, uma interpretação das normas do Tratado, relativas ao direito de estabelecimento, no sentido de que essas normas proibiam, não apenas as discriminações diretas, «ostensivas», baseadas na nacionalidade, como também quaisquer outras medidas nacionais que, «de forma dissimulada», mediante a aplicação de outros critérios, fossem suscetíveis de produzir o mesmo resultado (cfr., Ac. *Commerzbank*, de 13-7-1993, proc. C-330/91, nº 14).

40. Estava em causa, no processo *Thieffry*, um nacional belga que tinha completado a sua formação em Direito na Bélgica, tinha exercido a advocacia em Bruxelas e tinha visto as suas qualificações académicas, obtidas na Bélgica, serem reconhecidas, por autoridades universitárias francesas, como equivalentes a qualificações obtidas em França. Tinha, mais a mais, obtido em França um certificado de aptidão para o exercício da profissão de advogado. Foi-lhe recusada, no entanto, a admissão como advogado estagiário em Paris pelo facto de não ter obtido um grau em Direito Francês. O Tribunal entendeu que, tendo as autoridades francesas competentes reconhecido equivalência, em França, ao diploma obtido na Bélgica, constituía uma restrição incompatível com a liberdade de estabelecimento, garantida pelo Tratado CEE, exigir-se que Thieffry fosse titular do diploma nacional previsto pela legislação do país de estabelecimento para aí exercer a sua atividade profissional (Ac. *Thieffry*, nº 19).

41. O acórdão *Thieffry* pode ainda ser lido como visando assegurar o respeito pelo princípio de não discriminação em razão da nacionalidade. Apesar de não haver, no caso, uma discriminação formal, havia, no entanto, uma discriminação *material* (M. POIARES MADURO, *Harmony and Dissonance in Free Movement*, in *Services and Free Movement in EU Law*, Ed. M. Andenas & Wulf-Henning Roth, 2001, Oxford Univ. Press, p. 50). Qualquer advogado, nacional de outro Estado-Membro, que dispusesse de uma formação equivalente à que poderia ter adquirido em França, encontrava-se numa situação materialmente comparável à de advogados franceses, formados em França, devendo, por conseguinte, ser tratado da mesma forma que estes últimos. O Tribunal formula, neste acórdão, um princípio de equivalência, em estreita ligação com o princípio de não discriminação,

impondo que fossem tomadas em consideração, no Estado de acolhimento, as qualificações equivalentes obtidas, no Estado de origem, pelo advogado de outro Estado-Membro que pretendia estabelecer-se em França.

42. No processo *Thieffry* houve um reconhecimento da equivalência do diploma adquirido na Bélgica aos diplomas franceses, pelas autoridades francesas competentes. Mas como decidir quando um reconhecimento de equivalência não se tivesse verificado? O Tribunal veio dar resposta a esta questão no acórdão *Vlassopoulou*, de 7-5-1991, proc. C-340/89, que, em linha com o princípio de equivalência afirmado no acórdão *Thieffry*, veio estabelecer que os Estados-Membros devem «tomar em consideração os diplomas, certificados ou outros títulos que o interessado» tenha adquirido noutro Estado-Membro que aí lhe permitam exercer a sua profissão, «procedendo a uma comparação entre as competências comprovadas por este diploma e os conhecimentos exigidos pelas regras nacionais» (Ac. *Vlassopoulou*, n.º 16). As autoridades competentes do Estado-Membro de acolhimento deviam também, objetivamente, assegurar-se «que o diploma estrangeiro comprova, em relação ao seu titular, conhecimentos e qualificações se não idênticas, pelo menos equivalentes às comprovadas pelo diploma nacional» (Ac. *Vlassopoulou*, n.º 17).

43. Também o legislador comunitário adotou, em 1988, ao abrigo do artigo 57.º CEE (atual artigo 53.º TFUE), a diretiva 89/48/CEE do Conselho de 21 de dezembro de 1988, relativa a um sistema geral de reconhecimento dos diplomas de ensino superior que sancionam formações profissionais com a duração mínima de três anos (JO L 19 de 24.1.1989, pp. 16-23). Consagra-se aí, em consonância com a orientação do Tribunal no acórdão *Vlassopoulou*, um princípio geral de *reconhecimento mútuo* de diplomas, estabelecendo-se as condições que levam a que as qualificações necessárias ao exercício de determinada atividade económica assalariada ou independente, adquiridas num Estado-Membro, sejam reconhecidas nos outros Estados-Membros. Já anteriormente, desde o final dos anos 70, tinham vindo a ser adotadas várias diretivas relativas ao reconhecimento de qualificações para o exercício de profissões de enfermeiro, dentista, veterinário, parteira, arquiteto, farmacêutico e médico, destinadas a facilitar a liberdade de estabelecimento destes profissionais noutros Estados-Membros. Todas estas diretivas vieram a ser substituídas pela diretiva 2005/ /36/CE do Parlamento Europeu e do Conselho de 7 de setembro de 2005, relativa ao reconhecimento das qualificações profissionais (JO L 255 de 30.9.2005 pp. 22-142). Pode dizer-se que, hoje em dia, é fundamentalmente em sede de Direito derivado da União que o exercício do direito de estabelecimento por pessoas singulares encontra a sua tutela.

44. Se o Tribunal de Justiça e o legislador comunitário se empenhavam em afirmar um princípio de equivalência de qualificações, bem como em criar mecanismos

de reconhecimento mútuo de qualificações profissionais, já no que respeita à questão de saber se as normas do Tratado relativas ao direito de estabelecimento poderiam abranger também medidas nacionais que não fossem de todo discriminatórias, a jurisprudência do Tribunal da década de oitenta era algo contraditória.

45. No acórdão *Klopp*, de 12-7-1984, proc. 107/83, o Tribunal dava a entender que o artigo 52º CEE [atual artigo 49º TFUE] não se limitava apenas a proibir medidas nacionais formal ou material, e direta ou indiretamente discriminatórias em razão da nacionalidade. Neste acórdão estava em causa um advogado alemão que exercia a sua atividade em Düsseldorf, a quem tinha sido recusada a inscrição no *Bareau de Paris* e a possibilidade de exercer a advocacia estabelecendo-se na capital francesa. Essa recusa decorria da circunstância de, em França, se impedir, à data, a qualquer advogado, *independentemente da sua nacionalidade*, de exercer a advocacia em Paris a não ser que o seu escritório principal se encontrasse em Paris e outros, eventuais, escritórios nos arredores dessa cidade. O Tribunal considerou que, apesar de o artigo 52º CEE se orientar pelo princípio do tratamento nacional, não permitia que a legislação de um Estado-Membro pudesse exigir que um advogado mantivesse apenas um estabelecimento em todo o território comunitário. Uma interpretação tão restritiva do artigo 52º CEE levava a que um advogado, uma vez estabelecido num determinado Estado-Membro, não pudesse mais invocar o benefício das liberdades, conferido pelo Tratado, no que respeita ao seu estabelecimento num outro Estado-Membro, a não ser renunciando ao estabelecimento já existente. Esta situação foi considerada incompatível com o direito de estabelecimento conferido pelo Tratado (Ac. *Klopp*, nº 17 e nº 18).

46. Em sentido bem diferente, o acórdão *Comissão/Bélgica*, de 12-2-1987, proc. 221/85, procedia a uma interpretação restritiva do alcance das disposições do Tratado relativas ao direito de estabelecimento, deixando claro que o artigo 52º CEE [atual 49º TFUE] tinha por fim assegurar o benefício do tratamento nacional a todos os nacionais de um Estado-Membro que se estabelecessem noutro Estado-Membro, a fim de aí exercerem uma atividade não assalariada, e que o artigo 52º CEE proibia, portanto, apenas as discriminações baseadas na nacionalidade que restringissem a liberdade de estabelecimento. Cada Estado-Membro estaria apenas obrigado a aplicar, aos nacionais dos outros Estados-Membros que se estabelecessem no seu território, as mesmas condições que impusesse aos seus próprios nacionais. Disposições nacionais indistintamente aplicáveis a nacionais e estrangeiros, não sendo adotadas com fins discriminatórios, nem produzindo efeitos dessa natureza, ficavam, consequentemente, a salvo da interferência das disposições do Tratado relativas ao direito de estabelecimento (Ac. *Comissão/Bélgica*, nºs 10-11).

47. O acórdão *Gebhard* surge em divergência com a interpretação perfilhada pelo Tribunal neste último acórdão *Comissão/Bélgica* de 1987, quanto ao alcance

das disposições do Tratado sobre o direito de estabelecimento relativamente a medidas nacionais não discriminatórias. Trata-se do primeiro acórdão onde, mais do que em qualquer outra pronúncia anterior do Tribunal, se interpretam, clara e inequivocamente, as disposições do Tratado *relativas ao direito de estabelecimento*, no sentido de abrangerem também restrições não discriminatórias. Promoveu-se, assim, no que toca ao direito de estabelecimento, uma interpretação semelhante àquela que tinha sido seguida pelo Tribunal relativamente às disposições do Tratado sobre a livre circulação de mercadorias, (Ac. *Rewe-Zentral*, denominado '*Cassis de Dijon*', de 20-2-1979, proc. 120/78), a livre prestação de serviços (Ac. *Säger*, de 25-7-1991, proc. 76/90) e a livre circulação de trabalhadores (Ac. *Bosman*, de 15-12-1995, proc. C-415/93), (cfr., sobre este ponto, P. CRAIG & G. DE BURCA, *EU Law, cit.*, pp. 801-802).

48. As várias liberdades de circulação, incluindo o direito de estabelecimento passam, com o acórdão *Gebhard*, a ser tratadas unitariamente. Fecha-se, por assim dizer, mais um elo em falta na cadeia que conduz a um tratamento unitário das várias liberdades, cadeia essa que tinha começado a formar-se com os acórdãos *Dassonville*, de 1974 e *Cassis de Dijon* de 1979, no domínio da livre circulação de mercadorias, e a que parecia escapar o direito de estabelecimento. Após o acórdão *Gebhard*, em suma, não mais pode dizer-se que o direito de estabelecimento abrange apenas medidas nacionais direta ou indiretamente discriminatórias e que a liberdade de estabelecimento constitui "um mundo à parte" relativamente às outras liberdades de circulação.

49. À semelhança do acórdão *Cassis de Dijon*, o Tribunal afirma, no acórdão *Gebhard*, que, por um lado, o artigo 49º TFUE proíbe quaisquer medidas nacionais que restrinjam o direito de estabelecimento, afetando-o ou tornando-o menos atractivo. Mesmo restrições à liberdade de estabelecimento com pequeno impacto, ou de menor importância, são proibidas pelo artigo 49º TFUE (cfr., por exemplo o acórdão *De Lasteyrie du Saillant*, de 11-3-2004, proc. C-9/02, nº 43). Vem assim rejeitar-se expressamente, no que concerne à liberdade de estabelecimento, um teste *de minimis* que permitiria pôr a salvo da interferência do Direito da União medidas nacionais que apenas afetem marginalmente a livre circulação de pessoas.

50. Por outro lado, o acórdão *Gebhard* reconhece igualmente que medidas nacionais restritivas da liberdade de estabelecimento podem, ainda assim, ser admitidas: (1) se se aplicarem de modo não discriminatório, (2) se forem justificadas por razões imperativas de interesse geral, (3) se forem adequadas para garantir a realização do objetivo que prosseguem e (4) se não ultrapassarem o que é necessário para atingir esse objetivo. O Tribunal segue pois, de perto, no contexto do direito de estabelecimento, o teste de quatro condições que tinha enunciado no acórdão *Cassis de Dijon*, no contexto da liberdade de circulação de mercadorias.

51. Como antecedente próximo do acórdão *Gebhard* importa destacar o acórdão *Kraus* de 31-3-1993, já referido. Aí tinha-se já afirmado (Ac. *Kraus*, nº 32) que «os artigos 48º CE [atual artigo 45º TFUE] e 52º [atual artigo 49º TFUE] opõem-se a qualquer medida nacional relativa às condições de utilização de um título universitário complementar obtido noutro Estado-Membro que, embora aplicável sem discriminação em razão da nacionalidade, é suscetível de afetar ou de tornar menos atraente o exercício pelos nacionais comunitários, incluindo os do Estado-Membro autor da medida, das liberdades fundamentais garantidas pelo Tratado». Este acórdão, contudo, não se referia direta e exclusivamente ao direito de estabelecimento, ao contrário do que sucedia no acórdão *Gebhard*. O acórdão *Kraus* referia-se, indistintamente, às disposições do Tratado relativas à liberdade de circulação de trabalhadores e ao direito de estabelecimento e não formulava tão claramente como no acórdão *Gebhard* o critério normativo a observar no tratamento específico das restrições não discriminatórias ao direito de estabelecimento.

IX – Desenvolvimentos posteriores ao acórdão Gebhard sobre restrições não discriminatórias ao direito de estabelecimento – avanços e recuos

52. Até ao acórdão *Gebhard*, a liberdade de estabelecimento parecia, como vimos, confinar-se, quanto ao seu alcance, a medidas nacionais discriminatórias em razão da nacionalidade. Afigurava-se, consequentemente, menos intrusiva, em relação a regulamentações do mercado adotadas pelos Estados--Membros, do que, por exemplo, a liberdade de circulação de mercadorias que, desde a década de setenta, abrangia medidas nacionais restritivas não discriminatórias.

53. A jurisprudência ulterior ao acórdão *Gebhard*, em particular no contexto do direito de estabelecimento das sociedades, tem tido um relevante impacto liberalizador e desregulador relativamente às ordens jurídicas dos Estados--Membros. No que respeita, concretamente, ao impacto da liberdade de estabelecimento sobre o Direito privado dos Estados-Membros, poderá mesmo afirmar-se que esse impacto é atualmente maior do que aquele que é exercido pela liberdade de circulação de mercadorias. No quadro da liberdade de circulação de mercadorias, o Tribunal mostra-se, com efeito, pouco disponível para proceder a um escrutínio de regulamentações imperativas de direito privado (cfr. Ac. *Motorradcenter*, de 13-10-1993, proc. C-93/92, por exemplo, que antecipa o acórdão *Keck e Mithouard*, de 24-11-1993, processos apensos C--267/91 e C-268/91). Essas regulamentações de caráter não discriminatório no domínio do Direito privado, dirão respeito, em regra, a "modalidades de venda de produtos", na aceção do acórdão *Keck e Mithouard*, nº 16, ficando, consequentemente, excluídas do âmbito das disposições do Tratado que asseguram a livre

circulação de mercadorias. É certo que, no que respeita ao direito de estabelecimento, o Tribunal afirmou, no acórdão *Semeraro Casa Uno*, de 20-6-1996, processos apensos C-418/93 *et al.*, nºs 32-33, que, no que respeita ao artigo 52º CE (atual artigo 49º TFUE), quando uma legislação nacional se aplique indistintamente a empresas nacionais e estrangeiras que pretendam desenvolver a sua atividade num Estado-Membro, mas não tenha por «objeto regular as condições relativas ao estabelecimento das empresa nesse Estado», produzindo ao invés, apenas efeitos restritivos na liberdade de estabelecimento que sejam «*demasiado aleatórios e demasiado indiretos* para que se possa considerar que a obrigação imposta pela mesma é suscetível de entravar esta liberdade», a regulamentação nacional em causa – que impunha, no caso, o encerramento de estabelecimentos comerciais ao domingo – não poderá ser encarada como suscetível de entravar o exercício da liberdade de estabelecimento. Este acórdão *Semeraro Casa Uno*, no entanto, não teve sequência na jurisprudência ulterior do Tribunal sobre a liberdade de estabelecimento. O Tribunal tem-se mantido firme na afirmação de que haverá restrições à liberdade de estabelecimento sempre que medidas nacionais de um Estado-Membro – sejam elas de Direito público ou de Direito privado – tenham por efeito restringir o acesso a operadores estrangeiros que nele se pretendam estabelecer, sem curar de saber se os efeitos restritivos para o direito de estabelecimento resultantes dessas medidas nacionais são «demasiado incertos e indiretos» (cfr., neste sentido, Wyatt & Dashwood's, *EU Law, cit.*, p. 776-777).

54. Uma série de acórdãos, iniciada, em 9 de março de 1999, com o Acórdão *Centros*, proc. C-212/97, ilustra o que acaba de dizer-se. O acórdão *Centros* põe em evidência o modo amplo como o Tribunal tem definido o alcance das disposições do Tratado relativamente a restrições não discriminatórias ao direito de estabelecimento, e o impacto liberalizador exercido pelo direito de estabelecimento sobre os sistemas nacionais de Direito privado, designadamente sobre o Direito societário e o Direito internacional privado dos Estados-Membros.

55. No acórdão *Centros*, a interpretação ampla do alcance das disposições do Tratado relativas ao direito de estabelecimento é largamente tributária da orientação seguida, anos antes, no acórdão *Gebhard*. Trata-se de uma interpretação que assenta em conceitos e princípios formulados no acórdão *Gebhard*. Pense-se, designadamente, no conceito de estabelecimento como participação estável e contínua na vida económica de outro Estado-Membro que, como vimos, na formulação do acórdão *Gebhard*, prescinde, em princípio, da existência de uma atividade económica real e efetiva nesse Estado; no conceito amplo de restrição ao direito de estabelecimento e, finalmente, no teste de quatro condições que permitem admitir essas restrições (Ac. *Centros*, nº 34).

56. No processo *Centros*, um casal dinamarquês, o Sr. e a Sra. Bryde, pretendia constituir uma sociedade na Dinamarca sem ter de respeitar a exigência de capital mínimo imposta pelo direito societário dinamarquês. Decidiram então constituir a sociedade Centros no Reino Unido, onde não se fazia qualquer exigência de realização de capital social mínimo e, depois, constituir uma sucursal da Centros, na Dinamarca, onde se desenrolaria toda a sua atividade comercial. A sociedade Centros não desenvolvia qualquer atividade económica efetiva no Reino Unido. As autoridades dinamarquesas recusaram o registo da sucursal. Colocava-se a questão de saber, se essa recusa constituía uma restrição incompatível com o direito de estabelecimento conferido pelo Tratado CE. Na sua resposta a esta questão, o Tribunal afirmou que uma sociedade que tenha sido regularmente constituída num Estado Membro que não faça depender o seu reconhecimento do facto de aí ter uma atividade económica genuína, goza do direito de constituir um estabelecimento secundário noutro Estado-Membro, mesmo que não desenvolva qualquer atividade económica no Estado-Membro onde se constituiu. Segundo o Tribunal não havia, no caso, qualquer abuso do direito de estabelecimento. Estava-se apenas perante uma atuação de operadores económicos «inerente ao exercício, num mercado único, da liberdade de estabelecimento garantida pelo Tratado» (n.º 27). O Estado-Membro onde a sociedade pretende instalar um estabelecimento secundário tem, pois, por força do Tratado, de reconhecer plenamente essa sociedade como uma entidade jurídica validamente formada e existente segundo a lei do Estado-Membro da sua constituição. Isto apesar de essa sociedade conduzir toda a sua atividade económica no Estado-Membro onde o seu estabelecimento secundário se situa e de a sua constituição noutro Estado-Membro ter tido apenas o objetivo de contornar disposições imperativas (relativas ao capital mínimo) do Direito das sociedades do Estado-Membro onde toda a sua atividade comercial é desenvolvida.

57. Através de uma interpretação funcional ampla das disposições do Tratado sobre a liberdade de estabelecimento, o acórdão *Centros* conferiu, no essencial, aos cidadãos de qualquer Estado-Membro, a possibilidade de estabelecerem uma sociedade no Estado-Membro da sua escolha, sujeitando-a ao Direito que mais lhes convenha. Essa sociedade terá, depois, de ser reconhecida, enquanto tal, no Estado-Membro onde leva a cabo toda a sua atividade através de uma sucursal. Este acórdão foi subsequentemente confirmado pelos acórdãos *Überseering*, de 5-11-2002, proc. C-208/00 e *Inspire Art*, de 30-9-2003, proc. C-167/01.

58. Esta trilogia de acórdãos lançou as bases para uma intervenção de vários legisladores nacionais no sentido da abolição das exigências de capital mínimo nas sociedades por quotas em "resposta" às legislações societárias mais liberais de outros Estados-Membros. Cada Estado procura evitar, em suma, que os seus

nacionais passem a constituir preferencialmente as sociedades noutros Estados-Membros onde essa constituição seja mais fácil, como sucede, por exemplo, no Reino Unido, onde não se impõe a exigência de capital mínimo para a constituição de certos tipos de sociedades.

59. Há, no entanto, sinais recentes na jurisprudência do Tribunal, que indiciam, por um lado, um certo retrocesso do Tribunal relativamente à sua jurisprudência *Centros*, bem como, por outro lado, uma aproximação da jurisprudência sobre o direito de estabelecimento, à jurisprudência mais recente (pós Ac. *Keck e Mithouard*), sobre a liberdade de circulação de mercadorias, no sentido da utilização de um teste de acesso ao mercado para determinar que medidas nacionais restritivas da liberdade de estabelecimento hão de considerar-se efetivamente abrangidas pelo artigo 49º TFUE.

60. Destaca-se, primeiramente, o acórdão *Cadbury Schweppes*, já referido, que, sem a revogar, reflete um certo retrocesso em relação à jurisprudência liberal do acórdão *Centros*. No acórdão *Cadbury Schweppes*, exige-se, com efeito, que quem invoca o direito de estabelecimento para constituir uma sociedade noutro Estado (como sucedia, por exemplo, com o casal dinamarquês no processo *Centros*), tenha aí uma atividade real e efetiva. Visa-se, deste modo, impedir que, através da constituição de sociedades meramente "de fachada" ou de "caixa de correio", noutro Estado, se contornem normas imperativas (designadamente fiscais) do Estado-Membro de origem do operador económico que invoca o direito de estabelecimento conferido pelo Direito primário da União (V., sobre este ponto, A. FRADA DE SOUSA, *A Company's Cross-border Transfer of Seat in the EU after* Cartesio, Jean Monnet Working Paper, 07/09, 2009, pp. 25 ss).

61. Outro acórdão, que reflete o presente "estado da arte" do Direito da União Europeia quanto ao alcance do direito de estabelecimento relativamente a medidas nacionais indistintamente aplicáveis, é o acórdão *Caixa-Bank*, de 5-10-2004, proc. C-442/02. Estava aí em causa uma filial francesa de um banco espanhol que pretendia exercer as suas atividades bancárias em França, remunerando com juros as contas de depósitos à ordem. O Direito francês proibia todos os bancos que desenvolvessem a sua atividade em França de pagarem juros por montantes depositados em contas à ordem. Colocava-se a questão de saber se essa regulamentação francesa era incompatível com o artigo 43º CE (atual artigo 49º TFUE).

62. A noção de restrição à liberdade de estabelecimento seguida neste acórdão (cfr. Ac. *Caixa-Bank*, nº 11), toma como ponto de partida a noção de restrição formulada no acórdão *Gebhard*, a qual, como é sabido, abrange medidas nacionais que se limitem simplesmente a *perturbar ou a tornar menos atrativo* o exercício desta liberdade. No entanto, o acórdão *Caixa-Bank* qualifica essa formulação ampla de restrição, explicitando que a regulamentação francesa era restritiva do

direito de estabelecimento, na medida em que constituía um «obstáculo sério» ao exercício de atividades em França, através de filiais, «que afeta o acesso dessas sociedades ao mercado» (Ac. *Caixa-Bank*, nº 12).

63. No acórdão *Caixa-Bank* são, pois, encaradas como restritivas ao direito de estabelecimento e, como tal, incompatíveis, *prima facie*, com o artigo 49º TFUE, as medidas nacionais que afetam significativamente *o acesso ao mercado*. É possível encarar-se o acórdão *Caixa-Bank* como vindo, em certa medida, limitar o alcance da noção ampla de restrição ao direito de estabelecimento afirmada no acórdão *Gebhard*. Haverá, com efeito, uma restrição ao direito de estabelecimento, nos termos do acórdão *Caixa-Bank*, apenas quando uma regulamentação nacional perturba, ou torna menos atraente, o exercício do direito de estabelecimento, ao dificultar *significativamente* o acesso de operadores estrangeiros a um mercado nacional, concedendo proteção às posições já adquiridas pelos operadores económicos instalados nesse mercado (Ac. *Caixa-Bank*, nº 13). Era precisamente o que se verificava no caso concreto, já que, não podendo captar capital junto do público através da remuneração de depósitos à ordem, a conquista de uma quota de mercado, em França, pela Caixa-Bank France, teria de seguir uma via, para si muito mais onerosa, que passaria, designadamente, pela aquisição de uma rede balcões a um outro banco já estabelecido em França. Há, no entanto, situações em que determinadas medidas nacionais que, à partida, nos termos amplos do acórdão *Gebhard*, seriam de molde a tornar menos atrativo o exercício do direito de estabelecimento, vieram, com efeito, a ser consideradas *não abrangidas* pela noção de restrição à liberdade de estabelecimento (cfr. Ac. *Innoventif*, de 1-6-2006, proc. C-453/04, nº 38). Estava em causa, neste último acórdão, uma regulamentação nacional que fazia depender a inscrição, no registo comercial, de uma sucursal de uma sociedade de responsabilidade limitada, estabelecida noutro Estado-Membro, do pagamento de um adiantamento por conta dos custos previsíveis da publicação do objeto social descrito no ato constitutivo dessa sociedade. Decisivo na fundamentação do Tribunal, neste acórdão *Innoventif*, parece ter sido o facto de essa regulamentação, indistintamente aplicável, ser compatível com o Direito derivado da União – em particular com a Décima Primeira Diretiva 89/666/CEE do Conselho, de 21 de dezembro de 1989, relativa à publicidade das sucursais criadas num Estado-Membro por certas formas de sociedades reguladas pelo direito de outro Estado (JO L 395, p. 36) – bem como o facto de essa regulamentação não ser suscetível de colocar as sociedades de outros Estados Membros numa situação de desvantagem em relação às sociedades concorrentes do Estado-Membro de estabelecimento (cfr. Ac. *Innoventif*, nº 39).

64. O acórdão *Caixa-Bank* acrescentou, em todo o caso, que a proibição francesa em causa tornava mais difícil o acesso das instituições de crédito estrangei-

ras ao mercado francês, na medida em que as privava da possibilidade de utilizarem um dos métodos mais eficazes para o efeito que é, precisamente, o de fazerem concorrência através da taxa de remuneração das contas de depósitos à ordem (cfr. Ac. *Caixa-Bank*, nº 14). Ora, como tem sido assinalado na doutrina, indica-se, deste modo, que «medidas nacionais que tornem mais difícil para os operadores concorrerem com outros operadores já instalados no mercado nacional, poderão ser consideradas como restritivas do acesso ao mercado, mesmo que essas regras, em si mesmas, regulem a condução de atividades empresariais e não o acesso ao mercado enquanto tal» (WYATT & DASHWOOD'S, *EU Law, cit.*, p. 776). Este entendimento parece atualmente confirmar-se. Aponta, neste sentido, o acórdão *Attanasio Group*, de 11-3-2010, proc. C-384/98, nº 45, onde se considerou que constitui uma restrição, na aceção do artigo 43º CE (atual artigo 49º TFUE), uma legislação nacional, indistintamente aplicável a nacionais e estrangeiros, que sujeita a abertura de novos postos de abastecimento de combustíveis, ao respeito de distâncias mínimas relativamente a outros postos similares. Essa legislação, ao sujeitar a determinadas condições o acesso à atividade do abastecimento de combustíveis, favorecia os operadores já presentes no território italiano, sendo «suscetível de desencorajar, ou mesmo impedir, o acesso a esse mercado de operadores provenientes de outros Estados-Membros.»

65. O Tribunal parece assim aproximar, uma vez mais, a sua jurisprudência sobre medidas nacionais restritivas do direito de estabelecimento, à jurisprudência mais recente sobre a liberdade de circulação de mercadorias. No acórdão *Gebhard* tinha-o feito em relação ao acórdão *Cassis de Dijon*. Agora fá-lo, em relação, nomeadamente, aos acórdãos pós-*Keck*, *Gourmet International Products*, de 8-3-2001, proc. C-405/98, nºs 21 e 24 e *Deutscher Apotherkerverband*, de 11-12-2003, proc. C-322/01, nº 74. Neste último acórdão, por exemplo, considera-se que medidas nacionais que privem os operadores estrangeiros de recorrerem a «um meio suplementar ou alternativo de atingir o mercado alemão dos consumidores finais de medicamentos», como é o caso da Internet, para a comercialização de medicamentos de venda livre, privam «as farmácias que não estão estabelecidas no território alemão, [de] um meio importante para atingir diretamente o referido mercado.» Tratando-se, mais a mais, de uma proibição que «atinge mais as farmácias estabelecidas fora do território alemão, essa proibição é suscetível de tornar mais difícil o acesso ao mercado dos produtos provenientes de outros Estados-Membros do que o dos produtos nacionais». Não obstante tratar-se, neste último acórdão, de uma proibição *indistintamente aplicável* a operadores nacionais e estrangeiros, estava-se perante uma medida de efeito equivalente a uma restrição quantitativa à importação, *prima facie* incompatível com as disposições do Tratado relativas à livre circulação de mercadorias.

X – Restrições permitidas ao direito de estabelecimento

66. A circunstância de uma medida nacional constituir uma restrição ao direito de estabelecimento, proibida, *prima facie*, pelo artigo 49º TFUE, não implica, sem mais, que essa medida nacional não possa ser permitida. Para além das situações que sejam puramente internas em relação a um Estado-Membro, i.e., desprovidas de qualquer caráter transfronteiriço (já aludidas no nº 29, *supra*) que se encontram excluídas, por natureza, do âmbito de aplicação espacial do direito de estabelecimento, há certas restrições que, mesmo sendo discriminatórias em razão da nacionalidade, são admitidas pelo Tratado.

A) A exceção do «exercício da autoridade pública»

67. Primeiramente, os Estados-Membros são livres de adotar normas que impeçam o acesso de operadores estrangeiros ao exercício de atividades não-assalariadas ligadas ao exercício da autoridade pública. Isto resulta expressamente do artigo 51º TFUE, primeiro parágrafo, onde se afirma que as disposições do Tratado relativas ao direito de estabelecimento «não são aplicáveis às atividades que, num Estado membro, estejam ligadas, mesmo ocasionalmente, ao exercício de autoridade pública.» Esta disposição vale igualmente para a liberdade de prestação de serviços, por remissão do artigo 62º TFUE.

68. O conceito comunitário de atividades ligadas ao exercício da autoridade pública foi interpretado restritivamente no acórdão *Reyners*, de 1974, já referido, em que se discutia se a atividade dos advogados, estando 'organicamente conexionada' com o serviço público de administração da justiça, ficaria fora do âmbito de aplicação do artigo 52º CEE [atual artigo 49º TFUE]. Segundo este acórdão são cobertas por esta exceção apenas as atividades que «em si próprias, implicam uma participação direta e específica no exercício da autoridade pública» (Ac. *Reyners*, nº 54). O acórdão prossegue (nº 55), considerando que não pode atribuir-se a qualificação de atividade ligada ao exercício da autoridade pública «a atividades tais como a consultadoria e a assistência jurídica, ou a representação e a defesa das partes em justiça». Os advogados, diferentemente das autoridades judiciais com quem têm de cooperar, não gozam de prerrogativas, privilégios e poderes que são inerentes aos detentores dos poderes públicos, decorrentes da soberania ou *imperium* do Estado (cfr. conclusões do Advogado-geral HENRI MAYRAS no processo *Reyners*, p. 665). Assim também, por exemplo, no caso da atividade desenvolvida por peritos em acidentes de viação, o Tribunal considerou que esta atividade não envolvia o exercício de autoridade pública, na medida em que os pareceres destes peritos não vinculam os tribunais, deixando intacta a discricionariedade e o exercício dos poderes detidos pelos órgãos judiciais (cfr. Ac. *Comissão/República Helénica*, de 10-12-1991, proc. C-306/89, nº 7). Algo de substancialmente diferente se poderia dizer, por

exemplo, em relação à atividade notarial. Mesmo num quadro em que seja admitido o notariado privado, a fé pública que os notários conferem a manifestações de vontade privada representaria uma participação *direta e específica no exercício de autoridade pública* que é atribuída aos notários pelo Estado (cfr., neste sentido, as conclusões do Advogado-geral P. Cruz Villalón, de 14-9-2010, nos processos *Comissão/Bélgica*, C-47/08 e outros, nº 121). O Tribunal de Justiça, no seu acórdão *Comissão/Belgica*, de 24-5-2011, considerou, no entanto, que «a atividade de autenticação confiada aos notários não está, em si mesma, direta e especificamente ligada ao exercício da autoridade pública» (Ac. *Comissão/Bélgica*, nº 92). Nem a força probatória e executória de que beneficiam os atos notariais foi encarada, pelo Tribunal, como traduzindo-se «para o notário, em poderes que têm uma ligação direta e específica ao exercício da autoridade pública» (Ac. *Comissão/Bélgica*, nº 103). Deste modo, a invocação, por um Estado-Membro, de um requisito de nacionalidade, para impedir o acesso de nacionais de outros Estados-Membros à atividade notarial no seu território, afigura-se incompatível com o artigo 43º CE [atual artigo 49º TFUE], não podendo excluir-se do âmbito de aplicação deste artigo por, alegadamente, se tratar de uma atividade ligada «mesmo ocasionalmente, ao exercício da autoridade pública» na aceção do artigo 45º, primeiro parágrafo, CE [atual artigo 51º, primeiro parágrafo, TFUE].

B) As exceções decorrentes de razões de ordem pública, segurança pública e saúde pública
69. O artigo 52º TFUE prevê expressamente que poderão ser também admitidas medidas nacionais restritivas da liberdade de estabelecimento que consagrem um regime especial para os estrangeiros e se justifiquem por razões de ordem pública, segurança pública e saúde pública. Também aqui está em causa uma disposição que será aplicável ao domínio da prestação de serviços, por remissão do artigo 62º TFUE. Os termos do artigo 49º TFUE indicam que essas medidas nacionais, ao consagrarem um regime especial para estrangeiros, poderão também ser medidas discriminatórias em razão da nacionalidade. Em todo o caso, o facto de as exceções admitidas no artigo 52º TFUE, por razões de proteção da saúde pública e da ordem pública, permitirem justificar medidas nacionais discriminatórias em razão da nacionalidade, não impede, obviamente, que essas mesmas razões sejam igualmente suscetíveis de justificar medidas nacionais, restritivas do direito de estabelecimento, de caráter *não discriminatório* (Ac. *Mac Queen*, de 1-2-2001, proc. C-108/96, nº 28).

70. Apesar de o Tratado sugerir que *ordem pública* e *segurança pública* constituem duas razões distintas que permitem justificar medidas nacionais discriminatórias em relação ao estabelecimento de estrangeiros, o Tribunal utiliza

normalmente a expressão *ordem pública* para abranger os dois tipos de situações (C. BARNARD, *The Substantive Law of the EU – The Four Freedoms*, 3.rd Ed., 2010, Oxford Univ. Press, p. 481). A noção de ordem pública variará, compreensivelmente, de um Estado-Membro para outro. O Tribunal refere, a este propósito, que «o Direito comunitário não imp[õe] aos Estados-Membros uma escala uniforme de valores quanto à apreciação dos comportamentos que podem ser considerados contrários à ordem pública» (Ac. *Jany*, n.º 60). Em todo o caso, «não se pode considerar que um comportamento apresenta um grau suficiente de gravidade que justifique restrições à entrada ou à residência, no território de um Estado-Membro, de um nacional de outro Estado-Membro, no caso em que o primeiro Estado não toma, em relação ao mesmo comportamento, quando se trata dos seus próprios nacionais, medidas repressivas ou outras medidas reais e efetivas destinadas a combater esse comportamento» alegadamente contrário à ordem pública (Ac. *Jany*, n.º 60).

71. O Tribunal de Justiça interpreta restritivamente estas exceções previstas no artigo 52.º TFUE (como exceções ao direito fundamental de estabelecimento), excluindo, designadamente, qualquer interpretação baseada em considerações económicas (cfr., por analogia, Ac. *Federación de distribuidores cinematográficos*, de 4-5-1993, proc. C-17/92, n.º 16, relativo à livre prestação de serviços). Concretamente, não cabe no conceito de ordem pública o objetivo de evitar a perda de receitas fiscais dos Estados-Membros decorrentes da redução de base tributária pelo exercício do direito de estabelecimento de operadores económicos para outro Estado (Ac. *ICI*, de 16-7-1998, proc. C-264/96, n.º 28). Não integra, também, o conceito de ordem pública, o objetivo de reforçar a solidez financeira das sociedades tendo em vista a proteção de credores sociais (Ac. *Centros*, n.ºs 32 e 34). Integra já o conceito de ordem pública, por exemplo, o respeito pelo princípio fundamental da dignidade humana, podendo justificar-se, então, uma proibição de estabelecimento num Estado-Membro, de uma empresa de outro Estado que se dedique à organização de jogos de "atirar a matar" que envolvam a simulação da morte de seres humanos (cfr., por analogia, o Ac. *Omega* de 14-10-2004, proc. C-36/02, relativo à liberdade de prestação de serviços).

72. As medidas nacionais restritivas permitidas pelo artigo 52.º TFUE, devem, obviamente, respeitar o princípio da proporcionalidade (Ac. *Mac Queen*, n.º 31). Quer isto dizer que a medida nacional em causa deve ser, por um lado, uma medida necessária para garantir a proteção dos objetivos de ordem pública ou de saúde pública invocados (Ac. *Comissão/Italia*, de 6-6-1996, proc. C-101/94, n.º 26). Não devem, por outro lado, existir outras possíveis medidas nacionais que, ao permitirem assegurar os mesmos objetivos, restrinjam em menor grau a liberdade de estabelecimento (cfr., por analogia, Ac. *Omega*, n.º 39).

73. Em relação às pessoas singulares, a diretiva 2004/38, nos seus artigos 27º e seguintes, permite delimitar, atualmente, em pormenor, as medidas nacionais restritivas da livre circulação de cidadãos europeus que pretendam estabelecer-se noutros Estados-Membros que hão de poder admitir-se por razões de ordem pública e de saúde pública.

C) As exceções decorrentes de razões imperativas de interesse público – verificação da proporcionalidade da medida nacional

74. As medidas nacionais que restrinjam o direito de estabelecimento discriminando em razão da nacionalidade são proibidas de *per se*. Podem apenas ser justificadas se se verificar alguma das exceções, já referidas, expressamente previstas nos artigos 51º e 52º TFUE. Diferentemente, conforme resulta expressamente do acórdão *Gebhard*, nº 37, medidas nacionais indistintamente aplicáveis que afectem, ou tornem menos atrativo, o exercício do direito de estabelecimento, podem ser justificadas com base em razões imperativas de interesse geral/público, que o Tribunal tem vindo pretorianamente a reconhecer como podendo ser legitimamente invocadas pelos Estados-Membros (cfr. WYATT & DASHWOOD'S, *EU Law, cit.*, pp. 801-802). A possibilidade de se invocarem estas razões para justificar uma medida nacional não discriminatória restritiva da liberdade de estabelecimento já tinha sido admitida nas outras liberdades, começando pelo acórdão *Cassis de Dijon*. Os acórdãos *Kraus* e *Gebhard* estenderam a possibilidade de invocação dessas razões imperativas ao domínio do direito de estabelecimento.

75. No quadro específico do direito de estabelecimento, o Tribunal reconheceu razões imperativas de interesse público de índole muito variada como sendo aptas a justificar medidas nacionais não discriminatórias que restringissem o exercício desse direito fundamental conferido pelo Tratado. Indicam-se, seguidamente, algumas dessas razões justificativas admitidas pelo Tribunal sem preocupação de exaustividade, já que a lista é necessariamente aberta (cfr. C. BARNARD, *The Substantive Law of the EU, cit.*, pp. 510-516, com uma listagem muito extensa de várias razões imperativas de interesse geral reconhecidas pelo Tribunal). Assim, no acórdão *Kraus*, já referido, nº 33, foi reconhecido como razão justificativa o interesse de proteção do público contra a utilização fraudulenta de títulos universitários obtidos no estrangeiro; no acórdão *Centros*, nº 32, foi reconhecido o interesse de reforçar a solidez financeira das sociedades (através da imposição de uma exigência de capital mínimo) com vista a proteger os credores públicos e privados, bem como, no acórdão *Cadbury Schweppes*, já referido, nº 51, a necessidade de prevenir práticas abusivas dos contribuintes que visem contornar, através de expedientes puramente artificiais, a aplicação da legislação fiscal dos Estados-Membros. No acórdão *Haim*, de 4-7-2000, proc. C-424/97, nºs 59-60, foi reconhecida como razão imperiosa de interesse geral a exigência de um

conhecimento adequado da língua do estado de estabelecimento, tendo em vista assegurar a fiabilidade da comunicação dos médicos com os seus pacientes bem como com as autoridades administrativas e profissionais; também a possibilidade de assegurar um controle eficaz das sociedades, designadamente ao nível fiscal, foi reconhecida como suscetível de justificar medidas restritivas da liberdade de estabelecimento (cfr. Ac. *Baxter*, de 8-7-1999, proc. C-254/97, nº 18). Tem sido igualmente reconhecido, desde o acórdão *Bachmann*, de 28-1-1992, proc. C-204/90, nº 17 e nº 21, que uma restrição ao direito de estabelecimento, resultante de um regime nacional de impostos diretos, também pode ser justificada por um imperativo de salvaguarda da coerência dos sistemas fiscais dos Estados-Membros. Finalmente, no acórdão *Caixa-Bank*, já referido, nº 21, reconheceu-se que a proteção dos consumidores figura igualmente entre as exigências imperativas suscetíveis de justificar uma restrição à liberdade fundamental de estabelecimento.

76. Reconhecida a existência de uma razão de interesse geral, capaz de justificar a medida nacional não discriminatória restritiva do direito de estabelecimento, passa-se então à verificação do respeito pelo princípio da proporcionalidade em sentido amplo (cfr. Ac. *Gebhard*, nº 37, que, no entanto, não procedeu a essa verificação no caso concreto, deixando-a, aparentemente, para a jurisdição nacional de reenvio). A verificação da proporcionalidade (em sentido amplo), da medida em causa, implica uma análise do conteúdo e teleologia da medida nacional, levando o Estado-Membro que a adotou a ter de explicar cuidadosamente o nexo existente entre a medida nacional e a razão de interesse geral invocada que serviu de base à sua adoção (cfr. M. FALLON, *Droit matériel général de l'Union Européenne*, 2e éd., 2002, Bruylant, p. 527).

77. O controlo da proporcionalidade da medida nacional restritiva de uma liberdade fundamental de circulação desdobra-se em vários testes, a saber, o teste de adequação, o teste de necessidade ou "da alternativa menos restritiva" e, por fim, o teste de proporcionalidade *stricto sensu* (veja-se, neste sentido, desenvolvidamente, as conclusões do Advogado-geral M. POIARES MADURO no processo *Ahokainen e Leppik*, C-434/04, nºs 23-26). Assim, em primeiro lugar, a medida nacional restritiva deve ser *adequada* para prosseguir as razões imperiosas por ela alegadamente visadas. Tem de existir um nexo entre os fins visados e os meios utilizados ou, seja, nas palavras do Tribunal «uma legislação nacional só é apta a garantir a realização do objetivo invocado, se responder verdadeiramente à intenção de o alcançar de maneira coerente e sistemática» (Ac. *Placanica e.o.*, de 6-3-2007, Processos apensos C338/04 *et al.*, nº 53 e nº 58). No acórdão *Centros*, já referido, por exemplo, a medida nacional de recusa do registo da sucursal dinamarquesa da sociedade inglesa Centros, não passava este primeiro teste. Essa medida não era, no entender do Tribunal, adequada para atingir o objetivo de

proteção dos credores, uma vez que se a Centros tivesse exercido uma atividade económica efetiva no Reino Unido a sua sucursal poderia ser registada na Dinamarca, de acordo com o Direito dinamarquês, isto não obstante os credores dinamarqueses ficarem, nesse caso, igualmente desprotegidos (Ac. *Centros*, nº 35).

78. Em segundo lugar, havendo várias medidas possíveis, igualmente adequadas para a prossecução do objetivo visado, deve preferir-se aquela que restringir menos a liberdade de estabelecimento conferida pelo Tratado. Deste modo, no caso de ser possível prosseguir o objetivo de interesse geral visado através de uma medida alternativa menos restritiva do direito de estabelecimento, a medida nacional controvertida não passará este teste de necessidade, não sendo, consequentemente, considerada compatível com o direito de estabelecimento conferido pelo Tratado. Este teste foi aplicado, por exemplo, no acórdão *Caixa-Bank*, nº 22. Entendeu-se aí que, apesar de o levantamento da proibição de remuneração das contas de depósitos à ordem implicar um aumento do custo, para o consumidor, dos serviços bancários de base ou a faturação dos cheques, seria possível dar ao consumidor a possibilidade de optar entre ter «uma conta de depósitos à ordem não remunerada com a manutenção da gratuidade de alguns serviços bancários de base ou [ter] uma conta de depósitos à ordem remunerada com a possibilidade de o estabelecimento de crédito cobrar os serviços bancários fornecidos até então gratuitamente, como a emissão de cheques».

79. Surge, por fim, o teste de proporcionalidade em sentido estrito. De acordo com este último teste, o impacto restritivo que uma medida nacional tenha na liberdade de estabelecimento lesada deve ser proporcional aos benefícios que essa medida garante relativamente aos objetivos de interesse geral por ela visados (cfr. conclusões do Advogado-geral M. POIARES MADURO, no processo *Ahokainen e Leppik*, nº 26). Os Estados-Membros podem divergir no que respeita ao nível de proteção que pretendem conceder a uma determinada razão justificativa que seja reconhecida pelo Direito da União como de interesse geral, gozando, por conseguinte, de uma «margem de apreciação» na definição desse nível de proteção (cfr. Ac. *Hartlauer*, de 10-3-2009, proc. C-169/07, nº 30). Pode aplicar-se este teste de proporcionalidade *stricto sensu* quando o direito da União identifica já um nível comum, ou médio, de proteção, a conferir ao interesse em questão. O Tribunal tem-no utilizado no domínio da liberdade de circulação de mercadorias (v., a este respeito, as indicações de M. POIARES MADURO, nas conclusões no processo *Ahokainen e Leppik*, já referidas, nº 26). No domínio do direito de estabelecimento, contudo, não parece ter-se procedido, até hoje, à aplicação deste último teste, bastando-se o Tribunal com a utilização dos dois primeiros testes mencionados.

7.3. Livre Prestação de Serviços

Acórdão de Tribunal de Justiça de 25 de julho de 1991 – Processo C-76/90 *Manfred Säger* c. Dennemeyer & Co. Ltd.

Armando Rocha

Resumo dos factos

Na génese do processo encontra-se um litígio entre um 'agente de propriedade industrial' alemão (o Sr. Manfred Säger) e uma sociedade inglesa (a Dennemeyer & Co. Ltd.) cuja atividade consistia na prestação de serviços de manutenção em vigor de patentes industriais (*"patent renewal service"*) por conta de titulares de direitos de propriedade industrial estabelecidos noutros Estados-membros, mais concretamente no controlo das datas de vencimento das taxas, para efeitos de manutenção em vigor daquelas patentes, e no pagamento dessas taxas por conta dos seus titulares, quando estes lho solicitassem.

Todavia, a legislação alemã relativa à consultadoria jurídica (*"Rechtsberatungsgesetz"*) e o respetivo regulamento de execução atribuíam o exercício profissional dessa função aos agentes de propriedade industrial estabelecidos na Alemanha (*"Patentanwaelte"*), mediante autorização, após verificação da sua idoneidade, formação e conhecimentos. Por esta razão, o Sr. Säger afirmou que aquela sociedade inglesa exercia uma função de consultadoria jurídica sem a habilitação legal necessária.

O órgão jurisdicional nacional (o *"Oberlandesgericht München"*) considerou que o litígio suscitava alguns problemas de interpretação do (então) Tratado da CEE, pelo que questionou a título prejudicial ao (então) Tribunal de Justiça das Comunidades Europeias (doravante, referir-nos-emos ao "Tribunal de Justiça" quando fizermos referência ao antigo Tribunal de Justiça das Comunidades Europeias ou ao atual Tribunal de Justiça) se era compatível com o Tratado uma legislação nacional que reservava exclusivamente aos agentes de propriedade industrial (profissionais com uma qualificação específica) o exercício daquela atividade, sobretudo porque essa atividade podia ser exercida sem qualquer autorização em vários Estados-membros.

Excertos do acórdão

"12. Deve salientar-se (...) que o artigo 59º do Tratado exige não só a eliminação de qualquer discriminação contra o prestador de serviços em razão da sua nacionalidade, mas também a supressão de qualquer restrição, ainda que indistintamente aplicada a prestadores nacionais e de outros Estados-membros, quando seja suscetível de impedir ou entravar de alguma forma as atividades do prestador estabelecido noutro Estado-membro, onde preste legalmente serviços análogos.

13. Em especial, o Estado-membro não pode sujeitar a realização da prestação de serviços no seu território ao cumprimento de todas as condições exigidas a um estabelecimento, sob pena de privar de qualquer efeito útil as disposições do Tratado destinadas precisamente a garantir a livre prestação de serviços. Essa restrição é tanto menos admissível quando (...) o serviço é prestado (...) sem que o prestador tenha necessidade de se deslocar ao território do Estado-membro onde a prestação é realizada.

14. Deve declarar-se em seguida que constitui uma restrição à livre prestação de serviços (...) uma regulamentação nacional que sujeite a realização de determinadas prestações de serviços no território nacional, por uma empresa estabelecida noutro Estado-membro, à concessão de uma autorização administrativa que dependa da posse de determinadas qualificações profissionais. Com efeito, ao reservar a prestação de serviços em matéria de controlo de patentes para determinados operadores económicos, que possuem determinadas qualificações profissionais, uma regulamentação nacional impede simultaneamente uma empresa estabelecida no estrangeiro de realizar prestações de serviços a titulares de patentes no território nacional e estes últimos de escolher livremente o modo de controlo das suas patentes.

15. Tendo em conta a natureza especial de certas prestações de serviços, não se poderiam considerar como incompatíveis com o Tratado exigências específicas impostas ao prestador motivadas pela aplicação de normas reguladoras desses tipos de atividades. Todavia, a livre prestação de serviços, enquanto princípio fundamental do Tratado, apenas pode ser limitada por razões imperiosas de interesse geral e aplicáveis a qualquer pessoa ou empresa que exerça uma atividade no território do Estado destinatário, na medida em que tal interesse não esteja salvaguardado por normas a que o prestador esteja sujeito no Estado-membro onde estiver estabelecido. Além disso, as referidas exigências devem ser objetivamente necessárias a fim de garantir o cumprimento das regras profissionais e garantir a proteção do destinatário dos serviços, não devendo ir além do necessário para alcançar esses interesses (...).

16. A este respeito, deve observar-se antes de mais que uma regulamentação nacional, como a descrita pelo órgão jurisdicional nacional, destina-se manifestamente a proteger os destinatários dos serviços em questão contra o eventual prejuízo resultante de consultadoria jurídica prestada por pessoas sem qualificações profissionais ou morais necessárias.

17. Deve declarar-se em seguida que o interesse geral ligado à proteção dos destinatários dos serviços em questão contra esse prejuízo justifica uma restrição

à livre prestação de serviços. Contudo, essa regulamentação vai além do necessário para garantir a proteção desse interesse se sujeitar o exercício a título profissional de uma atividade, como a que está em causa, à obtenção por parte dos prestadores de uma qualificação profissional muito específica e desproporcionada em relação às necessidades dos destinatários.
(...)
21. Por conseguinte, deve responder-se que o artigo 59º do Tratado obsta a uma regulamentação nacional que proíba uma sociedade estabelecida noutro Estado-membro de prestar a titulares de patentes no território nacional um serviço de controlo e manutenção em vigor dessas patentes por meio do pagamento das respetivas taxas, com o fundamento de que, por força dessa regulamentação, essa atividade está exclusivamente reservada para os titulares de uma qualificação profissional específica, como a de agente de propriedade intelectual."

Comentário

I – O conceito de livre prestação de serviços.
1. O direito da União Europeia atribui aos particulares a faculdade de se deslocarem no espaço europeu para efeitos profissionais. Neste sentido, o TFUE assegura a livre circulação de trabalhadores (cfr. artigos 45º *et seq.*), o direito de estabelecimento (cfr. artigos 49º *et seq.*) e a livre prestação de serviços (cfr. artigos 56º *et seq.*).

Num primeiro olhar, é muito clara a distinção entre estas três liberdades económicas. Com efeito, não subsistem dúvidas de que a livre prestação de serviços (ao invés da livre circulação de trabalhadores) pressupõe o exercício de uma atividade económica *independente – id est*, aquela em que o particular assume o respetivo risco económico. Por outro lado, se é verdade que o direito de estabelecimento pressupõe, talqualmente a livre prestação de serviços, o exercício de uma atividade económica independente no território de outro Estado-membro, também é líquido que a livre prestação de serviços pressupõe um exercício *temporário* dessa atividade (cfr. § 3 do artigo 57º do TFUE), enquanto o direito de estabelecimento pressupõe o exercício permanente dessa mesma atividade económica.

2. Não obstante a clareza do que se deixou exposto, a verdade é que nem sempre se revela fácil a distinção entre as referidas liberdades económicas. Desde logo, porque há situações marginais em que às relações jurídicas laborais se aplica o artigo 56º do TFUE (cfr. acórdão *Rush Portuguesa*, de 27 de março de 1990, processo C-113/89, nº 19), nomeadamente quando um prestador de serviços pretende deslocar-se para outro Estado-membro juntamente com a sua equipa de trabalho.

Porém, as maiores dificuldades com que o intérprete se defronta neste domínio respeitam à distinção entre a livre prestação de serviços e o direito de estabelecimento. Como ponto de partida deve reter-se a ideia de que "o que importa é saber se o centro de atividade do prestador se situa no Estado do destinatário da prestação (Estado de acolhimento) ou se mantém no seu Estado de estabelecimento" (cfr. M. GORJÃO-HENRIQUES, *Direito da União*, 6ª edição, Coimbra, 2010, p. 618): no primeiro caso, o problema é relativo ao direito de estabelecimento; no segundo caso (o do exercício *temporário* ou *esporádico* da atividade económica), a situação subsume-se no âmbito da livre prestação de serviços.

3. No acórdão *Gebhard* (cfr. acórdão de 30 de novembro de 1995, processo C-55/94, nº 27), o Tribunal de Justiça afirmou que a aferição deste vetor (o «exercício temporário») deve ser feita "em função da duração da prestação" e, bem assim, "da sua frequência, periodicidade ou continuidade". Desta forma, o Tribunal de Justiça colocou no campo do direito de estabelecimento as situações em que a execução da prestação de serviços noutro Estado-membro se protela no tempo ou se revela frequente, periódica ou contínua. Ao invés, estaremos no âmbito da livre prestação de serviços quando faltarem *todos* estes elementos, caso em que podemos falar no exercício *episódico* ou *irregular* de uma atividade económica no Estado de acolhimento. Mais recentemente, o Tribunal de Justiça afirmou que se deve tomar como *permanente* o exercício de uma atividade "sem limitação previsível de duração" (cfr. acórdão *Steymann*, de 5 de outubro de 1988, processo 196/87, nº 16).

Ademais, neste acórdão *Gebhard* o Tribunal de Justiça assumiu que o caráter temporário da prestação de serviços não exclui a possibilidade de o prestador de serviços se dotar de uma infraestrutura no Estado de acolhimento, desde que seja necessária para a realização da prestação em causa (cfr., ainda, acórdãos *Reisebüro Broede*, de 12 de dezembro de 1996, processo C-3/95, nº 21, e *Comissão c. Itália*, de 13 de fevereiro de 2003, processo C-131/01, nº 35). Desta forma, o Tribunal de Justiça desconsidera eventuais elementos *reais* que possam servir de indício da existência de um estabelecimento: o que importa, pois, é verificar se existe ou não uma participação estável e contínua do particular na vida económica do Estado de acolhimento (cfr. acórdão *Comissão c. Itália, ult. Cit.*, nº 24). Com isto, o Tribunal de Justiça não nega que um elemento estritamente real possa ser utilizado como *um dos elementos* a atender na verificação do caráter temporário ou permanente do exercício de uma atividade. Simplesmente, não aceita efetuar um juízo de permanência de uma atividade económica pelo simples facto de o particular dispor de uma infraestrutura de apoio noutro Estado-membro.

Apesar do exposto, ainda não existe uma "fórmula mágica" que permita distinguir em abstrato e com segurança o direito de estabelecimento e a livre prestação de serviços (cfr. C. BARNARD, *The substantive law of the EU – The four freedoms*, 2ª edição, Oxford, 2007, p. 368). A confirmá-lo, veja-se que o próprio Tribunal de Justiça já colocou no capítulo da livre prestação de serviços atividades cuja execução seja frequente ou regular e que se protela no tempo, e afastou a existência de um estabelecimento pelo facto de o particular não dispor de uma infraestrutura que lhe permita exercer de forma estável e contínua uma atividade profissional noutro Estado-membro (cfr. acórdão *Schnitzer*, de 11 de dezembro de 2003, processo C-215/01, nºs 32-33).

Destarte, o Tribunal de Justiça acaba por nos conduzir para uma apreciação casuística do caráter «esporádico» ou «temporário» da execução de uma atividade económica, decantada em função dos factos trazidos ao conhecimento do juiz em cada processo.

4. De qualquer forma, sempre se dirá que a livre prestação de serviços consiste na faculdade de um agente económico exercer a sua atividade *independente* de forma *esporádica (i)* em benefício de um outro particular (o beneficiário) estabelecido *noutro Estado-membro, (ii)* ou cuja execução se efetua no território de outro Estado-membro.

Na sua formulação mais clássica, é a situação do sujeito "A", prestador de serviços estabelecido em Portugal, que se desloca a Espanha para executar uma operação económica e que, uma vez finalizada a sua prestação, regressa a Portugal. Ademais, a livre prestação de serviços garante, ainda, a deslocação do beneficiário dos serviços ao Estado de estabelecimento do respetivo prestador (cfr. acórdão *Luisi e Carbone*, de 31 de janeiro de 1984, processos 286/82 e 26/83, nº 16), a execução da atividade que não pressuponha a deslocação de uma das partes (cfr. acórdãos *Bond van Adverteerders*, de 26 de abril de 1988, processo 352/85, nº 17, *Alpine Investments*, de 10 de maio de 1995, processo C-384/93, nº 22, e *Carpenter*, de 11 de julho de 2002, processo C-60/00, nº 29), ou a deslocação simultânea do prestador e do beneficiário dos serviços ao território de outro Estado-membro (cfr. acórdão *SETTG*, de 5 de junho de 1997, processo C-398/95, nº 8).

Desta forma, pode afirmar-se que as normas relativas à livre prestação de serviços são postas em ação quando ocorrer uma das seguintes situações: a) o prestador de serviços se deslocar ao território do seu beneficiário; b) o beneficiário do serviço se deslocar ao território do seu prestador; c) o prestador e o beneficiário do serviço se deslocarem a outro Estado-membro; ou d) o objeto da prestação de serviços se realizar sem que exista uma deslocação territorial de um dos sujeitos – situação presente no acórdão sob anotação. Em todo o caso, é essencial que exista um elemento *transfronteiriço* que se traduza no facto de a situação jurídica pôr em contacto duas ou mais ordens jurídicas.

5. No acórdão *Van Binsbergen* (cfr. acórdão de 3 de dezembro de 1974, processo 33/74, nº 27) o Tribunal de Justiça afirmou que os (atuais) artigos 56º e

57º do TFUE dispunham de efeito direto na ordem jurídica interna. Desta forma, o Tribunal do Luxemburgo desconsiderou as referências à adoção de diretivas (cfr., atualmente, artigo 59º do TFUE), porquanto a função destas diretivas se resume *(i)* à eliminação das formas de restrição a nível nacional da livre prestação de serviços e *(ii)* a facilitar a sua realização, não tendo o particular de aguardar pela sua adoção para opor a um Estado-membro os artigos 56º e 57º do TFUE. Por isso, no acórdão sob anotação o Tribunal de Justiça aplicou estas disposições do TFUE sem efetuar mais indagações.

6. Por fim, não se pode ignorar que o § 1 do artigo 57º do TFUE, ao se debruçar sobre uma definição de «serviços», refere-se à sua aplicação a determinadas atividades económicas, mas apenas "na medida em que não sejam reguladas pelas disposições relativas à livre circulação de mercadorias, de capitais e de pessoas". Daqui retiram alguns a sua natureza *residual* ou *subsidiária*, com isto pretendendo afirmar que apenas seria aplicável na medida em que não se pudesse aplicar outra disposição (cfr. acórdãos *Gebhard, cit.*, nº 22, e *Reisebüro Broede, cit.*, nº 19; cfr., ainda, L. Truchot, "Article 49", *in Commentaire article par article des traités EU et CE*, Bruxelas, 2000, pp. 451-454, e A.M.G. Martins, *Curso de direito constitucional da União Europeia*, Coimbra, 2004, p. 558) – sendo certo que, para alguma jurisprudência (ainda que titubeante) as diferentes liberdades económicas seriam de aplicação *excludente* (cfr. acórdãos *Gebhard, cit.*, nº 20, e, implicitamente, *Schindler*, de 24 de março de 1994, processo C-275/92, nº 30).

Porém, rapidamente se percebeu que uma medida nacional pode restringir mais do que uma liberdade económica, razão por que não fazia sentido remeter a livre prestação de serviços para um plano de subsidiariedade. Por isso, o Tribunal de Justiça afirmou que o § 1 do artigo 57º do TFUE apenas pretende definir o conceito de livre prestação de serviços, sem estabelecer uma prioridade entre a livre prestação de serviços e as outras liberdades económicas (cfr. acórdão *Fidium Finanz*, de 3 de outubro de 2006, processo C-452/04, nº 32). Assim, o que será importante verificar é em que medida cada uma das liberdades pode ser afetada por determinada medida nacional e, posteriormente, se alguma delas pode prevalecer *em concreto* sobre a outra (sem qualquer precedência genericamente formulada), mormente quando resultar das circunstâncias do caso que uma delas é totalmente secundária em relação à outra (cfr. acórdãos *Omega*, de 14 de outubro de 2004, processo C-36/02, nº 26, e *Fidium Finanz, ul. Cit.*, nº 34; cfr. D. Chalmers/C. Hadjiemmanuil/G. Monti/A. Tomkins, *European Union law – Text and materials*, Cambridge, 2006, p. 753). Por esta razão, o entendimento hoje corrente é o de que a livre prestação de serviços possui, apenas, um "caráter aparentemente residual" (cfr. F. Weiss/F. Wooldridge, *Free movement of persons within the European Community*, 2nd edition, 2007, p. 125, em nota), seguindo-se frequentemente a técnica da "justaposição" de regras (cfr. V. Hatzopoulos, "Recent developments of the case law of the ECJ in the field of services", *in Common market law review*, no. 37, 2000, p. 53), pela qual se aplicam cumulativamente as disposições relativas à livre prestação de serviços e a outra liberdade económica, quando não for possível prescindir da aplicação de qualquer uma delas.

II – Os sujeitos abrangidos pelas normas relativas à livre prestação de serviços
7. Questão seguinte é a de saber quem pode invocar os artigos 56º e 57º do TFUE. Pois bem, de acordo com o disposto no § 1 do artigo 56º do TFUE, "as restrições à livre prestação de serviços na União serão proibidas em relação aos *nacionais dos Estados-membros estabelecidos* num Estado-membro que não seja o do destinatário da prestação" (itálico nosso).

Desta forma, é mister que o particular seja cidadão de um Estado-membro ou uma pessoa coletiva formada de acordo com as leis de um Estado-membro e que tenha a sua sede, centro de administração ou estabelecimento principal na União (cfr. artigo 54º do TFUE, aplicável *ex vi* artigo 62º do TFUE). Todavia, não basta que uma pessoa (singular ou coletiva) seja nacional de um Estado-membro: é ainda necessário que se encontre estabelecida num Estado-membro, mesmo que não seja o da sua nacionalidade. Foi o que sucedeu no acórdão ora em análise, no qual as disposições do TFUE foram invocadas por uma sociedade britânica contra a legislação alemã.

Tratando-se de uma pessoa coletiva, é importante verificar se – possuindo sede num Estado-membro, mas localizando-se o seu centro de administração ou estabelecimento principal fora da União Europeia – mantém uma «ligação real e contínua» com a economia daquele Estado-membro (cfr. Título I do 'Programa geral para a supressão das restrições à livre prestação de serviços', de 18 de dezembro de 1961), sendo certo que esta «conexão económica» não consiste na nacionalidade dos seus acionistas ou titulares dos corpos gerentes (cfr. F. Weiss/F. Wooldridge, *Free movement, cit.*, p. 124). De outra forma, uma empresa economicamente estabelecida fora da União Europeia poderia usufruir das vantagens concedidas pelo direito da União Europeia pela simples manipulação da legislação comercial dos Estados-membros.

8. Ainda neste capítulo, o Tribunal de Justiça tem prestado atenção ao facto de ser possível que um agente económico se estabeleça num Estado-membro, mas exerça a maior parte ou a totalidade da sua atividade profissional noutro Estado-membro alegando que esse exercício se efetua a título temporário, sendo a escolha do local de estabelecimento apenas motivada por um intuito de evitar o cumprimento de obrigações legais exigidas no Estado de acolhimento. Neste caso, o Tribunal de Justiça tem entendido que um Estado-membro pode adotar uma legislação que reprima este fenómeno e que essa legislação nacional deve

ser apreciada à luz do capítulo referente ao direito de estabelecimento (cfr. acórdãos *Van Binsbergen*, *cit.*, nº 13, e *Comissão c. Alemanha*, de 4 de dezembro de 1986, processo 205/84, nº 22) – o que inculca a ideia de que, para o Tribunal de Justiça, o agente económico se deve considerar estabelecido no Estado-membro onde executa a maior parte ou a totalidade da sua atividade profissional.

9. Noutro plano, no acórdão *Carpenter* (*cit.*, nº 39) o Tribunal de Justiça teve o ensejo de referir que o (atual) artigo 56º do TFUE, "lido à luz do direito fundamental ao respeito da vida familiar" (cfr. artigo 8º da Convenção Europeia dos Direitos do Homem), deve ser interpretado no sentido de abranger igualmente os familiares do prestador de serviços, assumindo que a separação dos cônjuges pode prejudicar a sua vida familiar e, nessa medida, constituir um entrave efetivo ao exercício de uma liberdade fundamental, porquanto pode dissuadir o prestador de serviços de se deslocar a outro Estado-membro por não estar acompanhado da sua família (cfr., ainda, o nº 1 do artigo 5º da Diretiva nº 2004/38/CE).

10. Entretanto, na década de 1980 o Tribunal de Justiça operou uma importante revolução copérniciana na forma de conceber a livre prestação de serviços, colocando em crise uma interpretação (literal) que esteja exclusivamente centrada na atividade do prestador de serviços. O momento de viragem deu-se em 1984, quando o Tribunal de Justiça afirmou no seu acórdão *Luisi e Carbone* (*cit.*, nº 16) que "a liberdade de prestação de serviços inclui a liberdade do beneficiário dos serviços de se deslocar a outro Estado-membro para aí receber esse serviço". Todavia, exclui-se da livre prestação de serviços a situação do indivíduo que se desloca a outro Estado-membro para beneficiar de prestações de serviços durante um período indeterminado (cfr. acórdão *Sodemare*, de 17 de junho de 1997, processo C-70/95, nº 38).

11. Mais recentemente, o Tribunal de Justiça trilhou um caminho no sentido da desconsideração do elemento subjetivo. Com efeito, o Tribunal de Justiça já admitiu que o capítulo da livre prestação de serviços se aplica *(i)* mesmo que o beneficiário seja meramente "virtual" (cfr. V. HATZOPOULOS, "Recent developments", *cit.*, p. 58), hipotético ou indeterminado, desde que seja determinável no momento em que o prestador se pretende valer das normas do Tratado (cfr. acórdão *Alpine Investments*, *cit.*, nº 19), ou *(ii)* quando estiver em causa a prestação de serviços "futuros", ainda não realizados (cfr. acórdão *Omega*, *cit.*, nº 21). Por outro lado, *(iii)* o Tribunal de Justiça tem ainda alargado a proteção da livre prestação de serviços a situações meramente "virtuais" ou "hipotéticas" (cfr. acórdão *SETTG*, de 5 de junho de 1997, processo C-398/95, nº 12), mormente quando se verificar que nenhum prestador ou beneficiário dos serviços é afetado, mas existe a possibilidade de um futuro agente económico ver cerceada a sua liberdade de prestação de serviços – aqui, repare-se,

não é apenas o beneficiário do serviço que é indeterminado; é a própria *prestação de serviços* que é meramente *hipotética*.

Porém, a principal inovação trazida pelo Tribunal de Justiça para este campo traduz-se no abandono do elemento subjetivo. Com efeito, o Tribunal de Justiça tem declarado desconforme com o Tratado qualquer medida "que tenha como efeito tornar a prestação de serviços entre Estados-membros mais difícil que a prestação de serviços puramente interna de um Estado-membro" (cfr. acórdão *Comissão c. França*, de 5 de outubro de 1994, processo C-381/93, n.º 17). Neste sentido, veja-se, como bem denota V. HATZOPOULOS, que não é inocente que o Tribunal de Justiça, no acórdão *Kohll* (de 28 de abril de 1998, processo C-158/96), se refira constantemente à livre *circulação* de serviços, como se a letra da lei fosse em tudo semelhante à dos artigos 28º, 45º, 49º e 63º do TFUE (cfr. "Recent developments", *cit.*, p. 60; no mesmo sentido, cfr. F. WEISS/F. WOOLDRIDGE, *Free movement, cit.*, p. 130).

12. Aqui chegados, uma última questão que importa colocar é a de saber a quem são oponíveis os artigos 56º e 57º do TFUE. Ora, não se coloca em causa que estas normas podem ser oponíveis aos Estados-membros sempre que uma medida nacional seja suscetível de constituir um entrave à livre prestação de serviços. Ademais, um particular pode invocar estas disposições do Tratado contra o Estado de acolhimento – como sucede no acórdão em anotação – e, bem assim, contra o seu Estado de estabelecimento (cfr. acórdãos *Carpenter, cit.*, n.º 30, e *Alpine Investments, cit.*, n.º 30) – sendo certo que, neste contexto, o conceito de Estado é bastante lato, incluindo outras pessoas coletivas de direito público (cfr. acórdão *Walrave e Koch*, de 12 de dezembro de 1974, processo C-36/74, n.º 17).

Todavia, é importante não esquecer que os artigos 56º e 57º do TFUE não se aplicam a situações puramente internas. Por isso, um particular apenas poderá atacar a legislação do seu Estado de estabelecimento na medida em que impeça ou entrave uma prestação de serviços à escala da União. Em todo o caso, esta faculdade mostra como o Tribunal de Justiça tem erodido a ideia de que o TFUE não é aplicável a situações puramente internas (cfr. C. BARNARD, *The substantive law, cit.*, p. 357).

13. Outra questão que se pode colocar é a de saber se os artigos 56º e 57º do TFUE dispõem também de efeito direto horizontal. No acórdão *Walrave e Koch* (*cit.*, n.º 18), o Tribunal de Justiça teve a oportunidade de referir que aquelas disposições também vinculam as entidades privadas que estejam juridicamente habilitadas a emitir normas jurídicas que regulem uma atividade económica (cfr., ainda, acórdãos *Donà*, de 14 de julho de 1976, processo 13/76, n.º 17, e *Deliège*, de 11 de abril de 2000, processo C-51/97 e C-191/97, n.º 47). Na base deste entendimento encontra-se a ideia de que "a abolição dos obstáculos (...) à livre

prestação de serviços entre os Estados-membros ficaria comprometida se a supressão das barreiras de origem estatal pudesse ser neutralizada por obstáculos resultantes do exercício da sua autonomia jurídica por associações ou organismos de direito privado" (cfr. acórdão *Wouters e o.*, de 19 de fevereiro de 2002, processo C-309/99, nº 120), tornando o direito da União Europeia impotente face aos crescentes fenómenos de *privatização* do poder regulatório do Estado (cfr. D. CHALMERS ET ALLII, *European, cit.*, p. 749).

Ainda assim, não é claro se este efeito direto horizontal é absoluto – ou seja, se impõe obrigações a todos os indivíduos – ou se apenas se aplica no âmbito das relações de poder entre particulares (cfr. P. CRAIG/G. DE BÚRCA, *EU law – Text, cases and materials*, 5th edition, Oxford, 2011, p. 767; D. CHALMERS ET ALLII, *European, cit.*, pp. 748-751; e J.B. CRUZ, "Free movement and private autonomy", in *European law review*, no. 24, 1999, p. 617).

III – O conceito de «serviços» vertido no TFUE.
14. No que tange ao conceito de «serviços», o § 1 do artigo 57º do TFUE dispõe que "consideram-se «serviços» as prestações realizadas normalmente mediante remuneração". Depois, o § 2 deste artigo 57º do TFUE elabora uma lista não exaustiva – "anacrónica" e "arcaica" (cfr. C. BARNARD, *The substantive law, cit.*, p. 359) – de «serviços», na qual não é líquida a inserção da atividade de manutenção em vigor de patentes de direitos de propriedade industrial referidas no acórdão sob análise. Perante este quadro, o Tribunal de Justiça tem decantado de cada caso concreto um conjunto de atividades cuja natureza seja a de «serviço», tendo já integrado neste conceito atividades como o turismo, a prestação de cuidados médicos, a educação, os serviços financeiros, as atividades desportivas, a transmissão de sinal televisivo, entre outros – incluindo a referida atividade de manutenção em vigor de patentes de direitos de propriedade industrial.

15. Uma primeira ideia a reter é a de que o conceito do TFUE não é tributário de uma noção económica que o apartaria das atividades agrícolas ou industriais: o que caracteriza a prestação de serviços é somente o exercício de uma atividade económica *sem orientação de outrem*, ainda que realizada em benefício de um terceiro (cfr. L. TRUCHOT, "Article 49", *cit.*, pp. 441-442).

16. Depois, é mister assinalar que o conceito de «serviços» pressupõe uma ideia de *remuneração*, isto é, de contrapartida económica pela prestação da atividade, normalmente definida entre o prestador e o beneficiário do serviço (cfr. acórdãos *Humbel*, de 27 de setembro de 1988, processo 263/86, nº 17, e *Wirth*, de 7 de dezembro de 1993, processo C-109/92, nº 15), mesmo que este custo económico não seja suportado pelo beneficiário do serviço, mas antes por uma terceira entidade (cfr. acórdão *Bond van Adverteerders, cit.*, nº 16), e mesmo que a

remuneração não seja pecuniária, mas pecuniariamente avaliável (cfr. acórdão *Steymann, cit.*, nºs 12 e 14).

A natureza remuneratória da atividade não é colocada em crise pelo facto de o prestador de serviços ser uma entidade não lucrativa (cfr. acórdão *Sodemare, cit.*, nº 36), ou pelo facto de a atividade ter uma natureza recreativa ou desportiva (cfr. acórdão *Schindler, cit.*, nº 34). Por fim, a natureza remuneratória também não é afastada quando o direito nacional qualificar a atividade como "amadora" ou "não profissional" (cfr. acórdão *Deliège, cit.*, nº 46).

17. Neste capítulo, um dos domínios mais controversos é o dos «serviços» prestados no quadro de um Estado-Providência e que, nessa medida, são financiados pelo Estado por meio do seu orçamento e não pelos respetivos beneficiários.

18. O primeiro domínio em que esta questão foi discutida foi o da educação. Mais concretamente, este tema foi levado à consideração do Tribunal de Justiça no seu acórdão *Humbel* (*cit.*, nº 18), no qual se deparou com uma questão relativa à qualificação de um curso ministrado num estabelecimento de ensino público. Aqui, o Tribunal do Luxemburgo afastou a sua qualificação como «serviço», por lhe faltar o elemento remuneratório, mormente porque o Estado pretendia cumprir "a sua missão nos domínios social, cultural e educativo", e "não envolver-se em atividades remuneradas". Mais tarde, no acórdão *Wirth* (*cit.*, nº 17) o Tribunal de Justiça distinguiu entre instituições de ensino superior financiadas pelo orçamento público e instituições financiadas por fundos privados, concluindo que constituem «serviços» os cursos ministrados em estabelecimentos de ensino superior privados cujo financiamento seja essencialmente assegurado por fundos privados, nomeadamente por propinas cobradas aos estudantes.

19. Todavia, o Tribunal de Justiça parece ter mudado de batuta no âmbito dos cuidados médicos. Neste campo, o momento de viragem deu-se com o acórdão *Kohll* (*cit.*, nºs 29 e 35), no qual o Tribunal de Justiça entendeu (*i*) que a prestação de cuidados de saúde fora de uma infraestrutura hospitalar pública se subsume no conceito de «serviços» do Tratado (aqui seguindo os acórdãos *Luisi e Carbone, cit.*, nº 16, e *SPUC c. Grogan*, de 4 de outubro de 1991, processo C-159/90, nº 21), mesmo que o custo económico dessa atividade seja exclusivamente suportado por um orçamento público – ao arrepio da jurisprudência *Humbel-Wirth* –, e (*ii*) que a exigência de uma autorização prévia (para que um indivíduo se desloque a outro Estado-membro e seja reembolsado pelas despesas que efetuar) desencoraja os particulares de se deslocarem a outro Estado-membro para beneficiarem destes serviços – donde a sua desconformidade com o Tratado. À mesma conclusão chegou no acórdão *Watts* (acórdão de 16 de maio de 2006, processo C-372/04), apesar de assumir que a prestação de cuidados de saúde no Estado de estabelecimento do beneficiário não constituía um «serviço», por ser diretamente disponibilizado pelo Estado. Perante este quadro, hoje fala-se numa presunção (elidível) de des-

conformidade com o Tratado de uma legislação nacional que sujeite a deslocação do utente a uma autorização prévia por parte das autoridades nacionais de saúde (cfr. C. BARNARD, *The substantive law, cit.*, pp. 396-397, e F. WEISS/F. WOOLDRIDGE, *Free movement, cit.*, pp. 149-150).

20. Perante isto, é inevitável que exista alguma incerteza sobre a natureza dos serviços remunerados pública e privadamente, porquanto o Tribunal de Justiça assumiu uma atitude bipolar consoante o serviço em análise: enquanto no acórdão *Humbel* o Tribunal de Justiça colocou a educação (enquanto serviço financiado pelo Estado) fora do campo de aplicação da livre prestação de serviços, no acórdão *Kohll* colocou a saúde (enquanto serviço financiado pelo mesmo Estado) no seu âmbito de previsão normativa (cfr. P. CRAIG/G. DE BÚRCA, *EU law, cit.*, p. 796). No futuro, questionando-se sobre a natureza de outro serviço financiado pelo Estado, ficará a dúvida sobre se o Tribunal de Justiça irá seguir a jurisprudência *Humbel* ou *Kohll* – razão por que o advogado-geral L.A. GEELHOED questionou, ainda no âmbito do processo *Watts*, "se ainda se pode considerar que o acórdão *Humbel* constitui jurisprudência válida" (cfr. conclusões apresentadas em 15 de dezembro de 2005, nº 60), não tendo recebido resposta do Tribunal de Justiça.

21. Outra questão particularmente melindrosa é a que se reporta à qualificação como «serviço» de uma atividade que, num determinado Estado-membro, seja ilícita, ainda que, noutros Estados-membros, possa ser permitida – situação que, esclareça-se, não é a do acórdão em análise. Pois bem, nos acórdãos *SPUC c. Grogan* (*cit.*, nº 20) e *Schindler* (*cit.*, nº 32), o Tribunal de Justiça afirmou que essa ilicitude não impedia a qualificação de uma atividade como «serviço» na aceção do Tratado, muito embora a legislação nacional possa nesse caso restringir legitimamente a livre prestação de serviços (cfr. P. CRAIG/G. DE BÚRCA, *EU law, cit.*, p. 798). Todavia, não ficou claro se o Estado-membro pode proibir ou restringir o acesso dos seus cidadãos a um «serviço» ilícito quando for prestado no interior de outro Estado-membro (cfr. P. CRAIG/G. DE BÚRCA, *EU law, cit.*, p. 797). Depois, questiona-se se basta que um Estado-membro tolere essa atividade económica (ainda que os respetivos prestadores não possam desenvolvê-la noutro Estado-membro), ou se apenas podem ser qualificados como «serviços» na aceção do Tratado as atividades desenvolvidas licitamente em dois ou mais Estados-membros (e que permitam, desta forma, a *circulação* de serviços).

IV – Os direitos inerentes à livre prestação de serviços

22. Aqui chegados, importa verificar que pretensões subjetivas podem em concreto ser fundamentadas por estas disposições normativas (neste capítulo, seguimos, *grosso modo*, a exposição de C. BARNARD, *The substantive law, cit.*, pp. 368 e ss.).

23. Um primeiro direito de que gozam os sujeitos ao abrigo do disposto no artigo 56º do TFUE é o de *entrarem* e *residirem temporariamente noutro Estado-*

-*membro*, por forma a aí prestarem ou receberem um «serviço». Este direito de circulação é extensível a toda a equipa de trabalho do prestador de serviços (cfr. acórdão *Rush Portuguesa*, *cit.*, nº 19). Todavia, é mister que esses trabalhadores não pretendam aceder ao mercado do trabalho do Estado de acolhimento, devendo, por isso, regressar ao seu país de origem ou de residência após a execução da sua atividade, em vez de procurarem trabalho no Estado de acolhimento (cfr. acórdão *Vander Elst*, de 9 de agosto de 1994, processo C-43/93, nº 21). Para além disso, o Estado de acolhimento pode exigir ao prestador de serviços o cumprimento das suas regras laborais (cfr., acórdãos *Rush Portuguesa*, *cit.*, nº 18, e *Vander Elst*, *cit.*, nº 23), incluindo as constantes de convenções coletivas de trabalho, sob pena de uma empresa se estabelecer num Estado-membro com uma legislação laboral menos exigente (inclusive, a nível salarial), para, a partir daí, exercer a sua atividade noutros Estados-membros em condições mais vantajosas do que as empresas estabelecidas nesses outros Estados-membros.

24. Em segundo lugar, os prestadores de serviços gozam de um direito de "acesso ao mercado" de serviços noutros Estados-membros (cfr. C. BARNARD, *The substantive law*, *cit.*, p. 370) – e aqui se centra o papel do acórdão em análise. Com esta expressao, o que a doutrina pretende traduzir é a ideia vertida no § 3 do artigo 57º do TFUE, ou seja, a de que o prestador de serviços pode exercer a sua atividade noutro Estado-membro "nas mesmas condições que esse Estado-membro impõe aos seus próprios nacionais". Desta forma, esta norma consagra a proibição de discriminação em razão da nacionalidade ou do Estado de estabelecimento do prestador ou do beneficiário dos serviços, sendo, por isso, um elemento central na engrenagem do Tratado.

Porém, esta norma está longe de dar uma resposta suficiente a todos os problemas que lhe são colocados, desde logo porque importa saber de que elemento de comparação nos devemos socorrer por forma a avaliarmos da existência de um discriminação. Pois bem, a via mais cómoda é a de sujeitarmos os prestadores de serviços estabelecidos noutros Estados-membros às condições exigidas aos nacionais do Estado de acolhimento: foi, designadamente, a via encetada pelo Tribunal de Justiça no acórdão *Debauve* (acórdão de 18 de março de 1980, processo 52/79, nº 16).

Todavia, esta é, precisamente, a mais imperfeita das vias por que se pode enveredar. Por isso, o Tribunal de Justiça rapidamente corrigiu a sua orientação, afirmando que uma medida formalmente não-discriminatória pode, ainda assim, ser desconforme com o Tratado, se for de molde a impedir o exercício efetivo da livre prestação de serviços. Nesta senda, o acórdão *Säger* afirmou que "o Estado-membro não pode sujeitar a realização da prestação de serviços no seu território ao cumprimento de todas as condições exigidas a um estabelecimento, sob pena de privar de qualquer efeito útil as disposições do Tratado destinadas precisamente a garantir a livre prestação de serviços" (cfr. nº 13; no mesmo sentido, cfr., *inter alia*, acórdãos *Comissão c. Alemanha, cit.*, nº 26, ou *Reisebüro Broede, cit.*, nº 25).

Com efeito, não se pode olvidar que a diferença entre o direito de estabelecimento e a livre prestação de serviços justifica que as regras impostas a um prestador de serviços sejam diferentes das que são vinculativas para um agente económico estabelecido num Estado-membro (cfr. acórdão *Comissão c. Itália*, de 26 de fevereiro de 1991, processo C-180/89, nº 15). A não ser assim, colocar-se-ia o prestador de serviços na difícil tarefa de cumprir condições – que, porventura, já terá cumprido no seu Estado de estabelecimento (*"dual burden"*) – que apenas fazem sentido para quem se encontre estabelecido no Estado-membro, assim se dificultando a deslocação do prestador de serviços. Destarte, "o artigo [57º] do Tratado exige não só a eliminação de qualquer discriminação contra o prestador de serviços (...), mas também a supressão de qualquer restrição, ainda que indistintamente aplicada a prestadores nacionais e de outros Estados-membros, quando seja suscetível de impedir ou entravar de alguma forma as atividades do prestador estabelecido noutro Estado-membro, onde preste legalmente serviços análogos" (cfr. acórdão *Säger, cit.*, nº 12), ou, noutra formulação, quando "proíb[a], perturb[e] ou torn[e] menos atrativo o exercício dessa liberdade" (cfr., *inter alia*, acórdão *Analir*, de 20 de fevereiro de 2001, processo C-205/99, nº 21).

Desta forma, o Tribunal de Justiça entrou na "segunda geração" da sua jurisprudência (cfr. V. Hatzopoulos, "Recent developments", *cit.*, p. 44), na qual declara desconforme com o TFUE a adoção de medidas formalmente não-discriminatórias que possam impedir o *acesso ao mercado* por parte de um prestador de serviços estabelecido noutro Estado-membro – aproximando-se, por isso, da sua jurisprudência sobre livre circulação de mercadorias, mormente dos acórdãos *Dassonville* e *Cassis de Dijon* (cfr. P. Craig/G. de Búrca, *EU law, cit.*, p. 800, D. Chalmers et allii, *European, cit.*, pp. 773 e 778; K. Lenaerts/P. van Nuffel, *Constitutional law of the European Union*, 2nd edition, Londres, 2005, p. 233; V. Hatzopoulos, "Recent developments", *cit.*, p. 66; e L. Daniele, "Non-discriminatory restrictions to the free movement of persons", *in European law review*, no. 22, 1997, p. 196).

25. Do exposto decorre que uma medida formalmente não-discriminatória apenas não será desconforme com o artigo 56º do TFUE se estiver devidamente justificada. Para o efeito, é necessário que se trate de atividades "ligadas, mesmo ocasionalmente, ao exercício da autoridade pública" (cfr. artigo 51º do TFUE, aplicável *ex vi* artigo 62º do TFUE) ou que as restrições "sejam justificadas por razões de ordem pública, segurança pública e saúde pública" (cfr. nº 1 do artigo 52º do TFUE, aplicável *ex vi* artigo 62º do TFUE).

Para além disso, mesmo que sem apoio na letra da lei, o Tribunal de Justiça, no acórdão *Säger*, entendeu que um entrave à livre prestação de serviços pode ser justificado por *razões de interesse geral* (*e.g.*, a proteção dos beneficiários do serviço, a proteção de direitos de propriedade intelectual, a proteção dos trabalhadores, a defesa dos consumidores, entre outras) e *aplicáveis a qualquer pessoa* que exerça uma atividade no território do Estado destinatário, *na medida em que tal interesse não esteja salvaguardado por normas a que o prestador esteja sujeito no Estado-membro onde estiver estabelecido*.

De fora ficam fins alegadamente de interesse geral, mas que tenham uma configuração estritamente económica (cfr. acórdãos *SETTG*, *cit.*, n.º 23, ou *Bond van Adverteerders*, *cit.*, n.º 34), e, outrossim, restrições que excluam da livre prestação de serviços todo um setor de atividade (cfr. acórdão *Kohll*, *cit.*, n.º 46). De igual forma o Tribunal de Justiça já referiu que uma restrição à livre prestação de serviços não se pode fundamentar em "considerações de ordem meramente administrativa" (cfr. acórdão *Comissão c. Alemanha*, *cit.*, n.º 54). Por fim, uma medida nacional que justificadamente restrinja a livre prestação de serviços tem de ser conforme com os direitos fundamentais cujo respeito o Tribunal de Justiça garante (cfr. acórdãos *ERT*, de 18 de junho de 1991, processo C-260/89, n.º 43, ou *Carpenter*, *cit.*, n.º 40).

26. Quanto à análise da conformidade das medidas nacionais com o TFUE, o Tribunal de Justiça tem adotado uma bitola muito heterogénea, aferindo em cada caso concreto do preenchimento de requisitos com um "considerável grau de flexibilidade" (cfr. C. BARNARD, *The substantive law*, *cit.*, pp. 378-379), ora sendo muito escrupuloso na análise dos argumentos expendidos pelos Estados-membros, ora aceitando essa argumentação sem grande discussão.

Em todo o caso, o Tribunal de Justiça, desde o acórdão *Säger*, verifica se uma legislação nacional que restrinja a livre prestação de serviços é *proporcional*, o que se traduz numa dupla vertente: *(i)* deve ser adequada para garantir a realização de fim de interesse geral tido em consideração pela norma jurídica em causa; e *(ii)* não deve ser possível alcançar o mesmo objetivo por intermédio de medidas menos restritivas da livre prestação de serviços. Neste campo, nos acórdãos *Alpine Investments* (*cit.*, n.º 51) e *Reisebüro Broede* (*cit.*, n.º 42), o Tribunal de Justiça especificou que "o facto de um Estado-membro impor regras menos rígidas que as impostas por outro Estado-membro não significa que estas últimas sejam desproporcionadas".

Em todo o caso, a apreciação deste vetor («proporcionalidade») é muito cautelosa, sobretudo naqueles domínios em que o «serviço» em questão é considerado uma atividade ilícita no Estado de acolhimento: aqui, uma aplicação rígida do princípio da proporcionalidade podia redundar na imposição "dos valores da maioria dos Estados (...) sobre a minoria", mormente se daqui se retirasse que o Estado de acolhimento podia proteger o bem jurídico em causa de uma forma menos restritiva do que a criminalização da atividade (cfr. C. BARNARD,

The substantive law, cit., p. 381). Ainda assim, não se pode ignorar que, de cada vez que recorre ao princípio da proporcionalidade, o Tribunal de Justiça está a julgar o mérito da legislação nacional, ainda que dentro das franjas do direito da União Europeia.

27. Para além disso, importa salientar outro limite à legislação formalmente não-discriminatória, posto em destaque no acórdão *Säger*: uma restrição à livre prestação de serviços fundamentada numa razão de interesse geral apenas será válida "na medida em que tal interesse não esteja salvaguardado por normas a que o prestador esteja sujeito no Estado-membro onde estiver estabelecido", sob pena de se duplicarem as barreiras que existem ao exercício da sua atividade.

Desta forma, o Tribunal de Justiça obriga os Estados-membros a tomarem em linha de consideração a atuação do Estado de estabelecimento do prestador de serviços na tutela do mesmo interesse geral. Assim, se a legislação do Estado de estabelecimento já sujeitar o particular ao cumprimento de condições que garantam a proteção do interesse que é tido em vista pela legislação do Estado de acolhimento, então este último não pode impor uma medida restritiva da livre prestação de serviços com base na prossecução desse interesse. Por isso se afirma que o Estado de acolhimento pode apenas impor condições suplementares, não previstas pelo Estado de estabelecimento – a quem cabe, em primeira linha, assegurar a proteção de qualquer fim de interesse geral (cfr. C. BARNARD, *The substantive law*, cit., pp. 379-380).

De igual forma, o Tribunal de Justiça já teve o ensejo de referir que quando uma norma de direito da União Europeia tiver em atenção a salvaguarda de um determinado fim, o Estado-membro não pode invocar esse mesmo fim para fundamentar uma restrição à livre prestação de serviços (cfr. acórdão *Comissão c. França*, de 15 de junho de 2006, processo C-255/04, nº 43).

28. A jurisprudência mais recente do Tribunal de Justiça parece ir no sentido de admitir que uma medida formalmente não-discriminatória não seja desconforme com o TFUE, mesmo que constitua um entrave à livre prestação de serviços, mas apenas quando for um entrave muito pequeno que não justifique a intervenção do direito da União Europeia (cfr. acórdão *Viacom II*, de 17 de fevereiro de 2005, processo C-134/03, nº 38; no mesmo sentido, cfr. C. BARNARD, *The substantive law*, cit., p. 374).

29. Aqui chegados, podemos afirmar que o Tribunal de Justiça terá afastado do campo da livre prestação de serviços a jurisprudência *Keck e Mithouard*, de acordo com a qual uma medida nacional que, no domínio da livre circulação de mercadorias, imponha limites ou proibições igualmente aplicáveis a todas as mercadorias não é desconforme com o TFUE, porque não impede, nem dificulta o acesso dos operadores económicos ao mercado do Estado de importação (cfr. acórdão de 24 de novembro de 1993, processos C-267/91 e C-268/91; no mesmo

sentido, cfr., *inter alia*, K. LENAERTS/P. VAN NUFFEL, *Constitutional, cit.*, p. 234, V. HATZOPOULOS, "Annotation to Case C-384/93, *Alpine Investments v. Minister van Financiën*", in *Common market law review*, no. 32, 1995, pp. 1436 e ss.; L. DANIELE, "Non-discriminatory", *cit.*, p. 197; e J.-G. HUGLO, "Liberté d'établissement et libré prestation des services", *in Revue trimestrielle de droit européen*, nº 31, v. 4, 1995, pp. 827-828).

Com efeito, a jurisprudência *Säger* representa a negação de uma transposição deste raciocínio para o domínio da livre prestação de serviços, ao afirmar que uma medida nacional que seja formalmente não-discriminatória pode constituir um entrave à livre prestação de serviços (ainda que possa ser justificada), porquanto sujeita os operadores estabelecidos noutro Estado-membro, e que pretendem aceder ao mercado nacional, a uma duplicação de exigências jurídicas que dificulta efetivamente a sua possibilidade de prestar serviços nesse território. Ainda assim, não falta na doutrina quem não concorde com esta leitura (cfr. C. VILAÇA, "An exercise on the application of *Keck and Mithouard* in the field of free provision of services", in *Mélanges en hommage à Michel Waelbroeck*, Bruxelas, 1999).

30. Desta forma, a jurisprudência *Säger* submete a legislação nacional ao designado *teste de mercado*, que visa aferir se existe algum tipo de entrave ou obstáculo à livre prestação de serviços. Assim, e seguindo o raciocínio de C. BARNARD (cfr. *The substantive law, cit.*, p. 377), é necessário verificar se uma medida nacional recusa a entrada ou permanência de um particular num Estado-membro. Em caso afirmativo, a legislação nacional será desconforme com o artigo 56º do TFUE, a menos que *(i)* seja justificada por um motivo de interesse geral, ordem pública, segurança pública ou saúde pública, e *(ii)* seja proporcional aos fins que pretende acautelar.

Depois, é necessário aferir se existe algum tipo de discriminação dos prestadores ou beneficiários do serviço em função da sua nacionalidade ou Estado--membro de estabelecimento. Novamente, se a resposta for afirmativa a legislação nacional será desconforme com o artigo 56º do TFUE, a menos que seja justificada nos termos expostos.

Por fim, é mister verificar se, sendo a medida formalmente não-discriminatória, pode criar algum obstáculo à livre prestação de serviços. Se a resposta for negativa, não há nenhum problema de compatibilidade com o artigo 56º do TFUE. Porém, se a resposta for afirmativa a legislação nacional será desconforme com o artigo 56º do TFUE, a menos que *(i)* seja justificada nos termos *supra* expostos e *(ii)* não haja legislação europeia ou do Estado de estabelecimento do prestador ou beneficiário dos serviços que acautele o mesmo fim tido em consideração pela legislação nacional.

V – As diretivas europeias em matéria de livre prestação de serviços

31. O artigo 53º do TFUE (aplicável *ex vi* artigo 62º do TFUE) atribui ao Parlamento Europeu e ao Conselho a tarefa de adotarem diretivas que visem o reconhecimento mútuo de qualificações profissionais, bem como a coordenação das legislações internas relativas às atividades económicas independentes (cfr. nº 1).

Neste contexto é importante começar por se atender ao teor da Diretiva nº 2006/123/CE, que tem por objeto "estabelece[r] disposições gerais que facilitam o exercício da liberdade de estabelecimento dos prestadores de serviços e a livre circulação dos serviços". Ora, de acordo com o disposto no nº 1 do artigo 2º desta Diretiva nº 2006/123, as suas normas são "aplicáve[is] aos serviços fornecidos pelos prestadores estabelecidos num Estado-membro" – com algumas exceções (cfr. nº 3 do artigo 2º da Diretiva nº 2006/123) que, não obstante, continuam sujeitas aos artigos 56º *et seq.* do TFUE e à jurisprudência firmada pelo Tribunal de Justiça neste domínio (cfr. C. BARNARD, *The substantive law, cit.*, p. 403). No seu âmbito de aplicação encontramos atividades em "constante evolução", tais como os serviços empresariais, os serviços fornecidos às empresas e/ou aos consumidores (cfr. Considerando nº 33 da Diretiva nº 2006/123).

32. Em concreto, esta Diretiva nº 2006/123 estabelece um conjunto de regras procedimentais e administrativas que visam eliminar obstáculos à livre *circulação* de serviços (note-se que esta é a designação utilizada pelo legislador) e, outrossim, ao direito de estabelecimento noutro Estado-membro (cfr. artigos 5º a 8º). Depois, regula aspetos de regime jurídico do direito de estabelecimento (cfr. artigos 9º a 15º) e da livre prestação de serviços (cfr. artigos 16º a 18º), os direitos dos beneficiários dos serviços (cfr. artigos 21º a 19º) e a respetiva qualidade (cfr. artigos 22º a 27º). Por fim, dispõe sobre a cooperação administrativa entre os Estados-membros e sobre matérias genéricas (cfr. artigos 28º a 43º).

33. No que se refere à livre prestação de serviços, o artigo 16º deixou cair o polémico "Princípio do país de origem" (de acordo com o qual a regulação de uma atividade caberia ao Estado de estabelecimento do prestador de serviços, limitando-se o Estado de acolhimento eventualmente a impor requisitos adicionais), dispondo ao invés que os Estados-membros devem respeitar o direito à livre circulação de serviços e, em particular, assegurar o livre acesso e exercício de uma atividade económica independente. Depois, o § 3 deste nº 1 do artigo 16º dispõe que os Estados-membros só podem adotar medidas que restrinjam a livre prestação de serviços, se respeitarem os princípios da não discriminação, da necessidade (o qual, curiosamente, está mal configurado pela diretiva; cfr. C. BARNARD, *The substantive law, cit.*, p. 404) e da proporcionalidade. Desta forma, pelo nº 1 do 16º da Diretiva nº 2006/123 o Estado de acolhimento pode impor restrições à livre prestação de serviços – desde que sejam devidamente justifi-

cadas –, devendo, todavia, atender ao que tiver sido regulado no Estado de estabelecimento do prestador de serviços. Com isto, a Diretiva nº 2006/123 mantém-se colada à jurisprudência *Säger* (cfr. C. BARNARD, *The substantive law, cit.*, pp. 405-406).

Já o nº 2 do artigo 16º da Diretiva 2006/123 indica, a título exemplificativo, restrições à livre prestação de serviços que não podem ser implementadas pelo Estado-membro. Porém, entende-se que, de acordo com a jurisprudência do Tribunal de Justiça, uma medida desta natureza pode ser lícita (se respeitar os princípios da não discriminação, necessidade e proporcionalidade), se encontrar justificação na proteção de fins de interesse geral, de ordem pública, de segurança pública, de saúde pública ou de proteção do ambiente (cfr. nº 3 do artigo 16º). Desta forma, as proibições enumeradas no nº 2 do artigo 16º são apenas relevantes perante as derrogações adicionais à livre prestação de serviços previstas nos artigos 17º e 18º da mesma diretiva (cfr. C. BARNARD, *The substantive law, cit.*, p. 405).

34. Aspeto interessante é a atenção dispensada pela Diretiva nº 2006/123 aos direitos dos beneficiários dos serviços. Em concreto, no seu artigo 19º, esta diretiva proíbe um conjunto de restrições à sua circulação no espaço da União. Depois, dirigindo-se ao Estado de estabelecimento do prestador de serviços, o nº 1 do artigo 20º da Diretiva nº 2006/123 proíbe qualquer discriminação do beneficiário do serviço em razão da sua cidadania ou Estado de estabelecimento (cfr. acórdão *Comissão c. Espanha*, de 15 de março de 1994, processo C-45/93, nº 10). Por fim, o artigo 21º da Diretiva nº 2006/123 pretende assegurar os direitos *supra* expostos, obrigando o Estado de estabelecimento do beneficiário a prestar-lhe assistência e informação.

35. Noutro plano, não se pode olvidar que a livre circulação de serviços pressupõe a harmonização das disposições internas em matéria de reconhecimento de diplomas e qualificações profissionais (cfr. nº 1 do artigo 53º do TFUE, aplicável *ex vi* artigo 62º do TFUE). Atualmente, encontra-se em vigor a Diretiva nº 2005/36/CE, que é aplicável a todas as profissões cujo exercício requeira estudo universitário de pelo menos 3 anos e que não tenham sido ainda abrangidas por uma diretiva setorial – *v.g.*, as Diretivas nºs 77/249/CEE e 98/5/CE, relativas ao exercício da advocacia. O seu principal desiderato é reduzir a margem de apreciação nacional no que concerne ao reconhecimento de qualificações profissionais provenientes de outro Estado-membro, adotando o *princípio do reconhecimento mútuo*.

No âmbito desta Diretiva nº 2005/36, há regras específicas para o exercício da livre prestação de serviços ou do direito de estabelecimento. Em concreto, a Diretiva nº 2005/36 aparenta ser mais branda no âmbito da livre prestação de serviços, referindo que "os Estados-membros não poderão restringir, por razões relativas às qualificações profissionais, a livre prestação de serviços noutro

Estado-membro se o prestador de serviços estiver legalmente estabelecido num Estado-membro para nele exercer a mesma profissão (...) e em caso de deslocação, se o prestador de serviços tiver exercido essa profissão no Estado-membro de estabelecimento durante, pelo menos, dois anos no decurso dos 10 anos anteriores à prestação de serviços, se a profissão não se encontrar aí regulamentada" [cfr. alíneas *a)* e *b)* do artigo 5º]. Neste último caso (o de haver deslocação), o prestador de serviços ficará sujeito às normas legais de conduta aplicáveis nesse Estado (cfr. nº 3 do artigo 5º).

36. A situação de um particular que procura um emprego que não esteja regulado no Estado de acolhimento encontra-se fora do âmbito de aplicação da Diretiva nº 2005/36. Neste caso, deve seguir-se a jurisprudência *Vlassopoulou* (acórdão de 7 de maio de 1991, processo C-340/89, nºs 17 a 18; no mesmo sentido, cfr., ainda, acórdão *Heylens*, de 15 de outubro de 1987, processo 222/86, nºs 13 e 14), de acordo com a qual o Estado-membro pode examinar as qualificações de que o particular é titular e recusá-las caso tenha algum motivo adequado para o efeito, permitindo ao particular acesso a um meio judicial de impugnação do seu ato.

7.4. Livre Circulação de Capitais

Manuel Fontaine Campos

Acórdão do Tribunal de Justiça de 8 de julho de 2010 – Processo C-171/08 Comissão Europeia c. República Portuguesa

Resumo dos factos
No caso *sub judice*, verificava-se a detenção, pelo Estado português, de um conjunto reduzido de ações (500) numa sociedade anónima (a Portugal Telecom), que, nos termos dos estatutos dessa sociedade, lhe conferiam um conjunto de direitos especiais, de que não gozavam os restantes acionistas. As ações desse tipo são designadas habitualmente "golden shares". A questão que se colocava era a de saber se essa circunstância violava o princípio da liberdade de circulação de capitais, consagrado no artigo 63º do Tratado sobre o Funcionamento da União Europeia (TFUE).

Excertos do Acórdão
«48. A título liminar, há que recordar que, de acordo com jurisprudência consagrada, o artigo [63º, nº 1, TFUE] proíbe, em termos gerais, restrições aos movimentos de capitais entre os Estados-Membros [...].

49. Não havendo no Tratado definição do conceito de «movimentos de capitais» na aceção do artigo [63º, nº 1, TFUE], o Tribunal de Justiça reconheceu valor indicativo à nomenclatura dos movimentos de capitais constantes do anexo I da Diretiva 88/361/CEE [...]. Assim, o Tribunal de Justiça decidiu que constituem movimentos de capitais na aceção do artigo [63º, nº 1, TFUE], nomeadamente, os investimentos ditos «diretos», a saber, os investimentos sob a forma de participação numa empresa pela detenção de ações que confere a possibilidade de participar efetivamente na sua gestão e no seu controlo, assim como os investimentos ditos «de carteira», a saber, os investimentos sob a forma de aquisição de títulos no mercado de capitais com o único objetivo de realizar uma aplicação financeira sem intenção de influir na gestão e no controlo da empresa [...].

50. No que se refere a estes dois tipos de investimento, o Tribunal de Justiça esclareceu que devem ser qualificadas de «restrições», na aceção do artigo [63º, nº 1, TFUE], as medidas nacionais suscetíveis de impedir ou de limitar a aquisição de ações nas empresas em causa ou que são suscetíveis de dissuadir os investidores dos outros Estados-Membros de investir no capital destas [...].

51. No caso em apreço, a República Portuguesa contesta o caráter nacional da medida controvertida na aceção da jurisprudência referida no número precedente, invocando a natureza privada das ações privilegiadas em questão, cuja introdução nos estatutos da PT decorre exclusivamente da vontade desta sociedade e não do Estado. [...]

54. Nestas condições, há que considerar que foi a própria República Portuguesa que, por um lado, na sua qualidade de legislador, autorizou a criação de ações privilegiadas na PT e que, por outro, na sua qualidade de autoridade pública, decidiu [...] criar ações privilegiadas na PT, atribuí-las ao Estado e definir os direitos especiais que conferem.

55. Além disso, importa igualmente declarar que [...] a criação das referidas ações privilegiadas não decorre de uma aplicação normal do direito das sociedades, na medida em que as ações privilegiadas previstas na PT, em derrogação do Código das Sociedades Comerciais português, se destinam a permanecer na propriedade do Estado e não são, por conseguinte, transmissíveis.

56. Assim, a criação das mencionadas ações privilegiadas deve ser imputada ao Estado e é abrangida, por consequência, pelo âmbito de aplicação do artigo [63º, nº 1, TFUE].

57. Seguidamente, no que se refere à natureza restritiva do sistema de detenção de ações privilegiadas do Estado na PT, previsto na legislação nacional em conjugação com os estatutos da referida sociedade, importa declarar que tal sistema é suscetível de dissuadir os operadores dos outros Estados-membros de investir no capital desta sociedade.

58. Com efeito, em virtude deste sistema, a aprovação de um número considerável de decisões importantes relativas à PT, [...] respeitantes tanto à aquisição de participações que excedam 10% do capital social da sociedade como à gestão desta, depende do acordo do Estado português [...].

59. A este respeito, importa além disso precisar que tal maioria é exigível, nomeadamente, para qualquer decisão de alteração dos estatutos da PT, de modo que a influência do Estado português na PT só pode ser limitada se o próprio Estado nisso consentir.

60. Assim, a detenção pelo Estado português destas ações privilegiadas, na medida em que confere a esse Estado uma influência na gestão da PT não justificada pela amplitude da participação que detém nesta sociedade, é suscetível de desencorajar os operadores de outros Estados-membros de efectuar investimentos diretos na PT, na medida em que não podem concorrer na gestão e no controlo desta sociedade na proporção do valor das suas participações [...].

61. De igual modo, a detenção das ações específicas em causa pode ter um efeito dissuasivo nos investimentos de carteira na PT na medida em que uma eventual recusa do Estado português de aprovar uma decisão importante, apresentada pelos órgãos da sociedade em causa como sendo do interesse desta, pode, com efeito, pesar sobre o valor das ações da referida sociedade e, por conseguinte, sobre a atratividade de um investimento nessas ações [...].

62. Nestas condições, deve considerar-se que a detenção pelo Estado português das ações privilegiadas em causa constitui uma restrição à livre circulação de capitais na aceção do artigo [63º, nº 1, TFUE].

63. Esta conclusão não pode ser posta em causa pelos argumentos invocados pelas autoridades portuguesas de que é aplicável no caso em apreço o artigo [345º TFUE] [...].

64. No que diz respeito [...] ao artigo [345º TFUE], segundo o qual «o [...] Tratado em nada prejudica o regime da propriedade nos Estados-Membros», basta recordar que, em conformidade com jurisprudência assente, o referido artigo não tem por efeito eximir os regimes de propriedade existentes nos Estados-membros às regras fundamentais do Tratado e não pode, assim, ser invocado para justificar entraves às liberdades previstas no Tratado que resultam de privilégios atribuídos pelos Estados-membros à sua posição de acionista numa empresa privatizada [...].[...]

69. Segundo jurisprudência bem assente, as medidas nacionais que restrinjam a livre circulação de capitais podem ser justificadas pelas razões mencionadas no artigo [65º TFUE] ou por razões imperiosas de interesse geral, desde que sejam adequadas para garantir a realização do objetivo que prosseguem e não ultrapassem o necessário para atingir esse objetivo [...].

70. No que se refere, em primeiro lugar, às justificações fundadas em razões imperiosas de interesse geral, invocadas pelas autoridades portuguesas, importa recordar que o Tribunal de Justiça já decidiu que o interesse de salvaguardar condições de concorrência num determinado mercado não constitui uma justificação válida de restrições à livre circulação de capitais [...].

71. Do mesmo modo, no que diz respeito à necessidade de evitar uma eventual perturbação do mercado de capitais, basta salientar, como faz a Comissão, que este objetivo se inclui entre os motivos de natureza económica que, em conformidade com jurisprudência assente, não pode justificar uma restrição à livre circulação de capitais [...].

72. Em seguida, no que se refere às derrogações autorizadas pelo artigo [65º TFUE], não se pode negar que o objetivo invocado pelas autoridades portuguesas de garantir a segurança da disponibilidade da rede de telecomunicações em caso de crise, de guerra ou de terrorismo pode constituir uma razão de segurança pública [...] e justificar, eventualmente, um entrave à livre circulação de capitais.

73. Todavia, é pacífico que as exigências de segurança pública devem, nomeadamente enquanto derrogação ao princípio fundamental da livre circulação de capitais, ser interpretadas em sentido estrito, de modo que o seu âmbito não pode ser determinado unilateralmente por cada Estado-membro sem fiscalização das instituições da União Europeia. Assim, a segurança pública apenas pode ser invocada em caso de ameaça real e suficientemente grave, que afete um interesse fundamental da sociedade [...].

74. Ora, uma vez que a República Portuguesa se limitou a evocar o referido argumento sem precisar as razões pelas quais considera que a detenção pelo Estado de ações privilegiadas permitiria evitar tal afetação de um interesse fundamental da sociedade, não pode ser acolhida, no presente caso, uma justificação com base na segurança pública.

75. Por preocupação de exaustividade, no que se refere à proporcionalidade da restrição em questão, importa salientar que o exercício dos direitos especiais que a detenção de ações privilegiadas na PT confere ao Estado português não está sujeito a qualquer condição ou circunstância específica e objetiva, ao contrário do que afirmam as autoridades nacionais.

76. Com efeito, apesar de o artigo 15º, nº 3, da [Lei-Quadro das Privatizações] prever que a criação de ações privilegiadas na PT que confiram poderes especiais ao Estado está sujeita à condição, formulada, aliás, de forma bastante geral e imprecisa, de que seja exigível por razões de interesse nacional, impõe-se contudo reconhecer que nem esta lei nem os estatutos da PT estabelecem critérios quanto às circunstâncias em que os referidos poderes especiais podem ser exercidos.

77. Assim, tal incerteza constitui uma violação grave da liberdade de circulação de capitais, na medida em que confere às autoridades nacionais, no que diz

respeito ao exercício de tais poderes, uma margem de apreciação tão discricionária que não pode ser considerada proporcionada aos objetivos prosseguidos [...].

78. Por conseguinte, há que declarar que, ao manter na PT direitos especiais como os previstos nos estatutos da referida sociedade a favor do Estado e de outras entidades públicas, atribuídos em conexão com ações privilegiadas («golden shares») do Estado na PT, a República Portuguesa não cumpriu as obrigações que lhe incumbem por força do artigo [63º, nº 1, TFUE]. [...]

79. A Comissão pede igualmente que seja declarado o incumprimento das obrigações que incumbem à República Portuguesa por força do artigo [49º TFUE], pelo facto de a detenção de ações privilegiadas do Estado na PT poder perturbar as tomadas de participação de controlo nesta sociedade.

80. A este respeito, basta salientar que, segundo jurisprudência assente, na medida em que as medidas nacionais em causa comportam restrições à liberdade de estabelecimento, essas restrições são a consequência direta dos obstáculos à livre circulação de capitais acima examinados, de que são indissociáveis. Por conseguinte, tendo-se concluído pela existência de uma violação do artigo [63º, nº 1, TFUE], não é necessário examinar separadamente as medidas em causa à luz das regras do Tratado relativas à liberdade de estabelecimento [...].

Comentário

I – Introdução

1. Este acórdão apresenta, de forma sistemática, parte significativa do desenvolvimento jurisprudencial do princípio da liberdade de circulação de capitais. Depois de uma breve introdução histórica, serão analisados cada um dos aspetos desse desenvolvimento.

2. O princípio da liberdade de circulação de capitais foi consagrado, desde 1958, no Tratado que institui a Comunidade Económica Europeia (TCEE). Sendo o capital, a par do trabalho, um fator de produção, acreditava-se que a sua liberalização no mercado interno levaria à utilização mais eficiente e ao consequente aumento do bem-estar (cf. MANUEL LOPES PORTO, *Teoria de Integração e Políticas Comunitárias – Face aos Desafios da Globalização*, 2009, p. 232-233). No Relatório SPAAK sobre o Mercado Comum e a Euratom (de 21 de abril de 1956, parte I, título II, capítulo 4, nº 1), que precedeu a instituição da CEE, previa-se a consagração, a médio prazo, do «direito de os nacionais dos Estados-membros adquirirem, transferirem e utilizarem em qualquer parte da Comunidade o capital [dela] proveniente», devendo eliminar-se as regulamentações estatais que impediam a «criação de novas empresas comerciais, de fábricas e filiais ou a aqui-

sição de ações em empresas existentes, incluindo a participação na sua gestão».
No entanto, o artigo 67º do TCEE (atual artigo 63º do Tratado sobre o Funcionamento da União Europeia – TFUE), previa que as restrições aos movimentos de capitais seriam suprimidas apenas «na medida em que tal fo[sse] necessário ao bom funcionamento do mercado comum». Esta expressão foi interpretada pelo Tribunal de Justiça como implicando a concessão de um poder discricionário às instituições da União, nomeadamente ao Conselho, relativamente à decisão de abolição efetiva dessas restrições. Em consequência, o Tribunal não reconheceu efeito direto à norma, impedindo os particulares de a invocarem quando pretendessem impugnar restrições estatais aos movimentos de capitais ou decisões estatais decorrentes dessas restrições (cf. acórdão *Casati*, 11/11/1981, proc. 203/80, nºs 10-11).

3. A falta de efeito direto e, portanto, de efetividade do princípio da liberdade de circulação de capitais, não impediu que as restantes liberdades de circulação (de mercadorias, de pessoas e de serviços) fossem sendo progressivamente realizadas. Tal sucedeu, designadamente, através do reconhecimento do efeito direto das normas que, no TCEE, consagravam essas liberdades. Mas esse reconhecimento serviria de pouco se os beneficiários das liberdades de circulação não pudessem usufruir, no seu Estado de origem, dos pagamentos que obtivessem em contrapartida das mercadorias vendidas, do trabalho prestado ou dos serviços fornecidos. Se esses pagamentos fossem considerados «movimentos de capitais», os beneficiários das liberdades estariam sujeitos à impossibilidade de os transferirem para o seu Estado de origem, o que constituiria uma restrição importante dessas liberdades. No entanto, o Tribunal de Justiça reconheceu a existência de um conceito autónomo relativamente ao conceito de «movimento de capitais», nomeadamente, o de «pagamentos correntes». Nos termos do acórdão *Luisi e Carbone* (31/1/1984, proc. 286/82 e 26/83, nº 21), os pagamentos correntes constituem «transferências de divisas que constituem uma contraprestação, no âmbito de uma transação subjacente», sendo essa transação realizada no âmbito das liberdades de circulação de mercadorias, de pessoas ou de serviços. Adicionalmente, o TJ reconheceu efeito direto à norma do TCEE (o artigo 106º) que impunha a liberalização dos pagamentos (cf. *Luisi e Carbone*, nº 24). A não concretização da liberdade de circulação de capitais não impediu, assim, a movimentação dos pagamentos decorrentes do exercício das outras liberdades de circulação.

4. Em 1988, o Conselho aprovou, finalmente, a Diretiva nº 88/361/CEE que, a partir de 1 de julho de 1990, liberalizou a circulação de capitais entre os Estados-membros. Adicionalmente, o Tratado de Maastricht alterou, com efeitos a partir de 1994, a formulação da norma que consagrava o princípio da livre circulação de capitais, eliminando o excerto que havia impedido o reconhecimento

do seu efeito direto. A nova formulação mantém-se até hoje: o artigo 63º do TFUE prescreve que «são proibidas todas as restrições aos movimentos de capitais entre Estados-Membros e entre Estados-Membros e países terceiros» e que «são proibidas todas as restrições aos pagamentos entre Estados-Membros e entre Estados-Membros e países terceiros». O Tribunal de Justiça foi rápido a reconhecer, em 1995, o efeito direto destas disposições (cf. acórdão *Sanz de Lera*, 14/12/1995, proc. C-163/94, C-165/94 e C-250/94, nºs 40-48), que podem ser assim invocadas e aplicadas nos tribunais nacionais. Deste modo, de uma liberdade sem efetividade, antes dos anos noventa, a livre circulação de capitais tornou-se numa das liberdades mais amplamente concretizadas.

II – Noção, beneficiários e abrangência da livre circulação de capitais

5. O Tribunal de Justiça, no referido caso *Luisi e Carbone* (nº 21), definiu os movimentos de capitais como «operações financeiras que visam essencialmente a colocação ou o investimento do montante em causa, e não a remuneração de uma prestação». Está em causa, portanto, a aplicação autónoma de meios financeiros tendo em vista a sua rendibilização. Por outro lado, a Diretiva nº 88//361/CEE contém, no anexo I, uma nomenclatura exemplificativa dos movimentos de capitais, que foi acolhida pelo Tribunal de Justiça, para efeitos de se concretizar o âmbito da noção de «movimentos de capitais» (cf. acórdão *Trummer e Mayer*, 16/3/1999, proc. C-222/97, nº 21). Incluem-se aí, entre outros, os investimentos diretos (como a criação de sucursais ou de empresas novas pertencentes exclusivamente ao investidor e a aquisição integral de empresas existentes), os investimentos imobiliários, as operações sobre ações e obrigações transacionadas no mercado de capitais (tais como a aquisição, por não-residentes, de títulos nacionais negociados na bolsa), as operações efetuadas em contas correntes e de depósitos junto de instituições financeiras, os empréstimos e créditos, as transferências ligadas a contratos de seguro, as doações, dotes, heranças e legados, as transferências por emigrantes de dívidas, ativos ou economias, as indemnizações e as cessões de direitos de autor. Trata-se de uma enumeração «indicativa», pelo que outras operações não incluídas no anexo I podem ser classificadas como movimentos de capitais, desde que se enquadrem na definição apresentada pelo Tribunal de Justiça no caso *Luisi e Carbone*.

6. A noção referida é, como se percebe dos exemplos elencados, muito ampla. Coloca-se, consequentemente, a *questão da delimitação precisa do âmbito de aplicação da liberdade de circulação de capitais face a outras liberdades*. É clássica a delimitação relativamente à liberdade de circulação de mercadorias: se está em causa uma operação transfronteiriça que envolve notas ou moedas, estas são classificadas de mercadorias se não se encontram em circulação legal (notas e moedas antigas) e qualificadas de capitais em caso contrário (cf. acórdão *A Rainha/Thompson*,

23/11/1978, proc.7/78, n.ºs 30-31). No entanto, a distinção já não é tão nítida no que respeita a determinadas formas de exercício da liberdade de estabelecimento, da liberdade de prestação de serviços e, até, da liberdade de circulação de trabalhadores. Na verdade, o próprio TFUE reconhece, de forma expressa, a interseção entre estas liberdades e a liberdade de circulação de capitais, no artigo 58º, nº 2, relativamente aos «*serviços* bancários e de seguros ligados a movimentos de capitais», no artigo 64º, nº 2, quanto à «circulação de capitais provenientes ou com destino a países terceiros que envolva investimento direto, incluindo o *investimento imobiliário, estabelecimento* [e] *prestação de serviços* financeiros» e, ainda, quanto ao direito de estabelecimento, no artigo 65º, nº 2. Reconhece-o ainda, de forma implícita, nos artigos 49º e 50º, nº 2, e) e f), quando se refere, no âmbito da liberdade de estabelecimento, à «constituição de agências, sucursais ou filiais» e à «aquisição e exploração de propriedades fundiárias», operações que, como se viu, estão incluídas no anexo I da Diretiva nº 88/361/CEE. Acresce que uma das formas reconhecidas de exercício da livre circulação de trabalhadores é a do «acesso à propriedade da habitação» (artigo 9º, nº 1, do Regulamento nº 1612/68 do Conselho, de 15/10/1968).

7. Note-se que, dada a aproximação paulatina do regime a que estão submetidas as várias liberdades de circulação e pese embora o facto de, como se verá, a liberdade de circulação de capitais estar sujeita a mais exceções do que as restantes, a questão mencionada vinha perdendo relevância (cf. CATHERINE BARNARD, *The Substantive Law of the EU – The Four Freedoms*, 2007, Oxford University Press, p. 555). Na verdade, embora o advogado-geral TESAURO tivesse considerado indispensável uma delimitação precisa entre as liberdades, tendo proposto que uma liberdade de circulação apenas fosse aplicável se a medida nacional constituísse um obstáculo «direto» à mesma (conclusões *Safir*, de 23/9/1997, proc. C-118/96, nº 17; optando por um critério semelhante, cf. MARC FALLON, *Droit matériel général de l'Union européenne*, 2002, Bruylant, p. 199), a jurisprudência ulterior do Tribunal de Justiça não lhe deu imediatamente razão, considerando frequentemente que os obstáculos a duas ou mais liberdades são «indissociáveis» (como exemplo dessa corrente jurisprudencial, cf. nº 80 do acórdão anotado). Nessas hipóteses de indissociabilidade, o Tribunal de Justiça opta por analisar a medida nacional em causa do ponto de vista de uma das liberdades, chegando normalmente à conclusão de que, uma vez que a mesma é violada pela medida nacional em causa, torna-se *desnecessário* verificar da conformidade desta última face a outra liberdade (cf. acórdão *Safir*, de 28/4/1998, proc. C-118/96, nº 35, em que se aplicou a liberdade de prestação de serviços, e o acórdão sob anotação, nºs 79-80, em que se aplicou a liberdade de circulação de capitais). Como notam STEPHEN WEATHERILL e PAUL BEAUMONT (*EU Law*, 1999, Penguin Books, p. 765), daqui resulta que, se o Tribunal concluísse que a liberdade aplicada não havia

sido violada, a medida nacional poderia ainda ser analisada do ponto de vista da outra liberdade. Na verdade, foi o que sucedeu no caso das "golden shares belgas" (acórdão *Comissão/Bélgica*, de 4/6/2002, proc. C-503/99, n°s 58-59), em que o Tribunal de Justiça, tendo concluído pela não violação da liberdade de circulação de capitais, em virtude do preenchimento da exceção de segurança pública, analisou seguidamente se a liberdade de estabelecimento estaria a ser violada. O Tribunal concluiu, talvez de forma demasiado lacónica, que, porque essa liberdade se encontra limitada por idêntica exceção de segurança pública, também não era violada. Desta jurisprudência do TJ resulta, portanto, serem de aplicar simultaneamente as diversas liberdades de circulação que possam, na situação concreta, ter alguma relevância, sem preocupações excessivas de delimitação do respetivo âmbito de aplicação.

8. Todavia, a circunstância de a liberdade de circulação de capitais se aplicar igualmente às *relações com Estados terceiros* implicou um renascimento do interesse da questão da delimitação relativamente às outras liberdades de circulação (sobre isto, cf. ANA PAULA DOURADO, *Lições de Direito Fiscal Europeu*, 2010, Coimbra Editora, p. 97-123 e CATHERINE BARNARD, *The Substantive Law of the EU – The Four Freedoms*, 2010, Oxford University Press, pp. 568-569). Efetivamente, um aspeto assinalável da liberdade de circulação de capitais consiste na sua extensão, não só aos movimentos entre Estados-membros, mas também aos movimentos com Estados terceiros, o que coloca esta liberdade num lugar à parte relativamente às outras liberdades de circulação. Assim, o artigo 63º do TFUE tem um «âmbito de aplicação territorial *ilimitado*» (cf. acórdão *Prunus e Polonium*, de 5/5/2011, proc. C-384//09, nº 20). Deste modo, beneficiam da livre circulação de capitais quaisquer pessoas, quer residam num Estado-membro, quer num país terceiro, independentemente da sua nacionalidade (cf. KAPTEYN e VERLOREN VAN THEMAAT, *Introduction to the Law of the European Communities*, 1998, Kluwer Law International, p. 766, e STEFFEN HINDELANG, *The Free Movement of Capital and Foreign Direct Investment – The Scope of Protection in EU Law*, 2009, Oxford University Press, pp. 201-207). Note-se, a este propósito, que no referido acórdão *Sanz de Lera* (cf. n°s 2-4), em que o TJ afirmou o efeito direto do atual artigo 63º, nº 1, do TFUE, estavam em causa movimentos de capital para Estados terceiros (a Suíça e a Turquia) e uma das pessoas envolvidas era turca. Há que assinalar, de qualquer forma, que a circulação de capitais com países terceiros está sujeita pelo próprio TFUE a mais exceções do que aquelas que são permitidas relativamente aos movimentos entre Estados-membros.

9. Ora, se os nacionais e as sociedades de Estados terceiros beneficiam da liberdade de circulação de capitais, mas não gozam, por exemplo, da liberdade de estabelecimento ou de prestação de serviços (reservadas, por regra, aos nacionais e às sociedades dos Estados-membros), convém distinguir o âmbito de aplicação de cada uma dessas liberdades, para se determinar os direitos de

que essas pessoas gozam e os direitos de que não gozam. É que, como assinala ANA PAULA DOURADO (p. 104), a não distinção clara entre as liberdades pode levar a que os «nacionais [de países terceiros] beneficiem também da livre prestação de serviços e do direito de estabelecimento». A questão colocou-se, na verdade, sobretudo no que respeita à relação com essas liberdades. Ora, poderão os nacionais e sociedades de países terceiros prestar, no espaço da União, serviços bancários, serviços de seguros ou outros serviços financeiros, alegando estarem a exercer a livre circulação de capitais? Poderão, da mesma forma, adquirir propriedades imobiliárias (terrenos, edifícios...) situadas nalgum Estado-membro? Poderão, ainda, com a mesma justificação, criar sucursais ou empresas novas ou adquirir integralmente empresas existentes, exercendo depois uma atividade económica independente e permanente (estabelecimento) no espaço da União?

10. Antes de se analisar a jurisprudência do TJ a este respeito, é preciso assinalar que a Diretiva n.º 88/361, que prevê no seu anexo I as operações referidas como formas de exercício da liberdade de circulação de capital, não impunha a liberalização dos movimentos de capitais com países terceiros, mas estipulava apenas que os Estados-membros se deveriam «esforçar» por implementar essa liberalização, ao mesmo tempo que salvaguardava a aplicação «no que se refere aos países terceiros, das regras nacionais ou do direito comunitário e, nomeadamente, das eventuais condições de reciprocidade, relativas a *operações de estabelecimento, de prestação de serviços financeiros* e de admissão de títulos nos mercados de capitais» (cf. artigo 7.º, n.º 1).

11. Quanto à *aquisição de propriedades imobiliárias*, o Tribunal tem considerado consistentemente que, para além de poder constituir um exercício da liberdade de estabelecimento, se trata de uma operação abrangida pela livre circulação de capitais – cf. acórdão *Konle* (1/6/1999, proc. C-302/97, n.º 22). O mesmo vale quando a aquisição se dá por sucessão – cf. acórdãos *Barbier* (11/12/2003, proc. C-364/01, n.º 58) e *Van Hilten* (23/2/2006, proc. C-513/03, n.ºs 40-42) – ou por doação – cf. acórdão *Persche* (27/1/2009, proc. C-318/07, n.ºs 26-27). No acórdão *Busley e Cibrian Fernandez* (15/10/2009, proc. C-35/08, n.º 19), em que estava em causa o tratamento fiscal da aquisição de um imóvel por sucessão, foi invocada a aplicação da liberdade de circulação de trabalhadores. O Tribunal entendeu que, uma vez que a situação se encontrava abrangida pela livre circulação de capitais, não era necessário examinar a aplicabilidade da outra liberdade. No acórdão *Van Hilten*, estava em causa a sucessão de propriedades imobiliárias situadas num Estado terceiro e o Tribunal incluiu essa sucessão no âmbito da liberdade de circulação de capitais. Parece, portanto, que os nacionais e sociedades de Estados terceiros poderão efetuar investimentos imobiliários no espaço da União, no exercício da liberdade de circulação de capitais.

12. No que respeita aos *serviços bancários e financeiros*, a questão foi abordada pelo Tribunal de Justiça no acórdão *Fidium Finanz* (3/10/2006, proc. C-452/04, n°s 24-34). Estava em causa um regime legal alemão que impedia uma sociedade suíça de conceder empréstimos a pessoas residentes na Alemanha. A sociedade suíça invocava a seu favor as normas que consagram a livre circulação de capitais, mas colocava-se a questão de saber se a sua atividade não era abrangida, ao invés, pela livre prestação de serviços. O Tribunal considerou que devia apreciar o regime legal alemão «à luz de *apenas uma* dessas liberdades se se revelar que, nas circunstâncias do caso em apreço, uma delas é *totalmente secundária* relativamente à outra e pode ser-lhe subordinada», tendo depois concluído que, uma vez que esse regime afetava «de forma preponderante a livre prestação de serviços [, s]endo os efeitos restritivos do referido regime sobre a livre circulação de capitais apenas uma consequência inelutável da restrição imposta relativamente à livre prestação de serviços, não há que apreciar a compatibilidade deste regime com» a liberdade de circulação de capitais (cf. n°s 34 e 49 e, no mesmo sentido, acórdão *Liga Portuguesa de Futebol Profissional*, 8/9/2009, proc. C-42/07, n° 47). Note-se que a advogada-geral Stix-Hackl, nas conclusões *Fidium Finanz* (16/3/2006, proc. C-452/04, n°s 41-63) chegou à conclusão exatamente oposta. Como a *Fidium Finanz*, por ser uma sociedade de um país terceiro, não beneficiava da livre prestação de serviços, não pôde prevalecer-se do exercício de qualquer liberdade de circulação. A mesma orientação jurisprudencial parece aplicável, no nosso entender, à prestação de serviços de seguros.

13. No que concerne à inserção da *criação de sucursais ou empresas novas* e da *aquisição integral de empresas existentes* na liberdade de estabelecimento ou na livre circulação de capitais, há que ter em conta que o Tribunal, no acórdão *Baars* (13/4/2000, proc. C-251/98, n° 22), esclareceu que exerce «o direito de estabelecimento o nacional de um Estado-Membro que detém, no capital de uma sociedade com sede noutro Estado-Membro, uma participação que lhe confere uma influência certa sobre as decisões dessa sociedade e lhe permite que determine as respetivas atividades». Ora, como se refere no n° 49 do acórdão sob anotação, que exprime a jurisprudência constante do TJ relativamente às "golden shares", a aquisição de ações de uma sociedade, quer esteja em causa um investimento «direto», que visa influenciar ou controlar a sociedade, quer um investimento «de carteira», que visa apenas rendibilizar o dinheiro investido, está abrangida pela livre circulação de capitais. Assim, se um investimento «de carteira» não está abrangido pela liberdade de estabelecimento, já a aquisição de um número de ações numa sociedade que confiram ao seu detentor o controlo da mesma constitui, simultaneamente, o exercício da liberdade de circulação de capitais e da liberdade de estabelecimento (num sentido crítico, cf. Miguel Gorjão-Henriques, *Direito da União*, 2010, Almedina, pp. 631-634). O mesmo

se diria, por maioria de razão, quanto à criação de sucursais ou empresas novas e à aquisição integral de empresas existentes.

14. Esta aplicação simultânea das duas liberdades encontra, no entanto, uma exceção de monta. Como resulta dos acórdãos *Cadbury-Schweppes* (12/9/2006, proc. C-196/04, nºs 31-33) e *Test Claimants in the Thin Cap Group Litigation* (13/3/2007, proc. C-524/04, nºs 33-34) e dos despachos de 10/5/2007, *Lasertec* (proc. C-492/04, nºs 25-28) e *A e B* (proc. C-102/05, nºs 27, 29-30) e, por último, do acórdão *SGI* (21/1/2010, proc. C-311/08, nºs 36-37), se a legislação do Estado-membro se aplicar *apenas* às hipóteses em que existe uma «influência certa» sobre as decisões da sociedade, está apenas sujeita às normas relativas à liberdade de estabelecimento, não sendo de aplicar as respeitantes à livre circulação de capitais. Em sentido contrário, se a «legislação nacional não é aplicável apenas às participações que permitem exercer uma influência efetiva nas decisões de uma sociedade e determinar as suas atividades», mas se aplica «independentemente da percentagem da participação detida pelo acionista na sociedade [...], é suscetível de ser abrangida quer [pela] liberdade de estabelecimento, quer [pela] liberdade de circulação de capitais» – cf. acórdão *Holböck* (24/5/2007, proc. C-157/05, nºs 23-24) e, já no mesmo sentido, acórdãos *Test Claimants in Class IV of the ACT Group Litigation* (12/12/2006, proc. C-374/04, nºs 37-38) e *Test Claimants in the FII Group Litigation* (12/12/2006, proc. C--446/04, nºs 36, 80 e 142). Mais recentemente, o Tribunal concluiu ser apenas aplicável a liberdade de circulação de capitais, e não a liberdade de estabelecimento, a uma determinada legislação nacional aplicável a participações sociais que tinham como único objetivo «realizar uma aplicação financeira sem intenção de influenciar a gestão e o controlo da empresa» – cf. acórdão *Haribo Lakritzen Hans Riegel*, de 10/2/2011, proc. C-436/08 e C-437/08, nº 35, bem como, já apontando no mesmo sentido, acórdão *Glaxo Wellcome*, de 17/9/2009, proc. C-182/08, nºs 45-52.

15. A razão pela qual o Tribunal de Justiça quis impedir a aplicação simultânea, nesses casos, das liberdades de estabelecimento e de circulação de capitais resulta clara do acórdão *Test Claimants in the Thin Cap Group Litigation* e dos despachos *Lasertec* e *A e B*: tratou-se de impedir que a liberdade de circulação de capitais fosse invocada nas relações com Estados terceiros como *sucedâneo* da liberdade de estabelecimento. Estando em causa relações com Estados terceiros, a afirmação de que a legislação do Estado-membro tinha de respeitar as normas relativas à liberdade de estabelecimento e não as respeitantes à liberdade de circulação de capitais teve o efeito de desproteger as operações com nacionais e sociedades de Estados terceiros, uma vez que essas operações não beneficiam da liberdade de estabelecimento. Ao mesmo tempo, os efeitos sobre as operações entre nacionais e sociedades de Estados-membros não são afetados, uma

vez que as mesmas beneficiam da liberdade de estabelecimento. O mesmo se diga quanto à relação entre a liberdade de prestação de serviços e a livre circulação de capitais, como resulta do acórdão *Fidium Finanz*. Apesar de, como se verá, o Tratado prever a possibilidade de a União Europeia e os Estados--membros (estes de forma limitada) excecionarem a aplicação da liberdade de circulação de capitais às operações mencionadas (sobre isto, cf. EUROPEAN COMISSION, European Economy, 2003, nº 6, pp. 320-329), o Tribunal terá entendido que deveria salvaguardar, em geral, a margem de manobra dos Estados-membros relativamente ao exercício da livre circulação de capitais com países terceiros que envolva, em primeira linha, a liberdade de estabelecimento ou a liberdade de prestação de serviços. Deste modo, conclui-se que os nacionais e as sociedades de Estados terceiros não poderão beneficiar da livre circulação de capitais para a realização de investimentos «diretos» em que esteja em causa, de forma primária, o exercício da liberdade de estabelecimento, nem para a prestação de serviços bancários, financeiros (e, eventualmente, de seguros) em que esteja em causa, mais uma vez de forma primária, a livre prestação de serviços (cf., sobre esta questão, num sentido crítico, STEFFEN HINDELANG, pp. 81-114).

16. Em geral, o critério de distinção entre a liberdade de circulação de capitais e as restantes liberdades foi expresso, na sua forma mais lapidar, e referindo-se a todas as liberdades, no já referido acórdão *Liga Portuguesa de Futebol Profissional* (nº 47): «quando uma medida nacional diz simultaneamente respeito a várias liberdades fundamentais, o Tribunal de Justiça aprecia-a, em princípio, à luz de apenas uma dessas liberdades, se se revelar que, nas circunstâncias do caso em apreço, as outras liberdades são totalmente secundárias relativamente à primeira e podem estar-lhe subordinadas». Deste modo, a liberdade de circulação de capitais abrange as «operações financeiras que visam essencialmente a colocação ou o investimento do montante em causa, e não a remuneração de uma prestação» e, designadamente, as operações previstas no anexo I da Diretiva nº 88/361. Tal não sucederá, no entanto, se, no caso concreto, a operação for abrangida, de forma principal, por outra liberdade de circulação, sendo o ponto de vista da liberdade de circulação de capitais totalmente secundário relativamente àquela. Qual seja a liberdade principalmente em causa depende do objeto da legislação estatal que afete a operação em causa (cf. acórdão *Holböck*, nº 22).

III – Restrições proibidas à circulação de capitais

17. O artigo 63º do TFUE afirma de forma significativa que «*todas* as restrições aos movimentos de capitais» são proibidas. No entanto, não define nem especifica em que consistem as «restrições» aos movimentos de capitais, ao contrário do que sucede quanto às liberdades de circulação de mercadorias e de trabalhadores. Na versão original da norma, especificava-se que «as *discriminações* de tratamento em

razão da nacionalidade ou da residência das partes, ou do lugar do investimento» deviam ser suprimidas. A eliminação desta referência significa apenas que as restrições proibidas não se cingem àquelas que sejam discriminatórias, mas abrangem ainda *todas* as outras medidas que impeçam, limitem ou, simplesmente, dissuadam os movimentos de capitais (cf. acórdão *Comissão/França*, de 4/6/2002, proc. C--483/99, nºs 40-41, e acórdão sob anotação, nº 50). Trata-se, como notou CATHERINE BARNARD (2010, p. 572) da transposição para a liberdade de circulação de mercadorias do critério amplo usado pelo Tribunal de Justiça para aferir das restrições à livre prestação de serviços (cf. acórdão *Säger*, 25/7/1991, proc. C-76/90, nº 12). Autores há, como DAMIAN CHALMERS, CHRISTOS HADJIEMMANUIL, GIORGIO MONTI e ADAM TOMKINS (*European Union Law – text and materials*, 2006, Cambridge University Press, pp. 509-511) que alertam para a amplitude excessiva da noção de restrição, da qual poderia resultar o minar dos regimes nacionais afetando a «propriedade individual, o direito societário e o direito financeiro, com o fundamento de que regulam excessivamente estes domínios e atuam, portanto, como um desincentivo ao investimento». No entanto, parece excessivo assumir, como o fazem esses autores, que as leis restringindo a comercialização de estupefacientes poderiam ser tidas como violadoras da liberdade de circulação de capitais, ao impedirem investidores estrangeiros de investirem o seu capital na aquisição de estupefacientes ou de empresas de comercialização dessas substâncias. Na verdade, como é referido pelo Tribunal de Justiça no recentíssimo acórdão *Josemans* (de 16/12/2010, proc. C-137/09, nº 41-42), uma vez que «os estupefacientes [...] estão abrangidos, pela sua própria natureza, por uma proibição de importação e de comercialização em todos os Estados-Membros», «não pode invocar[-se] as liberdades de circulação e o princípio da não discriminação, relativamente à atividade que consiste na comercialização [de um desses estupefacientes]».

18. A noção de restrição é, assim, muito ampla, pelo que já foram consideradas restritivas da livre circulação de capitais, entre outras, medidas estatais que impõem uma autorização na exportação de divisas, que tratam de forma menos favorável dividendos de origem estrangeira do que dividendos de origem interna, que impõem que um banco esteja estabelecido no território do Estado para que os devedores beneficiem de uma subvenção pública, que tratam de forma fiscalmente mais favorável os residentes no território de um Estado do que os não residentes, que consagram uma taxa de imposto para os rendimentos de fonte estrangeira superior à dos de fonte nacional e que exigem a autorização prévia de um investimento direto estrangeiro, para a compra de terra agrícola ou de lotes para construção (neste sentido, com indicação exaustiva de jurisprudência, cf. GABRIËL MOENS e JOHN TRONE, *Commercial Law of the European Union*, 2010, Springer, p. 134-135). São ainda de assinalar, naturalmente, as "golden shares", que serão explicitadas com mais pormenor.

19. Obviamente, tal como sucede em todas as outras liberdades de circulação, são proibidas as medidas restritivas adotadas por um Estado-membro, quer afectem o exercício da liberdade de capitais nesse Estado-membro por não-residentes (cf. acórdão *Barbier*, 11/12/2003, proc. C-364/01, nº 58), quer afetem o exercício dessa liberdade pelos seus residentes noutro Estado-membro (cf. acórdão *Svensson e Gustavsson*, 14/11/1995, proc. C-484/93, nº 10). No caso *Barbier*, estava em causa uma regulamentação holandesa que tratava de forma fiscalmente desfavorável os bens incluídos na sucessão de um nacional holandês, residente até à sua morte na Bélgica, pelo facto de não residir na Holanda. Estavam em causa, designadamente, imóveis situados na Holanda mas adquiridos quando o nacional holandês já residia na Bélgica. No caso *Svensson e Gustavsson*, estava em causa uma regulamentação luxemburguesa que condicionava o acesso à bonificação dos juros no crédito à habitação ao facto de o empréstimo ser pedido junto de uma instituição bancária estabelecida no Luxemburgo. Tal impedia que fossem bonificados os juros de empréstimos contraídos por residentes no Luxemburgo junto de bancos de outros Estados-membros. Em ambos os casos, as medidas nacionais foram consideradas restritivas da liberdade de circulação de capitais.

20. Diferentes são as chamadas «situações puramente internas». Tal como sucede com as restantes liberdades económicas consagradas nos Tratados, não são abrangidas pela liberdade de circulação de capitais situações em que não existe qualquer elemento transfronteiriço (implicitamente nesse sentido, cf. acórdão *Comissão/Bélgica*, 26/9/2000, proc. C-478/98, nº 16; de forma expressa, cf. acórdãos *Arens-Sikken*, 11/9/2008, proc. C-43/07, nºs 30-31 e, por último, *Mattner*, 22/4/2010, proc.C-510/98, nºs 20-21). Assim, por exemplo, se um Estado adota uma medida restritiva de movimentos de capitais entre os seus próprios nacionais, que sejam residentes no seu território, não se considera afectada a livre circulação de capitais.

21. Ainda antes de analisarmos outros casos excecionais em que o Direito da UE permite que os Estados restrinjam a livre circulação de capitais, cabe compreender porque é que as "golden shares" constituem uma restrição a essa liberdade. Tipicamente as "golden shares" constituem um modo de os Estados manterem um controlo sobre as decisões fundamentais de uma empresa pública depois de a mesma ter sido privatizada. Pretende-se com as mesmas, de algum modo, garantir «o melhor de dois mundos». Ao mesmo tempo que, com a privatização, o Estado garante um encaixe financeiro e permite uma gestão mais eficiente da empresa em causa, as "golden shares" permitem-lhe garantir que os interesses públicos, que haviam outrora justificado a nacionalização ou a criação pública da empresa, continuam a ser salvaguardados. Este efeito pode ser atingido de modos diversos: através da detenção de ações que conferem ao seu titular (o Estado) direitos especiais (como sucede no caso subjacente ao acórdão

sob anotação) ou através de uma lei que, pura e simplesmente, determina que o Estado possui certos direitos relativamente às decisões de determinadas empresas privadas (como sucedia no caso subjacente ao acórdão *Comissão/Portugal*, de 4/6/2002, proc. C-367/98). Sobre as "golden-shares", em geral, e sobre a sua compatibilidade com o Direito da União Europeia, cf. NUNO CUNHA RODRIGUES, *"Golden-Shares" – As empresas participadas e os privilégios de Estado enquanto acionista minoritário*, 2004, Coimbra Editora, pp. 304-330.

22. Porque é que estas "golden shares" constituem uma restrição da livre circulação de capitais? Em que medida é que as mesmas podem «dissuadir» os movimentos de capitais? Tal como expresso pelo Tribunal de Justiça (cf. acórdãos *Comissão/Países Baixos*, 28/9/2006, proc. C-282/04 e C-283/04, nº 27, *Comissão/ /Alemanha*, 23/10/2007, proc. C-112/05, nºs 50-52, e acórdão sob anotação, nºs 57-61), o facto de o Estado poder impedir a adoção de decisões fundamentais da empresa em causa dissuade os investidores, incluindo os de outros Estados-membros, de adquirirem uma participação social que lhes confira uma posição de controlo na empresa, uma vez que o controlo ficará sempre condicionado à anuência do Estado. Por outro lado, também aqueles que pretendam fazer um investimento «de carteira» ficarão dissuadidos de efetuar o mesmo, uma vez que a empresa poderá não adotar as decisões mais recomendáveis do ponto de vista empresarial, em virtude de o Estado se opor às mesmas.

23. Em sentido contrário, poderia invocar-se o atual artigo 345º do TFUE, como o fez o Estado português no processo que conduziu ao acórdão sob anotação (nº 63). Tal como defendido pelo advogado-geral JARABO-COLOMER (conclusões apensas *Comissão/Portugal*, *Comissão/França* e *Comissão/Bélgica*, 3/7/2001, proc. C-367/98, C-483/99 e C-503/99, nº 66), se os Estados-membros podem manter a titularidade pública de empresas, exercendo um controlo total sobre as mesmas, como se compreende que, privatizando-as, não possam manter determinados direitos especiais sobre a adoção de certas decisões estratégicas? Na verdade, «quem pode o mais, pode o menos». Como se percebe do caso sob anotação (nº 64), o TJ não aceitou este argumento. O contra-argumento mais persuasivo parece ser o expresso pelo advogado-geral POIARES MADURO nas suas conclusões *Comissão/Países Baixos* (6/4/2006, proc. C-282/04 e C-283/04, nºs 27-29): os Estados-membros devem ser coerentes, no sentido de que, se pretendem controlar a atividade de uma empresa, não a devem privatizar. O artigo 345º do TFUE autoriza os Estados a manterem as empresas sob propriedade pública, mas não autoriza os Estados a continuar a controlar empresas privadas, impedindo o acesso não discriminatório às mesmas de quaisquer operadores privados, acesso garantido pelas normas relativas à liberdade de circulação de capitais. De outro modo, parece-nos, chegar-se-ia ao absurdo de o Estado poder, por intermédio de lei, estabelecer a seu favor direitos especiais em todas as empresas

nacionais e frustrar completamente o exercício de uma parte fundamental da liberdade de circulação de capitais por operadores situados noutros Estados-membros.

24. Um argumento algo diferente, com o qual se pretendia defender ainda a legitimidade das "golden shares" é o seguinte: se os particulares podem, através do legítimo exercício da sua autonomia privada, convencionar a existência de ações que confiram direitos especiais ao seu detentor, porque é que o Estado não pode ser esse detentor? Porque é que o Estado deve ser discriminado, considerando-se que a detenção pelo mesmo de "golden shares" viola a livre circulação de capitais, quando o mesmo não sucede relativamente aos particulares? A resposta é a seguinte: o Estado e os particulares não se regem pela mesma bitola comportamental. Enquanto é razoável esperar que um particular, mesmo detentor de uma "golden share", reja a sua conduta por considerações empresariais, o mesmo não sucede, nem deve suceder, com o Estado, já que este está constitucional e legalmente obrigado à prossecução do interesse público. O problema é que o entendimento do que seja o "interesse público" nos sistemas políticos hodiernos, baseados na aplicação dos princípios democráticos em Estados-nação, pode implicar a adoção de posturas protecionistas que contrariam frontalmente o âmago da ideia de mercado interno europeu (neste sentido, cf. advogado-geral POIARES MADURO nas conclusões *Federconsumatori*, proc. C-463/04 e C-464/04, nº 25).

25. Esta última questão é ainda relevante a outro propósito, que é o de saber se as normas que consagram a liberdade de circulação de capitais, para além de produzirem efeito direto vertical (como foi reconhecido no acórdão *Sanz de Lera*), podem produzir *efeito direto horizontal*. Trata-se de saber se essas normas podem ser invocadas por particulares contra outros particulares e se estes ficam, portanto, em virtude da liberdade de circulação de capitais, impedidos de adotar determinadas condutas ou exercer determinados direitos resultantes do tráfico jurídico-privado. A ser aceite esta tese (num sentido positivo, cf. PAUL CRAIG e GRAÍNNE DE BÚRCA, *EU Law – Text, Cases, and Materials*, 2008, Oxford University Press, p. 724), as restrições (proibidas) à livre circulação de capitais poderiam ter origem estatal ou privada. Relembre-se que o Tribunal de Justiça já reconheceu efeito direto horizontal a outras liberdades de circulação, como a relativa aos trabalhadores (acórdãos *Walrave*, 12/12/1974, proc. 36/73, nºs 14-25, *Bosman*, 15/12/1995, proc. C-415/93, nºs 82 e ss., e *Angonese*, 6/6/2000, proc. C-281/98, nº 36), à prestação de serviços (cf. acórdãos *Walrave*, nºs 14-25, e *Laval*, de 18/12/2007, pr. C-341/05, nºs 98-99) ou ao estabelecimento (acórdão *Viking*, de 11/12/2007, proc. C-438/05, nº 61) e, até, às mercadorias (acórdão *Dansk Supermarked*, proc. 58/80, 22/1/1981, nº 17). De qualquer forma, nesses casos, estavam em causa regulamentações *gerais* de origem privada, práticas privadas *largamente disseminadas* ou atuações privadas *autorizadas por lei*. STEFFEN HINDELANG

(p. 212) admite o efeito direto horizontal da liberdade de circulação de capitais como *ultima ratio*, em situações em que a atuação privada assuma características semelhantes à do Estado. Outros autores (cf. ALAN DASHWOOD, MICHAEL DOUGAN, BARRY RODGER, ELEANOR SPAVENTA e DERRICK WYATT, *Wyatt and Dashwood's European Union Law*, 2011, Hart Publishing, pp. 671-673) admitem de forma mais aberta que a atuação privada dos acionistas ou dos administradores das empresas, designadamente em situações análogas às das "golden shares", possa ser considerada contrária quer à liberdade de estabelecimento quer à liberdade de circulação de capitais. Não existe, por ora, qualquer pronúncia do Tribunal a favor do efeito direto horizontal das normas relativas à livre circulação de capitais. No entanto, o advogado-geral POIARES MADURO, nas já referidas conclusões *Comissão/Países Baixos* (nº 24) colocou a hipótese de se considerar uma legislação nacional, que permite atuações jurídico-privadas que dissuadem a livre circulação de capitais, contrária a esta liberdade. Neste caso, existiria uma espécie de efeito horizontal indireto: os particulares não poderiam prevalecer-se contra outros particulares de determinados direitos jurídico-privados quando os mesmos são reconhecidos por uma lei que viola os Tratados. Na verdade, o Tribunal de Justiça acabou por admitir um efeito deste tipo no acórdão *Burtscher* (1/12/2005, proc. C-213/04, nº 62). Estava em causa uma legislação austríaca que sujeitava a aquisição de propriedades imobiliárias por estrangeiros a uma declaração prévia às autoridades públicas e que cominava com a nulidade os negócios efetuados sem essa declaração. O Tribunal considerou que um particular não podia invocar contra outro particular a nulidade de uma aquisição efetuada sem a referida declaração prévia, na medida em que a lei que o permitia violava as normas respeitantes à livre circulação de capitais.

IV – Exceções à proibição de restrições à livre circulação de capitais
26. Como se viu, os Estados-membros estão, em geral, impedidos de proibir, limitar ou dissuadir os movimentos de capitais com caráter transfronteiriço, estejam em causa nacionais ou sociedades dos Estados-membros ou de países terceiros. Não obstante, existem exceções a esse impedimento. O TFUE reconhece que, em determinadas circunstâncias, os Estados podem limitar a livre circulação de capitais. Por outro lado, o Tribunal de Justiça já admitiu motivos adicionais de limitação desta liberdade, à semelhança do que sucedeu relativamente às restantes liberdades de circulação.

27. No que respeita às *exceções previstas no Tratado*, devem distinguir-se aquelas aplicáveis aos movimentos de capitais transfronteiriços, independentemente da sua origem ou destino, daquelas aplicáveis exclusivamente aos movimentos de capitais com países terceiros. As primeiras estão previstas no artigo 65º e dizem essencialmente respeito à salvaguarda de determinados interesses fiscais (para

efeitos de «distinção entre contribuintes que não se encontrem em idêntica situação no que se refere ao seu lugar de residência ou ao lugar em que o seu capital é investido»), de supervisão prudencial das instituições financeiras e de informação administrativa ou estatística dos Estados-membros, bem como a «razões de ordem pública e segurança pública». Estas últimas são comuns às restantes liberdades de circulação (cf. artigos 36º, 45º, nº 3, 52º e 62º) e, tal como nesses casos, devem ser interpretadas restritivamente (cf. acórdão *Église de scientologie*, 14/3/2000, proc. C-54/99, nº 17, e acórdão sob anotação, nº 73). O mesmo sucede, aliás, quanto aos restantes motivos indicados (cf. acórdão *Jäger*, 17/1/2008, proc. C-256/06, nº 40). Estas exceções não podem ser invocadas pelos Estados-membros como «meio de discriminação arbitrária» ou de «restrição dissimulada à livre circulação de capitais e pagamentos» (cf. artigo 65º, nº 3). A própria União Europeia pode, para efeitos de prevenção do terrorismo, adotar regulamentos que impliquem uma restrição dos movimentos de capitais e de pagamentos (cf. artigo 75º do TFUE, aditado pelo Tratado de Lisboa).

28. No acórdão sob anotação (nº 72), verifica-se que o Estado português havia invocado, como justificação para a detenção da "golden share", uma razão de segurança pública que o TJ considerou legítima: a «segurança da disponibilidade da rede de telecomunicações em caso de crise, de guerra ou de terrorismo». Sucede que, tal como o TJ havia explicitado no acórdão *Église de scientologie* (nºs 17-18), «a ordem pública e a segurança pública só podem ser invocadas em caso de ameaça real e suficientemente grave que afete um interesse fundamental da sociedade [...], não podem, além disso, ser desviados da sua função própria para servir, de facto, para fins puramente económicos [sendo que] toda e qualquer pessoa afetada por uma medida restritiva fundada em tal derrogação deve gozar do direito de recurso». Para além disso, as «medidas restritivas da livre circulação de capitais» apenas devem ser adotadas se «necessárias para a proteção dos interesses que pretendem garantir e [...] se tais objetivos não puderem ser alcançados através de medidas menos restritivas». Ora, o Estado português não havia demonstrado em que medida a "golden share" na Portugal Telecom lhe permitia garantir aquele interesse público (cf. nº 74 do acórdão sob anotação).

29. Outros argumentos invocados pelo Estado português como justificação da restrição da liberdade de circulação de capitais constituída pela "golden share" foram «o interesse de salvaguardar condições de concorrência» no mercado das telecomunicações e o de «evitar uma eventual perturbação do mercado de capitais» (nºs 70-71). Trata-se de interesses *não previstos expressamente pelo TFUE como exceções* à livre circulação de capitais. No entanto, a exemplo do que sucedeu nas restantes liberdades de circulação, o Tribunal de Justiça admitiu (justamente, nos primeiros acórdãos relativos às "golden shares") que, para além das razões justificativas contidas no Tratado, as restrições à liberdade de circulação

de capitais sejam ainda justificadas por «razões imperiosas de interesse geral». Noutros acórdãos, o TJ já admitiu como razões imperiosas a «necessidade de salvaguardar a coerência do regime fiscal» (acórdão *Manninen*, 7/9/2004, C-319/02, nº 29), «a luta contra a fraude fiscal» (acórdão *ELISA*, 11/10/2007, proc. C--451/05, nº 81), «a eficácia dos controlos fiscais» (acórdão *Centro di Musicologia Walter Stauffer*, 14/9/2006, proc. C-386/04, nº 47), a «proteção dos acionistas minoritários» (acórdão *Comissão/Alemanha*, 23/10/2007, proc. C-112/05, nº 77) e a defesa e promoção das línguas nacionais (acórdão UTECA, 5/3/2009, proc. C-222/07, nº 27). No entanto, mais uma vez tal como sucede quanto às restantes liberdades, a regulamentação nacional justificada por alguma dessas razões não pode ser discriminatória, devendo aplicar-se «a qualquer pessoa ou empresa que exerça uma atividade no território do Estado-Membro de acolhimento. Além disso [...] deve ser adequada a garantir a realização do objetivo que prossegue e não ultrapassar o necessário para o atingir, a fim de respeitar o princípio da proporcionalidade» (cf. acórdãos de 4/6/2002, *Comissão/Portugal*, nº 49, *Comissão/ /França*, proc. C-483/99, nº 45, e *Comissão/Bélgica*, proc. 503/99, nº 45). No acórdão sob anotação, o Tribunal considerou que os interesses invocados pelo Estado português nem sequer podiam ser considerados razões imperiosas de interesse geral (cf. nºs 69-71). De qualquer forma, analisou ainda (cf. nºs 75-77) a medida nacional restritiva (a "golden share") do ponto de vista do princípio da proporcionalidade, tendo concluído não ser o mesmo respeitado, dado não terem sido fixados *ex ante* «critérios quanto às circunstâncias em que os referidos poderes especiais podem ser exercidos» o que conduzia à existência de uma «margem de apreciação tão discricionária» que implicava uma «violação grave» do princípio da livre circulação de capitais. Diga-se que, aliás, o Tribunal de Justiça tem sempre considerado, com uma única exceção (no referido acórdão *Comissão/Bélgica*, nºs 46-55), que as "golden shares" violam a livre circulação de capitais, não tendo aceite as justificações apresentadas pelos vários Estados--membros ou tendo considerado que não respeitavam os princípios da não discriminação e da proporcionalidade (quanto ao entendimento que deva dar-se a estes princípios, neste âmbito, remete-se para o que ficou dito relativamente às restantes liberdades de circulação).

30. Finalmente, para além das exceções referidas, aplicáveis a todos os movimentos de capitais, existem exceções adicionais, aplicáveis *apenas aos movimentos de capitais com países terceiros*. As mesmas estão previstas nos artigos 64º/1 e 3, 65º, nº 4, e 66º do TFUE. Aparte a hipótese prevista no artigo 64º, nº 1, trata-se de possibilitar que a própria União, de forma permanente ou temporária, restrinja os movimentos de capitais com países terceiros tendo em conta os objetivos da União, como acontece quanto esses movimentos «causem ou ameacem causar graves dificuldades ao funcionamento da União Económica e Monetária» (artigo

66º). O artigo 64º, nº 1, por seu lado, permite a manutenção das restrições a certos movimentos de capitais com países terceiros, por regra em vigor em 31 de dezembro de 1993, quer essas restrições resultem da legislação nacional quer da legislação da UE. Trata-se de restrições apenas admissíveis quanto a movimentos de capitais que envolvam investimento direto, incluindo o imobiliário, estabelecimento, prestação de serviços financeiros ou admissão de valores mobiliários em mercado de capitais. Finalmente, o Tribunal de Justiça já entendeu que as restrições acima referidas, aplicáveis à generalidade dos movimentos de capitais, independentemente da sua origem e destino, devem ser entendidas de forma mais permissiva no que respeita aos movimentos de capitais com países terceiros, permitindo inclusivamente a invocação de razões imperiosas que não admitiria quanto aos movimentos de capitais entre Estados-membros, tendo em conta que os primeiros «se realizam num contexto jurídico diferente dos que decorrem na Comunidade» (cf. acórdãos *Test Claimants in the FII Group Litigation*, nºs 170-171, e *Skatteverket contra A*, 18/12/2007, proc. C-101/05, nºs 36-37).